中世都市・博多を掘る

大庭康時
佐伯弘次
菅波正人
田上勇一郎
編

海鳥社

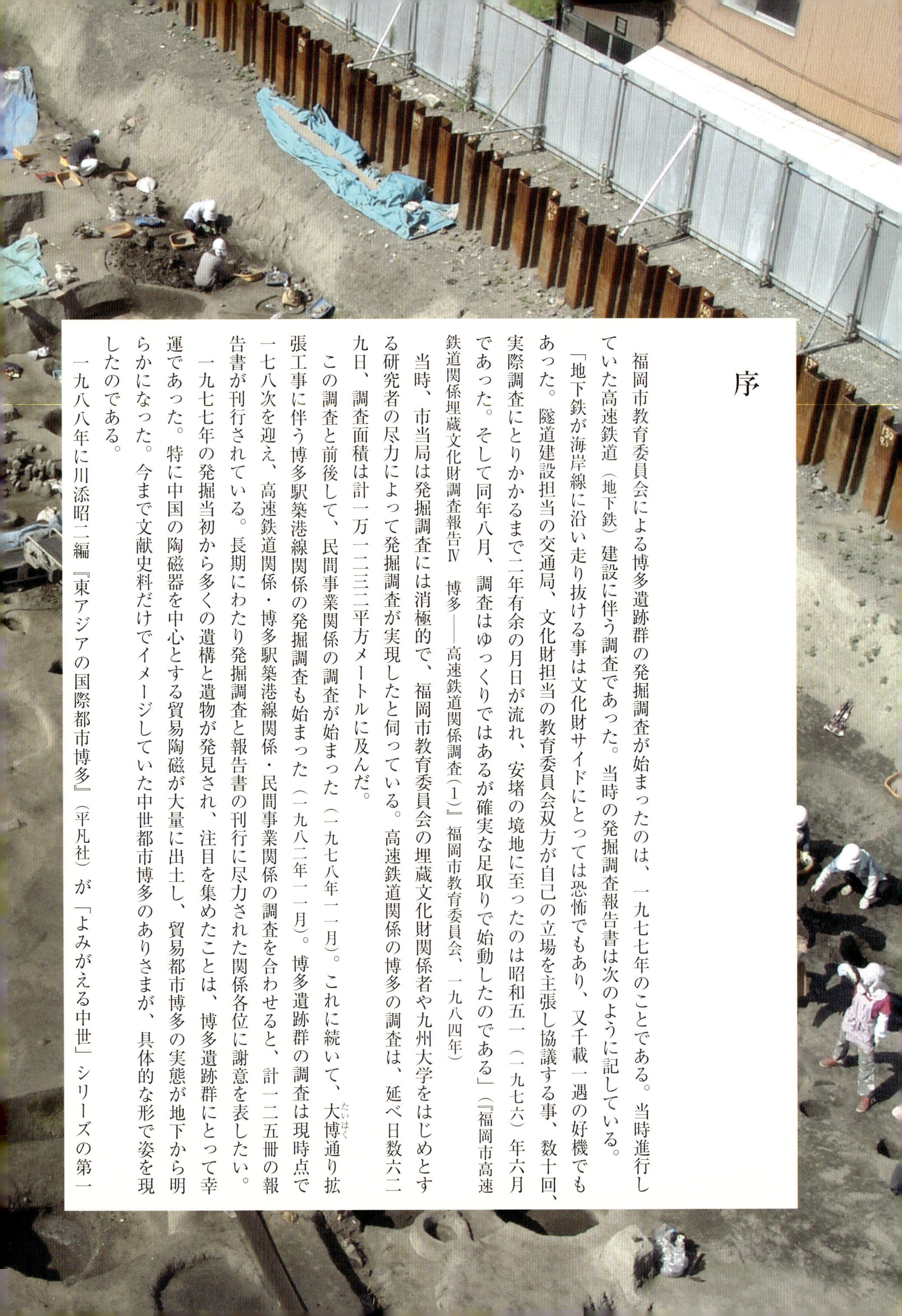

序

福岡市教育委員会による博多遺跡群の発掘調査が始まったのは、一九七七年のことである。当時進行していた高速鉄道（地下鉄）建設に伴う調査であった。当時の発掘調査報告書は次のように記している。

「地下鉄が海岸線に沿い走り抜ける事は文化財サイドにとっては恐怖でもあり、又千載一遇の好機でもあった。隧道建設担当の交通局、文化財担当の教育委員会双方が自己の立場を主張し協議する事、数十回、実際調査にとりかかるまで二年有余の月日が流れ、安堵の境地に至ったのは昭和五一（一九七六）年六月であった。そして同年八月、調査はゆっくりではあるが確実な足取りで始動したのである」（『福岡市高速鉄道関係埋蔵文化財調査報告Ⅳ　博多──高速鉄道関係調査（1）』福岡市教育委員会、一九八四年）

当時、市当局は発掘調査には消極的で、福岡市教育委員会の埋蔵文化財関係者や九州大学をはじめとする研究者の尽力によって発掘調査が実現したと伺っている。高速鉄道関係の博多の調査は、延べ日数六二九日、調査面積は計一万一二三二平方メートルに及んだ。

この調査と前後して、民間事業関係の調査が始まった（一九七八年一一月）。これに続いて、大博《たいはく》通り拡張工事に伴う博多駅築港線関係の発掘調査も始まった（一九八二年一一月）。博多遺跡群の調査は現時点で一七八次を迎え、高速鉄道関係・博多駅築港線関係・民間事業関係の調査を合わせると、計一二五冊の報告書が刊行されている。長期にわたり発掘調査と報告書の刊行に尽力された関係各位に謝意を表したい。

一九七七年の発掘当初から多くの遺構と遺物が発見され、注目を集めたことは、博多遺跡群にとって幸運であった。特に中国の陶磁器を中心とする貿易陶磁が大量に出土し、貿易都市博多の実態が地下から明らかになった。今まで文献史料だけでイメージしていた中世都市博多のありさまが、具体的な形で姿を現したのである。

一九八八年に川添昭二編『東アジアの国際都市博多』（平凡社）が「よみがえる中世」シリーズの第一

巻として刊行された。この発掘一〇年の成果をまとめた本の刊行によって、博多遺跡群は全国的に注目されることとなった。小林茂他編『福岡平野の古環境と遺跡立地』（九州大学出版会、一九九八年）は、発掘二〇年の成果をまとめている。この本には様々な分野の研究者が結集し、博多遺跡群が学際的研究の対象としても重要であることを証明した。

このような流れの中で、博多遺跡群の調査・研究成果について総合的な解説書が求められるのは、必然と言えるであろう。本書は、こうして博多遺跡群の最新の調査・研究成果を、写真を中心にして分かりやすく紹介することをめざして企画・刊行された。

まず、第Ⅰ章として博多の総括と都市構造に関わる章を設けた。加えて、博多と関わりが深い箱崎津、大宰府、博多を支配した守護大名の拠点である周防山口・豊後府内からも、それぞれの視点から関連記事を寄せていただいた。第Ⅱ・Ⅲ章には、博多を特徴づける貿易関係の論文と関連記事を置いた。第Ⅳ章では、博多での都市生活を物語る遺物を中心に取り上げた。第Ⅴ章では、博多に生きた人々を考えるため、職人に関わる記事を集めた。そして第Ⅵ章として、人々の心性に関わる信仰・習俗に関する章を設けた。

それぞれの章は、概説的な総論である特論を軸に、個別の専論であるコラム、事例紹介である写真解説を絡め、中世博多の諸相をビジュアルに描くことを目指した。特論の執筆者には、第一線で活躍する文献史学の若手研究者を迎え、最新の研究成果を分かりやすく解説している。コラムと写真解説は、福岡市教育委員会で博多遺跡群の発掘調査に関わった専門職で分担し、生の資料を紹介した。その結果、まとまった研究成果として発表されにくい個々の事例に至るまで、今後の課題も含めて、盛り込むことができたものと考えている。

博多遺跡群の調査は今後も進んでいく。その成果に期待するとともに、発掘三〇周年をきっかけにして企画された本書が、『東アジアの国際都市博多』に続く、中世博多史のスタンダードになることを願ってやまない。

九州大学大学院教授　佐伯弘次

写真＝172次調査地点

福岡市域全図

＊市域全図は「カシミール３Ｄ」（http://www.kashimir3d.com/）５万分の１地図をもとに作成した

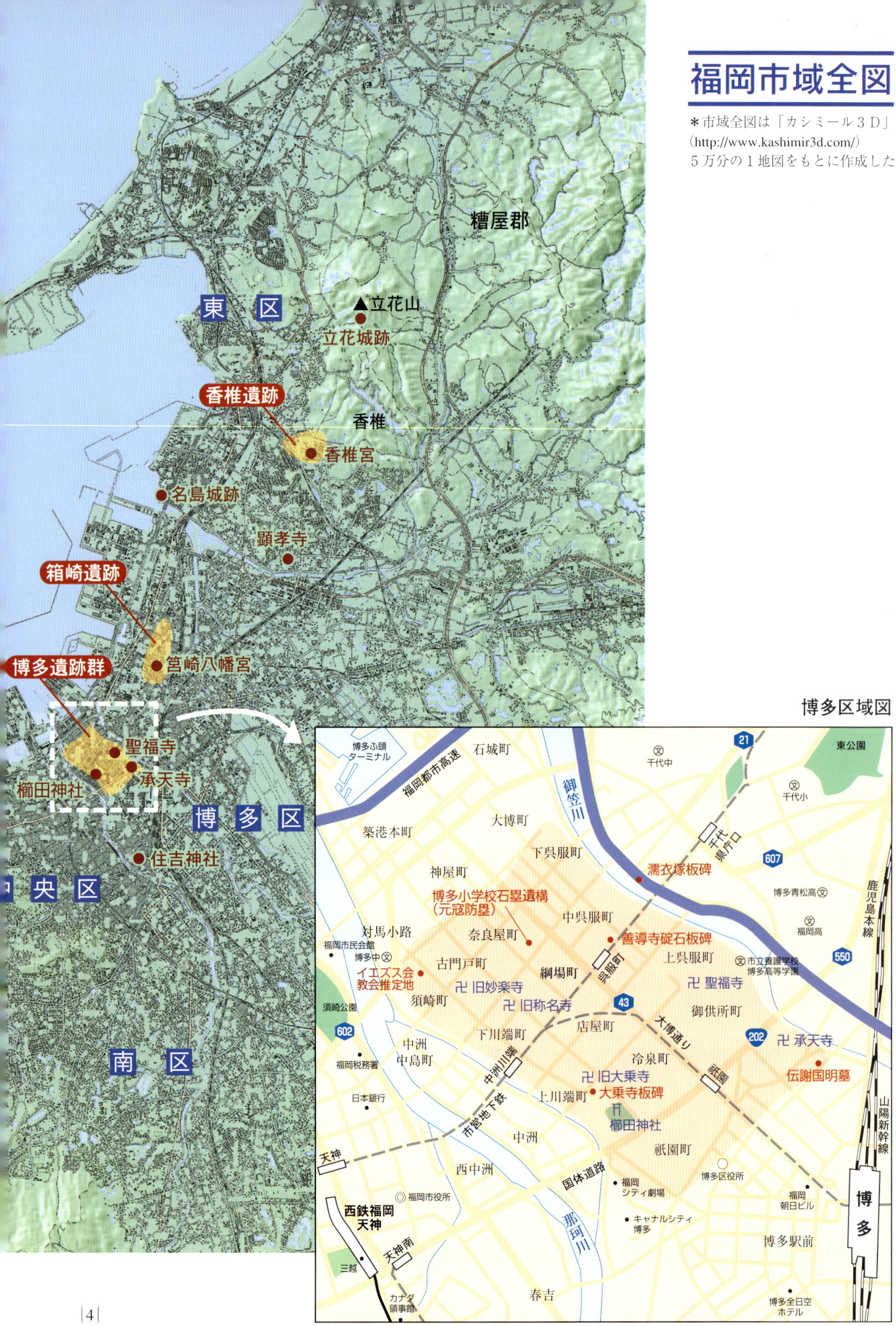

玄 界 灘
玄界島
志賀島
唐泊
福 岡 湾
(博多湾)
糸島郡
今津元寇防塁
能古島
柑子岳城跡
今津
誓願寺
勝福寺
西新元寇防塁
荒津
鴻臚館跡
今津遺跡
今 津 湾
姪浜
西 区
興徳寺
福岡城跡
生の松原元寇防塁
前原市
城 南 区
早 良 区
▲油山

中世都市・博多を掘る

目次

V― 物をつくる

Ⅵ― 博多の祈り

＊ ＊ ＊

＊博多遺跡群と箱崎遺跡群の調査風景・遺構写真は、福岡市埋蔵文化財センター提供。特に記載のない遺物は、すべて福岡市埋蔵文化財センター蔵。

Ⅰ 中世都市・博多

博多と博多湾

中世博多の変遷

堀本一繁

古来、外国からおびただしい質・量の文物がわが国にもたらされたが、その玄関口が博多を擁する北部九州であったことは論を俟《ま》たないであろう。博多は外国との交渉や外来文化受容の窓口であった。狭義の博多は、いわゆる福岡市の旧博多部、すなわち北西を博多湾、南東を比恵川《ひえ》（戦国期以降は房州堀）、北東を御笠川《みかさ》（石堂川）、南西を那珂川《なか》に挟まれた、南北一・六キロ、東西〇・九キロの地域であるが、本稿では博多湾沿岸一帯を含み込んだ広域名称としての博多を対象として、対外交流の観点から中世都市・博多の歴史的変遷をたどっていきたい。中世博多の起点は、鴻《こう》臚館《ろかん》貿易の終焉であり、終点は豊臣秀吉による博多復興から福岡藩の成立期までの間にある。すなわち、一一〜一七世紀初期が本稿の対象となる。

「国際貿易都市」博多

抑《そもそ》も是《こ》は九州筥崎《はこざき》のなにがしにて候。さても一とせ、もろこし・我朝舟の諍《あらそ》ひに、日本の舟をば唐《もろこし》へひかれ、唐の舟をば日本へ引取って候。折節《おりふし》、みやうじう《（明州）》の津に、そけい官人と申すものを一人留め置きて候。はや十ヶ年にあまつてめしつかひ候。彼者に牛馬をかはせ候。今日も申し付けばやと存じ候……

これは、日本に抑留された祖慶官人が、中国から迎えに来た二人の子と日本で生まれた子との間で板挟みになって苦悩する悲哀と、親子ともに帰国できる歓喜を描いた謡曲「唐船《とうせん》」の冒頭である。舞台は博多湾内の筥崎（箱崎、現福岡市東区）である。このストーリーの下地となっているのは、博多湾がわが国における外国への窓口であったという認識である。この認識は、後世、和歌の世界において「袖《そで》ノ湊《みなと》」が唐船の入る港で、博多と同一視されるイメージにつながっていく。

博多湾沿岸一帯には、博多や箱崎をはじめ、「金印」が発見された志賀島《しかのしま》、神宮皇后伝説ゆかりの香椎《かしい》、古代の迎賓館たる鴻臚館、この他、多々良《たたら》、荒津《あらつ》、姪浜《めいのはま》、能古島《のこのしま》、今津《いまづ》、唐泊《からどまり》といった対外交渉と深い関わりを持った場所が数多く点在している。鎌倉時代の蒙古《もうこ》襲来《しゅうらい》に際しては、西の今津から東の香椎まで約二〇キロメートルにわたり石築地《いしついじ》（元寇防塁《げんこうぼうるい》）が築かれ、その一部は今なおわれわれの眼前にその姿を現している。

従来、対外交渉の窓口として博多が注目を浴びてきたが、湾内の交易拠点は博多だけではない。博多は那珂川と御笠川の河口に開かれた港であったが、この他に、多々良川・宇美川河口の箱崎津・香椎・多々良、室見川河口の姪浜、瑞梅寺《ずいばいじ》川河口の今津があった。ことに、博多の都市的発展を考える上で、箱崎との関係は重要である。

博多湾一帯の関連地

よく知られているように江戸時代の博多は城下町福岡との双子都市と評されるが、中世においては箱崎との双子都市という性格を有していた。近年、JR九州鹿児島本線の高架工事と筥崎土地区画整理事業に伴う発掘調査の進展によって、箱崎遺跡の様相が明らかになりつつある。筥崎宮は延長元（九二三）年、八幡神の託宣により穂波郡の大分《だいぶ》八幡宮から遷座したと伝えるが、筥崎宮の南東側では一〇世紀代の遺構を検出している。筥崎宮の創建はちょうど鴻臚館の性格転換の頃に該当する。箱崎が博多と並ぶ重要な港津であったことは、冒頭に紹介した「唐船」の他、鎌倉時代の中頃、蒙古襲来の様子を肥後国《ひごのくに》御家人《ごけにん》竹崎季長《たけざきすえなが》が描かせた『蒙古襲来絵《え》詞《ことば》』からも窺える。巻頭に筥崎宮の社頭が描かれ、季長はまず箱崎津に集結し、ここから蒙古軍を目指し出撃した。日本の前線基地は博多ではなく箱崎津に置かれていた（佐伯、二〇〇一）。

博多が国際貿易都市であったことを端的に示すのは、中国人貿易商人の居住であろう。現代に生きるわれわれの感覚からすると、異国情緒あふれる街といえば、横浜、神戸、長崎などが思い浮かぶであろうが、中世までは博多が最も相応しい。ことに平安時代から鎌倉時代中頃までの貿易の担い手は、博多居住の宋商人であったことが知られる。彼らは「綱首《こうしゅ》」や「船頭《せんどう》」と呼ばれ、故国中国と日本との間を往来し、貿易に従事した。『散木奇謌集《さんぼくきかしゅう》』には、永長二（一〇九七）年閏正月、大宰権帥《だざいごんのそち》源経信《みなもとのつねのぶ》が大宰府で没した時、「博多にはべりける唐人ども」が多数弔問に訪れたことを記している。仁平元（一一五一）年、大宰府検非違所別当《けびいしょべっとう》安清ら五百余騎の軍兵により筥崎・博多で大追捕《ついぶ》が行われ、一六〇〇軒の資材雑物が没収された。この時、その筆頭にあげられたのは「宋人王昇後家」であった（『宮寺縁事抄』）。博多や筥崎の都市的発展と、その中核が宋人であったことを如実に物語っている。彼らの居住地は「博多津唐坊《とうぼう》」と呼ばれた（服部、二〇〇五）。

中国人貿易商の居住の痕跡は、文献史料に限ったものではなく、むしろ発掘調査の成果によって、より明らかにされたと言えよう。博多では地下鉄工事を契機として一九七七年より発掘調査が始まり、現在では一八〇次を超える調査が実施されている。博多やその周辺では、全国的に比較して突出した膨大な量の輸入陶磁器が出土しているが、単なる量の多さだけではなく、国内陶磁器に比べて輸入陶磁器の比率が高いのが特徴である。中でも器底に墨書を持つ陶磁器が二一五〇点程出土している点は注目に値する（博多遺跡研究会、一九九六／大庭、二〇〇三）。これは博多特有の遺物で、中には王・張・丁・陳・鄭・朱・林・李といった中国人名が記された碗や皿が見られる。輸入陶磁器が一括廃棄された遺構の存在とともに、対外貿易の荷揚げ地であった博多ならではのことである。博多にもたらされた舶来品は、瀬戸内海を通じて京都を中心に全国に拡散していった。まさに博多は海外貿易と国内流通の結節点であった。

　博多居住の宋人たちは、日本人と婚姻関係を結んだり、現地の寺社と帰属関係を持ったり、中には日本国内において所領を知行する者もいた。例えば、通事張興や船頭張英は筥崎宮領に所領を持ち、同宮の造営を負担した。また、張英は「鳥飼《とりかい》二郎」という日本名をも名乗っていた（『筥崎宮造営材木目録』）。聖一国師の承天寺創建を支援した謝国明《しゃこくめい》が玄界灘に浮かぶ小呂島に地頭職を有していたことは著名である（『宗像大社文書』建長五〔一二五三〕年五月三日付六波羅書下）。京都にも勢徳の者として知られた筥崎宮神官秦貞重《はたのさだしげ》は藤原頼通や知人への贈り物を、太刀十腰を担保に唐人から入手している（『今昔物語』巻二六）。

　博多綱首たちがもたらす貿易の利益は、時に争いを生じさせることもあった。建保六（一二一八）年、太宰府の大山寺（有智山寺）神人通事船頭であった張光安が、博多において石清水八幡宮領筥崎宮留守行遍・子息光助らに殺害された。同年起きた通事船頭綱首秀安と肥前国神崎庄留守らが大宰府使・筥崎宮雑掌を凌轢《りょうれき》する事件とも関連するようで、翌承久元（一二一九）年、神崎庄官らは光安の死所博多管内ならびにその所領を庄領にするよう要求している。博多綱首の帰属関係により、延暦寺と石清水八幡宮との争いにまで発展し、延暦寺は神輿を持ち出して嗷訴《ごうそ》し、博多津・筥崎を山門領にしたいと訴えた。

　博多綱首の足跡は、彼らの故国にも刻まれていた。中国の寧波にある三石碑には、南宋・乾道三（仁安二・一一六七）年四月、「日本国太宰府博多津居住」の丁淵ら宋商三名が当地においてそれぞれ参道一丈分の費用として銭一〇貫を寄進したことが刻まれている（王、一九九〇）。異国の地に身をゆだねながらも、手にした利益の一端を故国の寺院に喜捨したことに、精神面においては依然として故国との結び付き

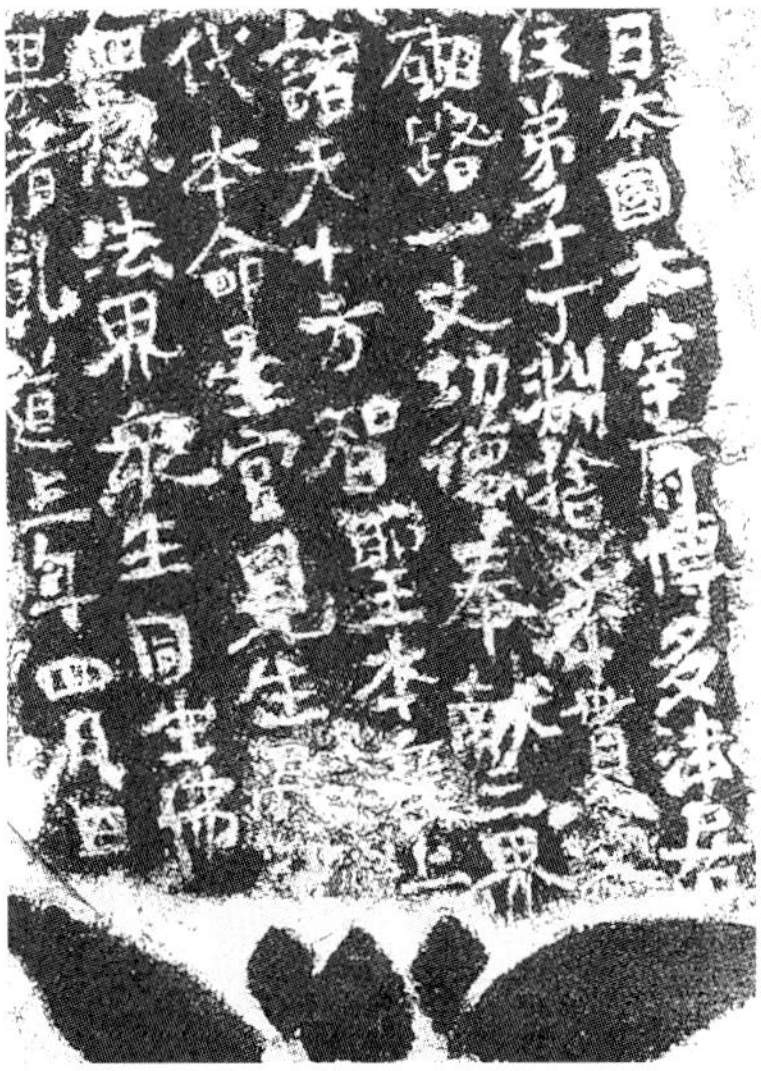

寧波の三石碑（部分）

を失わないでいる彼らの姿勢を読み取ることができよう。そして、このような彼らの信仰的欲求が鎌倉時代における博多の聖福寺、承天寺などの建立へとつながっていく。

博多は外国船が来航したり、中国人商人が居留したりするだけでなく、当然ながら日本人が大陸や朝鮮半島に渡航する地でもあった。古代においては大宰府の外港的役割を果たし、その中心施設として鴻臚館が設置された。博多湾の入り口に位置する志賀島は風待ちのための停泊地であった。福岡・佐賀両県の県境に聳える標高一〇五五・二メートルの背振山は、博多湾に出入りする船にとってランドマークとなった。平安時代末期に二度南宋に渡海した栄西が出航した地点も博多湾からで、湾の西奥に位置する今津であった。当地は、博多に対して、新しく開かれた港として「今津」と呼ばれ、法金剛院領（領家は仁和寺）怡土《いと》庄の外港であった。現在では郊外の閑静な集落であるが、栄西筆の国宝『誓願寺盂蘭盆縁起』、中国製の孔雀文沈金経箱、銭弘俶八万四千塔を伝える誓願寺や、重要文化財・大覚禅師（蘭渓道隆）画像を持つ勝福寺が所在し、かつて海外との貿易で栄えていた往時の痕跡を今に留めている。

「唐物流布の地」博多

唐の物は、薬の外は、みななくとも事欠くまじ。書どもは、この国に多く広まりぬれば、書きも写してん。唐土舟の、たやすからぬ道に、無用の物どものみ取り積みて、所狭く渡しもて来る。いと愚かなり。遠き物を宝とせずとも、得難き貨を貴まずとも、文にも侍るとかや。

（『徒然草』一二〇段）

吉田兼好による痛烈な唐物流行批判である。海難の危険を冒してまで、生活には必ずしも必要としない大量の嗜好品が中国からもたらされる状況を揶揄しているが、兼好の嘆息とは裏腹に、唐物を貴ぶ風潮は留まることを知らなかった。

唐物は長期にわたって日本人の心を魅了したが、鎌倉末期から室町期にかけて流行した闘茶《とうちゃ》・茶寄合《ちゃよりあい》においては高価な懸け物として享楽的に珍重された。唐物趣味で満たされた喫茶の亭の有様は『喫茶往来』に詳しい。牧谿《もっけい》や張思恭をはじめとする唐絵で部屋の周囲を飾り、金襴《きんらん》を掛けた卓に胡銅《こどう》の花瓶《けびょう》を置き、机には錦《きん》繡《しゅう》、客座の胡床《こしょう》には豹の皮、香台に堆朱《ついしゅ》・堆紅《ついこう》、といった具合に唐物尽くしである。一一世紀成立の『新猿楽記《しんさるがくき》』には商人が交易する唐物として、多種にわたる香料や綾・錦・羅などの絹織物をはじめ、薬品・陶磁器・竹木などが列挙されている。円覚寺仏日庵公物目録には宋代の名筆・名画をはじめとする美術工芸品が多数名を連ね、鎌倉末期における北条氏周辺の唐物趣味をよく示している。鎌倉幕府の連署・執権を務めた金沢貞顕《かねさわさだあき》は京都から鎌倉に戻ろうとする息貞将《さだまさ》に「から物・茶のはやり候事、なをいよ〳〵まさりて候」と伝え（「金沢文庫古文書」元徳二〔一三三〇〕年六月一一日付書状）、別の書状では、唐物の入手を喜びながらも「但重宝無之候、歎存候」と、良い品を求めることに飽くことがなかった（同文書正月二七日付方丈宛書状）。降って室町期においては、足利将軍家が代々収集した唐物を中心とするコレクションは足利義政に至り東山御物と称される一群を形成し、『君台観左《くんたいかんそ》右帳記《うちょうき》』には当時もてはやされた宋・元の画家や茶碗が数多く挙げられている。

このように唐物は京都や鎌倉に運ばれ、公武の貴顕にもてはやされたが、唐物が日本にもたらされた主要な入り口は、やはり国際貿易都市として栄えた博多であった。博多が海外交易の拠点であったことは、他の地域に比して圧倒的な量で出土する輸入陶磁器からもよく分かるが、ここでは文献史料に拠りながら、博多を介した唐物受容のあり方について述べよう。

古来、北部九州一帯は大陸や朝鮮半島からの文物を受容する窓口であったが、古代において博多は大宰府の外港的役割を果たしてきた。遣唐使が事実上廃止された九世紀半ば以降、鴻臚館は対外的客館としての性格を終えるが、政府は引き続き鴻臚館を外国への窓口とし、鴻臚館において中国商人の貨物を買い上げた。当初、中央より唐物使を鴻臚館に派遣して、来朝した唐商人の貨物を臨検し、需要品を買い上げた。次いで、延喜九（九〇九）年、唐物使派遣を停止し、大宰府に貿易管理と先買権を委任した（『扶桑略記』）。唐物を欲する王臣家の使や管内吏民は唐商人が大宰府に至ると私的に高値で取り引きしようとするので、政府はこれを禁じている（『日本三代実録』仁和元（八八五）年一〇月二〇日条）。『類聚三代格《るいじゅうさんだいきゃく》』延喜三（九〇三）年八月一日付太政官符においても、同様に大宰府官人の検察前に、諸院諸宮王臣家等や郭内富豪之輩が争って買い来るのを禁じている。唐物に対する欲求の広がりが、たびたび政府をして貿易管理の強化に向かわせたが、止めることはできず、九州沿岸部に位置する荘園では密貿易が横行した。

博多にもたらされた珍奇な唐物は、京都への献上品としても活用された。長和四（一〇一五）年九月二三日、大宰権帥藤原隆家は朝廷に恒例の貢物としての率分絹、丁字・麝香《じゃこう》といった様々な香、唐錦・綾などの唐物を献上している（『小右記』）。久安三（一一四七）年春、大宰博多津の宋商が前関白藤原忠実に孔雀と鸚鵡を献上した（『本朝世紀』）。源平合戦後、九州から凱旋した源範頼は、後白河法皇に唐錦・唐綾絹羅・南廷・唐墨・茶碗具・唐筵などを、兄頼朝夫妻に唐錦・唐綾・唐絹・南廷などを献じた（『吾妻鏡』文治元（一一八五）年一〇月二〇日条）。

博多で手に入るものは嗜好品だけではなく、典籍の入手にも便があった。平安末期、栄西は博多湾西奥の今津誓願寺において一切経の渡海を待った。保安元（一一二〇）年、僧覚樹は、宋商蘇景に勧めて高麗より聖教百余巻を将来させ、大宰府においてその一部を書写させている（『弘賛法華伝』）。

唐物を欲する人々は国内流通に乗せられて来るのを待つばかりではなく、博多につてがあればそれを利用して積極的に優品を手に入れようと躍起になった。建盞《けんさん》を欲した高辻長衡が太宰府天満宮の小鳥居法眼に宛てた書状（『小鳥居文書』貞治元（一三六二）年八月三日付書状）で語った「其境唐物《そのさかいからもの》流布《るふ》の由伝説候《よしでんせつそうろう》」ということばに、当時最大の消費地であった京都から見た博多周辺に対する認識が端的に表されている。

天目茶碗（九州大学文学部考古学研究室蔵）

唐物肩衝（福岡市埋蔵文化財センター蔵）

同様の事例は「島田文書」延慶三（一三一〇）年八月二二日付楊梅宛志賀島雑掌為直書状にも見える。博多湾頭に位置する志賀島は長講堂領に属していた。この書状は現地の雑掌が領家島田氏に対して、年貢米や干飯酒・鯵塩辛・根紫・志賀島海人など恒例進物の納入義務を負っていたことを具体的に示し興味深いが、その六条目は、茶碗鉢の調達を命じられたことに対する回答である。

一、茶碗鉢事、仰せ下され候。相尋ね候の処、口二尺候は方々相尋ね候と雖も、これ無く候。或いは一尺、或いは一尺一二寸は候わんずらんと申し候。其も中々ゐ中は高直（値）に候。仰せに随うべく候。（原漢文）

京都からの依頼を受けた為直は、方々手を尽くして探してみたが、注文された口径二尺の大振りな陶器の鉢を見付けることができなかった。そこで、一尺、一尺一二寸であれば手に入るが、今は田舎でも高値であるので、どうすべきか指示を仰いでいる。唐物入手をめぐる京都と博多とのやり取りの様子を彷彿とさせる。

史料で確認できる事例は、博多にもたらされた舶来品の膨大な量に比べれば氷山の一角に過ぎないが、貿易船一船の規模を知りうるのが韓国新安沖海底沈船である。元・至治三（元亨三・一三二三）年、中国の慶元（寧波）を発ち、博多を目指して出航しながらも難破して朝鮮半島西南沖で沈没した船である。収集された木簡から、京都・東福寺の造営料唐船で、船の経営を末寺である博多の承天寺釣寂庵《ちょうじゃくあん》が担い、これに筥崎宮も密接に関わっていたことが明らかとなった。引き揚げられた船体は長さ三四メートル、最大幅一一メートル、積載量は約二〇〇トンと推定されている。引き揚げられた遺物は四二件六二種に及び、銅銭・陶磁器・金属器・石製品・香辛料・香木が積み込まれていた。中でも銅銭は重量約二八トン、数にして八〇〇万枚を超えた（川添、一九九三／福岡市博物館、二〇〇一）。このことから考えると、長年にわたり博多にもたらされた唐物の数は計り知れない。

博多禅

禅宗は何よりも宋・元文化の移入者として意義付けられるから、対外的観点で評価しなければならない。その点で博多禅は禅宗の初伝として対外交渉の門戸に見合った性格をもって展開している。（川添昭二、一九八一）

中世博多の文化は社寺文化によって代表される。その中でも、外来文化受容の窓口であることに都市としての特質を持つ博多にとって、禅宗の展開はとりわけ重要である。川添昭二氏は鎌倉禅や京都禅に対置して「博多禅」を提唱される。

中世博多の都市的発展は、栄西《ようさい》による聖福寺の開創とともに始まる。そして、半世紀遅れて円爾《えんに》（聖一国師《しょういちこくし》）により承天寺が建立され、都市博多の宋風化がさらに押し進められた。両寺の立地は北東の箱崎から続いていた松原が博多に突き出した辺りにあり、博多の中で最も高い砂丘上に位置する。中世博多を貫通したメインストリートは、両寺の門前を通り海岸部に達した。後に豊臣秀吉の博多復興でなされた、いわゆる「太閤町割」まで、この街路が中世都市博多の基軸線となった。

両寺に共通することは、ともに建立にあたり博多居住の中国人貿易商人の支援があったことである。承天寺の開基檀越《だんおつ》は、博多綱首として著名な謝国明である。聖福寺の寺地も、宋人が堂舎を建立していた博多百堂地の旧跡と伝えられ（「聖福寺文書」栄西言上状）、また、栄西自身、宋商と親交を持ち、開創にあたって宋人の関与が窺われる。博多に禅宗が弘まる契機は日宋貿易の展開にあり、博多居住の宋商が本国の信仰生活を滞在地博多に移入し、外護の主体となったのである。

また、入宋経験を持つ栄西と円爾は、ともに東大寺大勧進職を務めるなど寺院の再建に手腕を発揮したことも共通する。これは中国人貿易商人との密接なつながりが経済的な支えの一つになっていたと考えられる。二人が事業家的手腕を発揮するにあたり、日宋貿易に従事する貿易商の財力は経済的な大きな拠り所となったであろう。栄西の建仁寺建立・法勝寺塔造営、円爾の東福寺建立・建仁寺再興など、両名は国内において多くの造寺・造塔に携わった。さらに彼らの活躍の場は国内に留まらず、東シナ海の波濤を越えて中国にも及んだ。栄西は師虚庵《こあん》懐敞《えじょう》が天童山景徳寺の千仏閣を修造するにあたり、日本から大船を仕立て良材を送った（楼鑰『千仏閣記』、虞樗『日本国千光法師祠堂記』）。円爾も同様に、師無準師範の住する径山《きんざん》万寿寺が罹災した時、謝国明と協力して博多から復興のため板一〇〇〇枚を送っている。それに対する無準の礼状が著名な国宝「板渡しの墨蹟」である。

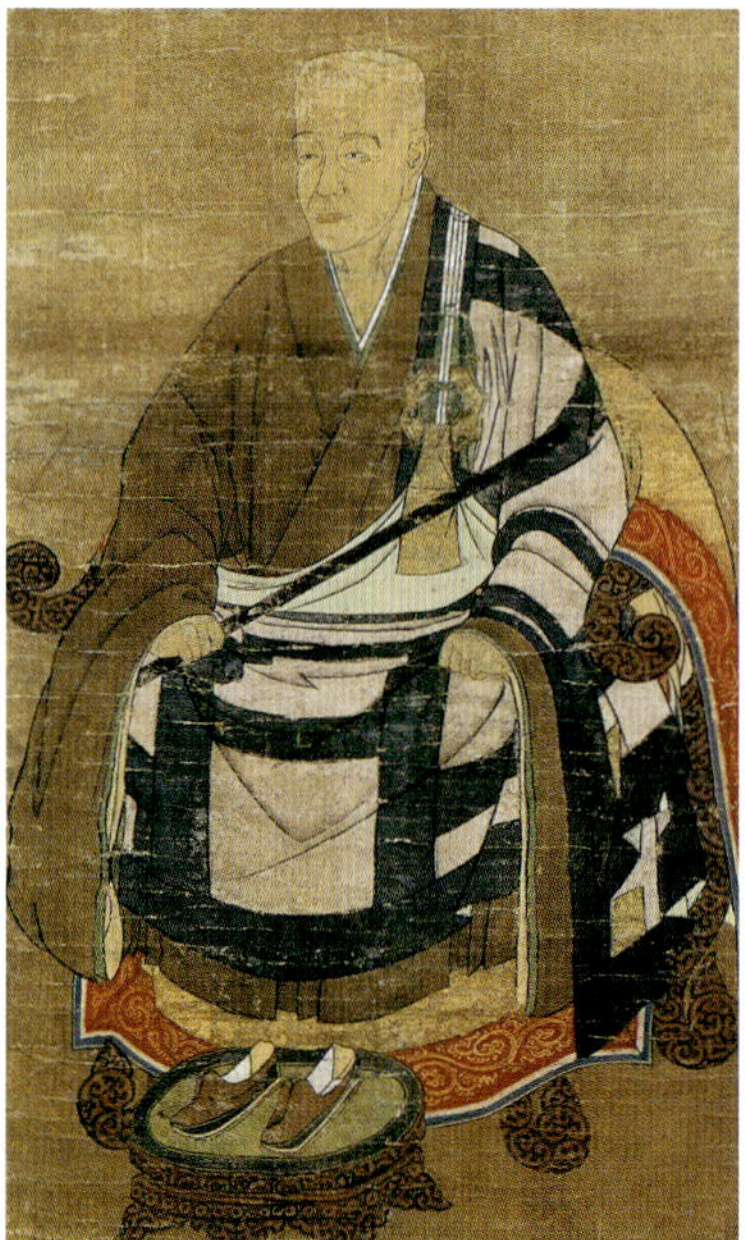
栄西頂相（建仁寺両足院蔵）

聖福寺・承天寺に続き、博多湾岸には今津の勝福寺、姪浜の興徳寺、多々良の顕孝寺、博多息浜の妙楽寺と相次いで禅院が建立された。博多の円覚寺は蘭渓道隆の滞在を機に天台宗から禅宗に改められた。無学祖元の来朝の折、聖福寺にいた無象静照が出迎えたように、鎌倉期に来朝し日本の禅宗に大きな影響を与えた兀《ごっ》庵《たん》普寧《ふねい》、大休正念、西澗《せいかん》子曇《すどん》、一山一寧、清拙正澄、明極《みんき》楚俊《そしゅん》、竺仙梵僊、東陵永璵ら多くの渡来禅僧が博多に上陸し、博多の禅院に掛錫《かしゃく》した。

聖福寺に住した鉄庵道生《てったんどうしょう》は、鎌倉末期の延慶年間（一三〇八～一一）、「博多八景」（『鈍鉄集』所収）と題し博多湾一帯の名所（香椎暮雪、箱崎蠶市、長橋春潮、荘浜泛月、志賀独釣、浦山秋晩、一崎松行、野古帰帆）を東から西に配し、四季を織り交ぜ巧みに詠み込んでいる。このうち狭義の博多を詠んだものが長橋春潮で、「飢虹偃傍春霏飲、人踏飢虹飲處行、湍雪渾濤伍員恨、不知何日得澄清」と、博多の景観を文学的に表現した早い事例である。

海外貿易の基地としての博多は貿易船が艤装《ぎそう》する場であったが、博多の禅僧は外交使節として活躍した。「寺は遣唐使の駅たり」（『黙雲集』）と評された妙楽寺は、室町幕府外交の出先機関として利用された。応永二六（一四一九）年、朝鮮が対馬を襲撃した応永の外寇の直後、幕府は朝鮮の真意を探るべく大蔵経の求請に託して妙楽寺の無涯亮倪《むがいりょうげい》を日本国王使として朝鮮に派遣した。一六世紀になると、聖福寺を中心とする幻住《げんじゅう》派が対外交渉において重要な役割を果たした。幻住派は中国天目山幻住庵の中峰明本の法を嗣いだ禅僧の一派で、顕孝寺・聖福寺に歴住した豊前出身の無隠元晦《むいんげんかい》や遠渓祖雄らがいた。大内氏が派遣した第一八・一九次遣明船は博多から発遣され、その状況は策彦周良《さくげんしゅうりょう》『策彦入明記』に詳しい。第一八次の正使は聖福寺新篁院主湖心碩鼎《こしんせきてい》であった。

また、博多の禅院は自らも主体となって外国へ通じることもあった。例えば、承天寺の誾公《ぎんこう》は朝鮮に大蔵経を求めた（『定宗実録』建文二〔応永七・一四〇〇〕年八月是月条）。博多津息浜光明禅寺住持正巽と宗超は同寺に朝鮮鐘を納めている（長仙院鐘銘）。

このような対外関係に根ざした博多の禅院ならではのエピソードとして、かつて妙楽寺に伝来した虎丘十詠《くきゅうじゅうえい》の流転の物語がある。虎丘十詠は虚堂智愚《きどうちぐ》が南宋・宝慶年間（一二二五～二七）虎丘山の名所一〇カ所を七言の詩に詠んだもので、それに一三人の跋文が付されている。跋文によって流転の経緯を知ることができる。明・洪武九（永和二・一三七六）年、入明中の妙楽寺七世恒中宗立は先師虚堂智愚の虎丘十詠と跋文を入手した。宗立は虚堂智愚－南浦紹明－月堂宗規（妙楽寺開山）の法流に連なり、虎丘十詠を妙楽寺に持ち帰ることを念願したが果たせず、これを受け継いだ同八世の石隠宗璵も高齢となり叶わず、日本からの留学僧にその希望を託した。しかし、二人の祈念は通じず、それからさらに八〇～九〇年中国国内を流転した。

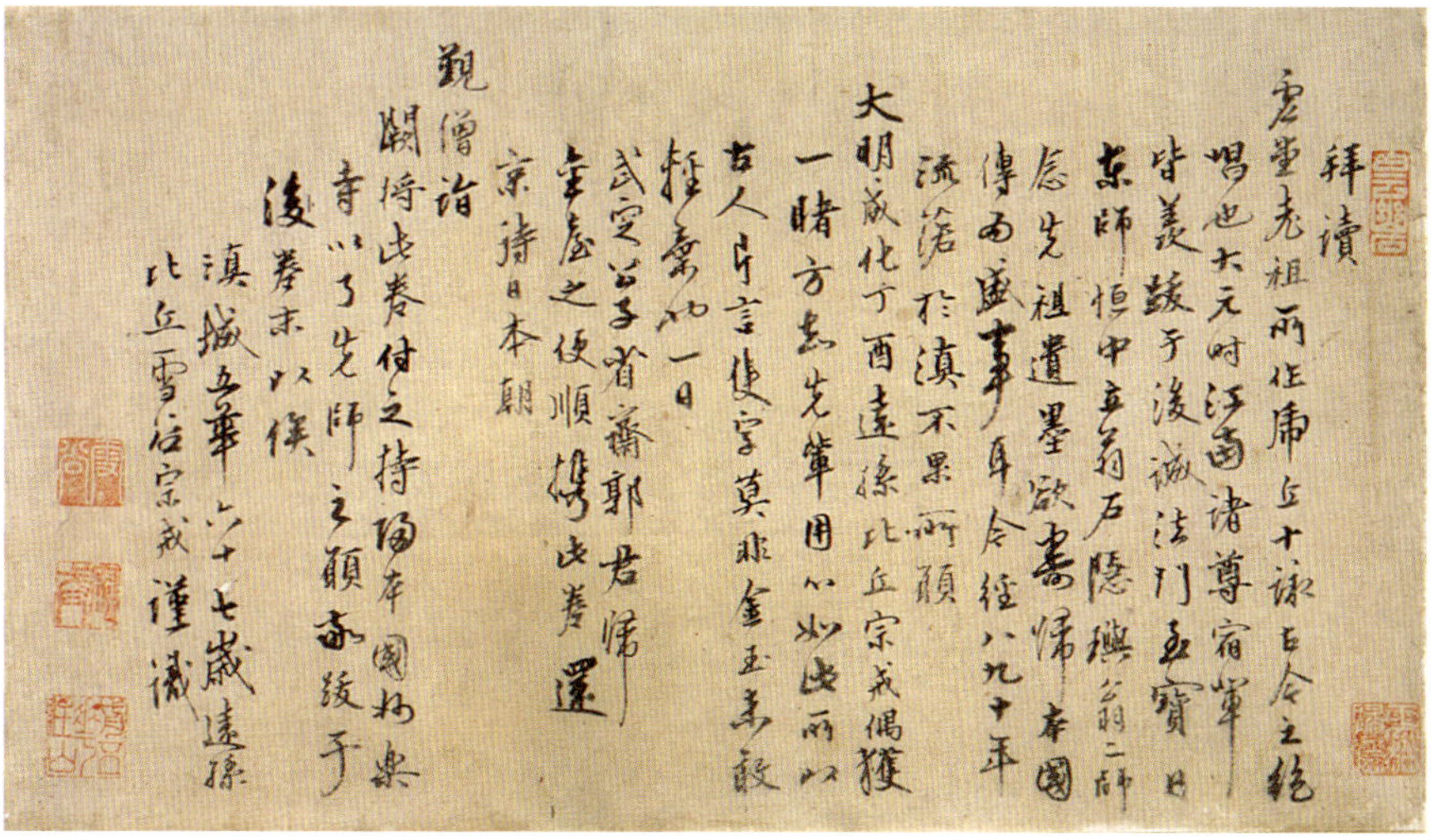

雪谷宗戒跋文（福岡市博物館蔵）

そして、明・成化一三（文明九・一四七七）年、雲南省滇城にいた雪谷宗戒の目に留まり、宗立・宗璵の志に感じた宗戒によってようやく妙楽寺に届けられるよう手配されたのである。雪谷宗戒跋文は十詠跋の末尾に置かれているので程なく妙楽寺に届けられたようである。中国国内を流転すること約二五〇年の時を経てやっともたらされたのである。日中文化交流史上、博多の位置を端的に語る史実である。

蒙古襲来と博多

おきのはま《(息浜)》にくんひやう《(軍兵)》そのかす《(数)》をしらすうち《(打)》たつ《(立)》、すえなか《(季長)》か丶一もん《(門)》の人々あまたあるなかに、ゑた《(江田)》の又太郎ひていゑ《(秀家)》、ことに申うけ給はるによりて、かふと《(兜)》をきかへて《(着換)》、これをしるし《(印)》にてあいたかひ《(相互)》にみつく《(見継)》へきよし《(由)》を申すところに、いそく《(異賊)》あかさか《(赤坂)》にちん《(陣)》をとるにつきて一もん《(門)》の人々あひむかふ《(相向)》に……

鎌倉時代中頃、日本中を震撼させた蒙古襲来の模様を描いた『蒙古襲来絵詞』の冒頭の一節である。博多の国際貿易都市としての特性は、古代から中世に至る一貫した属性であるが、鎌倉時代中頃、文永・弘安両度の蒙古襲来を契機として博多の性格に大きな変化が生じた。ここでは、蒙古襲来が博多に与えた影響について述べてみたい。

『蒙古襲来絵詞』には、筥崎宮・博多息浜《おきのはま》・住吉社・鳥飼《とりかい》の汐干潟・麁《そ》原《はら》（祖原）の蒙古軍の陣・生《いき》の松原の元寇防塁・志賀《しか》海《うみ》神社など、今に残る福岡市内の旧蹟が描かれ、博多湾沿岸一帯が蒙古襲来の主戦場であったことをよく示している。しかし、影響は単にそのことのみに留まるものではなかった。蒙古襲来への対応の結果、鎮西探題《ちんぜいたんだい》が博多に設置され、九州の政治の中心が大宰府から博多に移ったのである。外国からの船舶が往来する国際貿易都市という性格に加え、極度の軍事的緊張が博多を一挙に九州における政治の中心たる地位に押し上げた。

鎌倉幕府は文永の役後、異国警固の勤番体制を整えるとともに、より積極的かつ具体的な対応策として、異国征伐と石築地築造という攻守両面の計画を立てた。前者は、博多を拠点に大宰少弐《だざいのしょうに》武藤経資《むとうつねすけ》を指揮者として高麗を攻め、日本への侵攻を絶とうとす

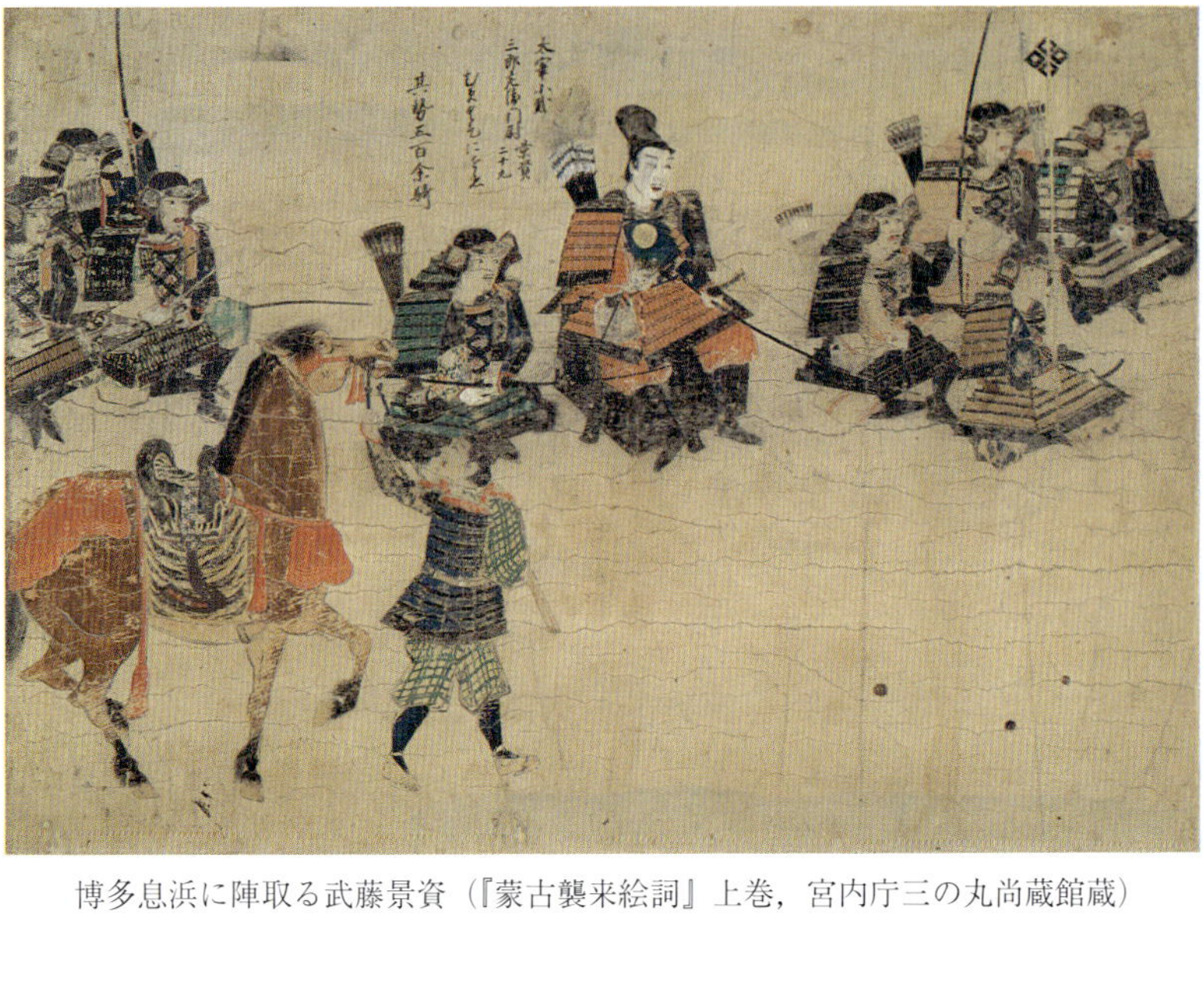

博多息浜に陣取る武藤景資（『蒙古襲来絵詞』上巻，宮内庁三の丸尚蔵館蔵）

博多の元寇防塁（「聖福寺古図」部分，聖福寺蔵）

るものであり、後者は、博多湾沿岸一帯に異国警固の要害として石築地を築くことである。いわゆる元寇防塁である。高麗侵攻は沙汰止みとなり、実行に移されたのは防塁築造のみであった。九州各国に分担地を割り振り、国中平均に反別一寸の割合で賦課され、その規模は今津から香椎まで、約二〇キロメートルに及んだ。

この長大な元寇防塁の築造は、博多の都市景観、とくに博多のイメージに大きな変化をもたらした。博多の異称として「石城府」、「石城県」、「石城冷泉津」といった呼び方を新たに登場させることになった。博多の海岸部に累々と築かれた石垣の威容が「石城」と形容され、博多の代名詞となった。『李朝実録』や申叔舟『海東諸国紀』といった外国の文献にも見られるように、博多湾に入港する船舶から見た博多の景観、すなわち海からの博多のイメージを直截に表現した呼称である。南北朝期以降、対外交渉の拠点として利用された妙楽寺が前身を石城庵、山号を石城山とするのも、同寺が防塁近くに建立されたことに因む。博多の聖福寺が所蔵する「聖福寺古図」には海岸部に築かれた元寇防塁が描かれている。一九九二年、古《こ》門戸《もんど》町での博多第六八次調査や、一九九九年、旧奈良屋小学校跡（現博多小学校）での同一一一次調査で発見された石塁遺構は、元寇防塁の可能性が指摘されている。

幕府は弘安の役後も三度目の襲来に備え、博多における異国警固番役の維持強化を図った。弘安七（一二八四）年の鎮西特殊合議制訴訟機関、弘安九（一二八六）年の鎮西談議所を経て、冒頭で述べたように、最終的には九州の訴訟裁断権と軍事指揮権が与えられた鎮西探題が設けられ、北条氏一門が探題として赴任した。これにより九州にいる武士たちは、訴訟のために鎌倉や京都六波羅に赴く必要がなくなり、任地を離れず警固に専念できるようになった。探題府には裁判機関として評定衆や引付衆・引付奉行人が配置され、一番引付頭人に武藤（少弐）氏、二番頭人に大友氏が任命された。探題府職員の博多居住は言うまでもなく、訴訟の際には訴訟代理人が博多に駐留した。また、異国警固番役を勤めるため、九州に所領を持つ領主は、一定の期間、博多湾沿岸の分担地に勤番した。探題の設置は、博多の住民の構成上、武士の比重を高めることにつながった。

鎮西探題の設置による博多の政治都市化は、文化の興隆をも引き起こした。鎮西探題北条英時をはじめ、探題府関係者を主たる担い手として歌壇が形成された。鎌倉時代最末期に二条派歌人によって編まれたとみられる『臨永和歌集』や『松花和歌集』には、探題英時や大友貞宗・少弐貞経ら探題関係者の歌が多数選ばれている（川添、二〇〇三）。

大友貞宗は闡提正具《せんだいしょうぐ》を開山に招いて多々良に顕孝寺を建立す

るなど、禅宗を外護《げご》し、中国の儀礼にも通じ、当代の武士の中で第一級の文化人であった。また、貞宗は同寺で『円覚経』の開板を行っている。博多・香椎・志摩郡の三拠点を中心として室町・戦国期に展開する大友氏の筑前支配の素地は、蒙古襲来に対する一連の対応策の中で形成された。香椎は、大友氏が守護を務める豊後国の警固分担地であり、志摩郡には、弘安の役の恩賞地、怡土庄志摩方三〇〇町の所領があった。

北条英時の前任者北条随時《ゆきとき》は、博多の総鎮守として名高い櫛田神社の再興を行っている（『東海一漚集《とうかいいちおうしゅう》』）。鎮西探題は同社の近くにあった。異国降伏祈禱のためと、北条氏得宗・一門による海陸交通拠点の掌握の一環として建立された大乗寺（奈良西大寺の末寺）も同社に隣接してあった。

蒙古襲来は貿易の担い手にも変化をもたらした。鎌倉時代前期まで活発に見られた謝国明らの在博多の宋人貿易商（博多綱首）が姿を消し、日本人商人の活動が見えるようになる。元・至治三（一三二三）年に慶元（寧波）から博多に向かった韓国新安沖海底沈船は、多数の「綱司」銘木簡が見られるように博多の綱司が運営に携わったが、人名木簡には明らかに中国人と見なしうるものはなく、「まこ三郎」、「とう二郎」、「衛門次郎」、「いや次郎」など、仮名書きが見られ、日本人名ばかりである。この変化は、故国宋の滅亡と長期の博多滞在が相俟って宋商の帰化が進んだためであろう。「唐房」と呼ばれるような中国人の集住形態にも変化をもたらしたと考えられる。

異国警固は時代が降るとともに弛緩しながらも南北朝時代初期まで継続した。貞和二（一三四六）年、室町幕府は鎮西管領（九州探題）一色直氏《いっしきなおうじ》に対し「異賊防禦構《いぞくぼうぎょかまえ》以下事」を先規に任せ処理するよう指示している（「入来院文書」鎮西沙汰事書幷足利直義御教書案）。これが防塁に関する終見である。異国警固番役を直接引き継いだものかは確かでないが、貞和四（一三四八）年まで九州探題が博多の警固番役を肥前国内の領主に命じたことを確認できる。鎮西探題が博多に設置され、探題が肥前守護職を兼補したことは、基盤を同じくする少弐氏との競合関係を胚胎することになり、室町幕府成立後、少弐氏と九州探題の対立抗争が顕在化する。そして、少弐・大友氏と大内・渋川氏との対立を基本的な政治的枠組みとする中世後期の九州政治史へと展開していった。

博多豪商の系譜

右、十七ヶ条の内、一つとして宗室の用に非ず候。其の方の生中守りとして遺言せしめ候。それ弓矢取りの名人は、先ずまくべき時の用心手だてを第一に分別を極め、弓矢を取り出さるると承り候。縦まけ候ても、我国をも失わず、人数をもうたせず候。思案無きの武士は、少しも其の分別無く、むざと人の国をも取るべきと計り心得、取りかゝり、まけ候へば、持ちたる国まで取られ、身をも相果つると申し候。つれづれぐさに双六の上手の手だてに、かたんと打つべからず、まけじと打つべしと書き置き候。是、其の理なり。其の方事、先ず所帯をつましく、夜白《よるひる》心がけ、其の上にて商売由断《ゆだん》無く仕

るべく候。　（原漢文）

これは天下人ともわたりあった博多の豪商・茶人、嶋井宗室《しまいそうしつ》の遺言状の一節である。養子とした外孫神屋徳左衛門尉に宛てて、聖徳太子の十七条の憲法になぞらえて人生の教訓を書き置いた。自身の豪放闊達な生き様とは裏腹に、過敏なまでに細心の注意を払っている。戦国～近世初期に活躍した宗室は、神屋宗湛とともに、国際貿易都市として古代以来の伝統を持つ中世博多の掉尾《とうび》を飾った豪商である。ここでは、宗室・宗湛に至る博多豪商の足跡を辿ってみよう。

博多を舞台に活躍した商人を大まかに眺めると、一一～一三世紀半ばまでの中国人を主体とする時代と、それ以降の日本人を主体とする時代とに分かれる。

一一世紀半ば頃、大宰府鴻臚館が衰退すると、貿易の拠点は博多や箱崎に移ったが、貿易の担い手の中心は中国からの商客であった。博多には「唐房」と呼ばれる中国人街が形成され、「綱首」、「船頭」、「通事」と呼ばれた博多居留の中国人貿易商は本国との間を行き来し交易に従事した。彼らは寺社との帰属関係や日本人と婚姻関係を結び、深く日本社会に根を下ろした生活を営んだ。以下、史料上に現れた在博多の中国人商人を一瞥《いちべつ》しよう。

永久四（一一一六）年、中国江南地域の出身と見られる筑前薄（博）多津唐坊大山船龔《こん》三郎船頭房が有智山明光房所蔵の唐本『観音玄義疏記』を書写している（西教寺蔵『両巻疏知礼記』上巻奥書）。先述のように、仁平元（一一五一）年、一六〇〇軒の資材雑物が没収された筥崎・博多の大追捕で、その筆頭に挙げられたのは「宋人王昇後家」であった（『宮寺縁事抄』）。鎮西博多津の張国安は聖福寺開山の栄西と親交があった（『興禅護国論』未来記）。建保六（一二一八）年、延暦寺末大宰府大山寺の神人で通事・船頭である張光安は、貿易の利権をめぐる争いからであろうか、石清水八幡宮領筥崎宮留守行遍・子息光助らに博多で殺害された。承天寺開山円爾を助けた謝国明は、玄界灘に浮かぶ宗像社領小呂島《おろのしま》（現福岡市西区）の地頭職を有していた。また、当時の宗像社大宮司家は王氏・張氏と二代にわたり中国人と婚姻関係を結び、その所生《しょせい》が大宮司となっている（同社蔵阿弥陀経石追刻銘）。現代の感覚からしても驚くべき国際性と言えよう。同社に寄進された色《しき》定《じょう》法師一筆一切経にも経主として綱首張成、墨檀越として綱首李栄と、宋商の支援があった。建長五（一二五三）年頃、通事張興・船頭張英（日本名は鳥飼二郎）は筥崎宮領の領主となり、その所役を負担した。文応二（一二六一）年三月八日、鄭三綱の真之息《しんのそく》比丘禅念《びくぜんねん》は、大檀那となり油山（福岡市）の天福寺に銅製梵鐘を寄進

謝国明画像（福岡市博物館蔵）

した（防府天満宮蔵梵鐘）。これらの他、博多で集中的に出土する墨書陶磁器から黄・許・金・光・朱・周・陳・丁・徳・劉・柳・林ら、実に多くの綱首名を確認することができる。

このように博多やその周辺で多数見られた宋商の姿は、鎌倉時代中期頃から見えなくなる。蒙古襲来を境に中国人の帰化・土着化も相俟って、博多における貿易商の主体は日本人へと変化していったのである。鎌倉時代末期、博多の綱司が運営した新安沖海底沈船の人名木簡には明らかに中国人と見なしうるものはない。

南北朝時代以降になると日本人の活動は一層鮮明となる。正平二一（一三六六）年三月、博多講衆一六名が安芸厳島社に釣灯籠を寄進した。海外貿易の拠点であった博多が、瀬戸内海を大動脈とする国内流通とも密接につながっていたことを示している。博多の内部においても、元は聖福寺西門の傍らにあった康永三（一三四四）年八月付濡衣塚《ぬれぎぬづか》板碑に二七名の接待講衆が、翌年六月二四日付大乗寺跡地蔵菩薩像板碑にも三六名程の人名が見え、ようやく博多の都市住民が姿を現してくる。この頃、倭寇の動きが活発となり、その禁圧を求める明や高麗・朝鮮の使者が博多に到来した。一三七七（明・洪武一〇）年五月、倭寇の将・覇家台《はかた》万戸が斬られた（『高麗史』辛禑三年）。博多は倭寇の拠点の一つと認識されていた。

室町時代になると、博多商人は日明貿易に活躍した。応永八（一四〇一）年、足利義満が初回に派遣した遣明副使は、「筑紫之《つくしの》商客《しょうきゃく》」、すなわち博多商人の肥富《こいづみ》であった（『善隣国宝記』）。この後にも博多商人は日明貿易に携わり、奥堂《おくのどう》右馬大夫、奥堂五郎次郎、澳浜《おきのはま》新左衛門、綱庭《つなば》太郎右衛門が知られる（『戊子入明記』）。この奥堂一族は、戦国期まで筥崎宮油座神人としても活動した。

応永二六（一四一九）年の応永の外寇に際し、二人の博多商人が活躍した。室町幕府は対馬を攻めた朝鮮の真意を探るべく妙楽寺の無涯亮倪を正使として派遣したが、これに副えたのが陳外郎《ちんういろう》の息平方吉久《ひらかたよしひさ》である。また、九州探題渋川氏の使者として幕府に外寇の状況を報告し、翌年朝鮮から回礼使として来日した宋希璟に随行し、この一行を京都まで護送したのが、宗金である。宗金は瀬戸内海の海賊事情にも通じていた（『老松堂日本行録』）。宗金は日明貿易や日朝貿易で活躍したが、室町幕府や九州探題渋川氏、少弐氏、大友氏とも密接なつながりを有し、彼の子孫も朝鮮との交易に活躍した（佐伯、一九九六）。

朝鮮の申叔舟が一四七一（文明三）年に著した『海東諸国紀』には、「我が国に往来する者は九州中に於いて博多最多し」として、道安、林沙也文《（左衛門）》（道安の子）、宗家茂（宗金の子）、信盈、藤原佐藤四郎信重（博多の富商定清の女婿）、布永臣平与三郎重家を掲げる。彼ら六名は大友氏の領する博多息浜の住人であった。この他、筥崎津居住の藤原孫右衛門尉安直・藤原兵衛次郎直吉（博多の居住佐藤信重の甥）がいた。道安は琉球－朝鮮の間を往来し、琉球の使節としても朝鮮に渡った。

戦国時代、大内氏が独占した第一八・一九次の遣明船は博多で艤装され、船の経営は博多の神屋主計、神屋太郎左衛門といった神屋一族が行った。天文七（一五三八）年、主計は渡航先の寧波

嶋井宗室画像（個人蔵，福岡市博物館寄託）

で、父永富の三三回忌法要を営んでいる。他に船頭として河上杢左衛門・小田藤左衛門尉らの名が知られる（『策彦入明記』）。

神屋一族の動向はこの頃より明らかになってくるが、神屋寿禎が石見銀山を開発したことも特記すべき点である。ちなみに、嶋井宗室は寿禎を人生の手本としており（嶋井宗室遺訓）、宗室は寿禎の孫神屋宗湛と並称されることが多いが、宗室の方が一世代程年長であった。

博多商人の他地域開発として、石見銀山と並んで長崎がある。長崎の開発には末次一族らの博多資本が注入された。末次興善に因む興善町や博多町の町名は、博多商人が来住して町を形成した名残である。興善の息平蔵政直は、朱印船貿易を行い、町の乙名《おとな》や後に長崎代官をも務めた。また、堺に進出した博多豪商もいた。堺に活動の場を求めた博多屋宗伝は千利休とともに豊臣秀吉の茶道具収集に与かり、嶋井宗室のコレクションを求めた（「嶋井家文書」〔天正一六・一五八八年〕閏五月一九日付千宗易・宗伝連署書状）。

天文一八（一五四九）年帰国の第一九次で勘合貿易が断絶した頃から後期倭寇の活動が活発化するが、ここにも博多商人の姿を見出すことができる。明・嘉靖二四（天文一四・一五四五）年、倭寇の首領として著名な王直に伴われ、「博多津倭助才門等三人」が寧波の沖合に浮かぶ密貿易の拠点・双嶼《そうしょ》へ交易に訪れている（鄭舜功『日本一鑑』）。

大友氏が博多全域を統治するようになる戦国時代後期の博多は、東西に二つに区分され、博多地下《じげ》中から選ばれた月役《がちやく》が博多の自治を担った。彼らは月役専用の黒印を有していた。「田原文書」（天正八〔一五八〇〕年カ）六月一三日付博多西分中連署書状から、西分月役として宗詰・清水道易・今石紹二・小田連吉・柴田宗任・宗禎の六名が知られる。おそらくは東分も六名で構成されたと推定され、江戸時代における年行司の先駆けとなるものである。

戦国の争乱と博多

博多は筑前国にあり、かつては大きく富裕な都市で、（主に）商人が住んでいた。〔中略〕一五五九年の聖週間が過ぎた頃、日本ではよくあることであるが、筑前国において、筑紫殿という国衆である一貴人が、その正当な主君である豊後の国主に対して叛起するという事件が生じた。そして彼は家臣を富ませ、自らも得物の分け前に与かろうとして、二千名の兵士をこの（博多の）市に遣わした。その当日、住民たちは防（戦）したが、夜になって（市）内の幾人かの仏僧は、（敵）方と通じ合って、市を彼らに明け渡した。（博多の）代官は、ある城塞に退き、そこで彼らによって殺された。

（『フロイス日本史』）

永禄二（一五五九）年、肥前勝尾城《かつのお》の筑紫惟門が博多を焼打したことが記される。古来、わが国における対外交渉の門戸としての役割を果たしてきた博多は、中世後期においても中国・朝鮮・琉球・南海との貿易に従事する多数の商人が活躍し、国際貿易港として栄えた。しかし、博多の経済的重要性は、このように当地をめぐる諸権力の争いを惹起した。ここでは、戦乱期における博多の様相について述べよう。

鎌倉時代後期に鎮西探題が設置された博多は、南北朝期以降、大友氏、九州探題、少弐氏、大内氏ら支配者が相次いで交代した。元弘三（一三三三）年、大友貞宗が鎮西探題討滅の賞として、後醍醐天皇から博多息浜を与えられたが（「大友文書」）、貞和二（一三四六）年には博多全域は鎮西管領（九州探題）在所に指定され（「青方文書」）、大友氏の手を離れた。探題渋川氏が少弐氏との抗争に敗れ応永三二（一四二五）年に没落すると、博多の支配は大友・少弐・大内三氏間で争われるようになる。永享元（一四二九）年七月、大友持直は石城冷泉津、すなわち博多の領有を告げ、大般若経などを求め朝鮮に通交した（「世宗実録」）。当時、筑前国内の政治情勢は少弐・大内両氏の抗争が激化し、同年末以降、筑前国は幕府の料国となった。大友氏はまさに戦乱の間隙をついて博多の領有を復活させ、朝鮮貿易に乗り出したのである。

博多の地形は、中程が細くくびれ、海に面した息浜と内陸部に分かれた。大友氏は息浜を領し、一方、内陸側については永享〜文明期にかけて大内氏と少弐氏との間でめまぐるしく支配が交代した。その様は、筥崎宮の油座神人を務めた博多商人奥堂氏に対する諸役免許の書下《かきくだし》などを写した「筥崎宮神人《はこざきぐうじにん》御《おん》油《あぶら》座《ざ》古《こ》証《しょう》文《もん》」に如実に反映されている。発給主体は、少弐氏と大内氏の筑前支配をめぐる対立抗争と軌を一にし、少弐氏の代官宗氏と大内氏が交互に交代する。少弐氏没落後、当地は大内氏の有に帰した。

地形に即した博多の分割統治は、大内氏が滅亡する一五五〇年代まで一世紀以上にわたり継続した。大友・大内両氏は時に干戈《かんか》を交え対峙《たいじ》しながらも共存したので、北部九州における政治的・軍事的動向は博多に直接的影響を及ぼした。天文初年、大友・大内両氏は北部九州の広範囲にわたって戦闘を繰り広げたが、大友氏は圧倒され、博多息浜をはじめとして立花城・志摩郡といった筑前国内の拠点を喪失した。天文七（一五三八）年、大友・大内

戦国時代の博多想像復原図（福岡市博物館蔵，藤松興治画）

両氏は一応は和睦したが、同一二年に至っても大内氏は「冷泉津興浜之内浜口」を押領したままで、大友義鑑は幕府を介した政治的解決を図った（「大友家文書録」）。また、大内氏は息浜の押領に至らないまでも、しばしば息浜の入船公事徴収権を侵害した（「宗家御判物写」）。

大内氏が滅ぶ一五五〇年代は再び北部九州一帯に戦乱が広がり、混乱に乗じて大友氏は博多全域を支配下に治めた。冒頭に掲げたように、永禄二（一五五九）年二月、肥前勝尾城主の筑紫惟門が博多を襲撃した（堀本、一九九七b）。

戦国時代、博多の防衛施設として大友氏によって房州堀が築かれた（堀本、一九九七a）。河川の流路変更を伴う大規模な土木工事で、これにより博多は前後を海と堀、左右を川で囲まれた防御性の高い都市へと変貌した。それまでの博多は、応永二七（一四二〇）年の博多の状況を活写した『老松堂日本行録』によると、「城なく岐路は皆虚《うつろ》なり」という状況から、朝鮮使節宋希璟の来博を機に漸く「里巷の岐路に於て皆門を作らしむ。開閉して以て賊変に備ふるなり」と多少の防備が施された程度であった。この房州堀築造の契機は筑紫惟門の博多焼打が直接的契機となった可能性が高く、とすれば戦後の大友氏の博多復興の一環となる。博多復興と言えば、豊臣秀吉による九州平定直後の復興が有名であるが、戦国期においても戦後に復興がなされていたのである。

永禄年間になると毛利氏が九州に進出し、大友・毛利両氏間の戦渦は博多にも及んだ。永禄六（一五六三）年の「博多津錯乱」では博多問中《といちゅう》が博多を離れ（「諸家引着」）、聖福寺住持景轍玄蘇は「兵を七里灘頭に避け」、志賀島に寓し（「仙巣稿」）、この混乱で寺伝の聖福寺古図・安山借屋牒・唐磬などが紛失した。これらが寺に戻るのは毛利氏が九州から撤退した後の元亀元（一五七〇）年で、大友氏によって博多の復興がなされたことに因る。この頃の博多を描いたのが「承天寺古図」である。

博多の戦国時代の終幕となった豊臣秀吉による博多復興は、薩摩の島津氏を降した九州平定直後に実施されたためであろうか、江戸時代以来、島津氏の焼打により荒廃した博多を再興したといわれている（「九州軍記」など）。しかし、島津氏側の史料にはそれに関する記述は見当

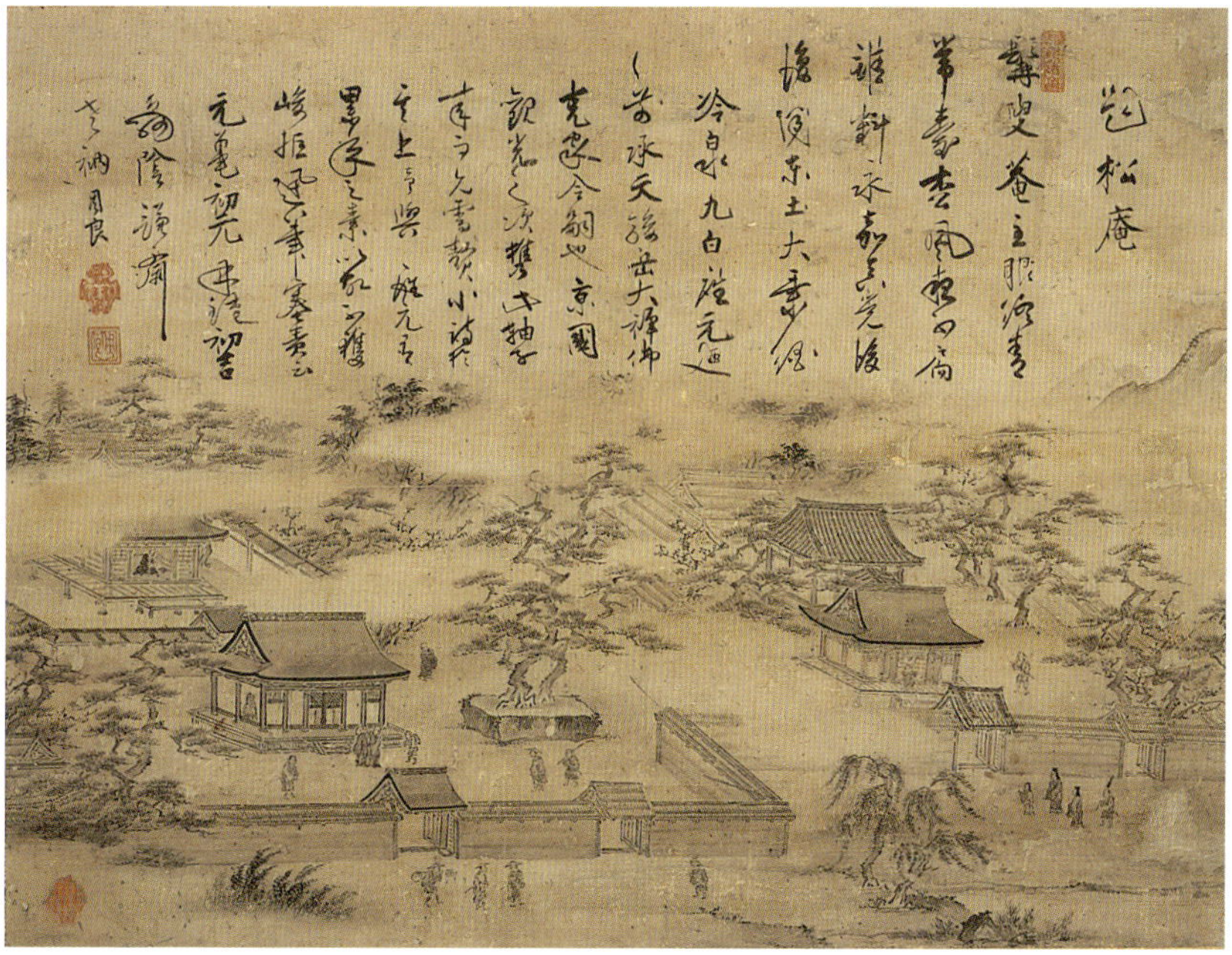

承天寺古図（個人蔵）

たらない。『上井覚兼日記《うわいかつけん》』によると、天正一四（一五八六）年七月二七日、高橋紹運《じょううん》の守る岩屋城を陥落させた島津軍は、その二日後立花城の攻撃に転じたことを記す。博多に向かったかどうかには言及しない。八月に秀吉軍の先遣隊として黒田孝高《よしたか》らが九州に着陣すると、島津軍は即座に撤退した。海外史料に目を向けると、秀吉は「都に帰ろうとした時、まず最初に、数年前龍造寺によって破壊されていた博多の市《まち》を、西国の国々の中では最も主要な町なので」再建しようと決意したと記されている（一五八八年二月二〇日付有馬発イエズス会総長宛ルイス・フロイス書簡）。天正八（一五八〇）年、「日本でもっとも人口が多く富裕な市の一つであり、過ぐる年までつねに我らが司祭館を有していた筑前国博多の市」は龍造寺氏の進撃によりことごとく破壊され荒廃した（『フロイス日本史』）という。龍造寺隆信による博多焼打である。同年から大友氏の立花城督戸次道雪《べっきどうせつ》が現地代行的に博多支配に乗り出すものの、町の本格的復興は秀吉の博多復興を俟たねばならなかったようである。天正一四（一五八六）年に上洛する神屋宗湛は博多ではなく、避難先の唐津から出発した（『宗湛日記』）。秀吉は博多再興に先立ち、町人を還住させるため彼らの諸役免除を令した（「改正原田記附録」所収卯月二三日付石田三成他二名連署状写）。島津氏が筑前に侵攻してきた時には、博多は龍造寺氏の焼打によりまだ荒廃した状況にあったと考えられる。

「大航海時代」の博多

筑前国には他の町もあるが、豊後より五ジョルナーダある博多と云う町がその首都である。この町には八千余の人口があり、その大部分は商人であるが、その他多数の主要な人物もいる。〔中略〕或る午後（一五五七年九月）、〔中略〕王（大友義鎮）はそれを快諾し、更に神領地筑前博多に教会僧宅を建設するに恰好な土地を与へ、その事業を援助すると云った。

（グスマン『東方伝道史』第五編第二六章）

一六世紀初頭、ポルトガルとイスパニアは、それぞれ地球を逆回りしてアジアに到達した。「地理上の発見」、「新世界の発見」と呼ばれた「大航海時代」は、ヨーロッパによる主観的表現であるが、東洋から見れば西洋との出会いであり、日本にとっては天竺《じく》・震旦《しんたん》・本朝を三国とする伝統的な仏教的世界観から解き放たれ、中国・インドの遙か彼方に新たな外国西洋を認識することになった。世界観の大きな拡大である。当時のアジア世界は、明の海禁政策はあるものの、王直に代表される後期倭寇が活発化し、東シナ海・南シナ海からマラッカ海峡を越え、インド・西アジアに至る広域的な交流が展開した。そのような中、萌芽的なヨーロッパ世界経済の波がアジアに押し寄せ、一層の活況を呈することになった。冒頭に掲げた記事のように、その波は博多にも到達した。ここでは、当該期の博多の様相を、主としてキリシタン史料に拠りながら紹介しよう。

「大航海時代」を背景として盛んに作られた洋地図に博多が記載されていることは、博多の重要性を象徴的に物語る。ラザロ・ルイス作「東亜図」（一五六三年）やルドヴィコ・ジョルジオ作「中国図」（一五八四年）などに“Facata”と記された。博多がヨーロッパの文献に登場する初見は、薩摩に来航したポルトガル商人ジョルジェ・アルヴァレスがフランシスコ・ザビエルの求めに応じて執筆した一五四七年の報告で、博多を九州の主要な港と紹介している。

当時の博多を治めたのは、キリシタン大名として著名な大友宗《おおどもそう》麟《りん》（義鎮《よししげ》）である。弘治三（一五五七）年、宗麟は博多においてイエズス会に教会と司祭館を建設するための土地を与え、布教活動を保証した（『フロイス日本史』、グスマン『東方伝道史』）。その土地からは三〇〇クルザード以上の収入があった。コスメ・デ・トルレスは、平戸にいたバルタザール・ガーゴを博多に派遣し、布教を行わせた。博多における「キリシタンの世紀」の本格的な幕開けである。

ルドヴィコ・ジョルジオ作
「中国図」部分（福岡市博物館蔵）

博多におけるキリスト教の初伝はこれより若干遡り、天文一九（一五五〇）年のことであった。前年、鹿児島に上陸し、日本にキリスト教を初めて伝えたザビエルが一〇月末以降、肥前平戸から周防山口に向かう途次、海路、博多に辿り着いた。弘治三（一五五七）年に建設された司祭館と教会は、永禄二（一五五九）年二月、筑紫惟門の博多焼打により罹災し、司祭は豊後に避難したが、博多のキリシタンは信仰を貫き自費で教会を再建している。同四年、ルイス・デ・アルメイダ修道士が伝道に博多を訪れ、一八日間の滞在で六〇名の信者を獲得し、病人には医療を施した。翌五年には、コスメ・デ・トルレスにより博多に派遣された、後に修道士となる筑前出身のダミアンが、一人の身分の高い貴人の他、一〇〇名以上を改宗させることに成功した。博多から四里の所には筑前国で初めて建てられた十字架があり、その家は同国で初めて受洗した“principe”（君侯）、「殿」という身分のものであった（『フロイス日本史』）。他に、博多を訪れた宣教師として、ベルショール・デ・フィゲイレド（一五七五〜七七年）、ベルショール・デ・モーラ（一五七七〜七八年）、ガスパル・コエリュらが知られ、多数の住民を感化した。一五七八年付臼杵発ルイス・フロイス書簡によると、「博多には司祭二名と修道士一名が駐在しており、同所から豊後国に従属する筑後国へたびたび説教に出かけている」とあるように、博多は筑前国や隣国筑後国におけるキリスト教布教の中心的役割を果たしていた。北部九州の宣教師は、豊後－博多－肥前（平戸・横瀬浦・有馬など）間を頻繁に往来した。

海上交易路も含めた交通路の確保が背景にあった。例えば、博多の豪商嶋井宗室は、博多周辺の倭寇勢力の動静を熟知していたし、大友宗麟からは「分国中津々浦々諸関通道、並、諸公事以下免許」の特権を保証され、活発な商業活動を行った（「松浦文書」天正四（一五七六）年八月廿八日付大友宗麟書下写）。

博多のキリシタンの信仰生活は、「彼らは毎日一回、また時には二回説教してもらい、いつも習わしとしている教理の学習をする。そしてキリシタンになりたがっている人々に対するカテキズモ（教理問答書）についての講話はつねに行われた」（『フロイス日本史』）と語られる。近年行われた博多遺跡群第一一一次調査では、神屋宗湛の屋敷跡で、表裏にそれぞれイエスとマリアのレリーフを施した鉛製メダイと、メダイ・十字架を並べた鋳型が出土している。鋳型の出土は全国的にも初めてで、博多における受容層の広がりを窺わせる。

しかし、キリスト教の普及は、旧来からの宗教勢力との衝突を惹起した。仏僧たちは「伴天連《ばてれん》たちが入りこんで行くところは、どこでもたちまち戦乱状態に陥って破壊されてしまう」として、博多や京都・山口・有馬を例に挙げ非難した（『フロイス日本史』）。また、民衆との対立も生じた。博多の教会は神社の跡地に建設されたので、祇園の祭り（祇園山笠）に用いる材木やその他の道具を旧慣に従い教会や司祭館へ保管するよう要求する住民と、これを拒否する教会との間で対立が生じた（同前）。一七世紀初頭の創建と伝える勝立寺の寺号は、博多妙典寺における宗論の結果、勝利した日忠が教会の跡地に建てたことに因む。

宣教師の布教活動はいわゆる南蛮貿易船の往来に支えられていたし、それはアジア海域における交易ルートの確保、通交圏の形成を前提とした。ヨーロッパ人のアジア進出もそれに便乗しつつ、マラッカやマカオなどの拠点を獲得して行われた。一六世紀前半、博多商人神屋寿禎が発見した石見銀山では朝鮮から灰吹法が導入され飛躍的に生産を伸ばし、日本産銀は中国・朝鮮を経由して世界を駆けめぐった。

キリスト教とともに日本に大きな影響を与えた鉄砲は、近年の研究で、通説より一年早い天文一一（一五四二）年に種子島に伝来し、それは偶然の漂着ではなく、倭寇の首領王直の経営するジャンク船に乗り、既存の交易ネットワークにより来島したことが指摘されている（村井、一九九七）。鉄砲は永禄三（一五六〇）年には博多周辺にもたらされ、実戦で使用された。宗像氏貞の家臣吉田守致《もりむね》は、大友氏の立花城衆と長尾原において戦い、鉄砲を使

博多出土のメダイ（福岡市埋蔵文化財センター蔵）。表＝イエス，裏＝マリア

用して「能《よ》き手火箭《てびや》を射る」との感状を得た（「新撰宗像記考証」所収〔永禄三年〕八月一九日付宗像氏貞感状写）。また、永禄六（一五六三）年以前、大友氏の家臣で「博多を統治していた殿」が平戸のトルレスに銃創を負った家臣の治療を要請した（『フロイス日本史』）。大友宗麟はこれより前、天文二三（一五五四）年以前に室町幕府将軍足利義輝に南蛮鉄砲を献上している（「大友家文書録」）。永禄一二（一五六九）年五月六日、博多の郊外立花城における毛利軍との戦いで、大友方の田尻鑑種の軍勢は負傷兵八名すべてが「手火矢疵《きず》」を受けた（「田尻文書」）。

「大航海時代」の終幕は博多で告げられた。豊臣秀吉は九州平定直後、天正一五（一五八七）年六月一九日、箱崎・博多に滞陣中、バテレン追放令を出した（「松浦文書」）。前日、秀吉はイエズス会の準管区長コエリュとともにフスタ船に乗って博多市街地の荒廃状況を視察したばかりで、宣教師たちは突然の発令に驚愕した。

この後、博多での布教は退勢に向かうが、慶長五（一六〇〇）年、黒田長政が新たに筑前国に入封すると、一時勢いを盛り返した。黒田氏はシメオン如水・ダミアン長政父子をはじめ、如水の弟ミゲル直之やその妻子が入信し、キリスト教の保護に努めた。復活した博多の教会では、かつて天正遣欧少年使節の一人として派遣された中浦ジュリアンが慶長九年から同一三年まで布教に当たった。しかし、慶長一八年、江戸幕府の命を受けた長政は教会を閉鎖し、幕府はキリシタン禁令を発した。福岡藩では宗門改めを実施し、当地方においても弾圧が徹底され、博多の「キリシタンの世紀」は幕を降ろした。次いで日本人の海外渡航やイスパニア・ポルトガル船の来航が禁止され、鎖《とざ》された社会へと移っていった。

おわりに　中世博多の終焉

博多の人々が「太閤さん」と敬慕する豊臣秀吉は、現在の町並みの原型を作ってくれた点で、確かに博多復興の恩人であろう。博多の復興に着手した秀吉は連歌会において「博多町幾千代《いくちよ》までやつのるらん」（『宗湛日記』）と詠んだが、皮肉なことにその復興は博多商人の斜陽のきっかけとなった。それまで国際貿易都市として栄えた博多が、一城下町の「商都」の地位に甘んじることになる契機でもあった。嶋井宗室や神屋宗湛ら、天下人とわたり合い、東アジア世界に雄飛した豪商たちの活躍は、これを境に大きく変貌を遂げていく。関ケ原の戦い後、黒田氏が入部して城下町・福岡を建設し、博多の豪商たちは福岡藩の御用商人としての途を模索することになる。江戸幕府が開かれると、豪商と天下人との関係は隔絶していく。宗湛が徳川家康に進物を進上したところ、その礼状は本多正純から黒田如水に宛てられ、如水は「太閤様御代の様に御朱印なとは何れへも出さす候」と幕府の意向を伝えた（「神屋文書」〔慶長八年〕七月二一日付宗湛宛黒田如水書状）。降って寛永元（一六二四）年、宗湛は豊臣秀吉や黒田長政の所望でさえ拒み続けた名物茶入「博多文琳」を、二代藩主黒田忠之により召し上げられてしまう。中世博多の終焉を象徴する出来事であった。

考古学から見た博多の展開

大庭康時

博多の立地

博多は、玄界灘に開口した博多湾のほぼ中央部、福岡平野を北流した那珂川・御笠川の河口部に形成された砂丘上に立地している。博多遺跡群の基盤となる砂丘は、現在の微地形から推定すると大きく三列認められる。発掘調査では、これを内陸側から砂丘1、砂丘2、砂丘3と仮称している（磯ほか、一九九八）。砂丘3は新しい砂丘で、沖合のバリアーとして海から砂丘1・2を隔てていた。砂丘3が博多の一部として都市化するのは、鎌倉時代を待たなくてはならない。砂丘3は、文献史料では「息浜《おきのはま》」と呼ばれている。博多遺跡群の研究では、息浜に対し、砂丘1と砂丘2を合わせて「博多浜」と仮称している。

砂丘1は東に続いて、筥崎《はこざき》八幡宮が鎮座する箱崎浜へとつながっていた。中世には、箱崎浜方面から博多に入る「松原口」が設けられた。砂丘1の南には、比恵川（＝御笠川）が迫っていた。比恵川は、戦国時代の開鑿《かいさく》で東に流路を変え、現在は石堂《いしどう》川と呼ばれている。砂丘列の西側には、大きく湾入した入り江があった。那珂川と比恵川はこの入り江に注ぎ、砂丘3の西側で博多湾に出ていた。

博多から入り江を挟んだ西の対岸には、小高い丘が南から延びて突き出していた。古代日本の迎賓館であり、貿易商館であった鴻臚館《こうろかん》は、この丘の上に営まれていた。

博多遺跡群遠景

地形推定復元図

手前＝東海系土器，奥＝畿内系土器

博多前史

古代以前

博多遺跡群の発掘調査では、しばしば中世以前の遺物や遺構が出土する。中世の博多は、突然に降って湧いたものではなく、より古い時代からの歴史環境を前提にして出現した遺跡であることが、発掘調査から明らかになってきた。

博多遺跡群から出土する最古の遺物は、縄文時代晩期の土器片である。しかし、遺構は未だ見つかっておらず、遺跡の実態は明らかではない。弥生時代前期になると、砂丘１の西端付近で甕棺《かめかん》墓《ぼ》が出土しており、中期前半では竪穴住居跡や甕棺墓が調査され、集落が営まれていたことが分かる。

弥生時代終末期から古墳時代前期にかけて、博多遺跡群はその特異な様相を見せ始める。それはまず、見慣れない土器として姿を現した。九州はおろか、西日本では稀な東海地方の土器が出土したのである。小さく段を作った口縁と底部に台がつく特徴的なプロポーションの甕は、科学分析の結果、尾張地方（愛知県）で作られた土器であることが明らかとなった。その他、畿内系（近畿地方）、山陰系（島根県）、吉備系（岡山県）など様々な地域の土器が出土している。古墳時代前期には、竪穴住居の大集落が砂丘１に造られ、鉄器の製造が行われた。集落の縁辺には方形周溝墓が営まれ、畿内系の土器が供えられていた。

さらに古墳時代中期になると、砂丘上であるにも拘らず前方後

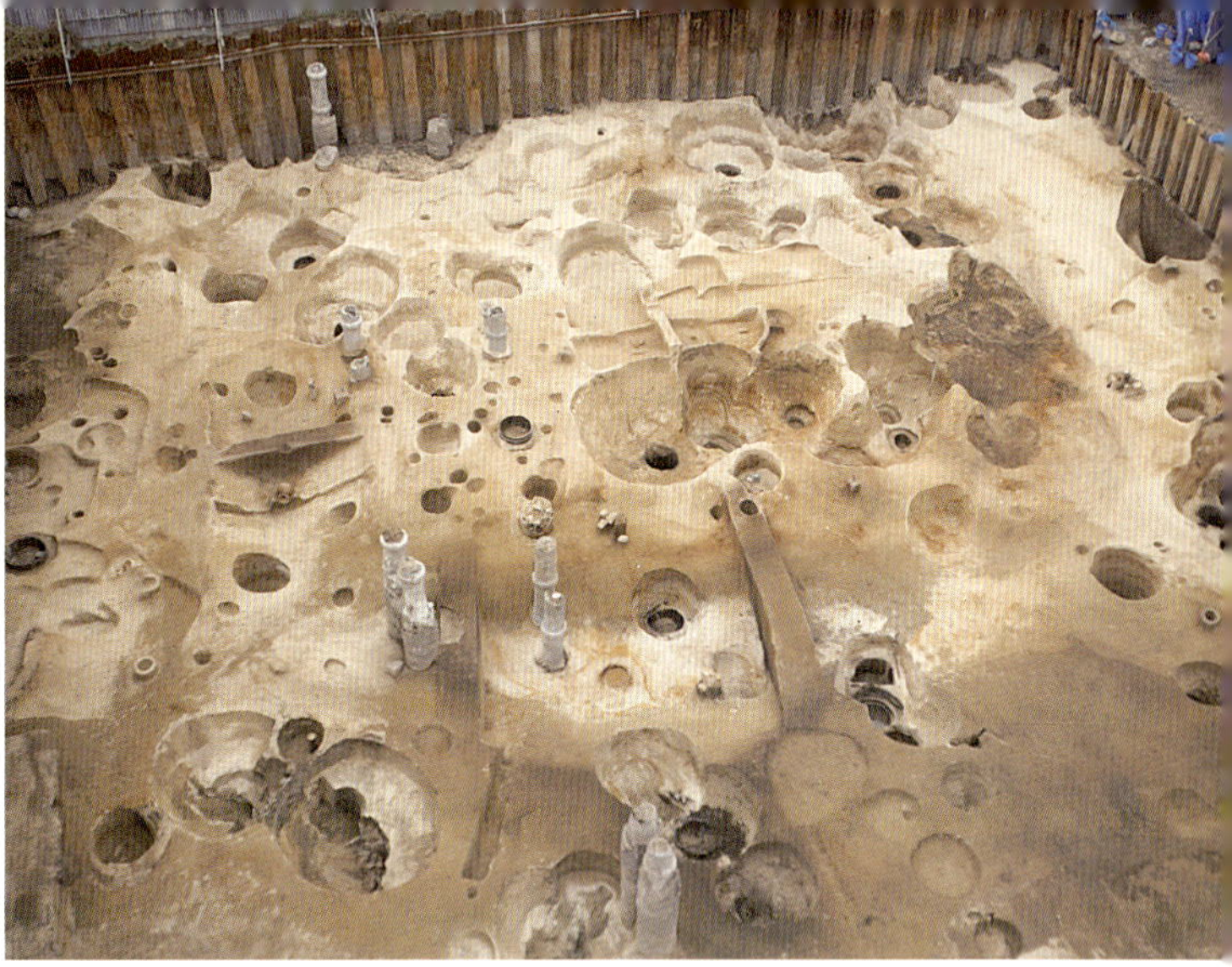

古墳時代初頭の方形周溝墓

円墳が築かれている。後世の削平で墳丘は失われ、主体部も明らかではないが、周囲からは家型埴輪などが出土した。かろうじて残存した葺石から全長五六メートルを超える墳長が復元され、福岡平野の首長墓の一つに位置づけられている。

このような日本各地からもたらされた土器や、砂丘上に偉容を誇る前方後円墳の存在からは、海の道の重要拠点としての博多の存在感が強く感じられるのである。

古代の博多

古代の博多遺跡群について示唆を与えてくれる文献史料は皆無に等しい。「博多」の初見として、『続日本紀』天平宝字三（七五九）年三月二四日条の「博多大津」があげられるが、これは広義の博多津すなわち博多湾を指したものとされる。その後平安時代末まで、博多遺跡群を指した狭義の「博多」の例は史料には見えず、文献的に古代の博多を知ることはできない。

前２列＝墨書土器，３列＝皇朝銭，後２列＝帯金具・石帯

一方、発掘調査成果からは、博多に下級官人を中心とした何らかの官衙《かんが》があり、官人らの居宅が営まれたことが推定されている（池崎、一九八八）。砂丘1の東寄りに、東西・南北の正方位をとる溝で区画された一辺一〇〇メートルのエリアがあり、大型の掘り方を持つ掘立柱建物跡が調査されている。また、その北西一帯には、井戸・竪穴住居跡・掘立柱建物跡・土葬墓が点在し、官服である衣冠束帯の帯を飾った帯金具・石帯が出土し、官職を示す「長官《かみ》」、「佐《すけ》」などの文字を墨書した須恵器も出土している。

ところで、博多津を広く指した場合、古代において忘れることができないのは、鴻臚館の存在である。持統天皇二（六八八）年以降史料に現れる「筑紫館《つくしのむろつみ》」を前身とし、九世紀前半に改称した鴻臚館は、遣唐使や遣新羅使の発着拠点として、また唐や新羅から派遣されて来日した国使の迎賓館として機能した対外公館であった。国使の往来が絶えた九世紀後半以降は、わが国を訪れる中国人商人の滞在・交易施設となった。鴻臚館跡の発掘調査は、一九八二年以降毎年計画的に実施されている。鴻臚館の発掘調査で最も印象的なのは、初期貿易陶磁器と呼ばれる一群の中国陶磁

鴻臚館跡（鴻臚館跡展示館）

器の豊かさである。種類・量ともにわが国では群を抜いている。

その鴻臚館と、わずかに入り江一つを隔てただけの博多遺跡群に影響が及ばないわけはなく、博多遺跡群においても初期貿易陶磁器の量は、鴻臚館に次いで多く出土している。

一一世紀中頃、鴻臚館での遺構・遺物が、突如絶える。一方、博多遺跡群では、一一世紀後半になると遺構・遺物は激増し、都市博多が成立したものと考えられる。文献史料では、永承二（一〇四七）年に鴻臚館放火犯人が大宰府によって捕縛・禁獄された記事がある（『扶桑略記《ふそうりやくき》』永承二年一一月九日条）。おそらく、この放火・焼失をきっかけに、鴻臚館は放棄されたに違いない。そして、鴻臚館に替わって貿易拠点として登場したのが、中世都市「博多」である。

博多津唐房

一二世紀前半から中頃の史料には、「博多津唐房《はかたつとうぼう》」という言葉が見える。「唐房」とは、中国人居住区すなわちチャイナタウンの意味とされている。鴻臚館という貿易拠点を失った宋（当時の中国の王朝）の商人らは、博多に宋人街を造り、家を構え、中国との間を往来して、貿易を行ったのである。これを住蕃《じゅうばん》貿易という（亀井、一九八六）。

博多遺跡群の大きな特徴として、貿易陶磁器の高い出土比率、コンテナとして運ばれた大型容器類、商品としては未加工なままの陶磁器、貿易陶磁器の大量一括廃棄遺構、墨書陶磁器などがあげられる。大型容器である中国陶器の甕や木製の結《ゆ》い桶《おけ》は、貿易に際して、香料や液体などの容器として積み込まれたものが、博多で梱包を解いた後不要となり、そのまま日常容器として使われたものである。未加工な陶磁器とは、釉が融けて蓋と身がくっついてしまった合子《ごうす》とか、生産窯で重ね焼きされたまま輸入され重ね焼きをはずしていない碗などである。大量一括廃棄遺構は、船中で破損したり、商品検査で傷物だったり、倉庫で備蓄中に火事にあったなど、様々な理由で売り物にならなくなった陶磁器をひとまとめに捨てたものである。墨書は、中国で積み荷を梱包する際に、積み荷の行く先すなわち荷主を識別するために書き込んだと考えられている（Ⅱ章「墨書陶磁器」参照）。

これらの特徴は、博多が日宋貿易の一大拠点であったことを如実に示している。しかもこれらの特徴を博多遺跡群のように兼ね備える遺跡は、わが国では他に皆無なのである。鴻臚館の後を受けた博多が、貿易に関しての独占的な地位も引き継いだことは明らかであると言えよう。

ところで、博多津唐房の位置は、具体的には分からない。しかし、墨書陶磁器の時期別出土状況や陶磁器大量一括廃棄遺構の分布などから推定すると、一二世紀前半までの唐房は、現在の櫛田神社から冷泉公園の東側辺りであったと考えられる（大庭、二〇

前列＝開かない合子，中列・後列右＝窯道具，後列左＝窯道具がついた白磁碗

〇一）。また、冷泉公園に面した土居通り沿いの発掘調査で、船内で破損した陶磁器を水際に廃棄したと思われる一二世紀前半の遺構が見つかっており、冷泉公園付近に唐房時代の港があったことはほぼ確実と考えられる。

　最近まで博多には、平清盛の築港による「袖《そで》の湊《みなと》」と呼ばれる港があったとされてきた。しかし、平清盛築港説は、実は昭和初期に九州大学の中山平次郎博士が提唱したことで（中山、一九八四）、史料的には根拠はない。また、「袖の湊」については、近年、和歌の修辞がきっかけで歌枕化したもので、固有地名ではないことが明らかとなった（佐伯、一九九三）。さらに、「袖の湊」の跡とされてきた現在の呉服町交差点辺りは、砂丘2と砂丘3の間の低地で、一二世紀初頭には埋め立てられ、陸橋状に二つの砂丘を結んでいたことが、発掘調査で確認されている。これらのことから、中世博多の港として「袖の湊」を語ることは、もはや適当ではない。

　さて、博多津唐房では、宋商人の夫人をはじめ多くの日本人も生活していた。発掘調査では、中国建築を思わせる遺構は見当たらず、掘立柱建物跡の痕跡しか検出できない。火災で廃棄された一括遺物の検討からは、中国陶磁器の灯火器、盃、人形、香炉、水差し、碗、皿などとともに、長崎県西彼杵半島で産出する滑石で作った石鍋などが出土している。これらの点から見て、日本風の家に住み、身の周りを珍奇な唐物で宋風に飾りながら、奥向きでは日本の石鍋などで調理を行う、和漢入り混じった生活スタイルが窺われる。

　一二世紀後半には、墨書陶磁器や陶磁器一括大量廃棄遺構の分布は、博多浜のほぼ全域に広がっている。このことから、宋人の居住域は唐房の範囲を超えて拡大し、日本人との混住がますます進んだものと考えられる。

　博多綱首《こうしゅ》という言葉がある。綱首とは、商船の運行を請け負い、乗船して貿易の実務全般を行う者を指す（斯波、二〇〇六）。博多に住んだ宋商人らは、綱首として貿易全般を仕切ったのである。

　こうして、博多は、東シナ海を股にかけた宋の海商と瀬戸内海を下って唐物を求める日本商人、宋人らの生活を支える職人・商人

上＝波打ち際の白磁一括廃棄
下＝火災にあった陶磁器の一括廃棄

パスパ文字遺物。印，指輪，銅銭（大元通寶）

らで賑わったのである。

鎮西探題の時代

一二七六年、中国ではモンゴル帝国によって宋が滅亡した。博多の宋人は故国を失ったのである。これによって博多の唐房と故国を股にかけた博多綱首らの住蕃貿易が成り立たなくなったであろうことは、想像に難くない。しかし、出土遺物を見ると、中国との貿易が衰退した形跡は見当たらない。

一三世紀後半になると、有力武士や貴族、大寺社が貿易船を派遣するようになる。博多の宋商人は、彼ら権門が仕立てた貿易船の運営を請け負い、操船して渡海し、貿易を取り仕切ることで日元貿易に生き残ったのであろう。博多からは、元のパスパ文字を刻んだ印や指輪、銅銭が出土している。また、元の青磁は威信財としてシンボル的に武士階級に受け入れられ、全国に広まっていった。

元は、文永一一（一二七四）年と弘安四（一二八一）年の二回にわたって、日本に襲来した。一二七四年の文永の役では、息浜に日本軍の本陣が置かれ、戦場となり、兵火にかかった。その後博多湾岸には、元軍の上陸を阻むための石塁が築かれた。博多では、息浜の頂部に築かれており、発掘調査で検出されている（Ⅰ章「博多の元寇防塁」参照）。

一三世紀末には、元の襲来に備える九州の御家人を統率するため、博多に鎮西探題が置かれた。探題には、鎌倉幕府執権北条氏の一族が任命され、幕府の出先機関として九州を統括した。

発掘調査では一四世紀初頭に始まる道路が数本検出されており、この頃博多では一斉に街路が整備されたことが分かる。それにより、博多浜の中央部には、不整形ながら長方形街区が並ぶ様子が復原されている（Ⅰ章「中世博多の道路と町割り」参照）。時期的に見ても、都市整備を断行した実力的にも、街路整備を行ったのは鎮西探題であろう。この街路は、嵩上げを繰り返しながら、戦国時代まで維持された。中世後半の博多は鎮西探題によって造られたと言っても過言ではない。

元弘三（一三三三）年、鎌倉幕府滅亡の動乱の中で、鎮西探題も攻防の戦いに巻き込まれた。三月一三日には肥後（熊本）の菊池武時が探題館を襲撃し敗死、五月二五日には探題も滅亡した。祇園町の東長寺前の発掘調査で、一四世紀前半に廃絶した溝の上面から一一〇体に及ぶ火葬頭骨が出土した。刀傷が残る骨も見られた。また、

火葬頭骨集積遺構

息浜の発掘調査

近くからは、火葬を行った荼毘《だび》遺構も発見された。菊池武時が探題を攻めた合戦では、敗北した菊池方の頸二○○が、探題館の犬射馬場にさらされたという。出土した火葬頭骨は、おそらくこの戦いによる首級を弔ったものであろう。

博多浜の南辺一帯には、一四世紀後半以後の遺構・遺物が全く見られなくなるエリアがある。この部分は、近世初頭の絵図では畠地と注されており、近世に至るまで町場として土地利用された形跡がない。原因ははっきりしないが、想像をたくましくすれば、鎮西探題の滅亡後その跡地を嫌って空き地となり、畑に化したものかもしれない（大庭、一九九六）。

息浜の隆盛

文永の役で日本軍の本陣となり、弘安の役では元寇防塁が築かれた息浜は、元寇以後急速に都市化した。かつて港があった冷泉《れいせん》公園付近では埋立が進行し、遺構が営まれており、港が移動したことを示している。室町時代の港は未だ確認できていないが、息浜側に移動したものと思われる。

息浜の町場は、東西に延びる砂丘の軸線に規制されて、博多浜のように長方形街区が並ぶことはなかったと思われる。砂丘3である息浜は、この時代になっても東西七○○メートル、南北二○○メートル程度と決して広くはない。さらに砂丘頂部には元寇防塁が延び、町場が海側に拡大するのを阻んでいた。おそらく、防塁内側の中央をメインになる道路が通り、その両側に取り付くように町屋が構えられたのだろう。そこに、息浜商人と呼ばれる貿易商人らが家を構え、称名寺、妙楽寺などの寺院が点在し、稠密な町場が形成されたに違いない。

かつての元寇防塁が崩され、町屋が石塁の外に拡大するのは、一五世紀後半以降である。それまでは、元寇で植えつけられた恐怖心が、都市の拡大を抑え込んでいたのだろうか。

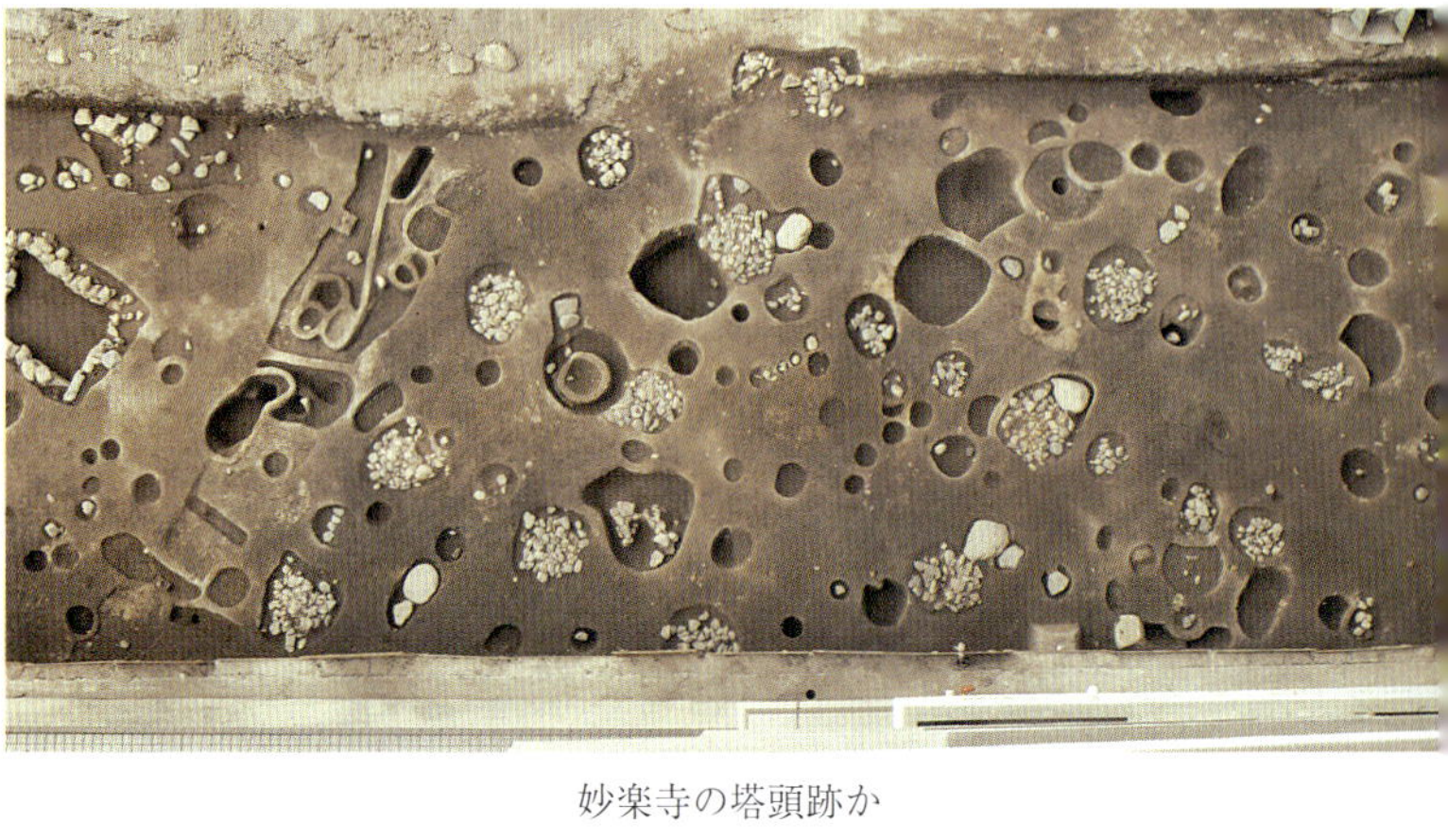

妙楽寺の塔頭跡か

息浜を象徴する遺物の一つに、ベトナムやタイで生産された陶磁器がある（Ⅲ章「博多出土の東南アジア陶磁器」参照）。息浜商人は、当時中国の明と東アジア諸国とを中継した琉球貿易に絡んで

戦国時代の陶磁器埋納

いた。東南アジア陶磁器は、博多息浜の商人が東アジア海域に雄飛したことを物語っている。

太閤町割、近世都市への転換

日明貿易・日朝貿易・琉球貿易で栄えた博多も、戦国時代の争乱は避けられなかった。しばしば戦火に焼かれ、甚大な被害を受けている（佐伯、一九九五）。発掘調査で検出される焼土層は、火災後の整地によるものであるが、一六世紀末の焼土層は博多遺跡群のほぼ全面を覆っており、その被害の大きさを物語っている。

一六世紀後半の発掘調査では、稀に陶磁器を地中に埋納した遺構が出土する。皿は皿、碗は碗で数枚ごとに重ねて、整然と埋め込んだもので、破損品は全くなく、捨てたものではないことは明らかである。おそらく、戦火や戦乱に乗じた略奪から守るために地中に隠匿したのだろう。

天正一一（一五八三）年の肥前（佐賀県）龍造寺氏による焼き討ち、同一三（一五八五）年薩摩（鹿児島県）島津氏による焼き討ちを境に、博多の町は一変した。鎮西探題が町割りして以来維持されてきた街路は、この焼土層よりも上層では見当たらず、放棄されて町屋に替わったことが窺われる。大々的な区画整理がなされ、道筋が変わってしまったのだ。すなわち、太閤町割である。

天正一五（一五八七）年、島津氏を逐って九州を平定した豊臣秀吉は、焦土と化した博多の復興を行った。博多は、整然とした長方形街区で覆い尽くされた。太閤町割後、筑前を領した小早川氏・黒田氏によって、息浜南側の湿地（かつての砂丘3と2の間の低地）が完全に埋め立てられた。博多浜、「息浜」という二つの町場はひとつながりとなり、博多は近世都市に生まれ変わった。

聖福寺北側の一帯に、江戸時代、寺中《じちゅう》町と呼ばれた町屋が広がる。太閤町割とは街区の方向、大きさを異にするが、隣接地域の発掘調査の結果、中世の道路区画を留めていることが明らかとなった。聖福寺に残る「安山借家牒《あんざんしゃくやちょう》」や「聖福寺古図」（二二四・二二五ページ）から、もともと聖福寺の築地に囲まれた寺域内に成立した町場であり、太閤町割においても手をつけられなかったのだろう。

太閤町割は、第二次世界大戦の空襲による焦土から復興なった現在の博多においても、博多の町の基本となっているが、その片隅で中世博多は今も息づいている。

博多に残る中世街区（上呉服町）

中世博多の道路と町割り

本田浩二郎

今も生きる太閤町割の道

私たちが何気なく生活している現在の「博多」の街並みは、主に中世末の太閤豊臣秀吉によって行われた太閤町割《たいこうまちわり》に基づくものであることをご存じだろうか。太閤町割とは基幹道路（大通り）と支線道路（路地）により街並みを形作ったもので、大きな長方形区画を短冊形の地割りで細分したものである。

現在の「博多」を縦断する「大博通り」は、太閤町割の基準となった基幹道路「市小路《いちしょうじ》」が拡幅されたもので、博多遺跡群の発掘調査の出発点と言える場所である。中世末以来受け継がれてきた町割りは、開発により統合され、新しく大きな建物が建てられて古い町並みは次々と消えていく。この目まぐるしい景観の変化から、私たちの目には「博多」の街並みが近代的な都市として映るが、一六世紀末に行われた太閤町割による町並みが、現在まで四〇〇年以上にわたり継承されているのである。

中世以前の「博多」

博多遺跡群は、砂丘の上に形成された複合遺跡で、大きく二つの地形に分けられている。遺跡範囲の中央部から南側を「博多浜《はかたはま》」と呼び、現在の明治通りから海側を「息浜《おきのはま》」と呼んでいる。

博多遺跡群で最初に人が住み始めたのは博多浜南側付近であり、弥生時代中期頃に集落や墓地が造られて、博多遺跡群の長い歴史が始まる。やがて古墳時代になると集落は拡大し、前方後円墳までが造られた。周囲に農耕可能な場所を確保できない立地条件で集落がこの場所を選んで営まれたのは、中国大陸や朝鮮半島との交流窓口としての役割があったためとされており、これまでの調査で様々な地域の土器や遺物などが発見されている。

七世紀代の律令期になると、博多浜南側の砂丘の上に、一町（約一〇八メートル）四方の範囲で東西・南北方向を採る規則的な区画溝が出現する。この中に古代の役所である官《かん》衙《が》施設が設置されていたと考えられるが、この区画溝は中心施設がなくなった後も一四世紀まで存続しているものもあり、中世「博多」の町割りに影響を及ぼしていたことが分かっている。

鴻臚館《こうろかん》廃絶後には「博多」が国際交易の拠点となり、宋商人の援助のもとに聖福寺《しょうふくじ》や承《じょう》天寺《てんじ》などの寺社が次々と建立された。これらの寺域を中心として中世都市「博多」の都市化が顕著に進んだとされている。

「点」の調査成果

博多遺跡群の調査は、ビル建設などの開発により現地での保存が困難な場合に行われているものであり、調査範囲は建物が予定される範囲に限られてしまう。このような調査の積み重ねにより小さな点が結ばれ、地下に埋もれている中世「博多」が面として繋がり、

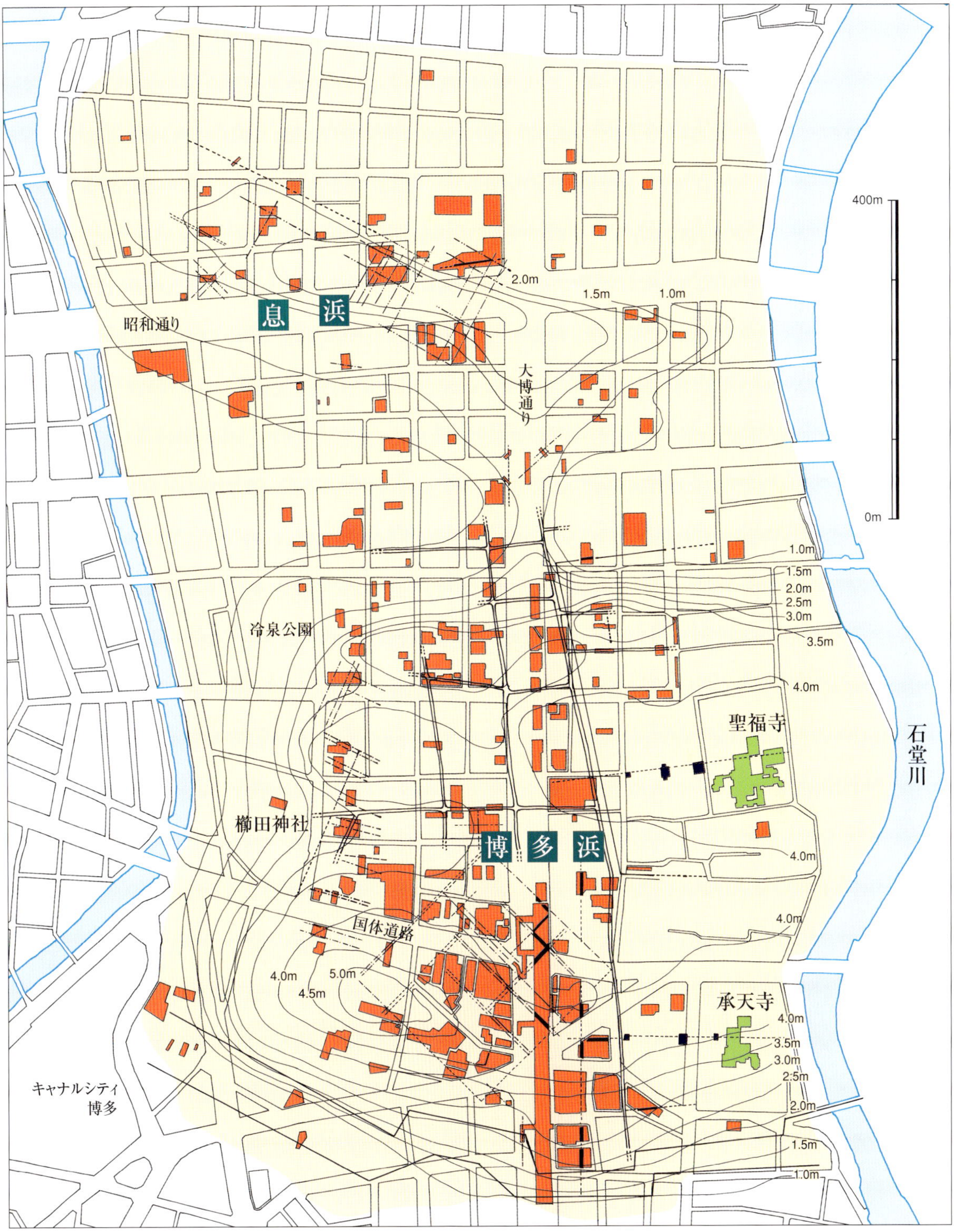

図１　中世「博多」の町割りと道路（S＝1／8000）

色塗り部分がこれまでの調査地点であり，各調査で検出された道路遺構および各町割りの方向を示す溝遺構・建物遺構などを抜粋・模式化した。等高線は各調査地点の成果から得られた中世期の遺構面の高さを示したもので，基盤の砂丘面の起伏を示すものではない

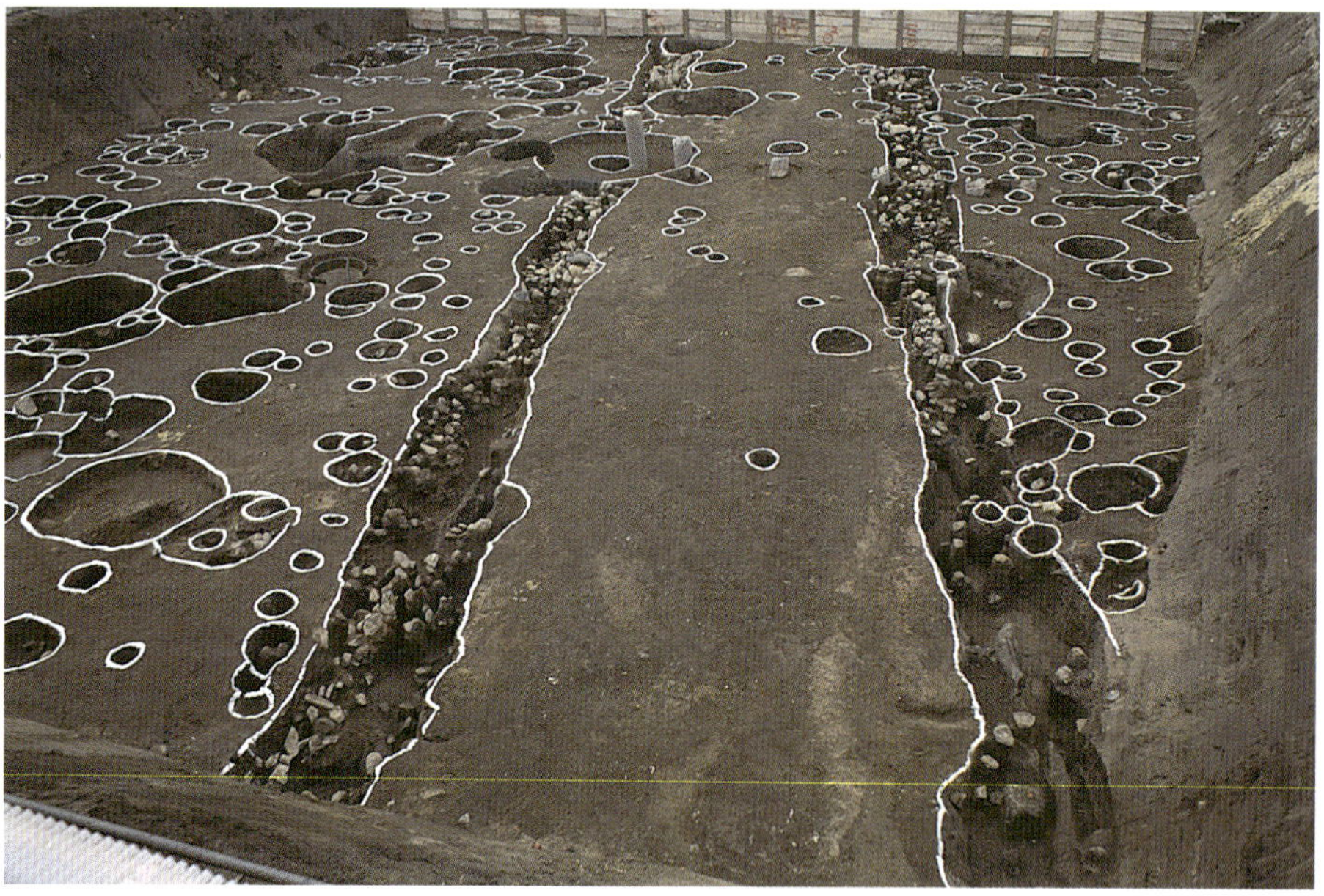

両側に側溝を持つ道路（第35次調査地点）　太閤町割以前の幹線道路であり，道幅は3.0〜4.8m程度を測る。13世紀末から16世紀末まで，嵩上げなどの補修が繰り返し行われ維持された

配置された道路や当時の町並みが徐々に解明されてきたのである。

　しかし、調査成果から当時の町割りを復元する作業は、虫食いだらけの宝島の地図を見るようなもので、新しい調査成果が必ずしも予想通りのものとは限らない。

　文献史料から博多遺跡群の範囲内に存在することが分かっている「鎮西探題《ちんぜいたんだい》」でさえ、これまでの調査では正確な位置は未だ確認されていないのである。

発見された道路

　調査成果から判明している博多遺跡群の最初の道路は、一三世紀中頃の時期のもので、聖福寺と櫛田《くしだ》神社を結ぶ参道として整備されたものである。この他の道路はほとんどが一四世紀代になって整備されたもので、博多遺跡群を縦断する幹線道路とこれに交差する支線道路とに大きく分けられている。

　道路には各地点で構造の差があり、道路が通された場所の水はけ、通行量や用途の差により造り方も違っていることが分かっている。砂丘上の比較的水はけの良い場所では焼土・割れた土器・礫などを敷いて路面を整えているが、現在の舗装道路とは違い路面のあちこちには穴が開き、食べかすやゴミが散乱する雑然とした状況であったことが分かっている。埋立地上に道路が通された場所では、地盤が緩いため造られた路面自体の重さで沈んで傾いていたらしく、現代人にはずいぶん歩きにくい状態であったようだ。

　一方、町中から築地塀などで隔離されていた聖福寺領域内で確認された道路（回廊《かいろう》）は、幅五メートル程度であるが、路面は粘土をほぼ平坦に突き固めてきれいに整えられており、町中の道路とはやや異なる趣であったことが分かる。現在でも聖福寺境内は博多の町中にあっても荘厳な雰囲気に包まれており、中世の人々はなおさら襟を正したことだろう。

　聖福寺と櫛田神社を直線的に結ぶ道路は、博多遺跡群の中で最初に整備されたものとされ、幅二〜四メートルとやや幅の狭い道路であったが、路面は人々の往来により硬く踏み締められており、中世の人々が寺社を中心として生活していたことが想像できる。大通りとなる幹線道路でさえ幅は六メートル程度で、現在であれば車がやっとすれ違うことのできる程度のものであった。

雨に打たれて……

　これまで発見された道路の両脇には、今の道路と同じように排水用の側溝が作られているが、排水溝の構造も場所によって違いがあった。素掘りのものや両端を板で留めたもの、さらに石で裏込めを行っているものもあった。水はけの悪い場所では、雨が降り続くと路面がぬかるんで側溝にはすぐに泥が溜まり、詰まった排水溝からは水が溢れ出したらしい。

　現在のような下水道などはなく、土に水が染み込んで乾くのを待つだけである。このような曇天の日には、「博多」の人々は皆下駄を履いて外出したのだろうか。発掘調査でも、湿った粘質土の中から下駄などがよく発見される。現在でも雨天の発掘調査では全身ドロまみれになって作業を行うことがあり、この時ばかりは往時の苦労が身に染みて偲ばれる。

平坦に造られた道路（第104次調査地点）　聖福寺領域内で検出された道路（回廊）で，黄褐色粘土を用いて丁寧に整えられている。両脇には柱穴を伴う溝状遺構が掘られており，屋根が掛けられていた可能性が考えられる

高く盛られた地面

　このような水はけの悪い場所では、度々溝に溜まった泥やゴミを道路面に排出し溝浚《みぞさら》えを行っている。浚えられた泥やゴミによってさらにぬかるんだ道路は、乾いた砂や土などが撒かれて整地され、再び通行が行われる。このような道路両脇や周辺に立ち並ぶ家々では、雨の度に泥が入り込んでこないように家の土間面を路面より高くすることが必要となり、建て替えの度に盛土が行われた。盛土は数センチから二〇センチ程度を一単位として行われ、強度を増すために割れた土器や魚の骨などのゴミも混ぜられるが、最上面では見栄えをよくするためにやや上質な土が使用されることが多かった。

　このような道路面の嵩上《かさあ》げと宅地の盛土は繰り返し行われ、やがて遺跡群全体が厚い堆積層で覆われるようになる。このような堆積層は、場所により厚さ二〜三メートルにも及ぶものとなった。このような当時の人々の苦労のおかげで中世の生活面が地中に保存され、現代に生きる私たちが、発掘調査により過去を知ることができるのである。

町割りの起源いろいろ

　太閤町割による町割りは、博多遺跡群が展開する砂丘地形の起伏に左右されることなく、基準となった市小路を基に機械的に整備された、どこか近代的なものであった。これを遡ること約九〇〇年、博多浜南側では「絶対方《ぜったいほう》位《い》」である東西・南北方向の区画溝が現れ、同じように地形の起伏に関係なく規則的な町割りが整備され、一四世紀代まで存続した。

　これ以外の中世「博多」で見られる町割りは、比較的地形を反映させるものであったことが知られている。

　博多浜西側でも、律令期から一四世紀代まで存続する町割りが存在していたことが調査成果から分かってきているが、この町割りは西側の海へ傾斜していた砂丘面に対して直交または並行となるように整備されたものであった。この範囲の中には、天平宝字元（七五七）年に創建されたと伝えられる櫛田神社が今も鎮座している。櫛田神社自体は天正年間

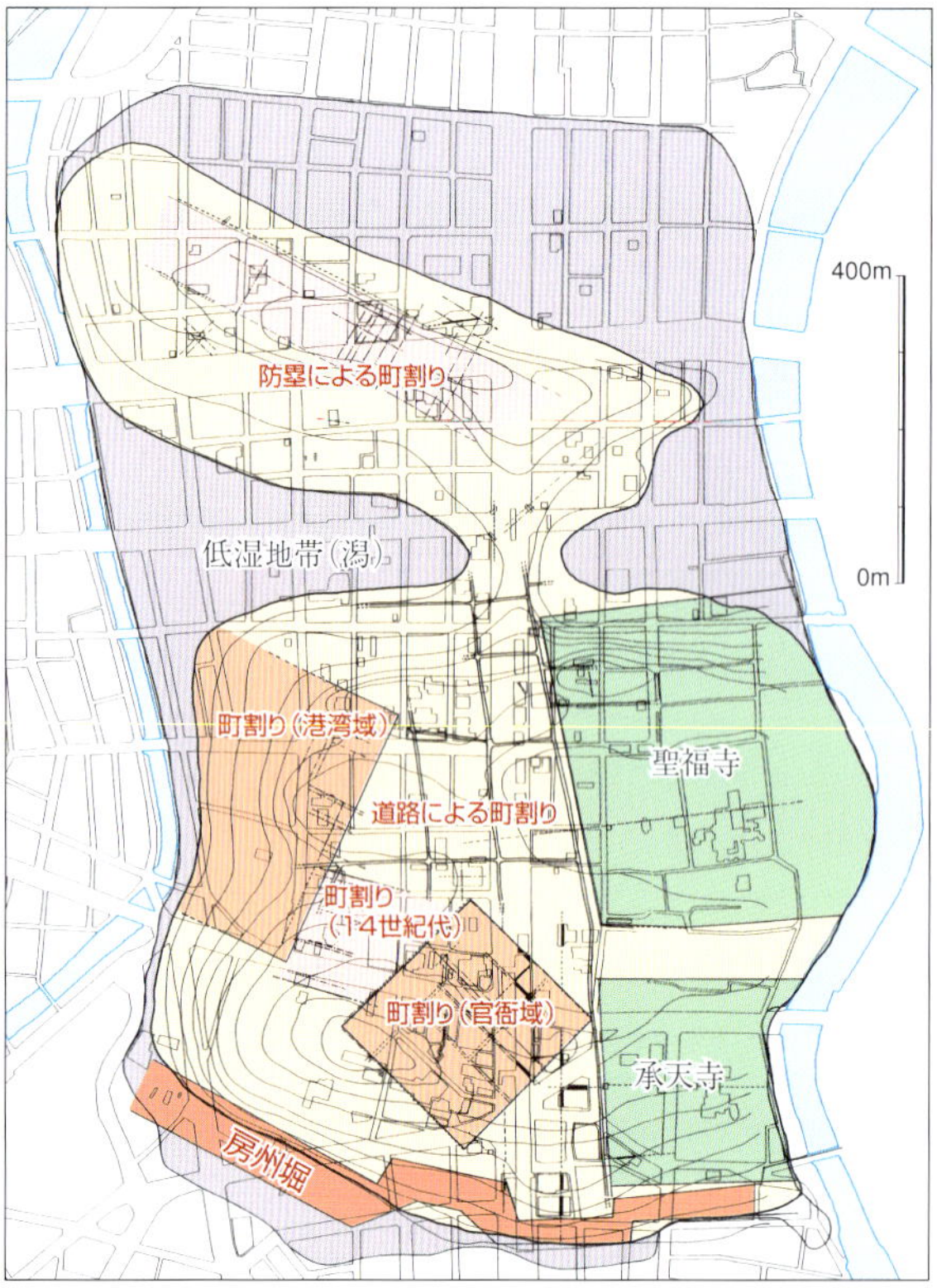

図２　各町割り模式図（S＝１／16000）
博多浜では，東側に聖福寺・承天寺の二大寺院を基軸とする町割りが展開し，中央から西側にかけては様々な出自の町割りが混在する。これらの町割りの多くは，各地点の傾斜などの地形により規制されており，埋没地形をある程度類推することができる。息浜では防塁を含め，多くの遺構が地形に規制されていることが分かる

（一五七三～九二）の争乱で一度焼失しており、その後の再建時に社殿が南向きから現在の東向きに改められたとされ、創建時には海に面した砂丘西側斜面上に南側を向いて建てられていたと考えられている。冷泉津《れいせんつ》に寄港した交易船の乗組員たちは、その姿を見て航海安全を祈願したのであろうか。

寺社と町割り

中世前半期に建立された聖福寺・承天寺は、西側にある櫛田神社を意識した伽藍《がらん》配置を採り建立されたと伝えられている。両寺院は中世を通して「博多」の中心的な寺院として大きな影響力を持つ存在であったが、その建立に際して地形的な条件より櫛田神社を優先している点は興味深い。両寺院ともに砂丘頂部付近の比較的見晴らしの良い場所に位置しているため、一見して地形を考慮して建立されているようだが、聖福寺伽藍主軸線は櫛田神社方向を見据えている。

なお、櫛田神社は創建時から現在の位置に存在していたとされているが、これまでの調査から復元された旧地形から考えると、現在の位置は砂丘頂部から落ちた谷地形の内部に当たるため、創建時はやや北側の砂丘頂部に近い西側斜面上に位置していたと推測される。創建時の社殿は南面していたという文献資料からも、南側に入り江を配していたと考えられる。

両寺院の門前町付近で行われた発掘調査では、確認された溝や建物跡が伽藍主軸や築地塀などの外郭施設の方向とほぼ同一方向を採っており、一帯の町割りがこれら二大寺社により規制されていたことが分かる。

これらの町割りが一帯に強く影響を与えたのは、寺社領域を「神仏の支配する聖域」とする原理が中世博多の人々の神仏志向に合致し受け入れられたためとされている。一四世紀代に整備された基幹道路は、大部分が直線的に整備されたが、聖福寺から承天寺の門前町付近では道路は両寺院の築地塀に沿うように屈曲しており、寺社領域を侵すことのないように配慮されていた。

町割りの出自と終焉

中世都市「博多」では、古代律令期の溝による区画が発生して以来、これに多少影響される形で随所に主軸の異なる建物跡や町割りの方向を示す溝が出現している。

これらは、（一）古代以来存続する区画を踏襲したもの、（二）寺社領域の影響下で整備されたもの、（三）地形に規制されたもの、に大きく分けることができる。

これらは相互に影響を及ぼしながら、「博

多」の景観を少しずつ変貌させ発展させた。このような雑多な町並みを統合・整理したのは一三世紀後半から一四世紀代にかけて整備された道路であるが、これも「博多」の景観を大きく一新したわけではなく、古代以来の町割りや新しい区画を取り込んだ発展形態であり、多くの町割りは変化しながらも連綿と継承されたものであった。

「博多」の景観が劇的に変化したのは一六世紀末に行われた太閤町割によってであり、この時点で旧来の町割りや区画はほぼ廃止され、中世都市「博多」の幕は閉じたのである。

その他の町割りの出現と変遷

では、この他の場所ではどのような町割りが行われていたのか。これまでの発掘調査から得られた中世における様相を外観してみよう。

博多浜北部域では、聖福寺の寺域・道路による町割り以前は博多浜南部域で見られるような南北・東西方向の区画域は採られず、現在の町割りに近い主軸の区画が存在したと推測されている。南部の官衙域に対して居住域と目されている。聖福寺建立後は寺中町・門前町としてその影響範囲に取り込まれるため、寺社領域としての町割りが行われた。

博多浜西部域縁辺においても、中心部で見られる東西・南北区画ではなく、砂丘の傾斜に直交する方位を採る町割りが見られる。これらも前述の官衙域同様に律令期以来一四世紀代まで存続しており、中世期の景観に大きな影響を残している。この博多浜西部域で確認される区画は、「博多」の西側に存在していた「冷泉津」の湾岸施設を基軸として整備された町割りと考えられる。櫛田神社はこの範囲内に含まれるため、創建時はこの町割り方向の主軸で建立されたことが推定され、中世の町割り形成に大きく影響を与えた区画と言える。

息浜と称される砂丘は東西方向に延びる地形で、一一世紀前半代には陸地化していたことが調査成果より分かる。息浜内で見られる町割りは、この砂丘地形に対して直交・並行する方向を採るものが多い。元寇防塁も当時の海岸線に対して沿うように構築されたと考えられる。防塁が設置されたことにより都市としての北限が確定されたため、これ以後は防塁に影響された町割りとなり、防塁に直交する主軸を持つ建物群などが多く検出される。息浜の都市化が進むのは一三世紀以降と考えられているが、近年の調査成果から、これ以前に規格的に開発が行われていた可能性が示唆されている。なお、息浜南東側には一二世紀初頭に埋め立てにより形成された博多浜との陸橋部が存在し、息浜と博多浜を繋ぐ幹線道路もここに設置されたと考えられる。付近の調査では現在の町割りと同方向の地形に沿った石列などが確認されている。

この他には、櫛田神社一帯のみで見られる町割りがある。この町割りは、限られた範囲のみで確認され、その時期も一四世紀代に限定される。現在の町割りに近い方位を採るもので、同一方位を採る遺構から南北約一町の範囲に展開することが予想される。旧来の町割りとは連続しておらず、天地・神仏には関わりのない施設のための町割りと考えられる。

以上、博多遺跡群で確認されている中世期の町割りを簡単に紹介した。中世都市「博多」の景観には、古代以来の官衙域や寺社領域など様々な発生の由来を持つ町割りが存在していた。道路により各町割りは統合されたが、已然として各町割りは相互に影響を与えながらも共存していたのである。このような多様で複雑な側面を持ち合わせた都市景観は、まさに国際都市としてふさわしいものであったであろう。今も「博多」の町並みの地下深く、私たちの知らない「博多」がまだ眠っているのである。

都市博多の境界と房州堀

田上勇一郎

はじめに

博多遺跡群は、ＪＲ博多駅北方の、西を那珂川の支流である博多川、東を御笠川の河口である石堂川に囲まれた、東西八〇〇メートル、南北一六〇〇メートルを範囲としている（写真１）。しかしながら、弥生時代から人々の暮らしが綿々と続いていた博多では、時代時代でその範囲を変えてきた。

この項では中世の都市博多の境界部分を発掘調査、文献、絵図から探ってゆきたい。

なお、この項の東西南北は現在の町割りに合わせ、大博通りを南北軸とし、明治通りを東西軸とする。実際の方位から約四五度西に傾いている。

北側

博多の北側は海で画されている。博多は三列の砂丘を基盤としており、北を息浜《おきのはま》、南二列を博多浜と称している。息浜は初め西から延びた砂嘴《さし》であったが、那珂川の流れで切り離され、海上の島になったと考えられる。よって、息浜と博多浜が埋め立てにより接続する一二世紀初めまでは現在の明治通りより南側までにしか町は広がっていなかった。その後、息浜が博多浜とつながり、徐々に北へ都市が拡大していった。

博多小学校建設前の発掘調査では、元寇防塁と見られる石塁遺構が発見されており、石塁遺構の北側からは一五世紀後半以降の溝や建物跡が発見された。このことから、一三世紀後半に元寇防塁が築かれてからは一五世紀後半まで、元寇防塁が博多の北側の境界となっていたと考えられる。それ以降、砂丘の前進とともに博多の町が拡大していったことが息浜北部の発掘調査で明らかになってきている。

写真１　現在の博多の街並み

写真２　息浜西部の護岸跡

西側

現在西側を画しているのは博多川であるが、中世には海が湾入していたと考えられている。冷泉公園の東側で行われた調査では、一二世紀代の白磁の集積遺構が発見された。これは貿易船から陸揚げされた時に破損品を廃棄したものと考えられている。その他、博多浜の西側には一二世紀代の陶磁器一括廃棄土坑が多数発見されているため、商品の荷揚げ地が近いと想定されている。

中世後期には博多の中心が息浜に移る。博多リバレイン建設前に行われた調査では、中世末の石敷き護岸と船着き場が発見された（写真２）。

これらのことから、博多の西側は中世前期から後期まで場所を移しながらも港が存在したと考えられ、海からの玄関口であったと想定される。

東側

現在、博多の東側には石堂川が流れているが、この石堂川について宝永六（一七〇九）年、貝原益《かいばらえっ》軒《けん》が編んだ地誌『筑前国続風土記』（以下『続風土記』）は、大友の家臣・臼杵《うすき》安房守鑑賡《あわのかみあきつぐ》が開削したと伝えている。かつては博多と住吉の間を流れ、那珂川の河口に合流していた比恵川を、災害が多いとして承天寺・聖福寺の裏の松原に南より北にまっすぐに掘ったという。それ以前の東側の境界はいかなるものであったのであろうか。

博多の東縁には現在も寺院が建ち並び、発掘調査が行われていないため、考古学的な裏付けはできていない。室町期の様子を描いているとされる「聖福寺古図」（一二四ページ）には、聖福寺の東側は溝と松原が描かれているのみであり、石堂川開削以前の姿が描かれているものと考えられている。この絵図によると、中世博多の町の東限は承天寺や聖福寺の門前町までで、寺の裏には広がっていなかった。つまりこれらの寺院が博多の東側の境界と言える。石堂川より東側の堅粕《かたかす》遺跡の調査では、中世以前の遺構はあるのに中世期の遺構が発見されないこともこれを裏付けている。

南側

博多の南側には前述の通り比恵川が西流していた。戦国期末以前はこの自然による境界が博多の南側を画していた。この川が、石堂川として掘り直されたのち、旧河道は「房《ぼう》州堀《しゅうぼり》」として博多の南側の防御となった。『続風土記』には、博多の南の外郭に瓦町から辻堂の東まで幅二〇間余の堀の跡がある。

写真3　房州堀南肩部の調査

元亀・天正の頃（一五七〇〜九二）、臼杵安房守鑑賡が掘ったので房州堀という。もしくはそれ以前の大内氏の支配期に掘られたものを修築したとも考えられる、としている。

房州堀は近世の絵図にも描かれており、大正末から昭和初期の地図にも行政界としてその痕跡を留めていた（佐伯・小林、一九九八）。

ところで、博多浜南西部、冷泉町南部から祇園町にかけての広い範囲で中世後期には遺構が見られなくなる。正保三（一六四六）年の「福博惣絵図」ではこの部分が畑として描かれている。博多の町が拡大だけでなく縮小している場所があることも注意しておく必要がある。

博多の南側の境界は比恵川、後には房州堀があったが、中世後期には博多浜の南西部は町場の範囲からは外れていたようである。

房州堀の発掘調査

博多の南側を画していた房州堀については、これまで発掘調査が三回行われている。いずれも堀の西部にあたる。なお、かつて房州堀とされていた地下鉄祇園町工区Ｐ2出入口調査で確認されたＳＤ03は、規模の上から房州堀とは言えない。

四七次調査は立ち会い調査であったが、西側土層に北側から落ちる緩やかな傾斜面が観察された。

五七次調査では堀内部の堆積状態を確認できた。

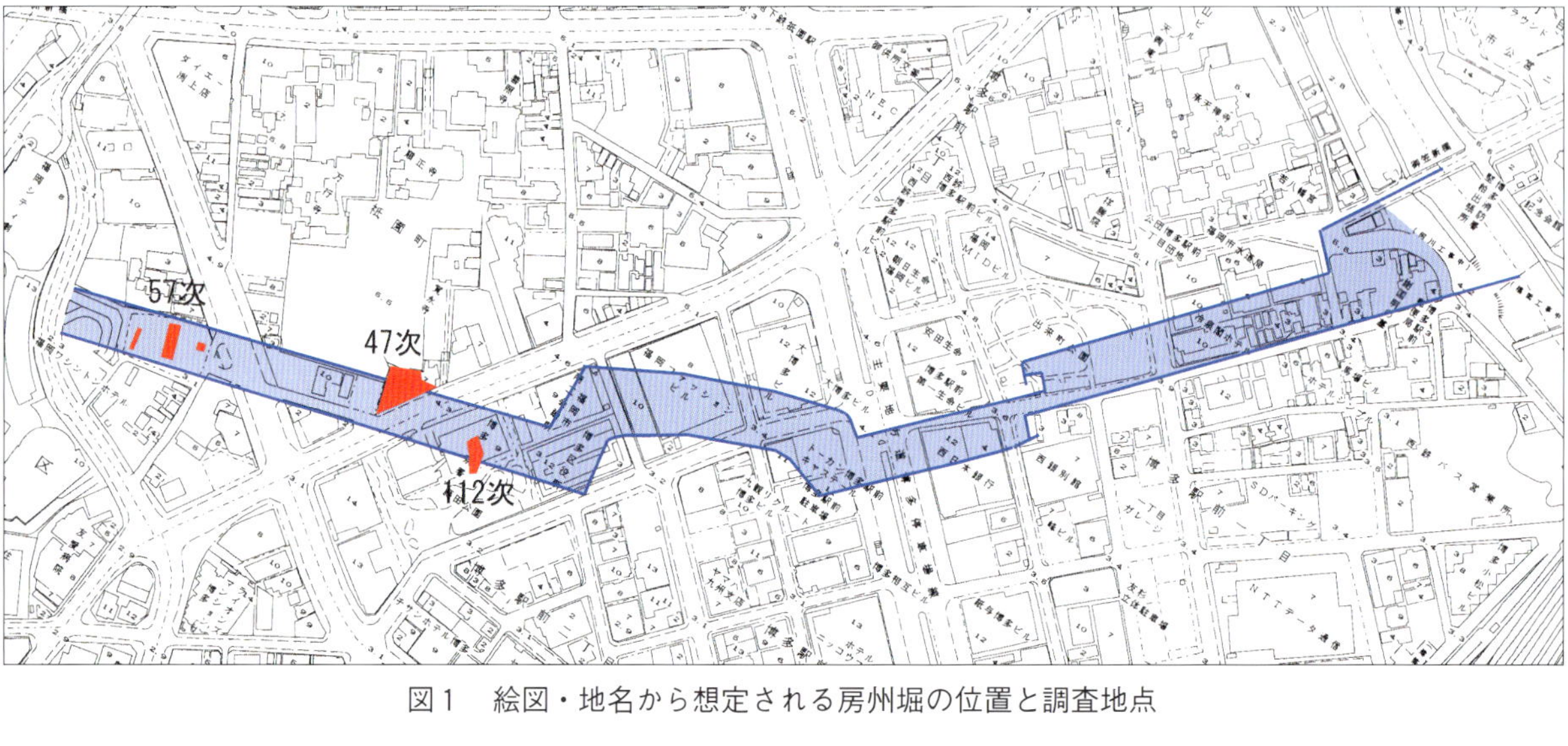

図1　絵図・地名から想定される房州堀の位置と調査地点

一一二次調査では、調査範囲が限られていたが堀の南肩部を調査できた（写真3）。堀底は標高一・二メートル、確認できた南肩は標高二・一メートルで、二〇度程の勾配でゆっくりと立ち上がっている（写真4）。堀底は九メートル分確認したが、北側の立ち上がりには至っていない。

調査区の土層を大別すると、①最下層のシルト層、②下層の砂層、③堀外の堆積層、④堀堆積層Ⅰ、⑤堀堆積層Ⅱ、⑥埋め立て土に分かれる。これらを出土遺物や花粉分析、珪藻分析、プラント・オパール分析といった自然科学分析から検討してみよう。

①からは弥生時代前期末、金海式甕棺が出土している。照葉樹林の花粉化石が検出され、珪藻分析からは汽水の影響を受ける中～下流性河川から沼沢地と推定された。②からは古墳時代前期の土師器、同後期から奈良時代の須恵器、一二世紀後半から一三世紀前半の青磁・白磁などが出土している。照葉樹林はやや減少している。珪藻分析からは海水の影響を受ける中～下流性河川から沼沢地と推定された。比恵川の堆積物であろう。粗砂が多いので、かなりの流水が想定される。③からは一一世紀後半～一二世紀前半の白磁が出土している。珪藻分析からは海水の影響を受ける中～下流性河川から沼沢地と推定されたが、土質より、やや安定した地盤であったことが予想される。④からは一六世紀中頃から後半の遺物が出土している。房州堀の最下層の堆積と考えられる。⑤はシルト質の4層の水平堆積が見られた（写真5）。ここからは一八～一九世紀の肥前系の陶磁器が出土した。多量のイネのプラント・オパールが検出され、花粉分析からもイネ科の花粉が発見されている。『続風土記』に見える明暦の初年に堀が田地となったという記述を裏付けるものである（明暦元年は一六五五年）。花粉分析では照葉樹林の破壊が進行し、アカマツと推測される二次林が広く形成されていたことが判明した。元禄一二（一六九九）年の「福岡御城絵図」には房州堀内部に水田の畦畔と見られる表現が、また、堀の土手部には松の木と思われる表現があり、ここでも自然科学分析と一致を見た。

以上のように一一二次調査では房州堀の南肩部を調査することができ、また、『続風土記』や近世絵図の記述を裏付ける結果が得られた。今後は北肩部を発見し、堀規模を確定させることや、堀の東部の発見が期待される。

写真4　房州堀南側の立ち上がり

写真5　堀内部の堆積

博多の元寇防塁

井上繭子

モンゴル帝国の拡大と鎌倉幕府

一二〇六年、テムジン（後のチンギス・カーン）が中央アジアのモンゴル高原を拠点にして興した諸部族統合の遊牧民国家は、幾度にもわたる外征を経て中央アジアのみならずユーラシア大陸を制覇し、西は東ヨーロッパ、南はインダス川西河にまで版図を広げるモンゴル帝国となった。五代目カーンのフビライは、一二六〇年首都を燕京（北京）に置き、一二七一年に国号を元と改める。

当時の鎌倉幕府は、合議制をとっていた執権政治が、北条氏の嫡流家（得宗家）を中心とする得宗政治へと移行しつつあった（吉良、一九九〇）。一方フビライは次の目標を日本に置き、北条時宗が執権となった文永五（一二六八）年に最初の使者を大宰府に遣わす。その後数度にわたり使者を送ったが、いずれも幕府は無視し、西国御家人に異国への警固を命じ、朝廷を通じて神社仏閣に敵国降伏のための祈禱を上げさせた。フビライは、高麗における反乱軍の三別抄《さんべつしょう》が陥落すると、いよいよ日本遠征の準備を固めていった。

博多は博多綱首《こうしゅ》や禅僧たちの活躍により国際貿易都市としての発展を続けていた。「蒙古襲来」は正しくこのような時である。

文永の役・異国警固番役と石築地

文永一一（一二七四）年一〇月、元軍の一部は対馬、壱岐に上陸、島を制圧し、本隊は松浦を攻略した。そして、西は今津、麁原《そはら》、百道《ももち》原から赤坂方面へ、東は箱崎から上陸してきた元軍は日本軍がかつて見たことのない集団戦法をとり、日本軍は苦戦を強いられた。

元寇防塁と博多の石塁遺構位置図

ところが、その夜に軍船へ引き上げた元軍は一夜のうちに嵐に遭い船もろとも姿を消していたのであった。これが「文永の役」である（黒田、一九七四）。

文永の役後、幕府は対応策として、博多湾岸の警固体制の強化（異国警固番役）と、蒙

上＝今津地区元寇防塁
下＝「蒙古襲来絵詞」（『蒙古襲来絵詞』絵７，宮内庁三の丸尚蔵館蔵）に見える石築地

古軍の戦線基地となっている高麗への制圧作戦（異国征伐）および防備のための石築《いしつい》地《じ》築造（要害石築地役）を計画した。このうち異国征伐は計画のみで実施されていない。異国警固番役では、後に警備体制は変わるものの、原則三カ月交替で九州各国の御家人に分担防備させた。そして要害石築地役で、所領に応じて分担させ、博多湾岸に石築地を築かせたのである。

石築地と「元寇防塁」

石築地は建治二（一二七六）年三月から、博多湾沿いに西は今津から東は香椎まで築かれた。造営分担は、文献によると、今津地区が大隅・日向国、長垂地区が豊前国、生の松原地区が肥後国、姪浜地区が肥前国、博多地区は筑前・筑後国、箱崎地区は薩摩国、香椎地区は豊後国となっており、さらに所領一段（反）に対して一寸の長さの原則で割り当てられている。

「元寇防塁」という名称は、大正時代の初めに中山平次郎氏が仮称して以来定着している。この後昭和六年三月三〇日に、今津、今山、長垂《ながたれ》、生の松原、向浜、脇、百道、西新、地行、地蔵松原の一〇地区が国史跡に指定され、さらに昭和五六年三月一六日に今津地区の一部が追加指定されている。

構造が分かりやすい三カ所を見てみよう。今津地区は、基底部と両側に大きめの石を積み、内部を小さめの石や砂で充填する構造をとる。石材には柑子岳《こうじだけ》の花崗岩や毘沙門《びしゃもん》山の玄武岩および変成岩を用いた。生の松原地区は、海側に石積みをつき、陸側に石積みを補強する粘土状の土塁を設ける。長垂海岸の花崗岩、小戸《おど》一帯の砂岩を多く用いた。西新《にしじん》地区では、粘土の基底部を設け、海側と陸側の石積みの間は粘土と砂で交互に固めている。石材は能古島《のこのしま》から搬入されたようだ（西園・柳田、二〇〇一）。

博多の元寇防塁

では、博多に築造された元寇防塁（以後この名称を用いる）はどのようなものであったのか。

博多の元寇防塁に関する直接的な史料としては、乾元二（一三〇三）年の「筑前国博多前浜石築地加佐並びに修理を命じた文書」、正和五（一三一六）年の「筑前の役所博多前浜石築地の修理と加佐の築営を命じた文書」がある（川添、一九六八）。博多遺跡群は、一番海寄りの「息浜」、陸側二列の「博多浜」という、三列に連なる古砂丘上に立地するが、このうち息浜（前浜）に元寇防塁があったことが推定されていた。蒙古襲来時、息浜の海浜部は現在の昭和通りから北側であったようだ（磯他、一九九八）。

一九九七年、博多区奈良屋町に所在し、息

13世紀頃の博多の復元地形と博多小学校の位置

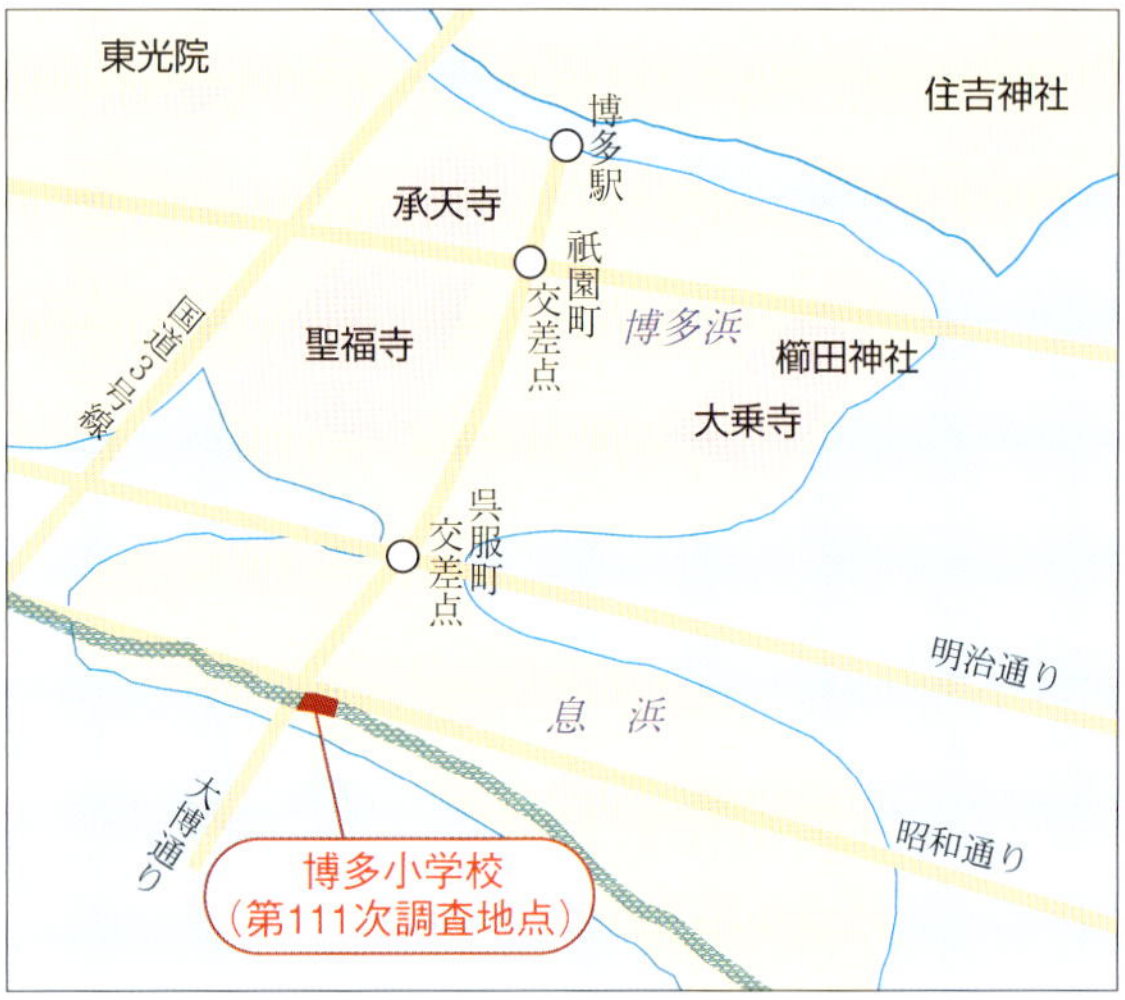

浜に位置する奈良屋小学校跡地に、四つの小学校を統廃合して博多小学校を建設する計画が上がった。このため、一九九八年から一年間かけて小学校建設に先立つ発掘調査（博多遺跡群第一一一次調査）が行われた。息浜における初めての大規模な調査である。

現在の地表面から約一メートル下の地層で主に一六世紀以降、約二メートル下の地層で一五世紀を主とした生活面が確認された。掘立柱建物や井戸などの生活跡、多数の輸入・国産陶磁器、瓦、キリシタン関係の遺物が発見され、当時の博多商人の活躍ぶりが窺える。

ところが、最も下の砂層から石塁遺構が発見されたのである。掘り進めるうちに、それは南南西－北北東の方向で延長五三メートルにわたり一直線に延びることが判明した。特に残りのよい部分を西からA、Bブロックとして見ていく。

Aブロックは、石塁遺構の西の端に位置し、最も残りがよい。標高二・九～三・一メートルの砂丘上に約三・八メートルの幅で直に石を積み上げて構築する。両サイドには七〇×五〇センチ以下の石を積み上げ、その間に五〇×四〇センチ以下の石を詰め込み、一・三メートルの高さまで残っている。海側の石が陸側の石よりも大きい。さらに海側の壁の横に一段石を並べており、階段状になっているのが特徴的である。

Bブロックは、幅三・五メートルの石積みで、高さは一・一メートルまで残る。砂丘の標高は三・三～三・八メートルで起伏がある。海側には八〇×三五センチ以下の方形の石を三段、整然と積み上げ、陸側には七〇×三〇センチ以下の石が一段残る。間には小振りの石を詰め込む。ブロックの東側には石塁遺構の方向と直交して八〇×五〇センチ程度の方形の石が並んでいる。

まとめると、石塁遺構は、両サイドに一辺五〇センチ以上の石を積み上げ、その中をやや小振りの石で充顚するという工法で、標高約二・九～三・八メートルの砂丘上に構築されている。海側には陸側より大きな石を用いる。AブロックとBブロックとでは構築方法に違いが見られるようだ。また、区画を示すような石の配列が見られる。

石材はそのほとんどが、東区名島《なじま》海岸から内陸部に広く分布する志免《しめ》層群名島層の礫岩と砂岩である。この他、名島海岸にある国指定天然記念物「名島の檣石《ほばしらいし》」と同一の桂化木も含まれており、石塁遺構は東区名島の沿岸部一帯から石材を運び構築されたことが明らかになった（河野、二〇〇二）。

この石塁遺構は、次の理由から博多部における元寇防塁と考えられよう。①規模と構造が今津地区と類似していること、②区画（分担）を示すような石の配列が見られること、③砂丘上面に構築されていること、④石塁を構築した直後に堆積している層から一三～一四世紀の遺物が出土していること、⑤石塁遺

博多小学校石塁遺構（南南西から）

上＝博多小学校石塁遺構（Aブロック）
下＝博多小学校石塁遺構展示室（Bブロック）

構が延びる方位が博多の町のいずれの町割の方位にも合わないことである。

石塁遺構は息浜の海浜部に構築された。筑前国の担当者たちは、名島の海岸付近から船を使って石材を運び、段別一寸の割り当てに従って築造していった。分担の境界には大きめの石を並べた。用いた石材は、他の地区に比べてやや大きめである。国際貿易都市として発展していた博多の町を背後に控え、より強固な防塁を築くという意図があったに違いない。こうして元寇防塁は完成した。

その後の博多と元寇防塁

弘安四（一二八一）年一月、フビライは再び日本遠征の発令を出す。幕府は警備の強化と元寇防塁を主体とした防備体制を整え、元軍に備えた。やがて元の先発部隊である東路軍が六月頃に壱岐、志賀島へ到着したが、防塁により上陸を阻まれ、海上と島上で日本軍との戦いを繰り広げる。七月二七日にようやく後発部隊の江南軍と鷹島で合流するが、三〇日から翌閏七月一日にかけての暴風雨で元軍は壊滅状態となってしまった（黒田、一九七四）。

弘安の役の後、博多の元寇防塁はどうなったのか。

先の文書などから、少なくとも一四世紀前半頃まで、幕府は各国に修理などの石築地役を命じていたことが分かる。石築地役だけではない。その後、元は一三六八年に滅びるまで、東南アジア、ロシア方面へ遠征を繰り返し、琉球国には二度来襲している。幕府は異国警固番役をさらに厳重にし、永仁元（一二九三）年には鎮西探題を設置した。室町幕府成立後にも異国警固は続いていたようである（西園・柳田、二〇〇一）。

しかし、博多の都市が広がり、町の中心が息浜へと移るにつれ、元寇防塁は次第に過去の遺産になっていったのであろう。永禄元（一五五八）年以前の作といわれる「聖福寺古図」には息浜の石築地が描かれているが（一九ページ）、この場所は息浜の東側を示しているのではないだろうか。少なくとも博多小学校石塁遺構は、石塁を壊した時に入り込んだと思われる陶磁器や土師器、また、石塁の埋没後に掘り込まれた遺構の時期から、一五世紀後半には壊され始め、一部は埋まっていたと考えられる。石材の一部は福岡城の石垣の材料としても使われたらしい（三木、一九九六）。また、博多遺跡群で一六世紀以降に登場する石組の方形土坑に転用された可能性もあろう。その一方でモニュメントのように残された場所もあった。

石塁遺構の続きは現在のところまだ発見されていない。将来この延長が発見され、再び検証できるように博多小学校の石塁遺構はすべてを保存処理し、現在一部（Bブロック）を小学校の石塁遺構展示室で公開している。

箱崎

榎本義嗣

箱崎のかつての景観

九州大学の総合移転を控えた福岡市東区の箱崎周辺は、近年の土地区画整理事業によりJR鹿児島本線の高架や道路整備などが行われ、かつての町家からマンションが建ち並ぶ新たなまちづくりが進んでいる。

この箱崎地区は、中世都市として繁栄を極めた博多の北東約二・五キロに位置し、『延喜式』の神名帳にも見える日本三大八幡宮の一つ、筥崎宮が長く鎮座している場所としてもその名が知られている。

ここで紹介する箱崎遺跡は、延長元（九二三）年に大分《だいぶ》八幡宮（飯塚市大分）より遷座したと伝えられる筥崎宮の創建を契機に形成された、古代末から中世にかけての都市遺跡である。

現在の町名で箱崎、馬出《まいだし》にかけての東西約〇・六キロ、南北一・二キロ以上に広がり、博多遺跡群同様に博多湾岸に沿って形成された砂丘上に立地している。現在の市街地化された景観からは想像しにくいが、この南北に長い砂丘は、西側をかつて松原が広がっていた博多湾、東側を現在の多々良川河口付近から深く入り込んだ入り江によって限られていた。ちょうど東限は、鹿児島本線に沿った位置が相当する。この入り江には、筥崎宮の対外交易において重要な役割を担っていた「箱崎ノ津」の港が存在した。

本遺跡では、これまでに数多くの発掘調査が福岡市教育委員会を主体に実施されており、遺跡の内容や当時の地形が判明しつつある。現在この界隈に立つと、近世以降の造成により起伏をあまり感じない地形となっているが、かつては、南北方向に長い尾根を持ち、東西両側に緩く傾斜する地形であった。なお、この尾根は砂丘の東側寄りに位置するため、西側、つまり博多湾側にやや広い斜面が形成されていた。また、この尾根上に鎮座する筥崎宮の南側で砂丘は若干のくびれを持ちながらも、南東側へさらに尾根は延びるが、東側は、河川による侵食が進み、砂丘斜面の大半が失われている。

筥崎宮を取り巻く歴史

遺跡の具体像を説明する前に、筥崎宮の歴史を簡単に述べておきたい。

筥崎宮の遷座は、延喜二一（九二一）年の八幡神の託宣《たくせん》によるものとされているが、やはり大宰府官人による関与が大きく、新羅来寇を未然に防ぐことを祈念し、対外貿易の拠点を確保するねらいがあったと思われる。『今昔物語』には、一一世紀初頭、筥崎宮神官であった秦氏が対外貿易によって大きな利益を得ていたと考えられる有名な説話が残されている。

永承六（一〇五一）年には、石清水八幡宮の別当の派遣により、同宮の別宮となり、中央権門と密接なつながりを持つ。その後、保延六（一一四〇）年に、筥崎宮や香椎宮の神

箱崎の町並み（右上が筥崎宮）

人らが大宰府の支配下にある屋敷を焼き払う事件が起こり、一時大宰府の府領となったが、文治元（一一八五）年には再び石清水八幡宮からの補任がなされている。この間、仁平元（一一五一）年、大宰府の官人らが軍兵を率いて、博多とともに箱崎の大追捕《ついぶ》を行っている。これを記した「宮寺縁事抄」には、両地区に宋人が在住していたことや一六〇〇軒以上の家屋が存在したことが記述されており、日宋貿易に関与した宋商人の家屋を含む町が既に形成されていたことが分かる。この事件は、対外貿易の主導権をめぐっての大宰府と筥崎宮の紛争と考えられている。文永一一（一二七四）年の元寇（文永の役）の際には筥崎宮が焼失したことが伝えられている。なお、元の再度の襲来に備え、建治二（一二七六）年に元寇防塁が鎌倉幕府によって博多湾岸に築かれる。箱崎地区は薩摩国の築造分担によるもので、その延長は石堂川（御笠川）から多々良川の河口に至る約三キロであった。至治三（一三二三）年に中国寧波《ニンポー》から博多に向かう途中で沈没した韓国新安沖発見の交易船からは、「筥崎」銘の荷札木簡が多彩な積荷とともに引き上げられており、日元貿易においても引き続き日本の大陸交易拠点の一つとして位置付けられていた。以後の中世後半段階においても『海東諸国紀』や『筑紫道記』、『宗湛《そうたん》日記』などに箱崎の地名が散見され、海上交通の要所や箱崎松原に代表される名勝地としてもその名を残している。

発掘調査から見た箱崎遺跡

以上のように筥崎宮の創建により繁栄してきた箱崎であるが、これまでの考古学的調査の成果から具体的に遺跡の内容を見ていくこととしよう。

発掘調査は、今から約二五年前の昭和五八（一九八三）年に行われた福岡市営地下鉄建設工事に伴う調査に始まり、すでに五〇件を超えた。また、計三十数冊の調査報告書も刊行されている。調査面積は本遺跡総面積の三割に満たない程度であるが、数多くの検出遺構や出土遺物から遺跡の具体像が判明しつつある。一九九〇年代までの調査は比較的小規模な民間共同住宅の開発に伴う調査が主流であったが、近年では公共事業者による区画整理事業など大規模事業に伴う広範な調査が行われており、新たな知見が得られている。ここでは、本遺跡内における遺構の出現や展開を、立地も併せながら大きく五時期に区分し、その様相を述べていきたい。

Ⅰ期は、筥崎宮の創建時期とされる一〇世紀前半から一一世紀中頃に至る平安時代中頃の時期である。現在のところ、筥崎宮の創建時期に限定される遺構の検出例は少ないが、これを遡る時期の遺構については、古墳時代以降皆無であることから、本遺跡を考える上での画期となる。Ⅰ期の遺構が検出される範囲は、筥崎宮の背面南東部に当たる砂丘のくびれから南側の狭い地域に限定される。丸太刳り抜き材を水溜に用いた井戸や底面に柱穴のない一辺数メートルの方形の竪穴遺構が、少数であるが認められる。また、第二六次調査で検出された総柱掘立柱建物数棟もこの時期に該当しよう。

出土遺物としては、県内でも出土遺跡が限

定される北宋前半代の越州窯系青磁や白磁が目立ち、一片のみであるが、第四〇次調査ではイスラム陶器も確認されている。また、官人が用いる石帯巡方や斜格子目の叩きを施す瓦が出土しており、一般集落とは大きく異なる性格を付与しなければならない。

創建期における大宰府政庁との関係を考慮すると、何らかの公的施設が設置されていたことが窺い知れ、また、筥崎宮との位置関係や先に述べた砂丘くびれ部の在り方とを勘案すると、港湾施設がその東側に存在した可能性が推測される。

Ⅱ期は、一一世紀後半から一二世紀前半の平安時代後半にあたる時期で、遺構の分布範囲はⅠ期のそれを含みながら北側に拡大し、砂丘尾根線上から東側緩斜面上に主に立地する。また、Ⅰ期と比較して、井戸や土坑、溝などが増加し、集落的な様相が強くなる。井戸には曲物を水溜として用いることが多く、方形の井側を組む例もある。また、底面に柱穴を持つ方形竪穴が多数見られ、先の掘立柱建物より後出することが、遺構の検出状況から判明している。

出土遺物のうち、高麗青磁や高麗系瓦は特筆すべきもので、Ⅰ期とほぼ重複した範囲で確認されており、先に推定した公的施設が存続した可能性を有する。また、この段階から、楠葉《くずは》型瓦器埦に代表される畿内からの搬入品も確認されはじめる。これは、筥崎宮が石清水八幡宮の別宮となったことと強い関係性があろう。

この段階は、門前の町として筥崎宮の東側に町家が形成された端緒として理解できる。一一〇〇年頃に大宰権帥であった大江匡房《まさふさ》が記した「筥崎宮記」の「ただ青松のみ」の景観とは若干異なっているようである。

Ⅲ期は、続く一二世紀中頃から後半の平安時代末期である。この時期の初め頃から、遺構の分布域はさらに拡大し、Ⅱ期の範囲に加え、砂丘尾根を越えた博多湾側の西側緩斜面の利用がなされはじめる。西側縁辺を除く、遺跡の極めて広範囲にⅢ期の遺構が展開している。また、この時期の遺構密度は濃く、近接した位置に時期差のあまり認められない井戸が重複して掘削されるなど継続した町家の経営がなされている。なお、井戸はこの時期以降、井側に木桶が多用されていく。

輸入陶磁器の出土量は博多に劣るものの、中国製の白磁、龍泉窯系青磁、同安窯系青磁、青白磁などが普遍的に出土する。

また、生活遺構に加えて、新たに出現する遺構に土壙墓や木棺墓などの埋葬遺構があり、続くⅣ期に至るまでに本遺跡では認められる。これまでに約五〇基が検出されており、一二世紀後半から一三世紀前半が主体となる。特に、第二一次調査では、和鏡やガラス小玉、毛抜きなどの豊富な副葬品を持つ複数の埋葬遺構が認められた。これらのあり方は、いわゆる屋敷墓で、複数基が近接して検出されることが多いものの、生活遺構と排他的な関係にはない。また、遺跡北側の尾根線付近では、青銅やガラス製品の鋳造関連の遺物が出土しており、商工業者の存在も窺える。

この時期は、箱崎が門前町から都市に転じ

木棺墓と副葬品

埋葬遺構に副葬された和鏡

ていく段階にあたり、極めて大きな画期であると言える。これは「宮寺縁事抄」に記された都市的な様相にも合致するものである。

Ⅳ期は、一三世紀前半から一四世紀前半のほぼ鎌倉時代に相当する時期で、Ⅲ期同様に遺跡内の広範囲で生活が行われているが、砂丘西側の緩斜面をより積極的に活用した様相が見受けられる。特に、北西部では、細かい水平堆積層が確認されており、海側へ整地を進めながら、生活域を拡張したものと推測される。また、小規模ながら同様の造成が砂丘北東端部においても認められる。この整地層には焼土や炭化物を含むことが多く、その箇所は、遺跡北西部の西側斜面に集中する。被熱した出土遺物や整地後の遺構の時期から一三世紀後半代にその多くが位置付けられ、この層は文永一一（一二七四）年の元寇（文永の役）に起因する可能性が高い。この際に筥崎宮が焼失したことは先に述べたが、市街地では先の一帯が大きな被災地であったことが推測される。

ここで、箱崎の都市景観を考える上で重要な街区（区画）について少し触れておきたい。現在のところ、博多遺跡群で確認されているような明確な道路状の遺構の検出例は極めて少ないが、ある程度の延長を持つ溝状の遺構がこの時期以降に出現しており、道路側溝もしくは都市基盤の区画として掘削がなされたのであろう。実際の発掘調査では、Ⅲ期においても既存の道路に平行もしくは直交する形態で、短い溝や掘立柱建物、ピット群が確認されることが多く、この方向はⅤ期にも継承され、特に遺跡の南西部では掘り直しにより継続性のある溝も存在する。その方位は磁北から西側に約六〇度（もしくはその方向に直交）触れるものである。しかし、筥崎宮南東部では、これよりもさらに一五度前後西にふれる区画溝が存在し、矩形に折れて、七〇メートル以上延長するものもある。両者の差は地形上の制約によるものか判然としないが、今後の街区の復元作業において注目していきたい。

なお、Ⅳ期においては、南宋～元代の白磁や龍泉窯系青磁などが輸入され、副葬品にも用いられている。

最後にⅤ期として、一四世紀中頃から一六世紀頃までの中世後半段階をまとめておきたい。この時期の遺構は、特に筥崎宮の南側を主体とし、西側緩斜面を含む範囲に分布する。現在の道路に面し建物遺構が、また裏側に井戸を配する遺構分布が認められることが多い。建物跡の短辺が道路に面しており、切妻平入り形式の短冊形の地割町家が、通りを挟んで軒を連ねていた様子が想起される。

また、先に区画で触れた溝は、一五世紀後半から一六世紀前半にかけて数回の掘り直しをしながら維持されていた。この溝は筥崎宮の南辺に沿うように位置しており、同宮や周辺寺院の区画に用いられたものと類推されるものである。この時期の主な出土遺物には、明代の白磁、青磁、染付、李朝陶磁があり、国産品では備前焼や瓦質土器が多い。

終わりに、今後の調査の課題として箱崎が機能しはじめたⅠ期段階における実態を把握すること、また、Ⅱ期からⅢ期における都市化において果たした社会的役割を考古学的に正確に読み取り、その展開をさらに検討していくことを挙げておきたい。

大宰府

山村信榮

古代の大宰府

福岡平野の奥に置かれた行政府としての大宰府は、中央と地方の中間に置かれ、外交面などでは都の一部の業務を代行するという役を担ったため、都と似た形や雰囲気を持った都城が建設された。大宰府には儀礼の空間としての正殿、脇殿を中心とする現在の「大宰府政庁跡」と、行政としての実務を行った蔵《くらの》司《つかさ》などの官衙《かんが》地区がその周辺に広がっていた。

また、国家経営のために仏教が重要視されていたため、観世音寺をはじめ国分寺、国分尼寺、般若寺、杉塚廃寺（筑紫野市）、竈門《かまど》山《やま》寺、安楽寺など、多くの古代寺院が大宰府の周辺に建設され、都市を荘厳化していた。古代の前半は軍事施設であった大野城には、山の端にある土塁の上に四天王を安置する堂が四カ所に建てられ、軍事力に代わって仏法で国境の守りを固めようとされた。政庁の北東にそびえる宝満山でも山中のあちこちで祭祀が行われ、祈りの場となっており、平安時代の終わりには天満宮などで都市祭礼としての「神幸祭」が始められ、宗教施設と町場との関係が深まった。この祭事は現在に継承されている。

古代大宰府の生活空間は東西南北の碁盤の目のような街路が計画的に施工されており、遺跡調査によって復元される古代の町場「大宰府条坊跡」と呼ばれている。現在でも榎社《えのきしゃ》周辺や五条周辺など市内の処々にその名残の道が見られる。また、条坊の外側では「条里制」と呼ばれる古代の水田区画の痕跡の他、生活や儀式に供された須恵器や瓦を焼いた窯跡、役人を葬った墳墓など、都市と係わる生産や葬送に関連する遺跡、条坊外の一般集落なども発見されている。

古代の大宰府は政治、宗教の中枢施設（センター機能）があったため、九州島内をはじめとする広い地域から人と物が集まり、交通路も大宰府を基点として四方に広がっていた。近年、発掘によってその道路跡（古代官道）が直線的な形で発見されている。

太宰府には現在でも、古代都市としての景観を構成していた城塞としての山並み、官庁としての大宰府跡、古代都市としての寺院跡、条坊跡などの要素が残されている。

古代のグランド・デザインが持つ特徴に直線性が挙げられる。条坊や条里といった土地区画は直線と直角の組み合わせであり、古代官道は地形を無視して尾根を切り、谷を埋めて真っ直ぐに通され、寺院や官衙はこれら街路や土地区画に合わせて正確に配置されている。自然を無視した人為的な直線は、古代国家の権力を形で示そうとした意思の表れと言えよう。

しかし、古代前半期に見られたこれらの様相も、平安後期に変容を始める。一二世紀代には、条坊北東の条坊郭外において天満宮安楽寺に至る平地に、北に対し東に六度程斜行する土地区割りが想定され、条坊内南西部、鷺田《さぎた》川南側の郭内においては、一一世紀後半から一二世紀前半に位置づけられる、それまでであった九〇メートル四方の方眼グリットではなく、周辺の条里型地割りに整合的な東西一〇三メートル、南北一二四メートルの道に囲まれた大きな街区が、近年発見されている。

このように、平安後期においてはそれまであった条坊域の縁辺部において新規の土地区割りが出現している。古代官庁の象徴であった大宰府政庁の廃絶時期は一一世紀中頃と想定され、都市域である条坊機能の終焉は一二世紀前半頃に想定されている。変容した都市は生き続け、次代に引き継がれる。

▼中世の大宰府

鎌倉時代の大宰府は、官庁としての大宰府政庁はなくなり、鎌倉幕府から派遣された地方を統治する守護職となった武藤少弐氏が大宰府に守護所を設け、北部九州の政治拠点となっていた。古代の条坊は中世になって大半の箇所で農地に変更され、条坊の北東部であった観世音寺から五条、さらに天満宮周辺に町場の中心が移り、土器・陶磁器を主体とする文物が大量に出土している。

また、古代には利用されていなかった山裾（大城山＝四王寺山裾）に開発の手が及び、谷は整地され武士の館や寺院が、尾根やその斜面には石塔を中心とした墳墓が形成され、幕府のあった鎌倉の景観に似た土地利用が進んだ。観世音寺の背後の地形にそれがよく残されている。

古代寺院は、観世音寺、安楽寺（天満宮）、大山寺（竈門山寺の後継寺院か）。後の有智《うち》山《やま》（内山）寺を除いて荒廃し衰退していた。経済力のあった有力寺院は武士や中央の権力とつながりを持ち、山地を雛段状に大規模に開発していった。大山寺（有智山寺）による内山、北谷、南谷地区、また原山（無量寺）による原地区（三条、原、醍醐周辺）、四王院座《ざ》主《す》坊の善正寺による坂

中世大宰府のまち場・守護所・寺院

御所ノ内地区の瓦・礫敷の道路跡（太宰府市教育委員会提供）

本地区などでは、現在の棚田や段々畑の景観にその痕跡を見ることができる。

都市域周辺の平地では佐野地区や天満宮周辺地区などで行った発掘調査により、現在までに耕作地となった大半の場所で平安時代後半から鎌倉時代頃の遺物や遺構が確認されており、農地としての景観がこの頃に完成したと考えられる。

遺跡としての占有面積は、博多遺跡群全体が一一三万平方メートル程であるのに対し、大宰府の五条から天満宮にかけての町場が約七四万平方メートル、鎌倉後期に守護館が置かれたと想定している観世音寺東の「御所ノ内」遺跡周辺で約三〇万平方メートルであり、それに隣接する四王寺の寺社関連の総面積は約八〇万平方メートル、宝満山の遺跡としての総面積は約一八九万平方メートルと、巨大な面積を有している。

関東御家人武藤少弐氏と大宰府

鎌倉時代になると、鎌倉に成立した頼朝政権が各地方に関東御家人を派遣し、太宰府には、残されている文献史料から、建久二（一一九一）年頃までには鎮西奉行天野《あまの》遠景《とおかげ》による鎌倉幕府直属の政務機関が成立していたと考えられている。その後、筑前・豊前・肥前の守護として西海に赴任した武藤氏が鎌倉末まで守護所を構えることとなった。

現在までの考古学的な資料では、「鎮西探題」や「宰府守護所」など、また武藤氏や大友氏といった人や家に直接関連するものを提示することはできない。しかし、一三世紀以降に急速に開発され、他地区に対して優位な遺物の出土状況を示す地区が観世音寺の東隣接地に存在する。「御所ノ内」の字名を残すこの地区は、「安養院」、「朝日」、「横岳」、「山井」といった地名に囲まれ、その地名が守護武藤少弐家傍流の家名に一致し、一族の本貫地との伝承を持っている。事実、中心に整地を伴う礎石建物群、その前を通る礫、瓦敷きの道路、それに面する蔵と考えられる礫敷基礎の建物群など、遺跡の内容としては中世の大宰府において守護所を設定するにふさわしい内容のものが出土している。「御所ノ内」は、現在のところ、鎌倉時代後半において最も守護所の在所として有力視される土地である。

字御所ノ内周辺では字山井において武藤頼澄のものに比定される宝篋印塔《ほうきょういんとう》の残欠が、崇福寺境内の横岳において武藤資能の戒名を記した石塔が出土したとされる。また、推定金光寺跡では木簡に記載された「いつみたゆふ」から和泉守武藤資真の存在を指摘する意見が存在する。観世音寺後背部の大半の傾斜面には中世墳墓が存在し、それに取り囲まれた谷地の調査では、推定金光寺跡、字安養寺、字山ノ井の推定西福寺跡、字御所ノ内北のホノケ仏餉寺《ぶっしょうじ》などでの調査で、館ないし寺院と考えられる整地を伴う遺構が検出されている状況から、御所ノ内周辺では武藤一族の居館と館内に置かれた各一族の菩提を弔う寺院と墳墓がセットで展開されていた可能性が想定される。この状況は遺跡形成の状況を含めて、鎌倉における武家と寺院との関係を想起させる。

武藤少弐氏関連の城砦は寺院が占有していた山地を利用しており、天満宮眼前の丘の上の原八坊内に「浦城」が、有智山寺の境内地内に「有智山城」が想定されている。

霊峰宝満山

宝満山は太宰府の北東にある標高約八三〇メートルの山頂を持つ山で、山頂付近の急峻な地形から多くのハイカーや登山愛好家の集まる所となっている。

山の名前は宝満山が一般的であるが、記録では竈門山、御笠山《みかさやま》とも記載されている。山の信仰に係わる歴史は奈良時代に始まり、大宰府政庁が整備された八世紀初頭頃の土器が山頂周辺で採取されている。八世紀後半から平安時代には、山中の複数の箇所で祭祀行為に係わる墨書土器や三彩土器、皇朝銭、製塩土器などが出土し、複数の墨書の中に「蕃」の文字が見られることから、外国との係わりで祭祀が行われていたことが推定される。

記録では、遣唐使に随行した最澄（『扶桑略記』）や弟子の円仁（『入唐求法巡礼行記』）が渡唐前後に安全祈願のため参籠しており、古代の宝満山は、大宰府ひいては国境における対外交渉に関する祈りの場であったことが知られる。祈りの形は初期には山中の特定の場所が利用される自然崇拝の形であったものが、ふもとに寺院が建設され「竈門山寺」、「大山寺」の名称が記録に残される（同一の寺院か否かは不明）。一方で「竈門神」、「竈門宮」の名称で朝廷から授位された記録もあり、平安時代には神仏が混交する山であったことが知られる。

平安時代後半には比叡山の天台宗や石清水八幡宮の干渉を受け、中央寺社の足がかりとして発展することとなる。通称下宮地区の発掘調査で、平安時代に属す南北七間（約二四メートル）、東西四間と庇（約一八メートル）の巨大な礎石建物が確認され、平安期の寺の中枢的な建物と見られている。さらに標高の高い妙見地区では、基壇を伴う三間×三間（一辺が一六メートル）の瓦を所用する礎石建物が存在し、比叡山延暦寺が全国に建設した六所宝塔の内の「安西塔」に比定され、天台教学の拠点となったらしい。

中世には有智山寺（内山寺）の名称が見られる。南北朝初期の動乱時代には武藤少弐氏により寺の一部が要害化され、以後、有智山城の名称が登場する。「太平記」によれば、鎌倉末期には寺坊内には少弐氏傍系出自の寺僧が山内に居を構え、有事にはその居所が城館として機能していた。室町前期には中宮の巨石に巨大な金剛界梵字磨崖が彫られるなどし、山内には仏教的信仰に重ねて修験道が移入されと見られ、以後、宝満山が鎮西を代表する修験道の行場として彦山（英彦山）とともに整備され、独自の山岳信仰のネットワークが形成されたと想定される。

少弐退転の後は山内は疲弊し、「竈門山旧記」などによれば、大友氏が支配した一六世紀には三七〇余あった坊は、学僧を擁した衆徒方は廃絶し、行者方一五坊のみとなり、戦国末にはすべての坊が山頂付近に移り、坊のあった山裾の北谷、内山は村落とその耕作地となり、近代までその形が踏襲された。

都市と新興仏教と権力

中世大宰府が都市として成立する要因の一つに、観世音寺周辺地区の寺院が持っていた宗教上のセンター機能が注目される。授戒を行っていた戒壇院や新興の宗教を保護したのは守護武藤少弐氏一党であった。

鎌倉期に起こった新興の宗教は都市生活者に受け入れられ、さらにそこに人が集まるようになり、都市化を助長した要因の一つと考えられている。

真言律宗は博多大乗寺と並び太宰府に最福寺を、時宗は「時宗末寺帳」によれば、筑前においては博多、姪之浜、芦屋などの他に太宰府に金光寺を設置している。ことに時宗では末寺帳に「博多衆」、「宰府衆」の用語が記載されており、新興の教団にとっては室町時代を前後する時期の筑前においては、博多の他に太宰府が教線拡大の上では魅力ある都市として認識されていたようである。また、御所ノ内の北側の山裾には少弐資頼を檀那として初期禅宗寺院の崇福寺が建立され、歴代住持に南浦紹明《なんぽじょうみょう》や宗峰妙超《しゅうほうみょうちょう》など臨済禅の本流たる面々が迎え入れられ、少弐氏に対し外交交渉や京都・鎌倉との政治的・宗教的関係に大きな機能を果たしていた。

少弐氏が守護所を太宰府に設置した背景には、古代律令的な支配権の継承を前提としたものであり、中世都市大宰府は古代都市大宰府の残照の上に構築されたと言っても過言ではなかろう。それゆえに室町期の少弐氏の大宰府よりの退転と期を一にするように、町場も寺社付随の坊域も、遺構としては一部を残して一気に衰退しており、この一四世紀中頃の段階で都市としての主役の座を博多に譲っている。

中世大宰府の形態

鎌倉時代から室町時代にかけての大宰府の都市としての構造は、守護所が想定される「御所ノ内」を包含するように観世音寺やその後背部に寺院群が広がり、その寺院群は守護武藤少弐氏の傍系一族の居所ともなっていた。寺院の中には土地寄進を経営形態としない新興の教団の道場が含まれるなど、宗教的なセンター機能を有していた。市まちはこれらエリアと御笠川を挟んだ対岸に発達し、町場は天満宮周辺に連なっている。町場には鋳造や木工などの生産を行った痕跡が見られ、自らも多量の土器、陶磁器を消費していた。また、町場とは距離を置いて天台系の原山、有智山寺など山中に坊が発達し、もう一つの町場を形成していた。この都市形態は南北朝の動乱期に大きく崩れ、大半の都市的要素は淘汰され、それぞれの場所で小規模化、移転した施設が後代に残されるに止まった。

その後の太宰府

町場の中枢は、一五世紀以降には五条北地区という観世音寺と天満宮の中間に位置する場にその中心を移し、戦国期後半まで「六座」と呼ばれる商工業者の連合体によって経営された。戦国末の戦火は中世大宰府を支えてきた寺社、町家ともに灰燼に帰し、近世に至って中世後半期の市まちをベースに復興した集住空間は「宰府村」と呼ばれることとなり、黒田藩が管理する天満宮安楽寺の門前宿駅として存え、筑紫近郷の中核村落の性格のまま近代に至っている。

大内氏と博多

古賀信幸

はじめに

大内氏は、周防国衙《こくが》の在庁《ざいちょう》官人として、平安時代頃より史料に登場する。その後、勢力を拡大させ、南北朝期に幕府から守護に補任される。そして、東は現在の広島県、島根県域の西部、西は福岡県域までの広大な領国を、およそ一世紀半にわたり領有した。

戦国期の大内氏は、山口に方二町規模の館を構えた。手づくねのかわらけ（京都系土師器皿）を好んで用いるなど、土師器皿の使用・廃棄の際立って多いことがその特色である。現在、大内氏館跡では史跡整備が進行中で、枯山水庭園（写真）などが公開されている。

博多における大内氏の動向

大内盛見《もりはる》は、応永一一（一四〇四）年頃に筑前国の守護となった。大内氏は筑前国を支配するにあたり、高鳥居城（現糟屋郡須恵町）を守護代の拠点とし、郡ごとに郡代を配置して、支配体制を整備した。

大内氏は、外国交易の窓口であった博多にも進出し、中国大陸の明国や朝鮮王朝への朝貢を推し進めた。佐伯弘次の研究によると、大内氏が初めて遣明船に参画（宝徳三〔一四五一〕年）する直前の文安期（一四四四～四八年）に、大内教《のり》弘《ひろ》が筑前国の守護領国化を進める過程で博多を掌握したとする（佐伯、一九八四）。

中世博多の中核施設である禅宗寺院の聖福寺や承天寺は、大内氏御料所として、当主や守護代の宿所となった。筑前一国の年貢に相当するほど高額な臨時課税が可能な博多の経済力は、大内氏にとって大いに魅力であったと考えられる。なお、博多北浜（息浜《おきのはま》）は基本的には大友氏領であったが、大内氏による横領が度々起こっていたようである。

大内氏館跡の枯山水庭園（山口市教育委員会提供）

博多遺跡群出土の防長系遺物

博多遺跡群では、これまでに一五〇次を超える発掘調査が実施されている。博多遺跡群の調査報告書を通読すると、器壁が極めて薄く白っぽい土師器、菱文のある瓦、足鍋を主体とする瓦質土器の一部などが、大内系または防長系の遺物として言及されている。

二〇〇六年までに福岡市教育委員会が刊行した博多遺跡群の調査報告書を検索し、私見によりいわゆる大内系と呼ばれている土師器や、菱文のある瓦、防長系の瓦質土器などの出土地点を色で塗ったのが、図1である。分布の傾向としては、聖福寺や承天寺の寺域やその門前、息浜の南半から博多浜の北半にかけての範囲に分布する一方で、博多浜南西部からは、ほとんど出土しないことが分かる。

本来であれば、防長系あるいは大内系の遺物と考えられるものをすべて実見し、その上で論ずるべきことであるが、今回は時間の余裕がないため、菱文のある瓦のみをとりあげることとした。

菱文のある瓦

菱文のある瓦は、二九次、六〇次、一〇九次調査で出土している（図2）。

二九次調査では、割菱文のある袖瓦が一点出土している（2―4）。出土層位は明示されていないが、一六世紀代の土器・陶磁器を主体とする三層（埋立二期工事）に伴う遺物と見られる。調査地は、息浜と博多浜の間に位置し、平清盛が開いた「袖の湊」の推定地にあたる。なお三層は、慶長一八（一六一三）年の黒田長政にかかる埋立整地層と推定

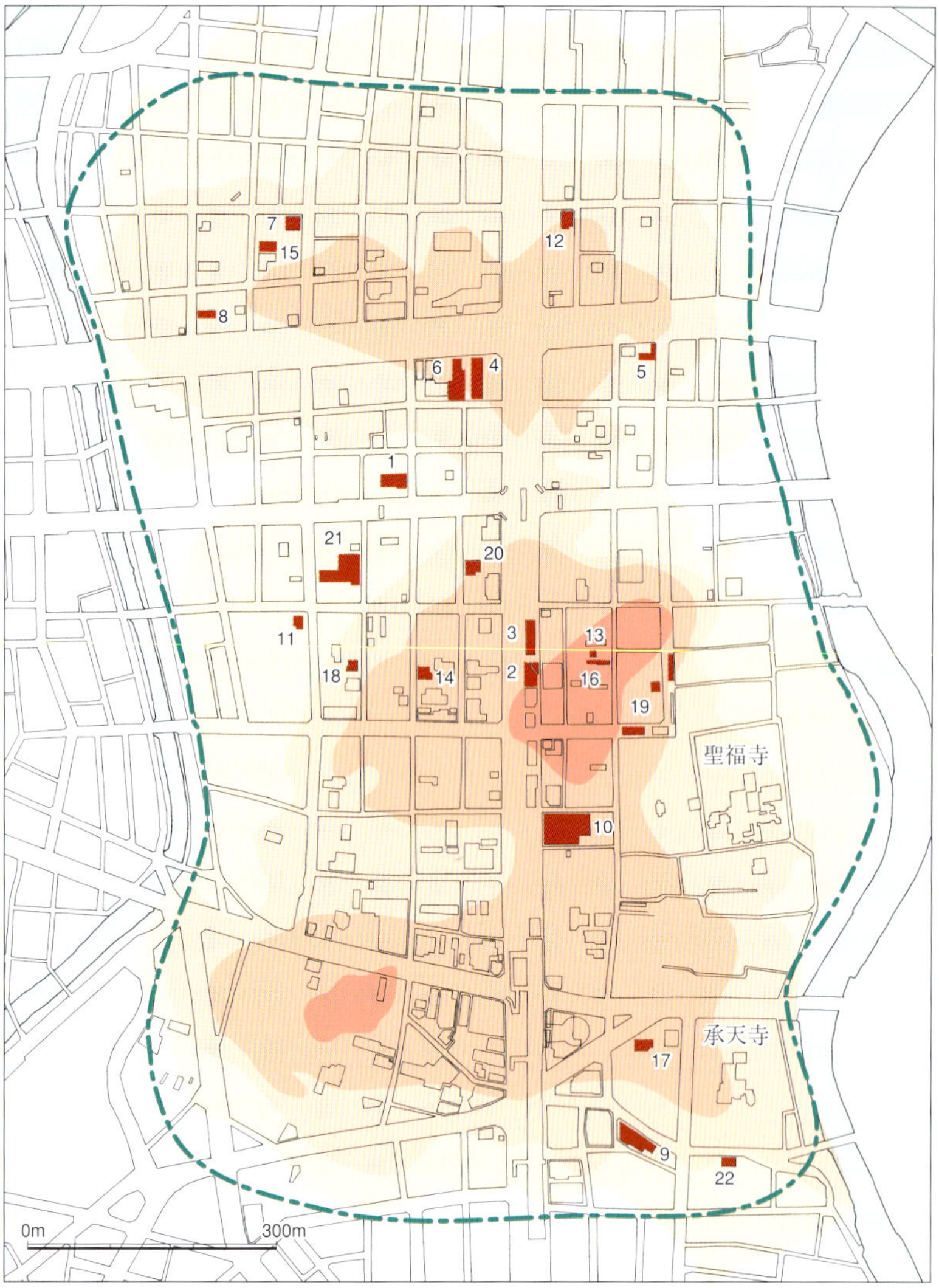

図1　防長系（いわゆる大内系を含む）遺物の出土地点図
＊図中の数字は表1の番号と対応する

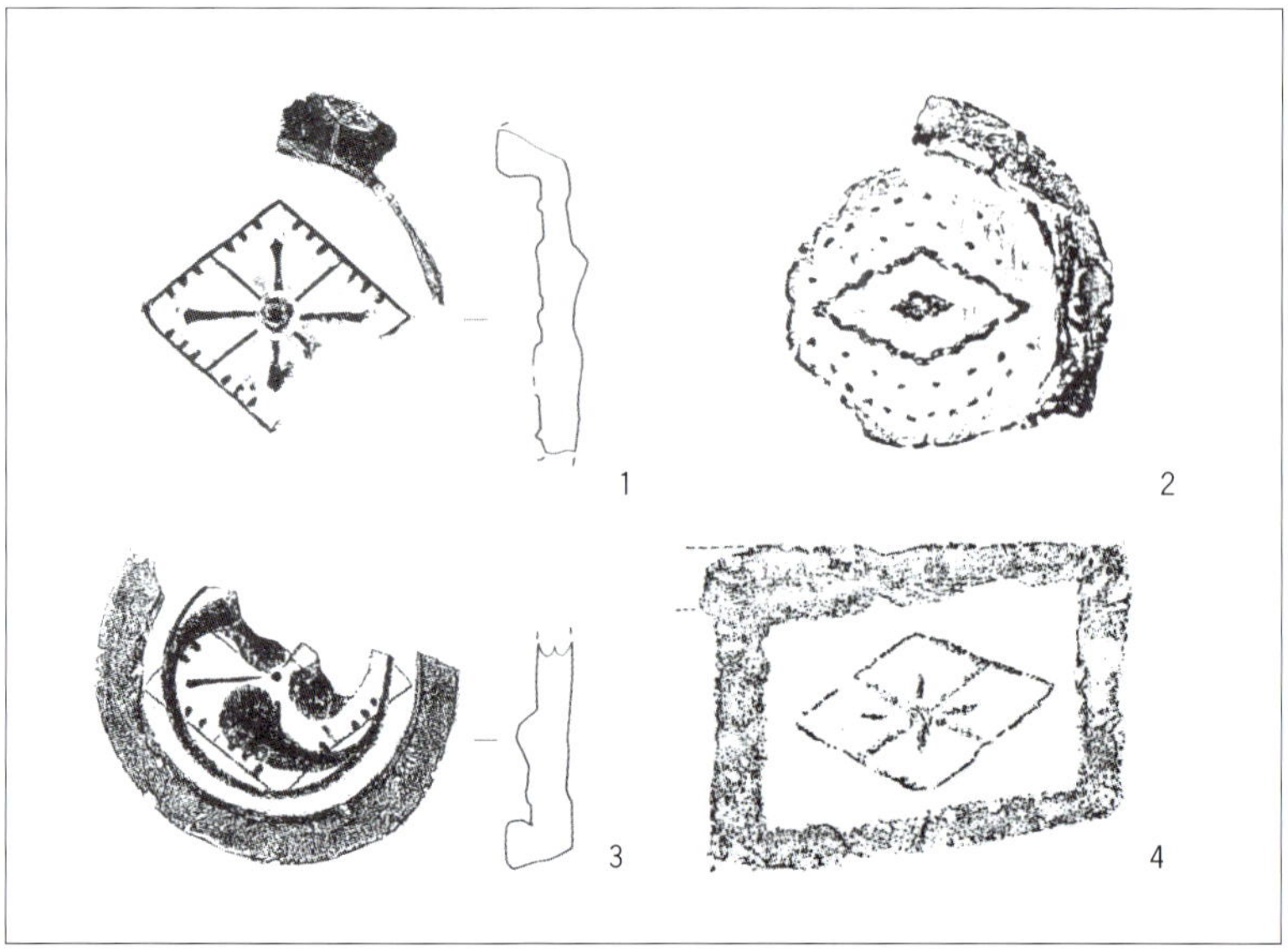

図2　博多遺跡群出土の菱文瓦（1/6）

されている。

　六〇次調査では、中心飾りを花菱文とし、その周囲に二重の珠文を配した軒丸瓦が一点出土している（2―2）。瓦は、報告書の時期区分で言う二期（一六世紀末～一七世紀前半）または三期（一六世紀後半）に属するものと考えられる。調査地は、息浜の南西部にあたる。

　一〇九次調査では、一六世紀前半代の溝状遺構ＳＤ032から折入菱文の軒丸瓦が一点（2―1）、第一面包含層から折入菱文に三巴文が重複した軒丸瓦が一点（2―3）出土しており、瓦質土器擂鉢《すりばち》とともに大内系の遺物と記されている。調査地点は、「聖福寺古図」（二二四ページ）に見える承天寺周辺の塔頭《たっちゅう》群の一角に比定されている。

　なお、博多遺跡群の周辺で菱文のある瓦は、前原市の高祖《たかす》城跡出土瓦（瓜生秀文、二〇〇三）や、名島城跡採集瓦（折尾・池崎、一九八三）などが知られる。

　次に、山口の大内氏関連遺跡における状況を見る。菱文のある瓦の出土は、乗福寺跡四次調査（佐藤、二〇〇三）、凌雲寺《りょううんじ》跡・高嶺《こうのみね》城跡の採集品（松岡、一九八二）が報告されている（図3）。また、詳細については不明であるが、大内氏ゆかりの寺院である仁平寺の古瓦（大内公民館、一九五八）として、割菱文の中心飾りのある軒瓦の拓本もある。この中に、博多遺跡群出土資料と同范《どうはん》ないし同型と思われる資料は、今のところ認められない。

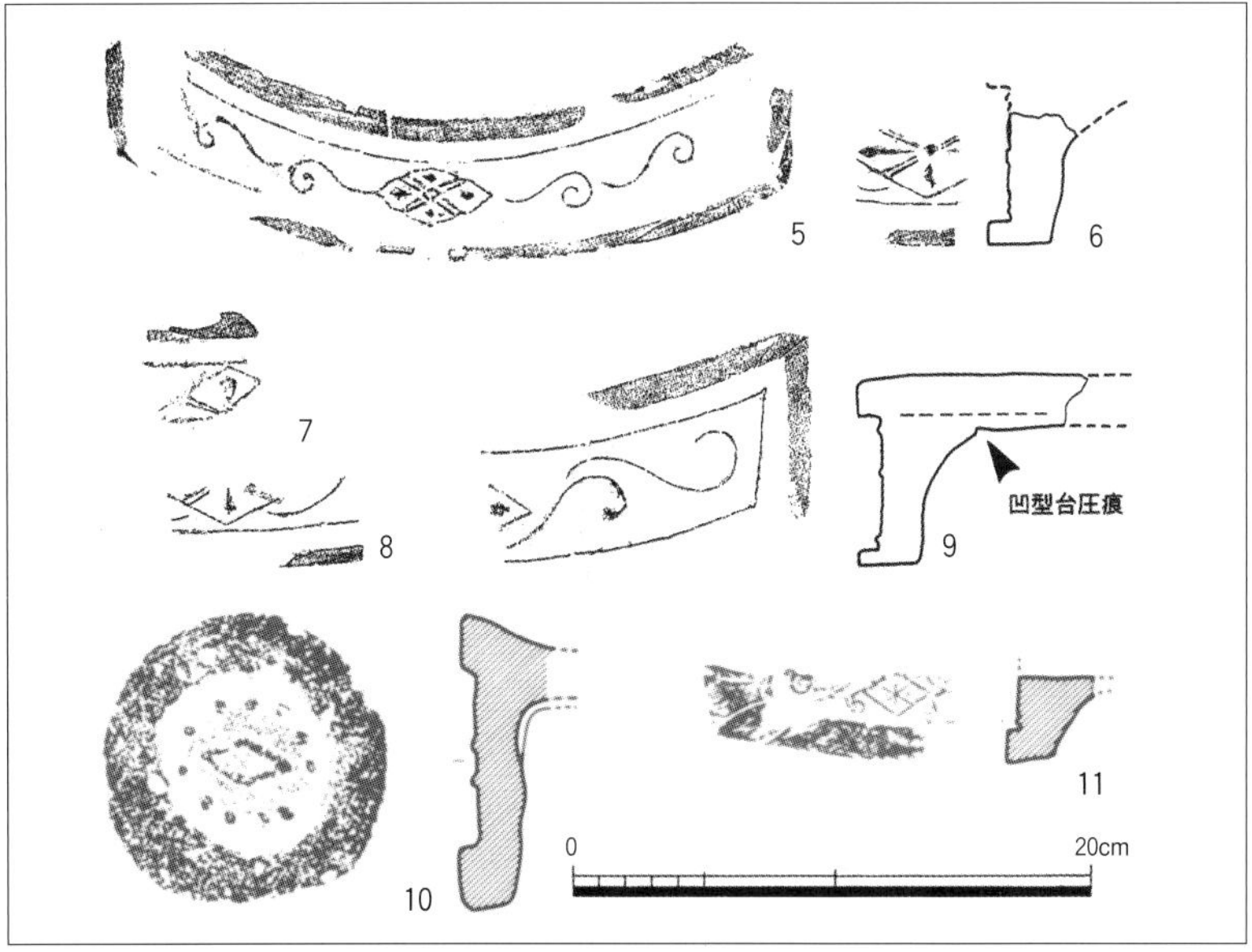

図3　大内氏関連遺跡出土の菱文瓦（1/6）

　乗福寺跡出土資料は、報告書で軒平瓦Ｆ・Ｇの二類に分けられており、計二〇点出土している。このうちＦ類（3―5）はいわゆる割菱で、Ｇ類（3―6～9）は唐花菱の系統と考えられる。菱文瓦のうち五点が土坑2、他は近世の瓦集中部分などから出土している。土坑2は、いわゆる瓦溜遺構で、在地《ざいち》土師器、瀬戸壺瓶類の細片が伴出する。在地土師器は、細片のため図示されていないが、時期的には戦国期のものである。

　高嶺城跡の採集資料（3―10）は、軒丸瓦の破片である。瓦当面径が一一センチメートル程度と小ぶりであり、菊丸瓦と見られる。菱文を中心飾りとして周囲に珠文を配する。

　凌雲寺跡の最終資料（3―11）は、軒平瓦である。菱文は中心飾りではなく、左右に展開する唐草の間に、簡略化された唐花菱が配される。

　採集資料の時期は不明であるが、高嶺城が全山城郭化され、瓦葺建物が建てられる時期は、毛利氏の勢力下になってからと考えられる。なお、山口県立博物館にも高嶺城のものと伝える折入菱文を持つ鬼瓦が存在する。

　大内氏の家紋は、菱文の一種「折入角花菱」や「唐花菱」であるが、一般に家紋瓦の使用は近世以降、遡っても織豊期と考えられており（中村、一九九六）、菱文のある瓦と大内氏との接点については慎重な検討が求められる。

表　博多遺跡群出土の防長系（いわゆる大内系を含む）遺物一覧表

番号	調査次数	調査報告書名	発行年	備　考
1	29	博多Ⅷ	1987	６層から大内系土師器１，他に菱文瓦１。
2	築港２	都市計画道路博多駅築港線関係埋蔵文化財調査報告Ⅱ　博多	1988	360号土坑から１点，501号土坑から２点，大内系土師器の可能性を指摘する資料が図示。
3	築港３	都市計画道路博多駅築港線関係埋蔵文化財調査報告Ⅲ　博多	1989	713号土坑から耳かわらけ1，710号土坑で１点，727号土坑で２点，739号土坑で１点，10号溝で４点，その他で10点の大内系土師器坏が図示。また，705号土坑で１点，712号土坑で２点の大内系の特徴を持つ土師器が図示。
4	42	博多17	1991	140号遺構（近世の土坑）から大内系土師器が３点，423号遺構（土坑）から大内系土師器坏が２点，517号遺構（石組土坑）から大内系土師器坏が１，同可能性のある資料１が図示。735号遺構（溝）から長門タイプの瓦質鍋が１点，大内系土師器４点が図示。1500遺構（井戸）からは，長門タイプの瓦質鍋が１点。その他，大内系土師器模倣品が１点，大内系土師器坏１点が図示。
5	53	博多29	1992	遺構検出面から，防長系の足鍋，擂鉢が１点ずつ図示。
6	60	博多30	1992	19号石積土坑から大内系土師器が１点，同可能性のある土師器が１点。119号井戸から外来系土師器（京都系か）が４点。271号木室から外来系土師器（一部は大内系か）が９点。M434（柱穴）から大内系土師器が１点，他に菱文瓦１点が図示。
7	68	博多32	1992	ＳK09から大内系土師器１点（京都系では？），井戸ＳE12（近世）から大内系土師器坏１点が図示。
8	78	博多44	1995	151号遺構（石積土坑）から大内系土師器坏が２点。A区２面下包含層から大内系土師器坏が１点。
9	64	博多47	1995	ＳK20から大内系土師器坏が１点。ＳK31から大内系土師器坏が２点。ＳD30から京都系（大内系の誤記か）土師器が１点。
10	62	博多48	1995	2987遺構（土坑）から大内系土師器坏が１点，3955遺構から防長系瓦質擂鉢が１点，大内系の可能性がある土師器が３点。
11	87	博多49	1996	204号遺構（土坑）から搬入品とされる土師器小坏が１点。←大内系土師器と見られる。その他の出土品に大内系の可能性がある土師器が１点。
12	82	博多52	1996	検出面より外来系土師器（おそらく大内系）が３点。M16（土坑）から大内系土師器坏が１点。M39から大内系の可能性がある土師器が１点（底が厚いので無理か）。M61から大内系土師器が２点。その他大内系の可能性がある土師器が３点。
13	84	博多56	1997	028遺構（大型石積土坑）から大内系の可能性がある土師器が１点。
14	85	博多58	1997	243号遺構（土坑）から大内系の可能性がある土師器３点と防長系瓦質擂鉢が１点。590遺構から大内系土師器が１点。726号遺構から大内系の可能性がある土師器が１点。
15	93	博多59	1997	ＳK13（14ｃ代）から大内系の可能性がある土師器１点。
16	104	博多67	1999	119号遺構から長門タイプの瓦質鍋が１点。その他大内系土師器が２点。
17	109	博多71	2000	ＳD032と包含層より菱文瓦が各１点。
18	110	博多72	2000	包含層から大内系土師器，同可能性がある土師器が９点。
19	102 107 120	博多80　御供所疎開跡地道路関係埋蔵文化財調査報告書	2002	102次の１面下と209号遺構から大内系と見られる土師器が各１点。120次A区で，大内系と見られる土師器が４点。120次B区中央ベルトで，大内系と見られる土師器が１点。
20	95	博多86	2003	道路001の１層から大内系土師器が２点，同可能性のある土師器が１点。他に大内系土師器２点，同可能性がある土師器が２点。
21	124	博多87	2004	ＳD488から大内系土師器小坏が１点。ＳF489から大内系土師器４点，同可能性がある土師器が４点。ＳK188から大内系土師器が１点。ＳK189から大内系土師器が３点。ＳK512から大内系土師器の可能性がある土師器が２点。ＳK182で，同可能性のある土師器が６点。ＳK668から，同可能性がある土師器が１点。その他数点出土。
22	128	博多89	2003	ＳB003から大内系土師器１点，防長系瓦質擂鉢が１点。

豊後府内

玉永光洋

▽府内古絵図

豊後府内は、宣教師の記録によると、戦国時代末期の日本を代表する都市《まち》である堺や大坂、安土と同じように扱われている。

府内古絵図に描かれた豊後府内の都市は、別府湾に注ぐ、大分川河口左岸の自然堤防上にあり、大友館を中心に道路が東西南北に格子状に配置され、その道路に沿って四〇余りの町が形成されていた。街の大きさは南北約二・一キロ、東西約〇・七キロの範囲に復原される。

古絵図には、天正九（一五八一）年頃の創建と伝えられる善巧寺《ぜんぎようじ》が描かれている。また大友館は、天正一四（一五八六）年の島津氏侵攻による府内焼失後に再建されていないことが発掘調査結果から明らかになっている。したがって、古絵図に見える街の姿は天正九年頃から同一四年までの様子を描いたものと考えられる。加えて永禄年間（一五五八～六九年）、府内の貿易港であった沖の浜に移転した称名寺《しょうみょうじ》が記載されていないことなどもこの絵図の年代観を裏付ける証拠となっている。

▽街の整備とその変遷

これまでの発掘調査によると、四本の南北道路のうち、東の南北道路の築造年代が最も古く、一五世紀中頃には造られていた可能性がある。万寿寺は、この道路より先に建てられており、南北道路は万寿寺との関係の中で整備されたものと考えられる。

次に考えられるのが、街の最も西の南北道路である。今のところ一五世紀後半～末頃には道路として整備されていたことが想定されるが、今後の調査の進展によってはさらに遡る可能性もある。館の正面に通された南北道路は、大友館の整備とほぼ同じ天正元（一五七三）年前後であり、府内の街の道路では最も新しい。すなわち、一五世紀後半から一六世紀中頃の府内の街は、最も大分川寄りの南北道路と西側の南北道路を基軸に構成されていた。この段階に両道路を繋ぐ導線として、古川という町名の由来からこの町を横断する

府内古図（右が北を示し，右上に外港沖の浜の町並が描かれている。個人蔵）

最も北側の東西道路が造られていた可能性が考えられるが、現状では発掘調査による検証は行われていない。もう一つ南側の西小路町、横小路町を通る東西道路は、発掘調査により一六世紀前半頃に造られたことが分かっている。

したがって、府内の街は一五世紀代に整備された二本の南北道路を基軸としながら、徐々に新たな道路の整備が行われ、最終的には天正元（一五七三）年前後の大友館の整備を契機とする、新たな南北道路の敷設と町屋の配置を伴う中心部の都市改造をもって、府内古絵図の姿となったと思われる。

府内の焼亡

南蛮貿易により隆盛を極めた府内の都市も、島津軍の豊後侵攻により焼亡する。宣教師の記録によると、島津氏の脅威が迫る天正一四（一五八六）年一二月、府内では大友義統《よしむね》が住人に家財道具の持ち出しや避難を禁じていた。勝利を確信しての沙汰か、あるいはパニックを恐れてのことか定かでないが、大商人などの一部の富豪層は賄賂《わいろ》を駆使して財産の大半を持ち出していた。こうした中、島津氏への敗北を察すると義統らは、住民になんの通告もせずに、府内を逃走したため、街は大混乱に陥った。ある者は船で避難し、他の者は死に物狂いで山中に逃れたが、敵に捕虜として連行された人々も甚大な数にのぼった。

戦火はますます拡大し、街は夜通し燃え続け、三寺院以外はすべてが焼きつくされ、当時の貿易港で、街の北西約一・五キロの沿岸部に整備された沖の浜も焼け落ちたと伝えている。

府内の街が焼き尽くされた痕跡は、至る所

復原された豊後府内のまち（『大分市史』中巻付図Ⅱ「戦国時代の府内復原想定図」をもとに加筆）

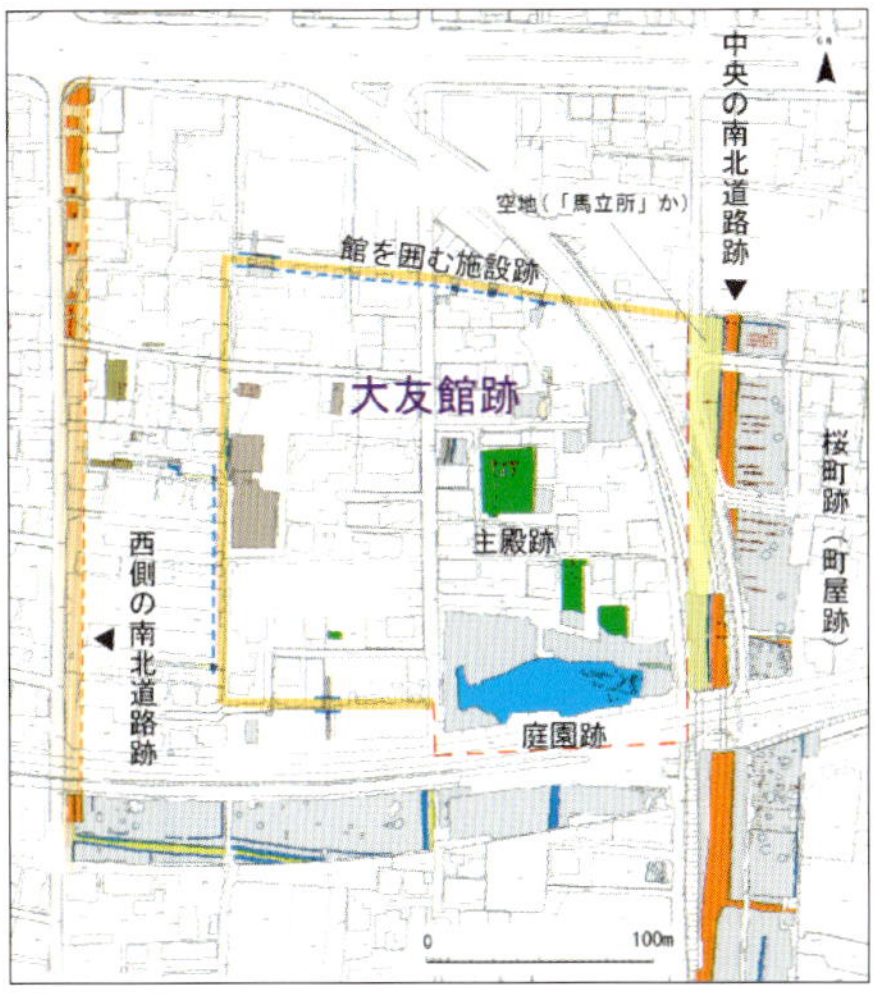

発掘調査で分かってきた大友館跡

で確認されている。中でも、館正面（東西）の桜町跡で調査された豪商クラスの商人屋敷では、多くの陶磁器が火災にあった状態で見つかっている。これらの中には高級品も多く、避難にあたり大変逼迫《ひっぱく》した情景が窺える。

その後、府内は復興を遂げるが、文禄二（一五九三）年、大友氏の豊後除国によってその歴史の幕を閉じた。

家督相続によって建てられた大友館

大友館は街のほぼ中央に位置している。府内古絵図に描かれた時期、すなわち天正年間（一五七三年～）には、一辺約二〇〇メートル四方（方二町）の規模に整備されていたことが分かった。

大友氏が豊後国内の武士たちに対して「土《ど》囲廻屏《いまわりべい》」の普請《ふしん》を命じた文書がある。差出人は大友宗麟《そうりん》、義統、加判衆《かばんしゅう》とそれぞれ異なるが、同様のものが五点程ある。それらの文書の共通点は、諸郷庄に申し付けた普請役であり、本来こうした臨時の役を免除された武士に対しても例外なく命じられていることにある。

このことから、「土囲廻屏」の普請が大友氏にとって特別な意味を持つ工事であったことが分かる。そして右の書状のいずれもが、この普請に関わって出されたものと考えられる。その中で唯一、義統が出した文書は、花《か》押《おう》の形状から天正元（一五七三）年に比定ができ、「土囲廻屏」の普請が同年に行われたことが知られる。

国内の諸郷庄に課す普請のあり方から館に伴うものと見られ、発掘調査よってこの土井廻屏と考えられる施設が確認された。館の外周に幅一・五～二・〇メートルの平行する二本の溝による区画が北辺、西辺、南辺において検出されており、北辺では、幅約四・〇～四・五メートルの二本の溝に挟まれた間に粘質土と砂質土を交互に積み上げた土層の堆積がみとめられた。また、これらの溝の中には焼けた土壁片が多数発見され、館外周に土壁が使用されていたことを窺い知ることができ、しっかりとした土台を築いた上に土壁の塀が館の南辺・西辺・北辺にかけて廻る様子が想定される。

大友氏が「土囲廻屏」の普請を命じた文書で義統の発給のものを見ると、「この度の事、馳走肝要」と自身の命令を伝える表現がなされている。この文書が出された天正元（一五七三）年は、義統が父宗麟から家督《かとく》を譲られたとする年で、まさに本文書は大友家の当主としての立場で出された内容と言えよう。これに対して、加判衆の発給のものは「御所望のため御馳走」として、大友家当主すなわち義統の望みのためとある。宗麟発給のものも「この度の事は所望のため、直に馳走悦」とあり、「御所望」と「所望」の表現の違いはあるが、同じく息子義統の望むところという意味で出されている。「土囲廻屏」の普請を命じた義統は当時一五歳の少年であり、当主の立場にあるものの、実際の政務は臼杵に居た宗麟の後見のもとに行われたと思われる。

まさに、宗麟の主導のもと、新国主・義統のため、宗麟の威信を示す今までにない大規模な大友館の建設が進められたのである。

完備された馬立所

義統が文禄四（一五九九）年、幽閉中の常《ひた》陸国《ちのくに》水戸にて書き記した「当家《とうけ》年中作法日記」には、館内に大宴会を行う「大おもて」と呼ばれる巨大な座敷や対面所、遠侍《とおのさむらい》、舞

上＝大友館跡の東南隅で姿を現した庭園跡
下＝空から見た豊後府内町跡の中心部
（大分市教育委員会提供）

台など多くの施設があったと記されている。

その中であまり聞かれない「馬立所《うまたてじょ》」がある。八月一日、方々から支配地の武士が贈答のため大友館にやって来た。下位の者が上位の者へ贈物をする「八朔《はっさく》」という儀礼で、使者を通して太刀や馬が大友氏へ献上されている。これに伴い近年「馬立所」が混雑し、宿老《しゅくろう》らが対応に困惑している状況が語られている。馬立所とは武士たちが乗って来た馬をつなぐ所と考えられ、ここが大変混雑しているということであろう。

『大友興廃記』の「大友家政道之事」によると、大手門から館の中に輿《こし》や馬で乗り入れることができるのは志賀・佐伯・田村・臼杵の四家のみとされており、また、「作法日記」には由原《ゆすはら》（柞原）八幡宮の宮師が参賀のため塗輿《ぬりこし》で館の大門の前まで参る、という記述もある。前の四家以外の者は館の外に輿や馬を留め置く必要があったと理解される。発掘調査では、大手門すなわち正面には幅約一〇メートルの空閑地《くうかんち》（空地）が確認された。同様の空間が館の西側にも存在する可能性が高く、この空間が馬立所などに利用されていたと考えられ、館には今で言う駐車場が完備されていたのである。

豊後府内町の実像

平成八年からの発掘調査によって、東と西の南北道路が最も古く造られ、これを基軸に他の道路がしだい整備され、天正初年頃に大規模な都市改造が行われ、府内古絵図に描かれた姿になったことが分かってきた。この時、一辺二〇〇メートル四方の規模を誇り、中心部に礎石建ちの主殿と考えられる建物と巨大な池庭などを持つ大友館は、息子義統への家督相続にあたり建設されたものであった。

桜町跡では、南北・東西道路跡とともに木戸で区画された礎石建ちの町屋跡が姿を現した。北と南の角地に広い空間を持つ屋敷と間口が小さく奥行が長い屋敷地の中に、表一列の建物群が居並ぶ状況が見事に甦った。北端の角地では、分銅や中国・朝鮮産陶磁器、黒《くろ》楽《らく》茶碗といった輸入陶磁器や茶道具の高級品が出土しており豪商クラスの商人屋敷に、南端の角地は、武家儀礼に使ったと考えられる京都系土師器の廃棄など商工業者の屋敷とは大きく異なることから武家屋敷と考えられている。桜町は商家、武家、店舗が規則性をもって居住する計画的な町屋であった。

このように、豊後府内町は、格子状に整然と区画され、一等地においても武家地と商業地が混在するなど、安土や大坂といった近世城下町へ展開する、いわゆる戦国期城下町のイメージとはほど遠い。むしろ、博多や堺の要素を兼ね備えた商業貿易都市としての色彩がきわめて強く、町衆の組織である都市共同体の発達は戦国期城下町随一と言えよう。

Ⅱ　世界の中の博多

ルドヴィコ・ジョルジオ作「中国図」（福岡市博物館蔵）

日宋・日元貿易

榎本　渉

海商の登場

日本への中国陶磁器請来は、早く奈良時代以前から確認できる。だがその量から見て、商業目的でもたらされたものではなく、遣唐使船など限られた機会を利用したものと考えられる。ところが平安時代には、大宰府鴻臚館《こうろかん》跡で大量の貿易陶磁器が発掘されるようになり、海外からのモノの移動が商業ベースに変化したことを反映していると考えられる。その初期に当たる九世紀前半は、新羅人の日本来航が頻繁だった時代に当たる。彼らは東シナ海において初めて登場した海商勢力であった。

新羅海商の華々しい活動について詳述することは、本章の趣旨とずれるので避けよう。ここでは彼らが唐・日本に居留し、日・唐・羅を結ぶ広大な商圏を形成したこと、八四二年以降日本が彼らを締め出す方向に向かったことを指摘するに止める。なお八四二年以降、日本の取引相手として唐海商が出現するが、実は在唐新羅人も含むものであり、民族的な意味での勢力交替があったわけではない。そもそもそれまでの新羅海商も唐海商と協力して貿易に従事していた。一〇世紀後半には新羅海商は姿を消すが、その商圏は唐海商に引き継がれたし、おそらくその知識・人脈も引き継がれた。唐海商や、これに続く呉越・宋海商は、広い意味で新羅海商の後継者だったと言ってよい。

海商の活動という新事態に対して、唐・新羅・日本の公権力は対応を迫られる。唐においては各地の藩鎮と海商の関係が注目される。たとえば九世紀半ばに日唐間を往来した徐公直は、蘇州・婺《ぶ》州の藩鎮から牙職《がしょく》を与えられていた。八九三年には温州の実力者朱褒が商客王訥を日本に派遣している。一〇世紀、呉越国が海商を日本・後百済・高麗に派遣し外交活動を行っているのも、唐末藩鎮の活動との連続性からとらえられるべきであろう。

新羅は清海鎮大使張保皐を通じた海上管理を志向するが、八四一年の張保皐の乱後はこれを有効に継承する者がなく、八五一年には清海鎮が廃止され、海上は無統制化する。日本ではこの混乱の波及を警戒し、軍備を整え神仏に祈るなど、手探りで対応を模索するが、前後して貿易に関しても制度的な整備を進める。一つ

大宰府鴻臚館跡出土越州窯系青磁。大宰府鴻臚館跡では越州窯系青磁をはじめ，9～11世紀の中国陶磁器が大量に出土する

大宰府鴻臚館跡。古代の迎賓館でもあり，海商の管理施設でもあった大宰府鴻臚館では，発見以来20年を経て，なお発掘が続けられている

は大宰府を通じた官司先買制である。商船が来着したら大宰府が必要な商品を選んで朝廷に進上し、残りは大宰府の監察下で、公定価格で民間貿易をさせるというものである。八三一年、新羅海商に関してこの原則を適用することが官符で明文化された。外国使節に関する律令の規定を援用したものと見られる。

また一つは、海商の大宰府鴻臚館安置と滞在費供給である。大宰府鴻臚館は古代の外国使節接待の客館の一つであるが、これを海商用に転用したのである。大量の貿易陶磁器が出土するのはこれによる。なお大宰府による安置・供給は管理の裏返しでもあり、隔離された閉鎖空間としての鴻臚館の属性も指摘されている。これは官司先買遂行の前提でもあった。官買品の京進は当初大宰府が行ったが、九世紀後半には唐《から》物《ものの》使《つかい》が蔵人《くろうど》所《ところ》から派遣されて京進し、さらに蔵人所から返金使が派遣されて代価を支払った。貿易代価が大宰府貢綿から蔵人所の管轄する陸奥金に変化したことが、こ

韓国・莞島郡将島。841年まで張保皐が大使を務めた清海鎮の跡地とされる

の背景であった（田島、一九九五）。

　以上は日本来航の海商の受け入れに関するものであるが、九世紀後半には、「入唐交易使」と呼ばれる貿易の使者も、日本から派遣された。もちろん日本で船を仕立てるわけではなく、日唐間の海商の往来を利用したものである。海商の頻繁な来航や入唐交易使の派遣により、日本は朝貢の形を取るよりも容易に文物を輸入することが可能になった。八三八年を最後に遣唐使が派遣されなくなることの一因も、ここに求めることができる。

管理貿易の時代

　一〇世紀前半は東アジアの動乱期であった。中国では唐が滅び、五代十国の分裂、契丹の強大化と渤海の滅亡、北ヴェトナムの自立が見られた。朝鮮は新羅・後百済・泰封の三国が分立した後、泰封に代わった高麗によって統一された。日本では王朝の交替こそ実現しなかったが、東西で平将門・藤原純友による大規模な反乱が勃発し、また律令制的な統治原理も大きな転換を迎えた。

　しかし一〇世紀後半になると、少なくとも東シナ海沿岸部に関しては、安定を取り戻す。宋は九七〇年代に十国を平定し、広州・明州・杭州などに市舶司を設置する。外国海商の受け入れや宋海商の出国手続き、徴税事務などを担当する機関だった。広州は南シナ海（後に泉州も追加）、明州（慶元・寧波《ニンポー》）・杭州（臨安）は東シナ海向けである。東シナ海に関しては、九世紀以来浙東が重要な位置を占めたが、市舶司が設置されたことで明州の地位が高まり、以後一四世紀前半までその地位を保ち続ける。

　この時期の東シナ海の貿易は、市舶司から出航する宋海商を日本・高麗が公的に受け入れ管理することにより実現した。日本では主に大宰府、高麗では首都開城府の外港礼成江が、管理の場に当たる。各政権は徴税や官買の形で利益を享受することができたし、外交や文化交流も海商の往来をベースとして行われた。一方で海商も、公的保護下で安定した取引を実現できた。一二世紀後半の日本では寺社・権門という要素も加わるが、それを踏まえて評価すれば、宋代東シナ海では恒常的に往来する海商と、これを受け入れ利用する陸上権力の共存の時代ということができる。南シナ海においても同様の事態が指摘されている（山内、二〇〇三）。

　ここに至る時代、特に一〇世紀は、日本の対外政策が消極的な方向に転換した時代といわれる（森克己、一九七五b）。具体的には、九一一年の年期制（来航頻度制限規定）の制定、渡海制と呼ばれる日本人の海外渡航規制、外国との関係の拒絶が挙げられる。ただしこれらの事象に対する「消極的」という評価、あるいは画期としての一〇世紀という評価については、近年否定的な見解も出されている。

　平安期対外関係について、もう一つ画期とされる時代に、一一世紀半ばがある。この時期を境に貿易の場が大宰府鴻臚館から博多に移ったことが、貿易陶磁器の出土状況から明らかにされている。一二世紀には博多に拠点を置く宋海商（博多綱首《こうしゅ》）の活動が明確になるが、一一世紀末には「博多にはべりける唐人ども」が見え、貿易拠点の移動に伴う宋海商の博多居留が確認される。従来はこれ以前を鴻臚館の管理下で取引される「波打際貿易」、以降を博多居留宋人による「住蕃《じゅうばん》貿易」として、その変化が強調されてきた（亀井、一九八六）。

ただし「住蕃貿易」段階でも、大宰府の貿易管理は依然として続いていた。博多は古く屯倉《みやけ》が置かれ、古代官衙跡も発掘されている。もともと大宰府の管理化にあった港と考えられ、実際に博多に来着した宋海商は、大宰府に把握されている。従来は、大宰府による管理貿易が宋海商によって忌避された結果、荘園内密貿易が盛行するとされてきたが、史料に即して見る限り、一二世紀前半までこれを証明する事例は存在しない（山内、二〇〇三）。そもそも宋海商は大宰府鴻臚館においても、常時しかも長期的に滞在した。博多での「住蕃」はその行き着く先の現象であり、突発的な変化だったわけではない（大庭、二〇〇六）。

管理体制についても、変化はより以前から起こっていた。渡邊誠氏の研究（渡邊、二〇〇二・二〇〇三a・二〇〇五b）に拠れば、一〇世紀に海商への滞在費供給が行われなくなったことで、鴻臚館の性格は迎賓館から宿泊施設に変化し、その隔離機能は後退したと推測される。一〇世紀末から一一世紀初頭頃に日本人女性と婚姻関係を結んだ宋海商が確認できるのは、その証左であろう。また九世紀には大宰府・唐物使によって船荷全体がチェックされて官買品が選定された（検領）のに対し、滞在費供給が行われなくなると、その自弁の必要から、雑物という非官買対象の品目が認められ、進上品（貨物）や官買品（和市物）の内容は海商の自己申告に依るようになる。

貿易決済についても、一〇世紀末以降に陸奥の貢金が停滞すると、大宰府管内の官物で支払うようになる。これと軌を一にして、蔵人所は唐物使を派遣して商品を検領することはせず、大宰府に委任するようになる。大宰府は貿易決済のために九州諸国から物資を集積し、これを用いた海商への資本委託も行われた。同じ頃、宋海商が地方官や公卿と人格的な関係を結んだ事例が散見する。これらの動きは後の博多綱首と寺社・権門の関係の先蹤《せんしょう》とも言える。このように平安時代の管理貿易には様々な画期が存在し、その中で中世的貿易体制につながる要素も生まれてきた。

管理貿易の終焉

一二世紀後半になると、京都の記録に宋海商の受け入れに関する議論が見られなくなる。これが宋海商の往来途絶を意味しないことは、依然として博多で貿易陶磁器が大量に出土していることから明らかである。宋海商の来航が大宰府から京都に報告されなくなったと考えるべきであろう。大宰府による一元的貿易管理の、事実上の終焉である。

このことを見るために、一二世紀の事例を二つほど挙げよう。まず一つとして、一一三三年に鳥羽院近臣の平忠盛が、周新の船を後院領の肥前国神埼荘の領掌下として、大宰府の関与の排除を試みたという事例がある。背景として、神埼荘と周新の間に何らかの契約が存在した可能性がある（石井、一九九八）。

またもう一つ、一二世紀末、薩摩国島津荘の「唐船着岸物」の

明州阿育王山。平重盛の金渡説話，重源の周防木材送付など，特に12～13世紀に日本との関係が深かった寺で，日本人の信仰も集めた

帰属をめぐる大宰府と島津荘官との争いがある。漂着船（寄船）はその土地の人間が取得できるという慣行が中世に存在し、おそらく島津荘の主張はこれに関わる。一方で大宰府は、従来からの貿易管理権を根拠にこれに関与しようとしたのだろう。これは島津荘官から本所の摂関家に伝えられ、源頼朝の採決で島津荘の主張が認められた。この際、島津荘による「唐船着岸物」取得が「先例」、大宰府の介入が「新儀」と呼ばれている。この唐船が実際に寄船だったかは不明だが、そのような名目は大宰府の介入排除の根拠になり得たのである。

これら両事例から窺われるのは、権門－荘園が大宰府の介入を排除して唐物を確保しようとする姿勢である。特に神埼荘に注目すると、一三世紀に博多綱首と関係を持ったことが知られ（後述）、院の海外貿易の拠点だった。院は一二世紀後半、陸奥の金も掌握し、これを運ぶ商人を御厨舎人《みくりやのとねり》として組織していた。摂関家や平家も同様に、独自に輸出品と流通手段を確保したらしい（五味、一九八八）。諸権門はこの頃には、大宰府を介さずに独自に貿易に関わる体制を作り上げていた。特に平家については、兵庫の大輪田泊《おおわだのとまり》に貿易船を引き入れ、宋と外交交渉を行うなど、対外関係に積極的だったことはよく知られるが、特に重視した地域に九州があり、海商との関係構築にも積極的だったと思われる。『平家物語』に、平重盛が九州（延慶本では博多）から船頭妙典を召して明州の阿育王山に金を施納させたとあるのは、平家と海商の関係を反映していると考えられる。

日宋貿易の場

一一六七年、博多居住の宋人が日宋間を往来したことを伝える貴重な遺物が、寧波天一閣に現存する。明州の道路建設に資材を寄進した旨を記したもので、寄進者は「日本国太宰府博多津居住弟子丁淵」、「日本国太宰府居住弟子張寧」、「建州普城県寄日本国孝男張公意」である。一人は明らかに博多居住であり、後の二人もおそらく同じだろう。彼らが綱首（船頭層の海商）か水手《かこ》かははっきりしないが、この頃の博多は、確かに宋人の住む空間だった。

一二世紀前半から半ば、博多津唐房《とうぼう》（唐坊）という地名が史料に登場する。博多綱首の滞在地であり、僧侶の入宋手続きの場でもあったらしい。発掘成果に拠ると、一一世紀後半から一二世紀前半、博多の西の入江に貿易陶磁器の一括廃棄遺構が集中する。商品の荷揚げ・保管の場だったようで、唐房もここに当たると考えられる。一二世紀半ばには東の日本人居留区にも拡大し、混住状況が進行したらしい。

博多の貿易陶磁器出土量は一二世紀にピークを迎えるが、一三世紀には落ち着きを見せ、一四世紀には減少する。ただし陶磁器出土量の減少は、単純に貿易衰退の反映とは言い切れない。一三世紀に博多以外の地域で出土量が増加していることを考えると、むしろ寺社・権門の海商組織化が進行したことで、商品の流通が効率化し、博多に残留し廃棄される分が減少したと考えるべきであろう。入宋僧の往来記事を見る限り、平戸や五島列島など風待ち港での出航事例、帰国時の漂着事例を除けば、博多以外の港はほとんど現れず、なおその地位は圧倒的だった。畿内・鎌倉の寺社・権門は博多周辺に権益を確保し、博多綱首を介して唐物を入手した。博多綱首からすれば博多を拠点とすることで、最も安定して顧客を確保できた。公的貿易管理制度が崩れても、博多－明州という日宋間のメインルートは、変わらず用いられた。

博多宋人刻石。寧波天一閣に保管される。明州の道路建設に捨財した博多居住宋人の名を記す

貿易陶磁器の博多残留量が減少するのと同時期、一二世紀後半から一三世紀には、宋銭・結物《ゆいもの》・石鍋など博多や北九州周辺に限定して使用されたものが、相次いで流通圏を拡大するという現象が起こる。おそらくこれも根は同じところにある。さらに言えば、博多の宋人の間で信仰された禅宗が一二世紀後半から日本で広がり出すのも、これと共時的現象と評価できるかもしれない。

なお近年、博多－明州ルートとは別のルートが存在した可能性が指摘されている。そのきっかけは、万之瀬川《まのせがわ》流域の鹿児島県持《もっ》躰松《たいまつ》遺跡の発掘である。一二～一三世紀を中心に、他の遺跡を大きく上回る量・割合の貿易陶磁器が出土し、しかも商品のコンテナとなる壺・甕の存在から、まとまった量の取引が行われたと考えられる。持躰松遺跡と同様の組成の貿易陶磁器は、奄美大島の倉木崎《くらきざき》海底遺跡でも発見されており、南方から運搬された可能性が高い。

万之瀬川流域にある「唐坊」、「唐人原」という地名も注目され、博多唐房と同様に宋人が居留し、貿易を行った可能性が指摘されている（柳原、一九九九ａｂ）。「唐房」地名は山口県から九州の沿岸部にかけて数多く残存しており、これらがすべて宋人居留区

唐仁原のバス停。鹿児島県南さつま市の加世田にある。室町時代には「唐人原」と言い，宋人居住の可能性が指摘される

万之瀬川流域。ここにある持躰松遺跡からは多くの貿易陶磁器が発見され，当房・唐仁原など宋人居住を思わせる地名も散在する

の名残であるとすると、日宋貿易のイメージは大きな変更を迫られることになる。博多以外の貿易の場として、有明海を主張する説もある（服部、二〇〇三・二〇〇五）が、これを示す確実な文献史料は見出されていない（渡邊、二〇〇六）。

このように、近年多彩な場での貿易の可能性が指摘されるが、持躰松遺跡にしても博多遺跡群との規模の隔絶性は否定できず（大庭、一九九九）、南西諸島から南九州に至るルートを認めるとしても、日宋交通全体から見ればサブルートと評価するべきであろう。また「唐房」地名の評価もなお定まっておらず、方法論も含めてさらに議論を詰める必要がある。

博多綱首の時代

博多に拠点を置いた宋海商＝博多綱首は、大宰府・博多周辺に拠点を持つ寺社・権門との間に帰属関係を結んだ。たとえば一二世紀末から一三世紀初頭、良祐という宗像《むなかた》の社僧が一切経を書写した時、助成を行った者に「本経主綱首張成」、「墨檀越綱首李栄」がいる。この頃の宗像氏は王氏・張氏と婚姻関係を結んでおり、博多綱首と深い関係を持った。

博多綱首が寺社に帰属する場合、しばしば神人《じにん》・寄人《よりうど》という形を取った。たとえば一二一八年に筥崎宮留守行遍らに殺害された張光安は、「大山寺神人」、「大山寄人」などと呼ばれ、延暦寺末寺の大宰府大山寺に組織された神人だった。大山寺は一二世紀初頭には延暦寺の末寺としての立場が確立しており、博多綱首と延暦寺を結ぶ中継点としての役割を果たしたと考えられる。

張光安を殺害した行遍は筥崎宮留守だが、この頃の筥崎宮は石清水八幡宮の末社であり、石清水と筥崎宮の関係は、延暦寺と大山寺の関係と同様のものであった。注目すべきは、張光安が「八幡神人」とも呼ばれていることで、つまり大山寺・筥崎宮と両属の関係にあったことである。さらにこの事件には神埼荘も関与していた。張光安の死所博多とその所領を、「先例」によって神埼荘のものとする要求が出されている。「先例」と言うのは、殺人被害者の所属する集団が殺害現場を含む土地を被害者の墓所として手に入れる「墓所の法理」を指すものと考えられ、張光安は院―神埼荘とも関係を持っていたらしい。

一二三〇～五〇年代に活躍した謝国明は、東福寺（摂関家）～博多承天寺の系列につらなる博多綱首だったが、同時に宗像社領小呂島《おろのしま》に権益を有し、また筥崎宮領を買得するなど、様々な寺社と関係を持った。

竈門神社。太宰府天満宮の背後にそびえる宝満山に鎮座。大山寺はその神宮寺である。博多綱首との関係が深い

寺社・権門による海商の組織化は、おそらく博多綱首の行動を強固に束縛するほど規制力は強くなく、排他的なものでもなかった。むしろ貿易業代行を請け負う契約関係に近いものと考えられる。

寺社・権門と博多綱首がどのように貿易に関わったのかははっきりしない。ただ宋代の綱首のあり方から、ある程度類推は可能である。宋代の綱首は、巨商から財貨を託され貿易業務を代行する存在である。もちろん綱首やその他船員もそれぞれ個人の商品を持ち込んだ。これらは附搭貨物・随身貨物などと呼ばれる。綱首は市舶司でのチェックを受けた上で出航し、こうした資本を元手に貿易を行い、帰国の後には市舶司で抽解（徴税）・博買（官買）を経て、残りの商品が出資者の取り分となった。当時の綱首は貿易に当たり、自前の商品のみを用いたわけではなく、他者から委託された資本も利用していた。つまり貿易活動のためには、資本提供者の存在が必須だったのである。

博多綱首が日本で寺社・権門の組織下に入ったのは、公的管理の消滅により有力者と保護関係を結ぶ必要が生じたためだろうが、それによって日本での安定した資本提供者が確保されたことは、大きな意味があった。

博多綱首は自らの資本や委託された

謝国明坐像。謝国明は博多承天寺を創建した博多綱首。坐像は江戸時代に彫られたもので，承天寺に安置される（承天寺蔵）

資本を元手に宋で取引を行い、帰国後に利益を関係者に分配したものだろう。日元貿易の事例から類推するに、定額の請料《うけりょう》納入を契約したものと考えられる。いわゆる住吉社船（一三三二年帰国、後醍醐天皇により一〇〇〇〇貫徴収）や天龍寺船（一三四二年入元、五〇〇〇貫納入の契約）の例を参照するに、請料は一艘で数千貫文規模だった。『太平記』が天龍寺船派遣に関して、「中国へ宝を送れば売買の利益は百倍である」と記すのは、誇張もあろうが、出資者は相当な利益を見込むことが可能だった。

博多綱首がもたらした財貨は、寺社・権門のネットワークに属する商人や神人・寄人などを通じ、運送・販売されたことだろう。寺社・権門は国内交易集団と海商の両者を組織し、両者の分業・連携体制を調整した。貿易をめぐる複数の集団間での利害調整は、最終的にそれぞれを組織下に置く寺社・権門が行うことになり、なお解決しない場合は中央に裁決が求められることになる。こうした体制を林文理氏は、「博多における権門貿易」と呼び、荘園公領制に対応した貿易体制と評価する（林、一九九八）。ただし林は博多綱首の活動を蒙古襲来までと考え、「博多における権門貿易」の下限をそこに置くが、寺社・権門による国内交易集団・海商の組織という構造自体は、おそらく日元貿易末期まで変化しない。

なお一一六〇年代以降、宋で「日本商人」、「倭商」の来航記事が見られ、かつては日本人の海外進出を示すものとされた。しかしこれは民族的な意味での日本人商人を表現したものではなく、日本から来た商人という程度の意味合いである。むしろその中心は博多綱首と考えた方がしっくり来る。そもそも明らかに日本人と分かる海商はこの時期に確認できず、海商の民族的な勢力交替を認めることは困難である（榎本、二〇〇七）。

宋から元へ

宋末期まで、日宋間では商船の盛んな往来が続いた。むしろ日宋貿易の最盛期は最末期だったと言ってもよい。一二五〇年代前半には、倭船の宋来航数は年間四〇～五〇艘を下らないといわれている。誇張を差し引いても、当時の貿易の盛況は伝わってくる。日本での宋銭の本格的流通もこの時代からである。ただし宋銭の流通に関しては、一二一五年の金における銅銭使用停止、および一二七〇年代の元の交鈔流通・銅銭停止方針が大きく影響した可能性も指摘されている（大田、一九九五）。他に陶磁器・香薬・繊維製品や書籍・書画など、多様なものが輸入された。

日本からの輸出品としては、金・硫黄・木材が挙げられる。特に硫黄は火薬の原料として、中国で重宝された（山内、二〇〇三）。木材は南宋期に頻繁に輸出されたが、その背景としては、南宋の森林乱伐による木材資源枯渇があった（岡、一九九八）。刀剣・扇・螺鈿など、日本の工芸品も宋人に愛好された。

ところが日本が安定した対外関係を享受していた頃、遠くモンゴル高原では、新たな動きが始まっていた。モンゴル（一二七一年、大元に改称）は統一を果たすと、華北・ロシア・中央アジア・イランなどを次々と制圧し、高麗も服属させ、世界最大の富を持つ南宋と対峙することになる。日本に対しても高麗を通じて幾度も使者を派遣し、服属を要求するが、日本は全く受け付けなかった。この結果、一二七四・八一年の二度にわたり軍事遠征を受けることになる（文永・弘安の役）。

結局、日本は元・高麗軍を退けたが、この間、一二七六年に南宋が滅んだことで、日本の貿易相手は軍事的敵対国である元に代わる。一三世紀、日元間で軍事的緊張が長期的に解消することはなく、貿易は断続的に行われたものの、宋末と比較すると明らかに不安定な状態になる。この頃から史料上で海商の活動が分からなくなるのは、寺社・権門のイニシアティブが増したこともあろう（佐伯、一九九四）が、その背景としては貿易の停滞による海商の没落と地位低下があったとも考えられる（榎本、二〇〇六）。

対モンゴル戦争に備えた有事体制構築の中で、鎌倉幕府の対外交通管理は強化された。この点で特に重要なのは、一三世紀末における鎮西探題の博多設置である。幕府による博多掌握を前提に、一四世紀に幕府関係者は頻繁に貿易船を派遣する。たとえば金沢氏が関与した称名寺船帰国の顛末は、鎮西探題・六波羅探題の金沢一族のネットワークを経て、鎌倉に連絡された。史料上で現れる幕府関係者の船は、建長寺船・鎌倉大仏船など寺社の造営を目的としたものが多く、寺社造営料唐船と総称される。鎌倉幕府滅亡後も、一三五〇年に博多の九州探題が元船の来航を京都に報告しており、博多の出先機関を通じて対外交通を把握する体制は、室町幕府にも引き継がれた。

日元貿易の光と影

一四世紀前半という時代は、前近代を通じて見ても、一六世紀半ばからの一世紀間と並んで、東シナ海における交流の一つのピークとなっている。この時代の貿易の様子を伝えるのが、韓国新安沖で引き上げられた沈船である。巨大な中国製ジャンクの船体や、積載された八〇〇万枚を数える銅銭、陶磁器・香薬、荷札木簡などは、文献の乏しい日元貿易史にとって、貴重な実物資料となっている。日本系・中国系・朝鮮系の生活用具も見え、多彩な出自の人々が乗船していたらしい。京都東福寺－博多承天寺釣寂庵のルートで派遣され、綱司が貿易を請け負うという形だった。ただし荷札木簡に拠ると、船荷には筥崎宮への奉加銭を名目とした

中国・浙江省三江口。甬江・奉化江・姚江の合流地点。明州はここに形成された港町である

高瀬川。熊本県高瀬の永徳寺跡地から撮影。1350～70年代に日中間を往来した僧侶は，多く永徳寺に寄宿した

ものや、その他小規模の権利者もおり、派遣主・綱司以外にも様々な出資者・便乗者が存在したことが窺われる。出航地は博多だろう。「至治三（一三二三）年」銘木簡や、「慶元路（明州）」銘の青銅錘から、一三二三年に明州を出航し、帰国途中に沈没したものと見られる。

貿易盛況の背景には、元の方針転換があった。クビライの跡を継いだテムルは対日非戦派であり、日本招諭《しょうゆ》を諦めた一四世紀初頭、明州で日本不臣を前提とした貿易船受け入れ態勢（警備・管理強化）を構築する。外交と貿易を分離し、利益の上がる貿易は継続するという姿勢である。ただし日本への警戒は当然途切れることはなかった。この頃、商品は官に納め、倭人は城壁に入れず、貿易はやめないことを原則とする定制が存在し、倭人への管理強化と貿易振興方針は両立していた。

しかし一方で、管理強化策は商人に不満を募らせることとなり、ついに現地の吏卒の不正をきっかけとして、一三〇九年に明州で日本商人の暴動が起こる。一三二八年にも同様の事件が勃発している。どちらの時も、明州では厳戒態勢が敷かれている。まもなく貿易は旧に復したようであるが、この時の記憶は現地に刻まれ、倭人に対する恐怖心を増幅させた。

一三三五年にも、明州で日本商人と吏卒の間で不穏な動きがあり、未然に防がれるということがあった。おそらく満足な取引ができなかった商人は、帰路に明州北東の舟山群島で掠奪行為を働き、鎮圧された。これを受けて日本船来航禁止の建白が行われ、おそらく採用された。日本船の前後の頻繁な往来の中で、一三三六～四一年は来航が一切確認できない。この状況を打破したのが、一三四二年派遣の天龍寺船であった。ただし天龍寺船は一〇月に明州に到着したが、年が明けても入港の許可が下りず、苦渋を味わった。だがその忍耐が報われ、ついに貿易許可が下り、ここに日元貿易は復活した。この少し前に元で政権交代があり、新宰相

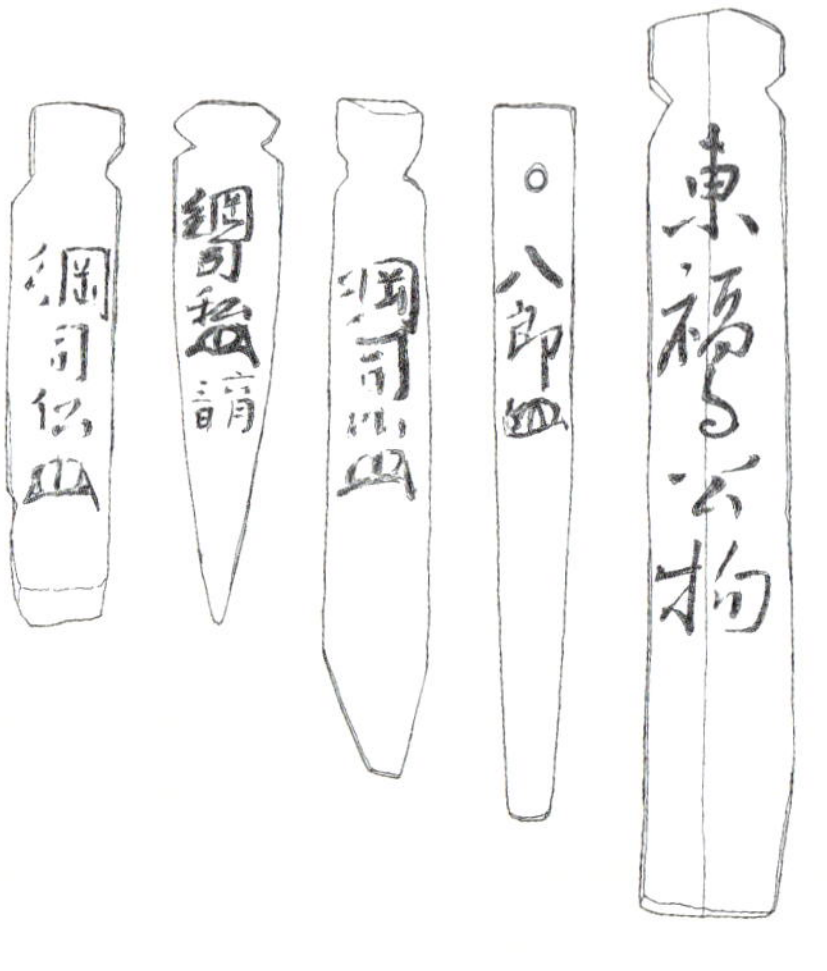

新安沈船荷札木簡。権利者を表示するために，船荷に括り付けられたものと考えられる

新安沈船。韓国新安沖で発見された日元貿易船の船体。中国式のジャンクである

トグトがバヤン旧政権（一三三五～四〇）の政策を否定し旧に復している時期だったことも影響していると思われる。

　このように、日元貿易はしばしばトラブルに見舞われており、不安定な要素を多分に持っていた。だが平常時においては、貿易は盛んに行われていたと言える。この情勢が一転するのは一四世紀後半である。一三四八年に台州黄巌県に蜂起した方国珍は、浙東海上に勢力を伸ばし。一三五〇年頃には明州からの航路が危険にさらされる。これを避けるべく、一時的に北の蘇州崑山《こんざん》－高麗－対馬－壱岐－博多の沿岸航路が利用されるが、やがて内乱が激化して崑山も危険にさらされると、日元交通は遮断される。

　浙東・浙西で活動した方国珍・張士誠が元に帰服すると、一三五七年頃から日元交通は復活するが、内乱状況は航路の不安定化を惹起し、肥後高瀬－薩摩沿岸－琉球－福建のルートが用いられるようになる。宋代からサブルートとして用いられた航路が、博多－明州ルートの危険性のためにメインルートに躍り出たものであろう。このルートは一三七〇年代まで利用された形跡があるが、これにより大きな影響を受けたのが琉球である。琉球列島ではこれ以前、一一世紀頃から中国や日本の陶磁器の流通が目立つようになっていたが、一四世紀中頃には、大型グスクの発達に見るように大首長が成長し、一三七〇年代には明の招諭に応じ朝貢するほどになっていた。この変化は、高瀬－福建ルートの利用が一つの契機となったと考えられる（榎本、二〇〇七）。

　それはともかくとして、元末の内乱は、日元間の貿易活動を妨げる作用を及ぼしたと考えられる。一方で東シナ海の海上の混乱に乗じ、小規模な海民集団が各地で活動を活発化させる。倭寇はその一つに他ならないが、方国珍・張士誠などの群雄も、こうした勢力を配下に置いて、海上に影響力を及ぼした。明初に明州を襲い済州まで行き来した蘭秀山の民は、方国珍の残党であった（藤田、一九九七）。元に代わって中国を統治した明は、当初は前代以来の対外貿易は認める方針だった。海上の安定はそのためにも必要であり、海上の安定を目指した海禁政策は、海商の利害とも一致するものだった。実際に明の最初期においては、海商の往来が確認できる。しかしながら海上の安定は容易ではなかった。結局、明は海民を手なずけることに失敗し、強圧的に海を管理下に置かざるを得なくなる。ここに東シナ海の交流の形は一変することになるが、これについては次項を参照されたい。

日明・日朝・日琉貿易

伊藤幸司

一四世紀東アジアにおける王朝交替

一四世紀の東アジア世界は激動の時代であった。中国では、ユーラシア大陸を覆う強大な帝国を築いたモンゴルが衰退し、元末の混乱から覇権を確立した朱元璋《しゅげんしょう》（即位して洪武帝）が一三六八年、新たに明《みん》を建国した。朝鮮半島では、高麗が略奪行為を働く倭寇問題に苦慮する中、その討伐に功のあった李成桂《イソンゲ》が王位を禅譲され、一三九二年朝鮮国を誕生させた。一方、日本列島でも一三三三年、鎌倉幕府が後醍醐天皇の倒幕活動によって滅亡し、新たに公家を中心とする建武政権が立ち上がった。しかし、後醍醐天皇の大覚寺統と対立する持明院統を擁して足利尊氏が室町幕府を創設したことで、ここに南北朝の動乱が始まった。この動乱が終息するのは、一三九二年足利義満による南北朝合一を待たねばならなかった。また、日本列島南方の琉球諸島では、各地の按司《あじ》が割拠するグスク時代から三つの国（北山・中山・南山）が拮抗する三山時代を迎えていた。そして一四二九年、中山国《ちゅうざんこく》の尚《しょう》巴《は》志《し》が琉球列島を統一し、琉球王国を誕生させた。このように、一四世紀の東アジア世界では、軌を一にして各地で王朝や政権交替が行われたのである。そして、このような国家や政権の誕生は、東アジア世界に新たな外交秩序をもたらした。

洪武帝は、中国人の海外渡航を禁止する海禁《かいきん》政策を行うのと同時に、漢民族の伝統的な民族思想である中華思想（華夷《かい》思想）に基づき、周辺諸国との交流は臣下の礼をとって朝貢《ちょうこう》してきた首長のみに限定した。朝貢した首長は明側から冊封《さくほう》され国王として認められるのと同時に、朝貢に付随する大量の回賜品《かいしひん》や有利な貿易を実施することができた。東アジアの海域世界は、宋・元期の比較的緩やかな海域支配から、国家によって海域の交流が著しく制

1366年に朱元璋が皇宮と定めた南京明故宮跡

約される時代へと移行したのである。この結果、従来、活発な貿易活動を担っていた中国人貿易商人による民間交流は低調化し、国家間外交が交流の主体となった。

南北朝の動乱と東アジア

洪武帝は、建国直後から周辺諸地域に向けて朝貢を促す使節を派遣した。特に日本に派遣された明使は、中国沿岸を跋扈《ばっこ》する倭寇の禁圧も要請するものであった。一三六九年、博多に来日した明使楊載《ようさい》が出会ったのは、当時、太宰府・博多地域を制圧していた征西将軍懐良親王《かねよししんのう》であった。しかし、この交渉は失敗に終わる。翌年、再び明使楊載と趙秩《ちょうちつ》らが来日すると、懐良は態度を翻してこれに応じ、明使の帰国に便乗して祖来《そらい》らを派遣し、倭寇の被虜《ひりょ》人《にん》を送還した。臣と称して入貢する懐良を認めた洪武帝は、懐良を日本国王「良懐」に冊封するための冊封使を派遣した。明側が九州の地域勢力でしかなかった懐良を受け入れたのは、懐良に倭寇禁圧能力があると期待したからである。しかし一三七二年、冊封使仲猷《ちゅうゆう》祖闡《そせん》と無逸克勤《むいつこくごん》が博多にやってくると、既に懐良は足利義満から九州制圧の命令を受けて下向してきた九州探題今川了俊によって敗走させられていた。了俊は、明使が懐良を日本国王に冊封しようと来日していたことに驚き、彼らを博多の聖福寺に抑留した後、京都へ上洛させた（田中、一九八二／村井、一九八八）。

南朝の懐良が日本国王になろうとしていた事実を知った義満は、九州南朝勢力と明との軍事協力の可能性を完全に絶ち、さらに日明貿易の主導権を掌握するべく、一三七四年、室町幕府最初の遣明使聞渓円宣《もんけいえんせん》らを送った（村井、一九八八）。しかし、明側にとってあくまで日本国王は「良懐」であり、人臣にすぎなかった義満の通交は決して受け入れられることはなかった（一三八〇年の遣明使も拒絶された）。以後、約一五年間、義満は国内支配の充実に尽力する。

ところで、一三七〇～八〇年代にかけて明に対し日本国王「良懐」名義の遣使が数度為されている。没落した懐良にはこのような遣使をする実力がなかったことを考慮すると、おそらく北朝勢力（今川了俊或いは足利義満）が「良懐」名義の通交権を勝手に詐称し遣使していたと考えられる（橋本、一九九八b）。九州探題今川了俊は、幕府のために九州支配を完遂した。一三七七年、倭寇禁圧要請を目的とする高麗使鄭夢周《チョンモンジュ》の来日を契機として、了俊は禁賊を媒介として高麗と折衝するようになる。朝鮮国が登場しても、相変わらず倭寇禁圧、被虜人送還、「大蔵経《だいぞうきょう》」求請などの積極的な通交を展開した。彼の貿易活動には、おそらく博多商人も少なからず関与していたと考えられるが、その存在が強大になったがために、一三九五年義満から探題職を罷免された（川添、一九九六）。

遣明船の開始　筑紫商客肥富の活躍

足利義満の対明通交が成就するのは、一四〇一年の遣明使（正使・祖阿、副使・肥富《こいつみ》によってである。この使節が明側に受け入れられたのは、叔父の燕王朱棣《しゅてい》（後の第三代皇帝永楽帝、洪武帝の第四子）を警戒する建文帝（第二代皇帝、洪武帝の孫）が、日本の義満政権と提携し燕王を牽制したいという思惑があったからである。同時に、この頃の義満にも、一〇〇万貫の造営費を費やしたともいわれる北山殿（有名な金閣寺がある）の新造に加え、一四〇一年に焼亡した内裏の再建事業にも着手しなければならない事情があった。相次ぐ巨大プロジェクトに、さすがの幕府財政も逼迫せざるを得なかった。このようなタイミングで、「大明より帰り、両国通信の利を陳《の》べて貿易船の派遣を義満に奨めた「筑紫商客肥富」の存在は（『善隣国宝記』巻中）、財源が欲しい義満にとって的を射たものであった（橋本、二〇〇二）。明の認可の下、日明勘合の運用によって遂行される遣明船の歴史は、まさに筑紫商客（博多商人）肥富によって切り開かれた。残念ながら肥富に関する史料はなく、その素性も含めて詳細は分からないが、「大明より帰り」という行動から推測すれば、彼は以前から明との間で密貿易を展開する博多商人であったと考えられる。明の建国とともに誕生した朝貢貿易体制は国家間外交を基本としていたため、対明貿易の円滑な遂行のためには朝貢使に随行する必要があった。しかし、日本国王「良懐」に冊封された懐良親王は既に没落して久しい上に、一三八六年に発覚したクーデター（林賢事件）に日本勢力も関与していたという余波から、一四世紀末期の日明関係は没交渉の状態にあった。ゆえに、肥富ら博多商人が正式な対明貿易に参加することは不可能であり、当然、その活動は密貿易化した。そして、その相手は海禁政策によって国外渡航を禁止された明商人（浙江・福建商人か？）であったと思われる。ただし、対明貿易の利益拡大のためには、日本が明との間に国交を開き（つまり朝貢国となり）、新たな日本国王の名義の下に派遣される遣明船に参画するのが最良の手段であった。そして、当時の日本でその可能性があったのは足利義満のみであった。

　この状況下、密貿易を通じて明の国内事情を知り得た肥富は、燕王を脅威に感じる建文帝の立場を察知し、これを対明通交締結の好機と捉えて義満に「両国通信の利」を奨めたと言える（橋本、一九九八）。今回の遣明船の真の立役者が肥富であったからこそ、彼は遣明船の歴史の中で唯一商人として副使に起用されたのである。いずれにせよ肥富の思惑は的中し、義満は日本国王として冊封され、日明勘合による正式な遣明船を派遣できる外交権が確立した。以後、義満による遣明船派遣は六回にも及んでいるが、その全てに肥富に代表される博多商人が携わったと考えられる。

大理日本四僧塔。林賢事件の余波を受けて大理（雲南省）に流された日本僧の墓と伝えられる

応永の外寇と日本国王使

一四一九年六月、朝鮮国は太宗《テジョン》（第三代国王、この時は既に世《セ》宗《ジョン》に譲位していたが兵権のみは掌握していた）の号令の下、倭寇の根拠地をたたく目的で対馬島を襲撃した。これを日本では応永の外寇、朝鮮では己亥東征《きがいとうせい》と呼んでいる。この事件の背景には、高麗末から頻繁に朝鮮半島を襲った倭寇に苦慮する朝鮮国の姿があった。

倭寇とは、中国大陸や朝鮮半島で略奪行為を行った民族や国籍を越えて連合する海賊集団のことである。一四～一五世紀に朝鮮半島から山東半島を中心に米や人などを略奪した倭寇を前期倭寇、一六世紀に浙江・福建・広東沿岸を中心に密貿易活動をした武装集団を後期倭寇と呼んでいる。朝鮮国が特に苦慮したのは前期倭寇である。当時の朝鮮国は、対馬島・壱岐島・肥前松浦地域の人々が倭寇の主体だと認識し、彼らを「三島の倭」と呼んだ。しかし、実際の倭寇活動は三島の倭人以外にも朝鮮側の海民や賤民も混在する場合や、時には半島側の人々が倭寇に仮託して略奪行為を行うこともあった。

一四世紀末に誕生した朝鮮国は、建国直後から半島を襲撃する倭寇の脅威を減少させるために様々な対策を講じた。沿岸警備の強化に加え、倭寇に襲われやすい島嶼の空島化や日本への積極的な倭寇禁圧要請なども実施されたが、最も効果があったのは倭寇懐柔策であった。それは、経済的な利益供与と引き換えに倭寇を平和な通交者へと変質させることを第一とした。例えば、倭寇の首領に投降を促し、帰順した者（降倭《こうわ》）には土地や家財を賜給した他、場合によっては妻まで提供して安住させたため、非常に多くの倭人が朝鮮に帰化した（向化倭人《こうかわじん》）。そのような倭人の中には朝鮮国から官職を受ける者も出た（受職人《じゅしょくにん》）。もちろん、受職人の受ける官職は定員外で実務に従事しない影職《えいしょく》であったが、官位相当の待遇が保障され、後には朝鮮通交権も認められた。平和な通交者となった倭人には、朝鮮側の接待や回賜品を狙って貿易に来る者や、使者を派遣して通交する者（使送倭人《しそうわじん》）が多数見られた。このような朝鮮国の倭寇懐柔策は一定度の成果を挙げ、朝鮮半島に対する倭寇は大きく減少した。しかし、朝鮮国に渡航する倭人が増大する一方で、それに伴う朝鮮側の経済的負担が膨大化し、国家財政を圧迫した（中村、一九六五）。

このように、朝鮮国の倭寇対策は苦渋に満ちたものであったが、それでも完全に倭寇活動がなくなったわけではなかった。特に、明に対する倭寇活動は相変わらず続いており、応永の外寇直前には対馬島人が山東半島を襲撃する往路の朝鮮半島西岸でトラブルを起こしていた。そして、このことが引き金となり勃発したのが応永の外寇であった。

応永の外寇は、日朝関係に極度の緊張関係を招いた。特に、室町幕府のある京都では蒙古襲来の再来と噂され、各地の寺社から怪異現象が矢継ぎ早に報告されるなど人々は混乱の渦中にあった。この状況下、九州探題渋川義俊とその父満頼は、博多商人宗金を京都に派遣し、将軍の側近であった陳外郎《ちんういろう》を介して将軍足利義持

応永の外寇の引き金となった事件は都屯里（忠清南道）で起こった

に状況説明を行った（有光保茂、一九三七）。これを受けて、義持は朝鮮側の真意を確かめるために、日本国王使を大蔵経求請の名目で派遣した。この国王使には、正使に博多妙楽寺僧の無涯亮倪《むがいりょうげい》、副使に陳外郎の子で博多商人の平方吉久《ひらかたよしひさ》らが起用された。実は、陳外郎の父陳延祐は、中国台州出身で元の順宗に仕え礼部《れいぶ》員外郎《いんがいろう》となったが、元の滅亡とともに来日し博多の妙楽寺に入っていた。彼は、妙楽寺一二世無方宗応《むほうそうおう》に師事し、寺内に明照庵《めいしょうあん》という塔頭《たっちゅう》を開創した。このように、陳氏は父子共々妙楽寺と密接な人物であった。さらに、渋川氏が京都に派遣した宗金も妙楽寺ゆかりの大応派僧と考えられることから、この時の日本国王使が妙楽寺関係者で構成されていたことが分かる（上田、二〇〇〇／伊藤、二〇〇二a）。こうして派遣された日本国王使の一行が漢城（現在のソウル）に到着すると、朝鮮側は前年の対馬襲撃の理由を告げた上で大蔵経求請に応え、さらに回礼使宋希璟《ソンヒギョン》を日本へ派遣することを決定した。

宋希璟の来日と博多の朝鮮通交

一四二〇年、回礼使宋希璟は京都にいる将軍足利義持との謁見を目指して来日した。この時の状況は、彼が往復九カ月間の見聞や行動を綴った『老松堂日本行録』という日本紀行詩文集によって詳細に知ることができる（村井、二〇〇〇）。

二月に釜山から渡海した宋希璟は、対馬・壱岐を経由し、三月には志賀島に外洋船を繋留し小舟で博多へ入った。彼を迎えるに当たり、九州探題渋川氏は博多の町の整備を行い、代官伊藤氏を志賀島まで出向かせている。市中では博多都市民の歓迎を受け、渋川氏やその家臣、博多を代表する聖福寺、承天寺《じょうてんじ》や妙楽寺の僧侶たちにも歓待された。博多の人々は、宋希璟を篤くもてなすことで朝鮮通交貿易の再開と優遇を引き出そうと目論んだ（佐伯、一九九七）。

博多では歓迎された宋希璟であるが、その後の行程は悲惨なものがあった。瀬戸内海では海賊の襲撃を心配する緊張の連続で、苦労して辿り着いた京都でも将軍義持から全く歓迎されなかった。当時の義持は、父義満が臣下の礼を執ってまで日本国王に冊封されたことに反発し、明との国交を断絶していた。国交再開を要請する明使呂淵らを追い返すなど義持の断交の意志は固く、永楽帝はこの状態が続けば朝鮮と共に日本を襲撃するという脅し文句を伝えていた。運の悪いことに、応永の外寇は日明間が極度に緊迫する最中に起こったため、義持は永楽帝が朝鮮国と共に襲来してきたのだと勘違いした。ゆえに、宋希璟が回礼使として上洛しても、朝鮮を怨んでいた義持は冷遇し続けた。しかし、この誤解はやがて融け、彼は義持との謁見を許され無事使命を果たして帰国することができた（村井、二〇〇〇）。宋希璟の交渉が最終的に成功した背景には、博多商人宗金や陳外郎、幕府周辺の外交官の不断のサポートがあったことは言うまでもない。

　応永の外寇後、第四代国王世宗は倭寇懐柔策によって圧迫される経済的負担を減らすために、それまで比較的自由であった日本側通交者の渡航に対し、書契《しょけい》（書簡型外交文書）や文引《ぶんいん》（対馬島主宗氏の発給する渡航証明書）といった外交文書の所持を義務付けることで、渡航者数の抑制・管理とその峻別を図ろうとした（中村、一九六五）。こうした通交統制策は、商人や海民など有力者以外の朝鮮通交を制限・遮断していくシステムであった。

　応永の外寇は、日朝通交の場において博多が対馬に替わって台頭する契機となった（田中、一九五九）。朝鮮国が、九州の諸氏は九州探題の書契を受けて渡航することを定めたことで、日朝通交における渋川氏の立場が著しく向上したのである。朝鮮側は九州探題渋川氏に増大し続ける日本側通交者の渡航規制を期待したが、

『三綱行実』に見る前期倭寇
（山口県立大学寺内文庫蔵）

これは渋川氏の実力を過大評価したものであった。いずれにせよ、渋川氏や平満景に代表される探題管下の人々は非常に有利な朝鮮貿易を展開できた（川添、一九九六）。しかし、この対策によって本来は朝鮮通交の場から排除されかねなかった博多商人の貿易活動は停滞しなかった。なぜなら、渋川氏たちの朝鮮貿易を実質的に担っていたのは博多商人たちであったからだ。博多商人は、渋川氏の貿易実務を請け負ったり、渋川氏の名義を借りて頻繁な通交貿易を展開したのである。同時に、渋川氏も書契発給権に基づく朝鮮通交権という利権を活用して彼らの求心力を獲得していた。このような状態が数年続いたため、一四二四年、朝鮮側は渋川氏の通交に春秋二回という制限を設けて、探題使節と単なる貿易者（博多商人）を区別しようとした（中村、一九六五／伊藤、二〇〇五）。しかし、翌年七月頃、渋川義俊は少弐満貞・菊池兼朝によって攻められて没落し（本多、一九八八）、渋川一族は分散した。この事態は、朝鮮通交の維持・拡大を目論む博多商人に深刻なダメージを与えた。

博多商人宗金の朝鮮通交

　宗金は、室町期の博多を代表する貿易商人で、当時の政治・経済・外交を語る上で看過できない人物である。本来は畿内と博多を往来する有力廻船商人であったが（佐伯、一九九九）、応永の外寇後の日本国王使派遣に深く関わることで大きな転機を迎えた。

　宗金の朝鮮通交は宋希璟の帰国直後に開始されており、宋希璟

来日時における宗金の功績が評価されたことが契機となっている（有光保茂、一九三七）。その後、彼は九州探題渋川氏やその家臣たちの朝鮮貿易も担ったのであろうが、その貿易手法は渋川氏の没落によって危機を迎えた。一四二五年一〇月、宗金は朝鮮国から図書《としょ》を下賜され受図書人《じゅとしょにん》となった。図書とは、朝鮮国が有力な通交者として認めた者に対して与えた銅製の印鑑で、通交者の名前が刻印されていた。図書を獲得した受図書人は朝鮮通交権を保障され、通交の際に持参する書契に図書を捺すことで真偽を査証された。宗金は、書契を発給すべき渋川氏の没落に直面し、探題の権威に頼らない通交権の獲得を目論んだのである（佐伯、一九九九）。

受図書人となった宗金は、以後、着実に朝鮮貿易を展開した。基本的には使者を派遣する使送倭人としての活動であるが、自身が渡海する場合や、時には日本国王使として通交することもあった。使者には子弟を起用することもあり、自身の通交権を一族に継承させようとする意図もあった。また一四二九年以降、豊後の大友氏が博多息浜《おきのはま》の領有を回復すると、息浜に居住していた宗金は大友氏の息浜代官となり、大友氏との結び付きも強めた（佐伯、一九九六a）。この背景には、宗金が渋川氏に替わる博多支配の実力者と関係を持つことで、さらなる朝鮮通交権の拡大を目論もうとするしたたかさがあった（伊藤、二〇〇五）。宗金の朝鮮貿易は、大量の銅や硫黄など日本産の鉱産物を中心に南海産物も交えて輸出し、朝鮮産の繊維製品を輸入していた。同時に、朝鮮側の歓心を買うことで貿易権を拡大・強化しようという意図から、博多での朝鮮通信使の接待や護送のみならず、朝鮮に有効な日本情報の提供や被虜人送還も熱心に行った（佐伯、一九九九）。

宗金には、史料から確認できるだけでも表阿古羅《ひょうえごろう》、宗家茂、而羅（四郎）、性春《しょうしゅん》という四人の子供と、三未三甫羅《さえもんさぶろう》と宗茂信という孫がいた（有光保茂、一九三七／有光友学、一九七〇）。彼らは、宗金の後継者として広範な貿易活動を引き続き展開していくことになる。

遣明船の復活と博多

一四二九年、第六代将軍足利義教が誕生すると、義持の意志によって断交していた日明通交を復活する動きが始まる。年末には、来日した朝鮮通信使朴瑞生《パクダンセン》に対し、幕府は口頭で対明通交斡旋を要請している。翌年、宗金は博多商人道性《どうしょう》と共に日本国王使として渡海し、帰国後京都の幕府に対して復命した。幕府は、京都から博多へ戻る宗金のために警固《けいご》命令を出しているが、同時に翌年に宗金が再上洛する時の警固も言い含めている。時期的なことを考慮すれば、宗金の再上洛は遣明船再開準備のことと考えられる。いずれにせよ、一四三二年宗金は約三〇年ぶりに再開された遣明船に乗船し、初めて日明貿易に携わった（有光保茂、一九三七／佐伯、一九九九）。この第八次遣明使は、足利義教代初めの遣明船として位置付けられ（橋本、二〇〇二）、正使には京都天龍寺の龍室《りゅうしつ》道淵《どうえん》が抜擢された。龍室道淵は、中国明州（寧波《ニンポー》）出身の明人で、博多聖福寺で修行し同寺で出世を果たした禅僧である。渡海直前

聖福寺山門（聖福寺の許可のもと大庭康時撮影）

に天龍寺の公帖《こうじょう》（住持任命書）を得ているが、これは入明を前提とした単なる権威付けであり坐公文《ざくもん》（実際には入寺していない）に過ぎなかった。つまり、足利義教が日明通交再開を目論む重要事の遣明船は、博多勢力によって主導されていたのである（伊藤、二〇〇二a）。なお、財政悪化の兆候のある幕府将軍家に対し、経済的欲求を唱える寺社や大名たちが遣明船復活の立役者であった可能性が指摘されているが（橋本、一九九八a）、その中心には博多勢力を代表する宗金もいたに違いない。このような構図は、足利義満が筑紫商客肥富に日明貿易の利を説かれ、彼を副使に任じて日明通交を開始した状況と非常に似通っている。

一四五一年、足利義政代初めの遣明船として第一一次遣明使が出発した。この遣明船は、幕府が財力不足のために公方船《くぼう》（幕府船）を仕立てることができず、収益確保のために大量の日明勘合を寺社や大名へばらまいた結果、遣明船史上最多の九船が渡海した（橋本、一九九八a）。この時、四号船には聖福寺造営船（九州探題船）、七号船には大内船があった。大内教弘は、文安年間（一四四四～四九）以降、筑前守護として一定度の博多支配を達成したことで、初めて日明貿易に参画することができた（佐伯、一九七八）。当時、九州探題が事実上大内氏の傀儡《かいらい》であったことを考えれば、四号船も大内氏の影響下にあったと思われる。大内氏にとって、東アジアへ効率的に進出するためにも博多支配は欠くべからざる条件であった。ところで、この遣明船は大船団で大量の貿易物資を明に持ち込んだため、取引価格が極端に低く評価された。さらに、明側が今後の接待費用増大を懸念したことに加え、明の官憲と喧嘩に及ぶ者も出たため、明側は日本の遣明船の派遣の間隔を一〇年一貢、船数は三隻までと制限する景泰約条を突きつけた（小葉田、一九四一／橋本、一九九八a）。

第一二次遣明使は、水墨画の雪舟等楊《せっしゅうとうよう》が乗船したことで著名である。この遣明船には、貿易を司る土官《とかん》のリーダーとして博多商人宗金の子の性春が乗船していた（小葉田、一九四一）。遣明船の渡海中、応仁・文明の乱が勃発したため、復路は幕府船と大内船が博多や赤間関に帰港し、細川船が南海路から堺に帰着した。初めて遣明船を迎えた堺では、以後、堺商人が積極的に日明貿易に進出して行く契機となった。そして、大内氏と細川氏が日明勘合の争奪戦を繰り返した結果、以後三回の遣明船から大内氏は排除され、博多商人に替わって堺商人が台頭した（栢原、一九一四・一九一五）。

博多は遣明船の最終艤装《ぎそう》地として位置していた。それは、博多に国内外の船舶が停泊し大量の南海産物や国内物資が集積される中世日本最大の国際貿易港であったからである。日明貿易には、朝貢品や公・私貿易の輸出物資として硫黄・銅・刀剣・扇・屏風などの国内産品の他、蘇木《そぼく》（赤色染料や薬材として使用）など東南

硫黄島（鹿児島県三島村）

アジアに産出する物資も必要とされた。このような貿易品を調達するために、遣明船の居座《こざ》や土官といった貿易を司る官員が予め博多に下向した。ただし、硫黄については遣明船の準備段階で幕府から硫黄使節が島津氏（硫黄島）や大友氏（硫黄山）の下へ派遣され、硫黄の確保に努めていた（小葉田、一九七六）。このような硫黄を保管する場所も各地に設定され、博多近辺では箱崎・志賀島・能古島がそうなっていた。

兵庫（後には堺）を出発した遣明使一行は、尾道や赤間関など瀬戸内海（後には南海路も使用）沿岸の港町に寄港しながら博多を目指した。当時の外交使節は、寄港した港町にある既存の宗教施設を利用することで旅を続けることができた。遣明使が博多に滞在した時は、海に近い息浜にある妙楽寺や博多浜の聖福寺などを宿所とした。「寺は遣唐《（明）》使の駅と為す」（『黙雲集』）と称された妙楽寺には呑碧楼《どんぺきろう》という高楼の建造物があり、博多湾の灯台的役割を果たしていたと考えられている（伊藤、二〇〇二c）。

博多湾は水深が浅く、遣明船のような喫水の深い外洋船は志賀島や能古島周辺に繋留し、使節一行は小舟で博多の町に入ってきたと思われる。遣明船が繋留された志賀島には、海民の信仰篤い志賀海《しかうみ》神社がある。ここで、第一八次遣明使は渡海前に航海安全を祈念し、正使湖心碩鼎《こしんせきてい》を導師として祈禱《きとう》・懺法《せんぼう》を行っている。この一行は、近隣の文殊堂も訪れて帰国の無事を祈願している。当地の文殊菩薩が航海神として信仰されていたことが分かる。この文殊堂には、第一一次遣明使の笑雲瑞訢《しょううんずいきん》らも詣でていることから、遣明使全般に共通した行為と思われる。なお、文殊堂に祀られていた文殊菩薩は、現在、志賀島の荘厳寺《しょうごんじ》に伝来している（伊藤、二〇〇二c）。

博多商人による朝鮮通交権模索

応永の外寇後、朝鮮国が通交統制策を徐々に整備することで日本側通交者の減少を目論むと、博多商人はあらゆる手段を講じて朝鮮貿易の維持・拡大を模索した。既に、朝鮮側が九州諸氏に九州探題渋川氏の書契の携帯を義務付ける「書契による統制」を実施すると、博多商人は渋川一族や探題管下の人々の貿易活動を請け負ったり名義借り通交を展開したが、後にその通交権は年二回に制限され、渋川氏自身も没落した。これを契機として、博多商人の中には宗金のように受図書人となって独自の通交権を確保する者も現れたが、受図書人になれる者は限られていた。では、宗金以外の博多商人はどうしたのであろうか。実は、博多から渋川一族がいなくなった後も、相変わらず朝鮮には渋川氏名義の使節が渡海していた。これは、実質的に渋川氏の通交貿易を担っていた博多商人が、渋川一族没落の事実を朝鮮側に秘匿することで、渋川一族の名義を騙って勝手に通交権を運用していたからである。

このように、第三者が貿易利潤を獲得するために、ある人間（実在してなくてもよい）の名義を騙ることで外国に通交した偽りの外交使節のことを偽使《ぎし》と呼んでいる（橋本、二〇〇五）。

しかし、渋川氏名義の使節は年二回に制限された通交権であり、博多商人としては朝鮮側も容認し得るほどの有力者との連携を模索した。一四二九年、新興の貿易商人が集住する博多息浜の領有を大友持直が回復すると、これが大きな転機となった。大友氏は、かつて九州探題渋川氏が保有していた書契発給権を朝鮮側から黙認された有力者であったため、博多商人は積極的に大友氏の朝鮮貿易を担ったのである。その後、大友持直は一四三六年に没落するが、以後も大友持直名義の使節が朝鮮に渡海し続けている。博多商人は、渋川氏名義の通交権に加えて、大友氏名義の通交権も奪取したのである（伊藤、二〇〇五）。

北部九州地域の政治的混乱が続いた一四三二年、大内持世に対抗して少弐嘉頼《よしより》の出陣命令を受けた対馬の宗貞盛が筑前へ渡海し、博多を掌握した。以後、博多湾岸地域は少弐・宗体制によって支配されることとなる（佐伯、一九七八）。宗氏の博多掌握は、宗氏が博多－対馬－朝鮮という主要流通ルートを確保したことを意味する。宗氏にとって、物資の集散地博多は自らの朝鮮貿易に必要不可欠な物資調達の場であり、回賜品の転売を行う主要な市場であったため、宗氏は博多商人を積極的に庇護した。一方、博多商人側もかつて渋川氏や大友氏と提携したように、朝鮮通交に精通し書契発給権も保有する宗氏と結ぶことは大きなメリットがあった。おそらく、博多商人は宗貞盛の名義借り通交を積極的に行っていたと思われる（荒木、二〇〇三）。しかし、この少弐・宗体制も一四三六年には崩壊し、大内持世の積極的な博多支配が始まる。その後、一四四〇年以降でも、宗氏や大内氏による断続的な博多支配が繰り返された。このような混沌とした状況下、一四三八年にすべての日本側通交者（当初は日本国王使と諸巨酋使《きょしゅうし》は対象外）は対馬島主文引を所持して渡航しなければならないという「文引の制」が確立した。対馬島主宗氏の進言により導入された文引の制は、日朝通交における宗氏の重要性を決定的にした（中村、一九六五）。一方、この制度の適用は、博多商人の朝鮮貿易に多大な影響を及ぼした。それまで、九州探題渋川氏名義・大友氏名義・宗貞盛名義の偽使や名義借り通交を展開していた博多商人（宗金は受図書人としての通交も）にとって、すべての通交形態が文引による統制の対象となってしまったからである。さらに、一四四三年宗貞盛と朝鮮国との間で交わされた癸亥約条《きがいやくじょう》が追い打ちを掛けた。この約条は、対馬島主の歳遣船《さいけんせん》（一年間に派遣できる船）を五〇船に限定するというものであったため（朝鮮側は、順次、日本側通交者との間で歳遣船定約《ていやく》を結び、渡航船数の上限を定めようとした）、貞盛の名義借り通交権も縮小したことを意味する。この結果、通交統制の遵守を求める朝鮮側の対応によって、博多商人による各種名義使送人の大量派遣は不可能となった。ここに至って、博多商人は通交統制を回避するために、書契や文引の偽造・改竄、図書の偽造・偽着、詐称といったあらゆる非合法手段を駆使して朝鮮貿易を実現しようとしたが、露見することが多かった（伊藤、二〇〇五）。

博多商人は、新たな統制策を合法的に回避する手段として日本国王使にも便乗した。一四四八年、文渓正祐《もんけいしょうゆう》を正使として京都南禅寺のために大蔵経を求請する日本国王使が博多にやってくると、博多商人は正使と結託して自らの商船二艘を便乗させた。しかも、渡海直前に世宗妃が死去したという情報を得ると、朝鮮側の歓心を買うために国書を改竄して通交目的の一つに進香《しんこう》（焼香）の件も書き加えた。博多商人の朝鮮貿易指向は、日本国王使をも巻き込むものであった（伊藤、二〇〇五）。

このように朝鮮貿易をめぐる博多商人の環境は厳しいものがあったが、同時に朝鮮通交の規制が強まる一四三〇年代以降は、久しく途絶えていた遣明船が復活する時代でもあった。日明貿易は、回数こそ少ないものの、朝鮮貿易に比較して巨大な利益をもたらすプロジェクトであった。博多商人は、朝鮮貿易と並行して日明貿易にも関与することで、その貿易活動を維持・拡大していたものと考えられる。

偽使通交の拡大

癸亥約条が成立した一四四〇年代、少弐・宗体制の弱体化に伴い、宗氏は北部九州地域からの撤退を余儀なくされた結果、多数の宗氏被官が筑前・肥前の所領を喪失した（佐伯、一九七八）。宗氏は、自己権力の求心力維持のために、朝鮮通交権の拡大を目指さざるを得なかった。宗貞盛の跡を嗣いだ成職《しげもと》は、積極的に歳遣船数を超過して朝鮮通交を展開した。これを朝鮮側から非難されると、彼は歳遣船定約の結ばれていない深処倭《しんしょわ》（日本本土の通交者）名義の使節を騙る偽使を積極的に創出した。朝鮮側は、この深処倭名義の通交が急増して負担が増大したため、彼らに年二回以上の文引発給をしないことを成職に承諾させ、各深処倭と歳遣船定約を結んだ。朝鮮側は、深処倭の使節が偽使だとは思っていなかったのである。これによって、深処倭名義の偽使通交権が確立し、成職は新たに獲得した偽使通交権を家臣に分配することで求心力の維持に努めた（長、二〇〇二a／荒木、二〇〇五）。

さらに対馬では、一四五〇年代後半から王城大臣使（在京有力者を名乗る使節）の偽使派遣も本格的に開始した。『海東諸国紀』（一四七一年成立）「朝聘応接紀《ちょうへいおうせつき》」で対馬宗氏より上位にランクされる王城大臣名義の偽使は、宗氏にとって好条件の通交貿易を可能とした。この偽使に共通するのは、室町幕府周辺で活動中の実在する有力者の実名や法名と一致した名義を名乗っていることである。当時は、一四五四年の畠山政長と畠山義就《よしなり》の家督争いによって、京都周辺の政治状況が混乱を極めた時代であり、先の偽使はこのような政治的動乱に乗じて創出された偽使であった（橋本、二〇〇五）。

対馬宗氏が、王城大臣使のような偽使を大量に創出するためには、相応の外交技術と情報収集能力が必要とされた。特に、書契の起草や改竄には、先例や故実を踏襲し修辞技術を駆使する高度な漢文能力が必須であった。このため、宗氏は対馬の佐賀《さか》景徳庵に仰之梵高《きょうしぼんこう》という禅僧をヘッドハンティングして、書契や文引を発行する外交業務を担わせた。仰之梵高は、一四六三年に天龍寺

宗家旧蔵「図書」と木印（九州国立博物館蔵）

勧進船の目的で派遣された日本国王使の副使で、夢窓派華蔵門《むそうはけぞうもん》派《ぱ》に所属する五山僧であった。彼の対馬逗留は、宗氏が京都五山系の外交文書起草能力と、中央に直結する情報ネットワークを獲得したことを意味し、多様な偽使創出を可能とした（橋本、二〇〇五／伊藤、二〇〇二ａ）。

第七代国王世祖《セジョ》の治世下の一四六〇年代半ば、歴代では特に熱心な仏教信者であった世祖が諸寺院に参詣すると、瑞祥《ずいしょう》現象が度々起こった。一四六六年、世祖は来朝していた肥前那久野《なごや》藤原頼永の使送寿藺《じゅりん》に対して、日本国王に祝賀使の派遣を要請する書契を託した。その後、これに呼応するかの如く、一四七一年までの僅か数年の間に、世祖の仏教的奇瑞《きずい》を讃える大量の祝賀使が日本から朝鮮に渡航した。これら大量の通交者の正体は、すべて過海糧《かかいりょう》（朝鮮までの渡海日数に要した食糧）獲得目当ての対馬島人で、宗貞国の下で組織的に創出された偽使であった（長、二〇〇二ｂ）。簒奪することで政権を奪取した世祖は、即位以来、常に王権を強化し荘厳化する手段を模索していた。仏教的奇瑞現象の喧伝と日本国王への祝賀使派遣依頼も、まさに世祖の王権荘厳化策の一環であり、対馬宗氏は世祖の思惑を通交権拡大の好機と捉えて巧みに利用したのである。

一四六九年七月、応仁・文明の乱に連動した北部九州地域の動乱に乗じて、宗貞国は少弐頼忠と共に筑前へ進軍し、大内氏勢力を排除して博多を支配した（佐伯、一九七八）。これを契機として、宗氏と博多商人の間には朝鮮通交権を媒介として経済的・政治的に密接な連携関係が生じた（橋本、二〇〇五）。一四五〇年代以降、宗氏は深処倭名義による偽使通交の集積に加えて、王城大臣使の偽使も創出していたが、増大する偽使通交を維持・展開するためには、対馬島のみの需要供給能力では到底不可能であり、貿易物資の調達や回賜品を転売する市場としての博多は重要な地であった。一方、博多商人も、宗貞盛の博多撤退以降、統制が完備した朝鮮通交の場で、文引発給権を有する宗氏と連携し、それを梃子に通交権を確保・拡充することを切に願っていた。この結果、宗貞国は博多商人と融和的関係を結ぶために、新規の通交権としての王城大臣使を宛《あてが》った。ただし、一四五〇年代後半から対馬島人に実在名義人の王城大臣使による通交権を付与していたため、博多商人に宛われたのは架空名義人の王城大臣使の通交権であった。一四七〇年を画期として大量に発生した架空名義人の王城大臣使は、応仁・文明の乱という日本国内の動乱に乗じる形で、博多商人によって担われていたのである（橋本、二〇〇五）。

このように宗貞国の博多出兵や、その後の宗氏と大内氏（博多の最終的支配者）の和睦（関、二〇〇二）を契機として貞国と博多商人の連携が明確化したことで、以後の朝鮮通交において両者の協調関係が随所で確認できるようになる（橋本、二〇〇五／伊藤、二〇〇二a・b）。博多商人の藤安吉の子や宗茂信の受職が、宗貞国の請いによって為されているのはその一例と言える。特に宗茂信は、偽畠山義勝使送や偽日本国王使の指路船主或いは都船主として何度も朝鮮に赴いており、宗氏と博多商人の密接な連携を象徴する人物であった。また、偽使通交を支える外交僧として、一四七〇年以降、博多聖福寺を中心とする禅宗勢力（幻住派《げんじゅうは》僧）が人的基盤となった。鎌倉期の創建以来、博多商人と密接な聖福寺は、博多における通交貿易の拠点として君臨し、室町幕府や大内氏の外交を担う場合もあった。宗氏－博多商人による偽使通交が拡大する当該期、偽使通交体制はそれを支える人的基盤という点でも盤石のシステムとなった（橋本、二〇〇五／伊藤、二〇〇二a・b）。

博多商人と琉球

申叔舟《シンスクチユ》の著した『海東諸国紀』で「琉球・南蛮の商船所集の地」と言われた博多は、琉球王国との結び付きも深い。博多商人が琉球との交易を活発化させるのは、琉球が朝鮮に派遣する琉球国王使に博多商人や対馬人を利用するようになった一五世紀半ば以降である。この結果、一五世紀後半の琉球国王使には、琉球王国の主体性のない琉球国王名義の偽使が出現した（小葉田、一九九三／田中、一九七五）。偽使を創出していたのは博多商人であり、彼らは琉球本国とは無関係に使節を成り立たせるため、独自に割印制を考案して朝鮮国と契約を結び、その割印を用いて書契を偽作した（橋本、二〇〇五）。

琉球国王使と密接な関係を有した代表的な博多商人には、道安や佐藤信重がいる。当初、琉球貿易に従事した道安は、琉球国王使として朝鮮人漂流民送還をしたことを契機に朝鮮貿易を始めており、場合によっては偽琉球国王使を演じる時もあった（佐伯、二〇〇三b・二〇〇五）。一四五三年、道安は朝鮮国礼曹《れいそう》に「博多薩摩琉球相距地図」を献上した。この地図は、『海東諸国紀』に収録される地図類（対馬・壱岐以外）のベースになったものだと考えられている（中村、一九六五）。近年、この『海東諸国紀』「琉球国之図」と非常に類似する「琉球国図」が沖縄県立博物館で発見された。本図には古琉球期における琉球王国の様相、及び一五世紀における環シナ海域と琉球との関わりが詳細かつ具体的に描かれていることから、これが道安の「博多薩摩琉球相距地図」と近しい性質を有した地図である可能性が指摘されている（上里・深瀬・渡辺、二〇〇五／佐伯、二〇〇六a）。

一方、佐藤信重は道安とは異なり、一族と共に朝鮮貿易を活発に行う貿易商人であり、琉球貿易に従事する義重ら他の博多商人と結託して割印制を考案するなど偽使通交の主役を担った。道安

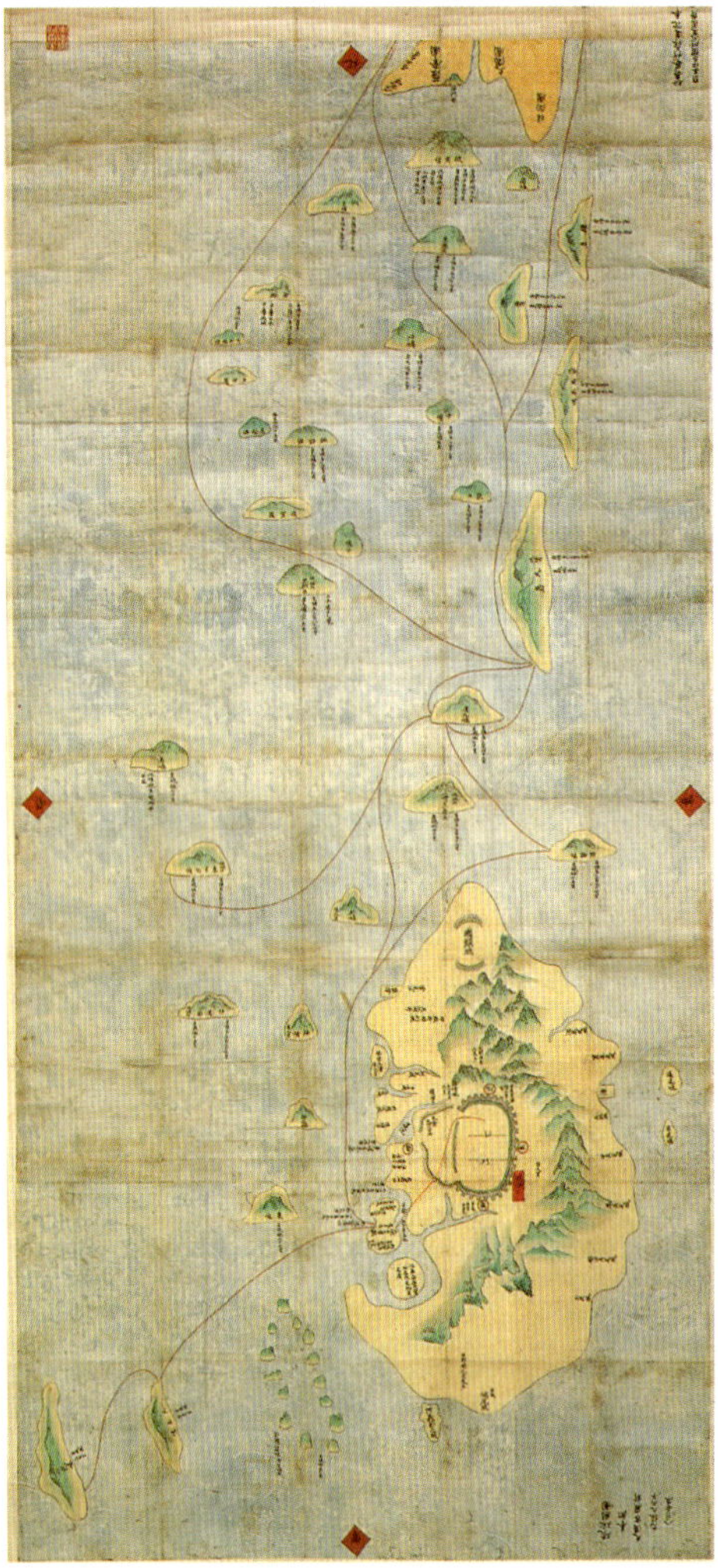

琉球国図（沖縄県立博物館蔵）

や信重は、一五世紀半ばに受図書人と受職人になっている。これは、琉球－朝鮮を結ぶ貿易商人として自らの通交権強化を図ったと評価できる。

博多商人の琉球貿易は、偽琉球国王使に関連する活動のみではなかった。例えば、近世の那覇波上山護国寺には、一四七七年に「博多茂家」によって筆写が完了もしくは施入された「熊野権現縁起」三巻があった。博多茂家は、当時の琉球に赴いていた博多商人と思われ、実名の名乗りから宗金一族との関連性が指摘されている。博多商人の琉球貿易活発化の背景には、一五世紀後半以降、琉球からの使船が減少したことに加えて、日明貿易における一〇年一貢制の導入や堺商人の日明貿易独占化、対馬宗氏による朝鮮貿易独占化の進行といった東アジア世界の動向も大きく影響していた。この状況下、博多商人は堺商人と同様、南海産物や中国文物を獲得するために、琉球への眼差しを強めたものと考えられている（佐伯、二〇〇五）。

偽使通交権の崩壊

偽王城大臣使の通交権によって、非常に有利な貿易を展開していた博多商人は、その後痛烈な打撃を受ける。一四七四年、室町幕府の提案により、日本国王・王城大臣名義の偽使通交を阻むための符験《ふけん》（牙符《がふ》）制度が朝鮮側の手によって施行されたからである。日本国王使正球《しょうきゅう》によって幕府にもたらされた牙符は、その後一四八二年の日本国王使栄弘が使用した結果、ここに牙符による通交査証制度が確立した。まさにこの時、日本国王使栄弘と歩調を合わせて、「夷千島王遐叉《えぞがちしまおうかしゃ》」の使者と称する宮内卿《くないきょう》が、朝鮮に大蔵経を求請している。牙符制の発効により通交名義の減少を恐れた偽使派遣勢力（博多商人?）が、新たな通交名義（通交権）獲得のために、架空の国家を称して使節を派遣したのである。この試みは結局失敗し、以後、博多商人による偽王城大臣使の通交は途絶した（橋本、二〇〇五）。これに先立って一四七八年には、久辺国主李獲の使者と称する薩摩人閔富《びんふ》が、朝鮮に大蔵経を求請していた。この使節も、薩摩商人が博多商人や対馬勢力の協力を得て久辺国なる架空の国を仕立てて大蔵経を獲得しようと試みたのだが失敗している。この頃、朝鮮から大蔵経を引き出すために、架空の国家使節を創出する動きが相次いだ（村井、一九八八）。

一方、偽琉球国王使をシステマティックに創出するべく博多商人佐藤信重たちが考案した割印制も、その割印制を遵守しない同じ博多商人也次郎《やじろう》の偽琉球国王使の振舞いによって、一四九〇年代前半には崩壊した（橋本、二〇〇五）。この事実は、朝鮮通交権をめぐって博多商人が必ずしも一枚岩として一致団結していたわけではなくて、内部で何らかの主導権争いが発生していたことを示している。先の久辺国主李獲使送は、信重らの割印制によって琉朝通交から排除された勢力が、琉球国王使以外に活用できる通交権を模索した結果とも考えられる（伊藤、二〇〇五）。このように、一四七〇年代以降、宗貞国との連携を契機として拡大した博多商人の朝鮮通交権は、まず一四八〇年代前半に牙符制の施行によって偽王城大臣使の通交権が失われ、一四九〇年代前半には割印制の崩壊によって偽琉球国王使の通交保障制度も失効してしまった。

　この事態を打開したのは、他ならぬ日本国内の政治的動乱であった。一四九三年に勃発した明応の政変後、将軍職復帰を目論む足利義材《よしき》は、越前朝倉氏や周防大内氏の下に身を寄せて、保有していた外交権（日明勘合・日朝牙符）を梃子に求心力を高めようとした。この結果、九州の諸勢力に日明勘合や日朝牙符が切り売りされたため、偽使派遣勢力は牙符を獲得した大内氏や大友氏と連携することで、再び日本国王や王城大臣名義の偽使を派遣できるようになった。一五〇一年、偽日本国王使弸中《ほうちゅう》道徳が、大内氏の獲得した牙符を活用して朝鮮に渡航し、大蔵経の獲得に成功している。以後、偽使派遣勢力は、牙符を保有し博多を支配する大内氏や大友氏の一定度の意向を加味しながら、偽使通交を継続した（橋本、二〇〇五）。しかし、この偽使通交体制は一五一〇年の三浦の乱の勃発によって一気に崩壊した。

一六世紀の博多と東アジア

三浦の乱後、早期の朝鮮通交復活を切望する対馬宗氏は、偽日本国王使弸中道徳を派遣し交渉に臨んだ結果、一五一二年壬申約条を成立させるものの、室町期の癸亥約条の内容には程遠く、一五世紀以来獲得してきた諸々の朝鮮通交権の大部分を喪失した。以後、一六世紀の宗氏は、朝鮮側と交渉を繰り返し、徐々に深処倭名義の通交権や受職人の通交権などを復活させていく（中村、一九六九）。宗家旧蔵の図書・木印群や「朝鮮送使国次之書契《ちょうせんそうしくになみのしょけい》覚《おぼえ》」（別名、「印冠之跡付《いんかんのあとづけ》」）などの対馬側史料が物語っているように、これらの通交権は対馬勢力によって所務されていた偽使であり、一六世紀の朝鮮貿易は対馬による独占状態となった。偽使派遣台帳とでも言うべき「朝鮮送使国次之書契覚」には、通交名義としての博多商人の名前が登場するが、これらの実際の通交貿易は対馬の人によって担われており、博多商人が実際に貿易権を行使したわけではなかった。一六世紀の博多商人は、朝鮮貿易の主体からは撤退せざるを得なかったのである（田代・米谷、一九九五／米谷、一九九七）。

　日明貿易では、一五世紀後半、堺商人の進出によって主導権を奪われた博多商人であるが、一六世紀初頭、第一六次遣明使で大内船が復活すると、再び本格的な参画が可能となった。ただし、これは堺商人を排除するものではなく、大内船には博多商人に加

寧波嘉賓館跡。遣明使策彦周良らの宿所となった

えて堺商人も客商として乗り込んでいた（伊藤、二〇〇二a）。しかし、続く第一七次遣明使は大内船と細川船が寧波《ニンポー》への入港権を争ったことに端を発した暴動事件＝寧波の乱を引き起こした。その結果、日明関係は一時断絶することになったが、琉球ルートで行われた国交復活交渉によって再度正常化する。そして、細川一族が分裂状態に陥ったこともあって、一五三〇年大内義隆が足利義晴から遣明船経営権の承認を獲得し、以後の遣明船派遣は大内氏の独占に帰した（橋本、二〇〇五）。

天文年間（一五三二–五五）に派遣された第一八次・第一九次遣明使は、乗船した策彦周良《さくげんしゅうりょう》の渡海日記『初渡集《しょとしゅう》』、『再渡集《さいとしゅう》』や湖心碩鼎《こしんせきてい》の『頤賢録《いけんろく》』（湖心の語録）から詳細に知ることができる。聖福寺新篁院《しんこういん》の湖心碩鼎は、第一八次遣明船正使で副使の策彦周良と共に入明した人物である。聖福寺龍華庵《りょうげあん》には、石見銀山開発を手掛けた神屋寿禎を老親に持つ三正宗統《さんしょうそうとう》もおり、共に入明した。この時の船団は、一号船惣船頭が神屋運安で養子の長秀を同行するなど神屋一族によって主導されていた。大内氏は、聖福寺に集う禅僧や商人を人的基盤として位置付けて遣明船運営をしていたのである。そして、聖福寺を掌握していたのが幻住派という禅宗勢力であった。幻住派は密参禅《みっさん》を体系化した禅宗勢力で、一六世紀の日本禅林を席巻するほどの勢いがあった。大内氏が幻住派僧を外交僧として起用したことは、その後、彼らが一六世紀日本外交の主役となっていく流れを決定的にした。

一五五七年、大内義長が自刃し大内氏が滅亡すると、大内氏が掌握していた正式な日明勘合による遣明船派遣は途絶し二度と復活しなかったが、聖福寺の幻住派僧は対馬宗氏に独占されていた朝鮮通交の場で活躍した。対馬宗氏が、偽使派遣に必要な人的資源を博多聖福寺の幻住派僧に求めたのである。その代表が、宗義《そうよし》智《とし》に請われて対馬に渡り以酊庵《いていあん》開祖となった景轍玄蘇《けいてつげんそ》である。彼らは、宗氏のもとで外交文書を起草し、実際に使節として朝鮮へ渡海し外交折衝に携わった。こうした宗氏の偽使派遣体制の根幹は、文禄・慶長の役（壬辰《イムジン》・丁酉《ジョンユ》倭乱《ウエラン》）によって一時断絶するものの江戸初期まで温存され、柳川一件（日朝国書改竄事件）後に整備された以酊庵輪番《りんばん》制度の導入をもって終焉を迎えた（伊藤、二〇〇二b）。

石見銀山

墨書陶磁器

大庭康時

博多遺跡群から出土する一一世紀から一二世紀代の中国陶磁器の裏には、しばしば墨で文字や記号が書かれている。これを墨書陶磁器と呼ぶ。墨書陶磁器は、博多遺跡群以外ではほとんど出土しないことから、中世都市博多を象徴する遺物であると言える。

▽墨書の内容

墨書は、墨がかすれ判読できなくなっていることが多いが、それでも実に様々な情報を伝えてくれる。まず、墨書の内容をいくつかに分類整理してみよう（佐伯、一九九六）。

①「綱」銘墨書　中国人の姓名の後に「綱」という字を続けたり、「綱司」もしくは単に「綱」と書く墨書がある。「綱」は、輸送する荷物の組単位のことである。姓＋「綱」の墨書は、綱首《こうしゅ》＝船長の所有に帰する陶磁の荷物を識別するもの、あるいは綱＝組ごとに仕分けられた荷物の帰属を示す識別と考えられている（斯波、二〇〇六）。「綱司」とは、綱首のことである。

②人名墨書　中国人の姓や名を記したと思われるもの。表2に整理したような八〇もの姓と思われる墨書が認められる。表3から史料と一致する姓名を見出すことはできないが、謝国明の「謝」のように共通する姓は多い。また、国吉、光吉、忠吉など名前に共通した文字が使われ、近親者と推測できるものもある。この名前からは日本人名と考えることもできるが、史料に見える宋商人にも、張国安、張光安、秀安など類似した名前が確認できる。ほかに太郎、次郎のような墨書もしばしば見られるが、同様の呼称は中国にもあり、判断しがたい。墨書の一般的な傾向に照らせば、

様々な墨書

宋人の名前とするのが無難だろう。

なお、千義丸や今久丸などは、日本人名かもしれない。

③数字　「二」とか「十」のように漢数字だけを墨書したもの、数字の跡に碗や皿の単位である「口」を続け、「二十口内」などと書くものもある。

④漢字　人名以外の漢字墨書も見られる。吉祥句や人名に類するものもあるが、墨書の意図は不明である。

⑤花押　花押のみを記したもの、人名や数字と花押を組み合わせたものが見られる。類似の花押は、中国福建省福州市の発掘調査で出土しており、「綱」銘墨書同様に、中国で出荷前に記されたものと思われる。とすれば、やはり積荷の識別記号であろうか。

この他、仮名文字を記したもの、記号などが見られる。一五世紀代の陶磁器に墨書された例も見られるが、記号の例が多く、墨書の意味合いとしては大きく異なる。

▽墨書陶磁器の語るもの

「綱」銘墨書は、積荷の帰属を表したものと考えられる。中国泉州で発見された南宋代の沈没船からは、「綱」と墨書した青磁瓶や「綱司」の木簡が出土した。一三二三（元亨三）年沈没とされる韓国新安沖沈没船では、「綱司私」と書いた木簡が多数発見された。これらの類例から、箱単位の積荷には木簡が結わいつけられ、さらに細かい梱包単位を識別するために陶磁器底部に墨書がなされたのであろう。

墨書陶磁器は、中国人商人の存在を生々しく映し出してくれる資料であり、それは同時に博多を核として繰り広げられた日宋貿易の、重要な証拠品でもある。

表1　墨書綱銘一覧

綱銘	点数	綱銘	点数
綱	53	荘綱	2
綱司	12	孫綱	3
□綱	21	大綱	1
永綱	1	大林綱	1
王綱	4	丁綱	48
黄綱	2	張綱	1
関綱	1	陳綱	2
久吉綱	1	鄭綱	1
久綱	1	得綱	3
許綱	2	二綱	3
九綱	14	八綱	6
光綱	2	馮綱	1
七綱	2	富綱	1
主綱	1	柳綱	10
周綱	3	李綱	7
上綱	1	林綱	1
正綱	1	六綱	6
折綱	2		

表2　墨書姓一覧

姓字	点数	姓字	点数	姓字	点数	姓字	点数
安	1	九	27	芯	1	唐	4
伊	1	薫	2	仁	3	道	1
永	5	圭	2	正	4	得	11
王	80	恵	3	折	1	徳	8
黄	5	胡	1	千	3	馮	2
恩	1	呉	10	銭	7	福	2
何	3	光	2	宋	2	方	2
夏	2	康	1	荘	22	万	4
瓦	1	国	3	蔵	1	明	3
干	1	左	8	孫	4	毛	2
桓	2	沙	1	戴	4	柳	10
関	1	市	3	大	49	祐	3
巌	1	師	2	茶	1	余	4
紀	2	施	1	仲	2	楊	2
吉	11	社	1	丁	60	葉	2
久	13	謝	4	張	5	蘭	2
宮	1	朱	7	汀	1	李	25
許	3	周	11	陳	23	劉	2
玉	3	春	3	程	2	林	30
金	6	徐	4	鄭	12	潘	2

表3　墨書姓名一覧

姓名	点数	姓名	点数	姓名	点数
安永	1	呉好	1	大林	1
安光	1	光吉	1	大郎	1
一郎	1	国吉	5	仲信	2
王工	4	国静	1	忠吉	1
王康	1	今久丸	2	得安	2
王三	1	三吉	1	得丸	2
王四	1	三郎	1	得仁	2
王四郎	1	市丸	2	二郎	1
王七	5	師男	1	明道	1
王十	2	七郎	1	有久	2
王大	1	謝六	1	祐吉	3
王二	10	朱八	1	李太房	1
河南	1	周太	1	龍樹	1
吉光	1	周二	1	林三	1
吉十	1	春日	1	林七	2
久九	1	仁光	1	林小太郎	1
久富	1	仁与	1	林浜	1
宮九	1	千義丸	1	六郎	2
許金	1	荘一	1	はこさき殿	1
金良	1	大吉	1	みつなか	1
五郎	1	大年	1		

日麗貿易

森平雅彦

▽新羅末・高麗初の動向

九世紀になると、新羅に対する日本朝廷の排外意識が強まる一方、九州北部地域では、〝新羅商人〟の来航が確認されるようになる。彼らの活動は、それまでの政府間の公的な通交とは性格を異にするものであり、その担い手の一人として、張保皐《チャンボゴ》（張宝高・弓福）の名が知られている。唐国内に広がった新羅人社会の中から登場した張保皐は、朝鮮半島南西端の清海鎮（現全羅南道莞島）を拠点として、中国山東半島の赤山にもにらみをきかせつつ、新羅・唐・日本間の海上交通に影響力をふるった。かの慈覚大師円仁《えんにん》が座乗する日本の遣唐使船に新羅人の船員や通訳が乗り組み、その後の大師の旅を在唐の新羅商人や張保皐の関係者が支えたことは（『入唐求法《にっとうぐほう》巡礼行記《じゅんれいこうき》』）、当時の東アジアの海における新羅人の存在感を物語る。

九世紀後半に入ると、新羅の地方統治が弛緩する中、その〝海賊〟が九州北部地域を襲うようになる。その一端は、日本側の交易規制に対して姿を変えた新羅商人や、財政窮迫に追いつめられた新羅の官または民の所業などと見られているが、当時、朝鮮半島各地で自立的な勢力を築きつつあった在地有力者（豪族）との関係も推測されている。特に朝鮮半島南岸地域では、一〇世紀初めの段階で、康州（現慶尚南道晋州）の王逢規《ワンボンギュ》や、金州（現慶尚南道金海）の李彦謨《イオンモ》など、在地の豪族と見られる人物が、独自に中国との通交を展開していた（『五代会要《ごだいかいよう》』新羅、『三国史記《さんごくしき》』新羅本紀）。

かかる対外通交への志向は、豪族割拠の中から頭角を現して後三国抗争の主役となった甄萱《キョンフォン》や王建《ワンゴン》にも継承された。朝鮮半島南西部に勢力を広げ、九〇〇年に後百済を建てた甄萱は、中国や契丹《きったん》とも通交しつつ、九二二年と九二九年の二度、日本に遣使している。しかしこの時、日本は彼を新羅の一官人と見

清海鎮との関係が指摘される将島遺跡（全羅南道莞島）

なしたらしく、陪臣の「朝貢」は認められないとして通交を拒絶した（『扶桑略記《ふそうりゃくき》』、『本《ほん》朝文粋《ちょうもんずい》』巻一二答新羅返牒など）。また九一八年に泰封を倒して高麗を建てた王建は、黄海の龍や唐帝室との血縁を説く祖先伝承を持ち（『高麗史《こうらいし》』高麗世系）、中国との海上交易を通じて成長してきた勢力だったと推定される。王建も中国と活発に通交しつつ、九三六年に後三国の統一をなしとげた直後、九三七、九三九、九四〇年に相次いで日本に遣使した。しかし日本は、ここでも「朝貢」を却下したらしい（『日本紀略《にほんきりゃく》』、『貞信公記抄《ていしんこうきしょう》』、『帥記《そちき》』承暦四年閏八月・九月など）。

　九七二年にも、高麗の南原府（現全羅南道南原）と金海府（現慶尚南道金海）の使者が相次いで対馬に来着したが（『日本紀略』、『親《ちか》信卿記《のぶきょうき》』）、当時の高麗では地方官の派遣が始まっていないので、在地の豪族が自主的に通交した可能性がある。九九七年にも漂流した大宰府の住人が高麗より牒状をもたらしたが、日本側はその内容を侮辱的ととらえ、宋の謀略をも疑った（『小右記《しょうゆうき》』、『水左記《すいさき》』承暦四年九月四日など）。日本はこれらの遣使に好意的に対応しなかった模様である。

図１　日麗関係要図

　このように初期の日麗通交は、高麗側の通交希望（少なくとも日本側は「朝貢」と認識）を日本側が拒絶する方向で推移し、結局、中央政府レベルの定常的な国交は、この後も結ばれることがなかった。一〇一九年に朝鮮半島北辺の刀伊《とい》（女真《じょしん》）が九州北部地域を襲って住人を拉致した際、高麗がこれを救出し、丁重に送還してきたことで、日本側の意識も多少軟化したようだが、一一世紀前半までは、もっぱら高麗漂流民の送還や、相互に「来投」者への対応が見られるにとどまった。

　ただこうした〝漂流民〟の中に、交易目的の渡航者がいた可能性は充分に考えられる。この時期、日麗間の往来が決して途絶していないことは、九七四年、日本において高麗国交易使蔵人所出納国雅（または雅章）が都に高麗馬をもたらしたこと（『日本紀略』、『親信卿記』）。一〇四八年に大宰府が「新羅暦」を進上したこと（『扶桑略記』、『百練抄《ひゃくれんしょう》』など）。一〇五一年、高麗の金州が商船に託して日本に牒状を送付してきたこと（『水左記』承暦四年九月四日など）などからも窺われる。対馬判官代の長岑諸近《ながみねのもろちか》が、刀伊に拉致された家族を捜すため禁を犯して高麗に渡ったように（『小右記』寛仁三年八月三日裏書）、九州北部地域の人々にとって、高麗は必ずしも遠い存在ではなかったのであろう。

▽貿易の盛行と宋商

　同時期の日宋間・麗宋間の通交に比べ、規模は必ずしも高く評価できないが、文献記録上、日麗通交が活況を呈するのは一一世紀後半である。一〇五六年の日本国使「滕（藤？）原朝臣頼忠」の金州来着以来、日本からの通交者は、『高麗史』世家の記録に「日本国人王則貞・松永年」ら（一〇七三）、「壱岐島勾当官」の使人「藤井安国」ら（同）、「日本国船頭重利」ら（一〇七四）、「日本商人大江」ら（一〇七五）、「日本人朝元・時経」ら（同）、「日本商」（同）、「日本国僧俗」（一〇七六）、「日本商客藤原」ら（一〇七九）、「薩摩州」（一〇八〇）、「対馬島」（一〇八二）、「筑前州商客信通」ら（一〇八四）、「対馬島勾当官」（一

○八五・八六）、「日本商重元・親宗」ら（一○八七）、「対馬島元平」（同）、「大宰府商客」ら（一〇八九）などと見えている。これらは基本的に交易目的の渡航で、多くは対馬・壱岐・大宰府など九州北部地域の在庁官人やこれに連なる有力者、またそこに拠点を有する商人と見られる。この頃貿易都市として発展を遂げた博多との接点を直接に示す史料はないが、無関係だったわけではないだろう。

太宰府観世音寺十一面観音像とその墨書銘「府老王則宗」（上写真・矢印の箇所。観世音寺蔵）

日本からの通交者の中に、王則貞のごとき中国系商人が存在することも注目される。周知のように、当時九州北部沿岸には多くの宋商が訪れ、中には長期にわたって滞在し、現地社会にとけこんでゆく者も現れていた。王則貞一族の場合はもう少し早い時期に来日した可能性もあるが、太宰府観世音寺の十一面観音像の胎内墨書銘（一〇六九）に見える「府老王則宗」、また同年八月二九日付筑前国嘉麻郡司解案に見える「図師判官代王則季」などは（『大宰府・太宰府天満宮史料』五）、その関係者と推定され、日本での定着ぶりが窺える。

日宋貿易は、主としてこうした中国系の海商が担っていたと見られるが、その一部が日麗貿易にも進出していたわけで、一一四七年に高麗を訪れた「日本都綱黄仲文」（都綱《とこう》は商船の運航責任者）も、その一人であろう。

日本からの交易活動は高麗を飛びこえて契丹にまで及んでいたが、一〇九三年、朝鮮半島北西部沿海への入り口にある延坪島において、宋人と日本人が乗り組む船舶が高麗軍によって拿捕された事件も（『高麗史』世家）、このことに関係するとの指摘がある。

当時は麗宋貿易も活発であったが、これを主導した宋商は、日宋貿易の担い手とは別だったと考えられている。日麗交易に携わった宋商は、主として日本側から高麗に向かったように見えるが、彼らが日麗貿易に特化した存在だったのか、それとも並行して日宋貿易や麗宋貿易にも関係していたかが問題である。また高麗や日本の文献記録に現れる宋商で、中国本土からの渡航者と見なされてきた者の中に、実際にはそれぞれ日本や高麗からの渡航者が含まれていないかという問題もある。しかし日麗間で活動した宋商の確認例は少なく、その実像は不明な点が多い。

日麗貿易は文化交流の面でも重要だった。一〇九五年に某僧が大宰府で宋人に依頼し、一一〇五年には仁和寺僧が大宰権帥《だざいのごんのそち》に遣使を依頼して、高麗仏典の入手を図っている（近世和刻本『阿弥陀経通賛疏《あみだきょうつうさんそ》』巻下奥書、高山寺本『釈摩訶衍論賛玄疏《しゃくまかえんろんさんげんそ》』巻五奥書）。一一二〇年以前にも東大寺僧の依頼により宋人が高麗仏典を将来した（東大寺本『弘賛法華伝《ぐさんほっけでん》』巻上本奥書）。ここでも宋人（おそらく海商であろう）の活躍が注目されよう。高麗の大覚国師義天《ウイチョン》が『続蔵経《ぞくぞうきょう》』集成のため日本の仏教界に協力を呼びかけた際にも（『大覚国師文《だいかくこくしぶん》集《しゅう》』巻一四寄日本国諸法師求集教蔵疏）、宋商のネットワークを逆にたどって書状がもたらされた可能性が考えられる。

現在の金海市街地

　海商は外交文書を伝達することもあり、一〇七九年末から翌年初めの間、前述の王則貞が、国王治療のために日本の医師を招請する高麗礼賓省の牒文を大宰府にもたらしたことは有名である（『朝野群載《ちょうやぐんさい》』巻二〇）。

　一方、高麗側は、宋商を含む日本からの通交を、国王に対する一種の朝貢行為と見なし、王の徳化が異域に及んでいることの象徴と位置づけていた。当時、高麗は契丹（遼）から冊封を受けつつも、自国の君主を天子・皇帝に擬する二面的な体制を堅持していた。高麗のかかる自尊の姿勢が端的に表れた国家祭儀に八関会がある。一一世紀後半には、そこで開催される外国人の国王朝賀・進献儀礼に、宋商、女真人、耽羅（済州島）人とともに、日本からの通交者も参列し、高麗王権の荘厳を高める役回りを演じた例も確認される（『高麗史』世家および礼志・仲冬八関会儀）。

　日本からの通交に対し、高麗では多くの場合、金州の地が受け入れ窓口となったようで、一三世紀初めまでに応接用の客館も置かれたらしい（『吾妻鏡《あづまかがみ》』安貞元年五月一四日）。一一世紀後半、日本からの通交者来着や漂流者送還は、しばしば東南海船兵都部署によって中央に報告されている。半島南東部の沿海警備を担当し、少なくとも一〇七八～一一九〇年は金州に本営を置いたと見られるこの官衙は、対日関係の最前線における管理責任を担っていたらしい。そして日本からの通交者のうち、ある者は許可を得て王都開京に回航し、八関会に参列するなどしたと見られる。

　逆に高麗側からの商人渡航は、一〇七九年に「商人安光」が日本より高麗に送還されたこと（『高麗史』世家）、また一一五九年に日本の朝廷で高麗商人に関する議論がなされたこと（『百練抄』）が確認される程度である。しかも前者は漂流者とされている。麗宋交易でもそうであるように、高麗社会の内部から海外に直接進出してゆく志向性は相対的に目立たない。

▽進奉貿易と初期倭寇

　一二世紀初めを過ぎると、日麗間の通交記録は大きく減少するが、史料の残り方からくる見かけという部分があるようで、必ずしも実勢そのものとは言えない。その要因としては、高麗が日本からの通交者の上京を禁じ、交渉の場が辺境の金州に限られるようになったためとの説もあるが、史料的な裏づけにとぼしく、さらなる検討が必要である。ただ少なくとも、一一七〇年に、時の毅宗《ウイジョン》王が自らに対する「日域」（日本）の「献寶」を誇ったように（『高麗史』世家）、高麗にとって日本からの通交は、依然として王権を飾る朝貢としての意味合いを持っていた。

その後の日麗貿易で注目されるのは、一二〇六年に対馬の使者が「進奉」と称して金州を訪れたことである（『平戸記』延応二年四月一七日）。この進奉なる形式が、一三世紀半ばまで、両国通交の中でしばしば登場する。その実態については、高麗に対する日本側の朝貢形式の通交一般とする説、日本側の主体を対馬と見る説、また大宰府や大宰少弐《だざいのしょうに》武藤氏と見る説、さらにはより限定的に、一二世紀後半に生まれた対馬島司・大宰府を主体とする貿易形式で、平氏政権や鎌倉幕府も関知していたとする説など多様である。

まず一三世紀の進奉における日本側の主体について、公私いかなるレベルかはともかく、対馬が関与したことは確実で、中心的な位置を占めたと見てもよいだろう。しかし一二二七年、高麗は「進奉礼制」に違うとして対馬の海賊禁圧を大宰府に求めており（『吾妻鏡』）、これに対して大宰少弐の武藤氏も、賊を斬首して謝罪した上、「互市」を要望している（『百練抄』、『高麗史』世家）。また一二六三年に高麗が進奉の慣例に背くとして海賊の禁圧を再度日本に求めた際（『高麗史』世家）、高麗側は賊の正体を把握しないままに遣使したようで、またその使者も大宰府方面に至ったらしい（『青方文書《あおかたもんじょ》』）。これらのことから、高麗側が進奉関係の対象を必ずしも対馬に限定しておらず、日本側での管理責任を大宰府に求めていたことが窺われる。そしてこれに対する大宰府側の積極的な対応を見る限り、中央権力の関与については慎重な検討を要するものの、当時、少なくとも大宰府ないし武藤氏は、高麗との進奉関係を認識し、何らかの形で関与していたと考えられるのではないだろうか。

また進奉関係の内容については、「礼制」、「定約」といわれる一定の規則を伴い、具体的には、対馬に対して指摘された文牒の書法（一二〇六年の事件）や、年に一回、船二艘以内、騒擾の厳禁（一二六三年の事件）といった事柄が含まれよう。ただしこれらは一義的に、事件発生当時の規定、また文牒については、その時事案となった特定の対象（対馬）に関する規定と見ることも可能であり、ただちに一般化しないほうが無難である。

そもそも進奉とは、下から上に対する進献を意味し、特に五代以降の中国では皇帝に対する外国の進献を指して広く用いられていた。現時点では、日本から高麗への進奉についても、時期や主体、行為内容を最初から限定的にとらえるのではなく、一一世紀以来確認される朝貢形式の通交を広く含み込み、時期をおって様相が変わっていった可能性を考慮すべきだろう。

ただそうだとすると、一一世紀後半には日本からの通交が数回に及ぶ年もあるのに対し、一二六三年段階の進奉が年一回、船二艘以内に限定されていることは、日麗貿易全体の縮小化を意味する可能性も出てくる。通交記録

鏡神社に伝わる高麗の楊柳観音図（鏡神社蔵）

の減少がそれなりに実態を反映しているのかもしれないのである。

折しもこの時期には、いわゆる初期倭寇が発生している。早くも一一五一年には肥前宇《う》野御厨《ののみくりや》の清原是包《きよはらこれかね》が高麗船への掠奪行為によって小値賀島《おぢかじま》（長崎県五島列島）の地頭職を解却されたが（『青方文書』）、一二二三〜二七年には朝鮮半島南岸が相次いで倭寇に襲われている（『高麗史』世家）。一二二六年には、対馬と松浦党《まつらとう》が高麗で闘争、掠奪に及んでいるとの伝聞が、かの藤原定家の耳にも届いた（『明月記《めいげつき》』）。また一二三二年には、高麗で夜討ち強盗をはたらいた肥前鏡社《かがみしゃ》（佐賀県唐津）の住人に対して逮捕命令が下されている（『吾妻鏡』）。こうした日本側の動きが通交規制を生んだのか、逆に別の理由による規制強化が海賊を生んだのか、そもそも規制強化や貿易の縮小という実態があったのか、検討が必要となろう。

▽通交の空白と前期倭寇

高麗は一二三一年よりモンゴル帝国の大規模な侵略にみまわれ、一二六〇年にフビライ政権（元）に臣属した後は、対日交渉と侵略の先導役として種々の協力を求められた。高麗は金州の客館を密かに取り壊して対日通交の事実を隠蔽し（『調伏《ちょうぶく》異《い》朝怨敵抄《ちょうおんてきしょう》』高麗使書状）、「風濤険阻」と述べたてて日本との疎遠・隔絶をよそおい、負担を逃れようとした。しかし使節交渉が不調に終わるとともに、一二七四・八一年の戦役（日本史上の文永・弘安の役。高麗では甲戌・辛巳の役と言ったらしい）へと突入してゆく。

一三世紀半ばまで、わずかに垣間見えていた日麗貿易の痕跡は、これ以降ほとんど消えうせてしまう。侵略戦争の影響は当然考えられる。他方、記録の有無が実態に直結するとは限らないとの見方もありえよう。いずれにせよ、日元貿易が活況を呈する中、高麗と日本の間には奇妙な空白が生じているのである。

しかし一四世紀後半に入ると、大規模な倭寇が朝鮮半島沿岸を襲いだし、高麗はその対応に苦慮することとなる。倭寇の実態については、九州北部地域より発生した海賊という伝統的な見方の他、高麗人主体説、日本人・高麗人連合説、日本武士集団説などがある。このうち高麗人の占める位置を大きく見積もる二つの説はもはや成り立たないと思うが、史料記述に関する緻密な検証と、日本・韓国といった現代の国家・民族の枠組みで倭寇の属性をはからない柔軟な発想を、さらに深めてゆく必要がある。

ここでさしあたり重要なことは、高麗末期における倭寇の大規模活動が、基本的に日本側から高麗へと向かう侵奪行為だったこと。そして高麗政府は、その主体をあくまで倭人ととらえたことである。倭寇の中には「覇家《はか》台《た》万戸」（万戸はモンゴル風の軍職名）なる者もおり（『高麗史』朴葳伝）、博多との関係も推測される。高麗は、水軍・火器などの軍備を増強すると同時に、室町将軍、九州探題今《いま》川了俊《がわりょうしゅん》、大内義弘《おおうちよしひろ》などと交渉してその禁圧を図ったが、その使節はしばしば「覇家台」に到着している（『高麗史』鄭夢周伝）。こうした高麗政府の努力は一定の成果をあげたが、倭寇はその後も重大な懸案であった。

一方この頃には、対馬宗氏や今川了俊など日本側勢力の進献・被虜人送還などを名目とする平和的な高麗通交も時折確認される（『高麗史』世家）。特に一三七八年には「覇家台」の使人が蔚州（現慶尚南道蔚山）を訪れたが（『高麗史』辛禑伝）、通常の外交使節とは考えにくい部分がある。あるいは、当時も一部では実質的な交易が行われ、そこに博多も関係していたのかもしれない。

この後、一三九二年に誕生した朝鮮王朝は、倭寇を抑え込む努力の中で、新たな対日関係の枠組みを模索してゆくのである。

博多とキリシタン

De Luca,Renzo,sj

▽ザビエルの怒りと博多

キリシタンと博多の関係は、ザビエルの一五五〇年一〇月の短い聖福寺への訪問から始まったと言ってよい。ザビエルが京都に赴く途中ということもあって、博多のイメージは良くなかったようである。本人は博多滞在について何も書いていないが、フロイスは「筑前の国にあって、町内全体商人が住み、上品で、人口の多い博多の町に来た時、パドレは禅宗の僧侶たちがいるある非常に大きな僧坊へ行った」と明記する。しかし、フロイスによれば、僧侶たちの生き方に大いに不満を感じたザビエルが彼らを激しく咎め、「パドレは、それ以上一言の挨拶も言わずに、彼等を残して出て行ってしまった」（フロイス『日本史』1、八八ページ）と述べるに留まっている。たしかに、ザビエルとその他の宣教師たちが当時の日本の宗教関係につまずいた記述は度々出る。しかし、他の場所で忍耐を持って関わったザビエルの博多での反応は異例とでも言えよう。ザビエル自身が残した記録を見れば、博多での僧侶たちが特別に乱れていたとも思えないが、本人にとって否定的な出会いであったとしか言えない。

宣教師が書いた博多の注目すべき報告として、日本の状況に詳しかったロドリゲス・ツヅは、「博多の町は半分豊後に属し、半分山口に属していた。それぞれに属する部分の領域を治める総督がおり、互いに平和的に共存していた」と書き残した。国際的な港であり、全国の宗教界に影響を与えた太宰府が近いこともあって、キリシタンも博多での宗教・貿易・政治が複雑に絡み合っていたことを物語っている。

京都で宣教許可を受けなかったザビエルが大都会として山口を選んだことから考えて、その重大さを把握していたとすれば早い段階から博多がキリシタンの本拠地になったかもしれない。ザビエルの影響が大きかったせいか、全国にヨーロッパ人との関係が深く望まれていたこの時期において不思議に思われるほど、博多では南蛮船を中心にした貿易が盛んにならなかった。

▽宣教師は博多に定着する

トーレス神父の一五五七年一一月七日付書簡によれば、同年、大友義鎮（宗麟）はイエズス会の神父たちに教会と修道院のための土地を与え、「何回か博多に通った時に数人かをキリシタンにした」バルタサル・ガゴ神父は博多に滞在することになった。しかし、宣教師の施設全体は、一五五九年に合戦による火災に遭い、破壊された。

当時、博多滞在のガゴ神父はその様子を詳細に書き残し、複雑に政治と絡み合った宣教師が死と追放を免れたことが分かる。その後、一五六一年にトーレスは「博多に教会がある」と述べているが、修道院が立ち上がるまで一五年かかった。アルメイダ書簡を合わせて見てみると、本人は一五六一～七〇年の間、七回博多を訪れたことになる。おそらく、キリシタンたちの家に泊まりながら、周囲のキリシタンの世話をしていた。ガゴ神父の一五六二年一二月一〇日付書簡によれば、「自分たちに与えられた土地の中に法華宗の寺があり、僧侶たちが私たちに年貢を払っている」とあるので、互いに不満を持ったにせよ、例外と思えるほど博多ではキリシタンと仏教が共存していた。

同じ書簡に、「博多のコスメ」というキリシタン商人が三〇〇クルザドほどを費やし、博多の教会を自己負担で建てたので、宣教師たちに裕福な人々からの援助があったことも明らかである。カリオン神父書簡によれば、一五七九年一二月にすでに修道院があり、「神父一人、修道士一人」が住んでいた。しかし、「同年の龍造寺氏と秋月氏の合戦によって宣教師たち皆が博多を出た」と書いてある。その後、博多全体が火災に遭ったため、修道院と教会が全焼した。

▽秀吉とコエリョ副管区長、その出会いと禁教令

イエズス会宣教師の責任者であったガスパル・コエリョが、姪の浜で秀吉と会って間もなく禁教令が出されたことは、キリシタン史で有名な出来事である。しかし、未だにその詳細は分からないところが残っている。ここでは詳しく扱えないが、宣教師から見た主な流れを見る必要があろう。まず、立ち会ったルイス・フロイスの書簡によれば、一五八七年に秀吉が薩摩征伐の後、博多の再興を決めた時姪の浜を訪れ、「フスタ船で浜に着いた宣教師と（秀吉は）出会い、フスタ船に乗ってその動きなどを詳しく監視した。その後、秀吉は土地を分け与えた時、宣教師が前に博多に土地があったので、また土地を下さるように頼んだら、寛大に欲しいだけの分を採るようにし、神社と寺を一つも許さなかったにも関わらず我らに中心的な土地を与えてくださった」とある。

しかし、数日後有名な禁教令が出され、修道院などを建てるに至らなかった。宣教師、またキリシタンと関係を持った多くの日本人にとって説明しがたい、突然な変更だったと言えよう。しかし、フロイス自身の記録に、宣教師が博多で土地を受けたことを報告された高山右近は「近いうちに悪魔の妨げが現れるであろう」つまり、その変更を予告する内容をコエリョに伝えたと明記されている。ということは、秀吉とその周囲の人々にとってあらかじめ進められた計画であったと考えられる。言うまでもなく、計画があったにせよ、当時の政策との方向転換であったに違いないので、宣教師とキリシタンたちにとっては受け入れがたいものであった。秀吉が博多のコエリョとの出会いにこだわって禁教令を発布したかどうか不明だが、この歴史的な変化が博多で行われたことには意義があろう。

キリシタン側の史料を見れば、この時期オルガンチノ神父（長崎発、一五八九年三月一〇日付書簡）とヴァリニャーノ神父（マカオ発、一五八九年一〇月五日付書簡）がイエズス会の総長宛にコエリョの方針（特にフスタを造らせたこと）を厳しく批判する書簡が残っている。内容を見れば、宣教師とキリシタンたちはすでに軍事路線に発展しそうな危機感を感じていたことは明らかである。

その後、総長の命令によって日本でのイエズス会が政治と富との関係を慎重に扱うことが求められた。言うまでもなく、秀吉の禁教令が出てもただちに迫害が始まったわけではなかったように、総長の命令が届いてから宣教師たちがその具体的な方向転換ができるまでも時間がかかった。しかし、日本とキリスト教の歴史がこの博多の出来事によって二分化できるほど明確な起点であったことには相

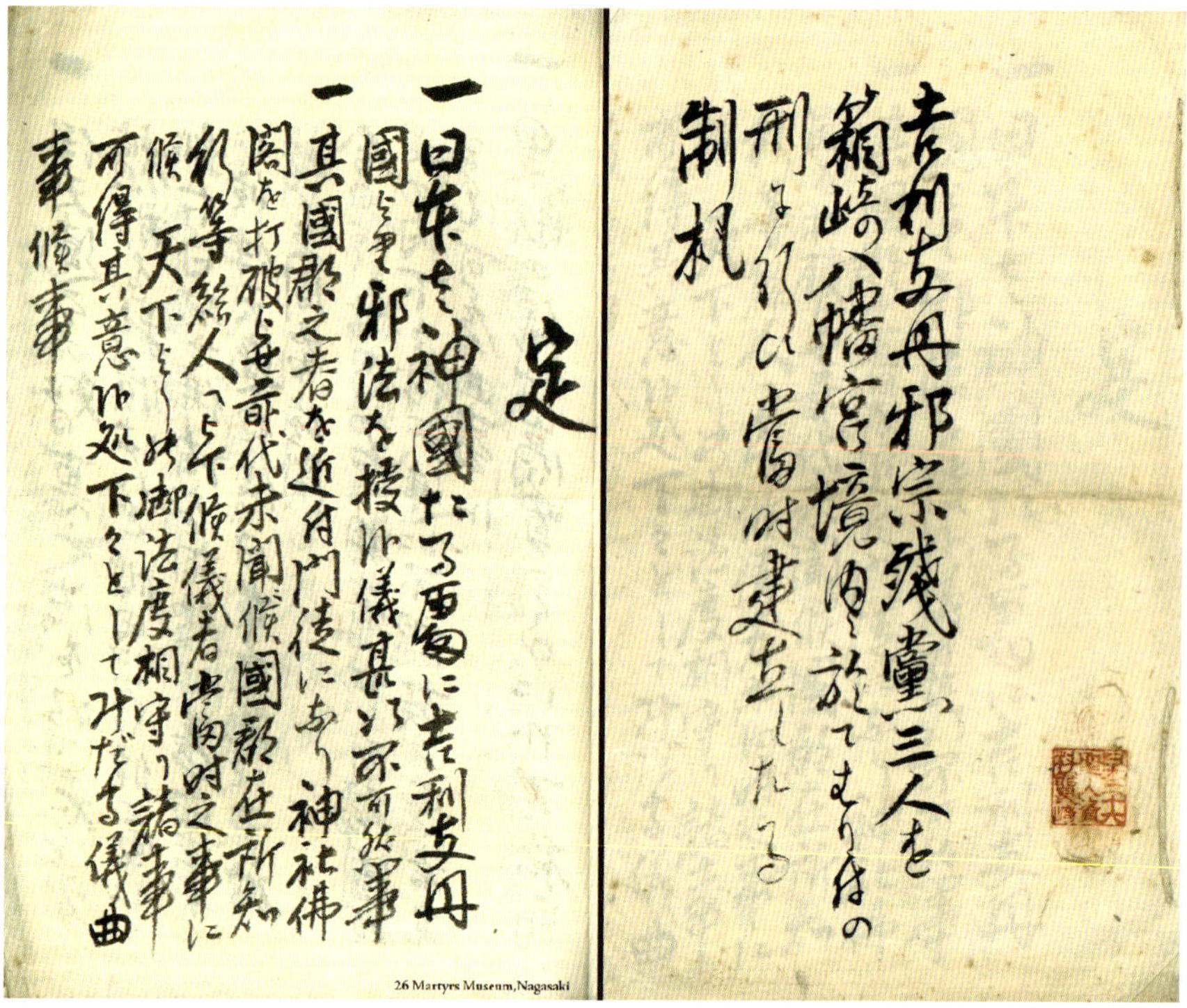
吉利支丹邪宗残党三人を
箱崎八幡宮境内に於てはり付の
刑に行ひ当時建立したる
制札

定
一 日本は神国たる処に吉利支丹国より邪法を授け候儀甚以不可然事
一 其国郡之者を近付門徒になし神社仏閣を打破らせ前代未聞候国郡在所知行等給人へ下され候儀者当座之事に候 天下よりの御法度相守り諸事可得其意処下々として猥なる儀曲事候事

1592（文禄元）年７月付，「吉利支丹邪宗残党三人を箱崎八幡宮境内に於てはり付けの刑に行ひ当時建立したる制札」の１ページ目（日本二十六聖人記念館蔵）

違がない。

▽迫害の走りを目撃した博多

　キリシタンであるという理由で秀吉の命令によって処刑されたのは、禁教令が発布されてから一〇年経った一五九七年二月五日の二六聖人である。しかし、禁教令が出た以後すでに何人かの殉教者が出て、ここでその一つの興味深い例を紹介したい。日本二十六聖人記念館に一五九二（文禄元）年（七月）付で「吉利支丹邪宗残党三人を箱崎八幡宮境内に於てはり付けの刑に行ひ当時建立したる制札」という文書があり（写真）、その内容は秀吉の禁教令の誠実な写しである。

　ということは、その時点で、禁教令がキリシタンを処刑する「法的根拠」として使っていたことになる。おそらく、「正式な」二六人の処罰が決定される前からも、このようにキリシタンの取り締まりが始まっていた。なお、二六聖人の処罰は「全国的な宣言」に当たり、外国にも広く知れ渡ったことを考慮すれば、日本を反キリスト教的な国の評価につなげ、徳川幕府の政策を助ける要素を与えたと解釈したい。

　京都から長崎へ向かった二六人は博多に短い滞在をした。当時長崎滞在のフロイスは、「一月の最後の日に彼らは博多に到着し、そこで異教徒たちは彼らを好意的に迎え、彼らから感化を受けた。そこにいた幾人かのキリシタンは彼らと会い、多くの信心深い事柄を話した」（『日本二十六聖人殉教記』一七七ページ）と記した。二六人は犯罪者扱いだったにもかかわらず、博多の人々は彼らに対して好意的であったと同時に、博多にキリシタンが住んでいた情報が示される。

▽徳川幕府と異なった宗教政策を受けた博多

　一六〇一年、関ケ原合戦の後、黒田長政は周囲の反対を押し切って、神父たちに博多内に土地を与えた。徳川氏は反キリスト教的な政策を進めた中、博多の宣教師たちは一六一一年まで比較的平穏に暮らしていた。この時期、帰国し、司祭叙階式を控えた少年使節の中浦ジュリアンなどが博多の教会で活躍していた。

ここで、博多に関して未公開の資料を紹介したい。マトス神父は当年の報告に、「この時、キリシタンの子供たちに読み書きを教える教授がいなかったので、霊魂の救いと健全な習慣を危険にさらされながらお坊さんたちの家と寺に通っていた。これを改善しようと思った神父は善良なキリシタンを任命し、我らの修道院で日本文学のみならず祈りと健全な習慣を教えるように定めた」（ローマ文書館、JapSin 54,258vより試訳）と書いている。この史料によれば、一六〇三年に宣教師は博多で子供の教育のために学校を開いたことになる。

「雪のサンタマリア」某南蛮絵師，
1610年頃（日本二十六聖人記念館蔵）

勝立寺所蔵の「石城問答」によれば、一六〇三年に、博多妙典寺で、キリシタン（「イルマン旧沢、安都」不特定）と仏教の宗論があり、二〇〇人のキリシタンに対して（京都から博多に来ていた）唯心院日忠上人の勝利に終わった。それを記念して黒田長政は「勝立寺」を建てたと記されている。信憑性は別にしても、もしそうであるとすれば、宗論に集まった人数からも博多のキリシタンの繁栄が窺われる。

なお、この時にはまだ黒田家がキリシタンを庇護し、土地と金銭的な援助を与えていたので、幕府の動きを見極めながら政治的なバランスを取ろうとしたであろう。『筑前国風土記』第三巻にも同じ話があるが、「長政公感じたまい、ヤソが居たりし寺院をたまわり」とあるので、ガゴ神父が記した通り、寺はイエズス会が持っていた敷地内にあったことが確認できる。また、「この時までは、ヤソのご禁制いまだ厳しからず」と付け加えている。つまり、僧侶たちから見ても弾圧が緩かった。

全国的にキリシタン弾圧が強まっていたにもかかわらず、一六〇四年、博多の修道院で黒田孝高の荘厳なキリシタン葬式が行われた。さらに、一六〇五年のイエズス会年報では、次の箇所がある。「家柄は高かったが、土地と扶持を失った若い貴人が、私たちの教会を見物に来た。それは博多で最も豪華な寺院だからだ、と言った。祭壇に飾っている聖ルカの聖母図を眺めていたとき、彼は心の中に大きな感動を受けたと言い、また、このキリシタンの教えこそ救いの道であると心の中ではっきり信じているので、キリシタンになりたい、とも言った」（『秋月のキリシタン』二〇九ページ）。

　これを見れば、相変わらずキリシタン施設は博多で目立っていたことが分かる。この箇所で述べられている「聖母図」は別名で「雪のサンタマリア」として知られているものだったと推定される。そうであれば、日本で描かれた聖母絵であり、現在日本二十六聖人記念館蔵同一の物であったことになり、博多教会の祭壇の一部が復元可能になる。また、この時期すでに、ヨーロッパ風の聖画ではなく、日本製の聖画が中央祭壇に置かれていたという極めて進歩的な発想を表している。この時期において長崎に続いて博多がキリシタンの本拠地になっていたとも言えよう。

　黒田氏の方針が幕府に近くなるにつれて、一六一二年より博多近辺の神父たちが長崎に移って周期的に博多のキリシタンを励ましていくことになった。

▽バテレン追放後の博多とキリシタン

　一六一四年、徳川幕府の追放令によって黒田長政もこの政策に加わり、一〇年前に宗論が行われた勝立寺で二人（シンドン・ホアキムと渡辺庄左右衛門トメ）の殉教者が出た。一六一七年にまた明石ヨハネの殉教者が出た。

　その後、多くの宣教師やキリシタンが博多を通ってそれぞれの宣教地に向かうが、博多で殉教した記録がない。今に至って長崎市内に今博多町という地名が残っていることから推定すると、多くの博多のキリシタンが長崎に移住し住み着いたと思われる。同時に、通り道であったはずの博多での殉教が少なかったこと、博多でキリシタンが捕らえられなかったことは、黒田家や大友家の影響によって弾圧は比較的に緩かったことを物語っている。三〇年が経って、一六四三年の六月に、後に殉教したルビノ神父たちの使節が博多の沖で捕らえられ、長崎に連行された記述が残る。

▽日本キリシタン史の異例であった博多

　終わりに、博多とキリシタンの歴史を振り返ってみれば、その関係は不思議にも、全国と異なった旋律を示したと言えよう。いくつかの例をまとめよう。

一、客観的に見れば誤算としか思えないが、大都会での宣教を望んでいたザビエルは博多に興味を示さなかった。

二、キリシタンへの反感を表した秀吉が博多の中心部分で独占的に宣教師に土地を与え、その数日後禁教令を発布した。

三、徳川幕府の圧力によって全国のキリシタン大名と武士が背教し、迫害や教会破壊を進めた中、博多で新しい修道院と荘厳な黒田氏のキリシタン葬儀が行われた。

四、多くのキリシタンが殉教した中、監視しやすい博多において殉教者が数名しか知られていない。

五、港、通り道として重大な位置を持った博多で捕らえられたキリシタンが少数である。

　これらの点を合わせてみれば、キリシタンに関して博多は全国と異なった動きを示していたと言えよう。それは、政治的な複雑さと独立性の表れであろう。天下を握る権力者が京都から江戸に移ることによって、九州への圧力が薄くなり、直轄であった長崎を別にすれば、博多はまた、「九州の門」という独自性を活かすこともできたと解釈したい。

　宣教師たちが早期にこの博多の特徴をつかめたとすれば、異なったキリシタン史になったと思える。

Ⅲ 陶磁の海道

上＝宋代褐釉陶器騎馬人物像
下＝元代青花碗

上＝元代白磁鉄絵壺
下＝宋代白磁犬像

貿易陶磁器の推移

田中克子
佐藤一郎

古代より長期にわたって海外交流の拠点であった博多は、中世以降、国際貿易都市の地位をゆるぎないものにした。三〇年にわたる発掘調査によって検出された遺構や多岐にわたる出土遺物が何よりもこのことを物語っている。とりわけ海を隔てた中国大陸や朝鮮半島からは、様々な交易品とともに膨大な量の陶磁器がもたらされた。出土した陶磁器は今でも使用できるほど硬く丈夫である。どこで焼かれ、誰が、どのように運んできたのか、それが当時の社会情勢とどのように関わっているのかなど、出土した破片の一つ一つに様々な情報が詰まっている。

中国陶磁器

田中克子

鴻臚館貿易の終焉　鴻臚館から博多へ

平安時代、国の外交施設としての役割を引継いだ「鴻臚館《こうろかん》」は、やがて遣唐使の廃止とともに唐宋商人の交易の場へと変貌する。この頃中国からもたらされた陶磁器は、いわゆる「初期貿易陶磁」と呼ばれる唐末から五代の製品の一群である。主体は越州《えっしゅう》窯《よう》系青磁で、河北省邢窯《けいよう》系白磁と湖南省長沙《ちょうさ》窯の製品がこれに加わる。これらは鴻臚館跡の出土量には遠く及ばないが博多遺跡群でも出土しており、鴻臚館時代、博多にも何らかの官衙《かんが》的施設があったことが指摘されている（佐藤、一九九二）。

越州窯系青磁には浙江と福建省産の二種類がある。浙江省での生産地は越州・慈渓《じけい》・上虞《じょうぐ》窯など省北部杭州湾に面した一帯に中心があるが、杭州から省南部の温州に至る沿海地帯でも広く生産され、この地域の製品も入ってきているに違いない。福建産は、本場浙江省の影響を受けて福州近郊の懐安《かいあん》窯で生産されたものである（田中他、一九九九）。浙江産に比べかなり質は劣るが、鴻臚館跡も含めて九州内で出土する量は圧倒的に多い。質の良い浙江産は当時の都である京都の権力者に優先的に買い上げられ、質の悪い福建産が九州に残されたのであろう。

一一世紀前半、鴻臚館の機能が衰退する中、博多は貿易の拠点

11世紀前半，白磁（左３点）と越州窯系青磁（右７点）

として表舞台に立つ下地を整えていた。この移行期の製品に北宋期の越州窯系青磁と江西省景徳鎮《けいとくちん》窯白磁がある。越州窯系青磁には碗や皿の他、香炉、水注《すいちゅう》などがあり、毛彫りや篦《へら》彫りを組み合わせた劃花文《かくかもん》（線彫文）を施すなど、加飾したものが増える。出土状況からすると、南宋初め、一二世紀前半にはその生産は途絶えたようである。一方、景徳鎮窯白磁は、純白の華北の白磁とは対照的にやや青味があり、硬く焼き上げられている。底裏の茶色く変色した円形の窯具の痕が特徴的である。鴻臚館の終焉とともにその姿を消し、博多遺跡群での出土量はごく僅かである（亀井、二〇〇二）。

日宋貿易　博多綱首の活躍と博多の繁栄

一一世紀後半～一二世紀前半代

「華南白磁」

平安時代後期、一一世紀後半になると「博多綱首《こうしゅ》」と呼ばれる博多居留の宋商人が貿易を一手に担うようになり、その拠点は完全に博多へと移る。このことは、大量の中国陶磁器が、当時の荷揚げ港と推測される付近から一度に廃棄された状態で出土していることからも分かる。航海中、或いは荷揚げ後保管中に被災・破損し、その商品価値を失ったものである。一回の調査で数万点に及ぶ量が出土した地点や破損品を木箱に詰めたような状態で検出された地点もある。この大量廃棄された陶磁器のほとんどが北宋後半から南宋初めの白磁で、その生産地は広東・福建省といった華南地方である。

広東省の白磁はきめ細かな素地と柔らかな光沢を放つ釉調に特徴がある。ややくすんだ土をカバーするために、白土の化粧掛けをしたものが多い。壺、水注、人像や合子《ごうす》などもあり、その種類は多彩である。碗や皿には細い線描きにより蕉葉文や曲線文が描かれる。これらは省北部の潮州《ちょうしゅう》窯の製品で、他に広州西村《せいそん》窯の製品も数点出土した。これは撥形に開いた低い高台を持つ鉢で、鉄絵が描かれたものもある。

福建産白磁は全般的に粗い素地で、釉調も白磁と呼ぶにはほど遠い灰色や黄色味の強いものも多い。碗、皿の他に四耳壺《しじこ》などもあるが、広東産ほど種類は多くない。また、櫛描き文を主とした文様は広東産に比べると単純だが力強い。省内最大の河川である閩江《びんこう》中下流域から省北沿海部一帯の広い範囲で類似品が焼かれており、特にこの時期の福建白磁を代表する玉縁口縁の碗にいたっては、省内全域にわたっている。とは言え、その中心が閩江下流の閩清義窯《びんしんぎよう》であることは確かである（田中、二〇〇三）。年代につ

11世紀後半～12世紀前半，広東産白磁（上）と福建産白磁四耳壺（下左）福建産白磁（下右）

いては、広東産がやや先行するようだがその操業期間は短かったようで、福建産が後の時代まで引き続き輸入されるのに対し、広東産は南宋初頭、一二世紀前半には姿を消す。

捨てられた陶磁器

四五〇点もの輸入陶磁器が一括廃棄された土坑が七九次調査で検出された。陶磁器はどれも火熱を受けて商品価値をなくしたも

磁州窯製品（上）と景徳鎮窯青白磁灯火器と碗（下）

のである。一二世紀初めの貿易陶磁器の様相を知る貴重な資料である。

大半は広東・福建産白磁であるが、これら華南白磁に混じって河北省磁州観台《じしゅうかんだい》窯の製品が見られる。素地の上に白土で化粧掛けをした純白で薄作りの製品は、華南白磁に比べるといかにも上物といった感じであるが、碗や皿の内底面には重ね焼きをするために置かれた窯具の目痕《めあと》があり、これらもまた量産されたものであることに違いはない。しかし一方、いわゆる「仿定器《ほうていき》」と呼ばれる上質のものもあり、単純な鉄絵が施された盃や盃托、黒釉小碗とどれも小品である。他に景徳鎮窯青白磁の碗や灯火器、福建省閩江上流の建《けん》窯産と思われる天目《てんもく》碗もある。特にこの時期の天目碗は、従来いわれてきた栄西《えいさい》による「点茶法」の請来時期（一二世紀末）をはるかに遡るが出土例は多い。博多在住の宋商人が使用したものかもしれない。

11世紀後半～12世紀，様々な用途に使われた陶器

この一括廃棄された中国陶磁器の中でもう一つ注目すべきは、一〇〇点近くの陶器である。雑器である陶器はともすれば忘れられがちであるが、当時の貿易の状況やさらには生活習慣を知る上で貴重な資料である。鉢、四耳壺、水注、盤、蓋など多肢にわたる製品は、商品としてはもちろんであるが、船のコンテナとして運ばれてきたものや乗組員が使用したもの、或いは博多に居留する宋商人が使うために持ち込まれたものも多いに違いない。経筒《きょうづつ》に使用された例もある。これらは江蘇省宜《ぎ》興《こう》窯や浙江省越州窯などの長江下流域一帯、福建省洪塘《こうとう》窯などの閩江下流域や磁竈《じそう》窯を中心とした晋江流域、さらには広東省奇石《きせき》窯などの珠江流域など、華南沿海地域の製品であることが徐々

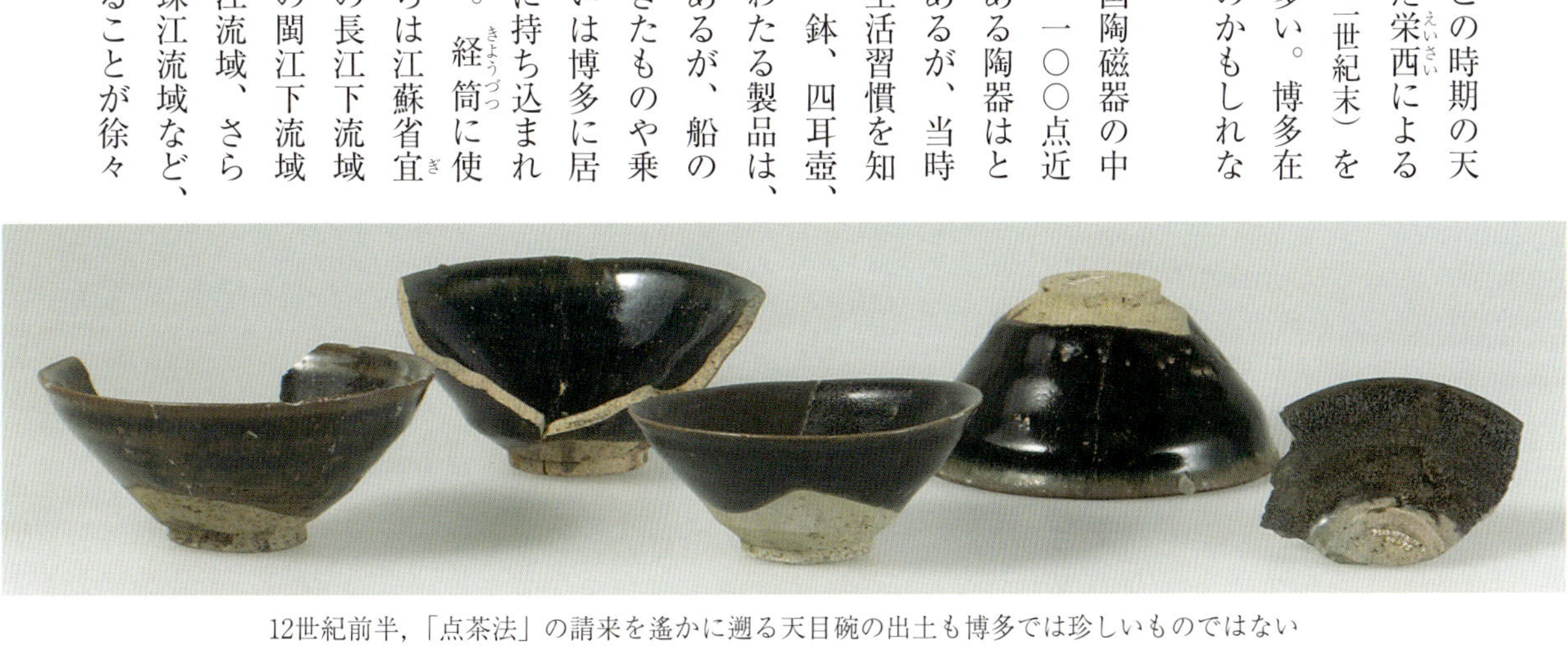

12世紀前半，「点茶法」の請来を遙かに遡る天目碗の出土も博多では珍しいものではない

「白磁の時代」の青磁，耀州窯系（上左）・連江魁岐窯（上右）・初期龍泉窯系青磁（下）

に分かってきた。また、磁州窯緑釉掻落《かきおと》し唐草文瓶《からくさもんへい》といった、非常に手の込んだ装飾を施した優品も遙か内陸部から運ばれている。

この他、大量の白磁とともに入ってきた少量の青磁も見逃せない。その一つが「初期龍泉《りゅうせん》窯系青磁」である。

浙江省の龍泉窯は越州窯の衰退とともに開始されたというのが通説であったが、中国における近年の調査・研究により、晩唐の時期から越州窯と併存していたことが明らかになりつつある。しかし、龍泉窯がその独自の風格を持つようになるのが南宋前期（一二世紀中～後半頃）位で、この時期から大量の青磁が生産・輸出されるようになる。

「初期龍泉窯系青磁」はこれに先立つ北宋後半期の製品である。胴部が大きく開いた碗には、外面に篦彫り条線文、内面には櫛描文や点掻文などを組み合わせた特徴的な文様が施される。龍泉窯や福・浙省境の松渓《しょうけい》窯一帯、さらには福建省南部の同安汀渓《どうあんていけい》窯でも生産されていたことが確認され、南宋期龍泉・同安窯系青磁へ続く移行期の資料として貴重である。

二つめは、福建省連江魁岐《れんこうかいき》窯の青磁碗である。低い高台の小碗に限られ、内面に簡素な篦彫り文を施すものと無文のものとがある。この窯は閩江河口福州の近郊に位置し、白磁と同じ生産域にある。この一帯の白磁とともに積み込まれたのであろう。

さらにこれら華南産に加えて華北の耀州《ようしゅう》窯系青磁がある。非常に精巧な刻花文や印花文《いんかもん》（型押し文）が施され、透明度の高い深い緑色の釉が掛かった製品はまさに優品である。陝西省黄堡《こうほ》窯を中心とした地域が主な生産地である。日本全国でも出土例が少ない中、二〇点近くが博多遺跡群から出土している。

一二世紀後半代「櫛描文《くしがきもん》青磁と劃花文青磁」

一二世紀中頃を過ぎると、陶磁器の様相は一変する。地下鉄工事に伴う調査で検出された井戸から、火災に遭い捨てられた陶磁器が大量に出土した。この中には、前の時代に洪水のごとく入ってきた白磁はなく、その主体は約二〇〇個体の龍泉窯系青磁と八〇個体の同安窯系青磁であった。北宋後半から南宋初期にかけて、同じようなスタイルから出発した二つの青磁は、南宋前半になってそれぞれ独自の道を歩み始める。

同安窯系青磁は独特の櫛描文と、やや黄味がかったどちらかというとオリーブ色に近い釉色を特徴とする。碗と平底皿がある。碗は胴部がやや内湾気味に立ち上がるものが主流で、他に口縁下で外に折曲がり鍔状になるもの、腰折れの平碗、大形の鉢などがある。「珠光《しゅこう》青磁」の名で知られていたこの青磁は、同安汀渓窯の発見によって「同安窯系青磁」の呼称が一般的になった。しかし、この青磁の一群は、福建省内北から南に至るまで実に広い範囲で生産されており、出土品を見ても器形や文様も様々で、さらには重ね焼きのために内底面の釉を輪状に掻き取るものもあり、窯の多さを物語っている。

龍泉窯系青磁は劃花文を特徴とし、釉色は同安系に比べると青味が強い。腰が大きく張り出した深い碗と平底皿が一般的で、他に浅いものや小形品がある。また二重底になった双層碗《そうそうわん》や水注など特殊なものも見られる。文様は蓮華文や飛雲文などわりと画一的で、内底面には「金玉満堂」、「河濱遺範」などの文字がスタンプされたりもする。また、内底面に小さな目痕《めあと》が残るものがあり、同安窯と同じく重ね焼きをした窯もあることが分かる。

「青磁の時代」といっても、白磁が姿を消したわけではない。数量こそ激減したが、福建産白磁が引き続き輸入されている。そ

12世紀後半「青磁の時代」，同安窯系（上）と龍泉窯系青磁（下）

の代表が内底面の釉を輪状に掻き取る碗と皿である。閩江河口から以北の沿海部にその生産地を求めることができる。粗雑な作りは、品質にこだわらず量産されたものとすぐに分かる。これに対し、上物と言うにはほど遠いが、内面に劃花文や印花文を施し、やや手を加えたという感じの碗がたまに出土する。閩清義窯や連江浦口《ほこう》窯辺りの製品である（田中、二〇〇三）。

さらに、いわゆる「影青《いんちん》」と称される景徳鎮窯の青白磁もこの時期から一定量出土するようになる。薄作りで精緻な劃花文を持つ碗、型によってみごとな浮文を施した皿や合子に代表される。特に合子も博多遺跡群では割合一般的に見られ、一四世紀まで途切れることなく出土する（森本、二〇〇三）。この中には福建省閩江上流域の浦城大口《ほじょうたいこう》窯の製品もある。

福建産白磁

青白磁，身と蓋が熔着した合子も輸入されている

天目碗，金彩（左端）と玳玻天目（右4点）

他地域では経塚《きょうづか》からの出土が多い

また、皿は口縁部の釉を掻き取るものが多く、景徳鎮窯で伏焼きによる焼成方法が始まったことが分かる。

一二世紀末に栄西が持ち帰った新しい「点茶法」により天目碗の需要も高まったようで、その出土量も増加している。この時期の天目碗は「鼈嘴《すっぽんぐち》」と呼ばれ、口縁付近で再び角度を変えて立ち上がる、いわゆる「建盞《けんさん》」に近い形をしている。以後、一三世紀前半代までこの形のものが主流を占める。しかし、黒く硬い素地に、黒く厚いガラス質の釉が掛かる建窯産の「建盞」そのものは実際少なく、建窯周辺や或いは福州近郊の窯で焼かれたと思われる模倣品が多い（森本、一九九四）。

この他、武夷山遇林亭《ぶいさんぐうりんてい》窯の「金彩《きんさい》天目」や、黒褐色の地釉に鼈甲色の釉を掛け合わせた江西省吉州《きっしゅう》窯の「玳玻《たいひ》天目」なども少量出土している。

13世紀前半，龍泉窯系青磁蓮弁文碗（左２点）「文□乙丑二月六日丙午」の墨書がある。同安窯系青磁（右）

一三世紀前半代「蓮弁文《れんべんもん》青磁碗」

この頃から青磁は龍泉窯の一人勝ちとなっていく。碗は内面の劃花文が消滅し、外面に蓮弁文を施すようになる。単純な彫りの蓮弁と箆で削り出された浮彫りの蓮弁文がある。前者は単弁、後者は複弁で中心に鎬がある。六二次調査ではこの類の碗が三個重なった状態で出土し、そのうちの一つには文永二（一二六五）年を示す墨書が残されていた。陶磁器に残された数少ない紀年銘資料である。同安窯系青磁は、櫛描文が消滅し、外面の条線文のみが残る器高の低い碗に変化する。そして、これを最後にその姿を消す。

白磁は伏焼きをするために、口縁の釉を掻き取った「口禿《くちはげ》」と呼ぶ種類がこの頃から出現するが、そのピークはこの後の時代である。

日元貿易　住蕃《じゅうばん》貿易の消滅と博多商人の出現

一三世紀後半代「砧青磁と口禿白磁」

一三世紀中頃を過ぎると、鎌倉幕府によって貿易が制限され、幕府や有力寺社主体の日本派遣船による貿易へと変わる。また中国大陸では元による南宋の滅亡などもあり、故郷を失った博多綱首の子孫たちは「博多商人」として貿易に参加するようになる。このような中、これまで怒濤の如く入ってきた陶磁器はやや沈静化の方向へ向かう。しかし、以前にはあまりなかった上物も数多く出土するようになり、需要者主体の貿易に変化したことが窺える。その代表が「砧《きぬた》青磁」と称される南宋後期龍泉窯最盛期の青磁である。厚みの薄い素地に、失透した柔らかな青色の釉が全面にどっぷりと掛けられ、前の時代とは全く赴きの異なる製品である。高台が小さく、腰の張りが少ない、どちらかと言えば座りの悪い碗が一般的で、他に束口碗や鍔状口縁の坏、大形の盤など新しい器種

青白磁梅瓶（左）と福建産白磁四耳壺（右）

13世紀後半，口禿白磁（上）と龍泉窯系青磁（下）

も出現する。外面の鎬蓮弁文はより細くなり、内底面に双魚文や梅花文を貼り付けたりもする。

白磁は一三世紀前半に出現した「口禿」の製品が、この時期をピークに次の一四世紀前半までかなり大量に輸入されている。ほとんどが規格化された無文の碗と平底皿で、福建省北東部寧徳の窯で確認されている（田中、二〇〇二）。内底面に「福禄富壽」と刻印したものや、内側面に櫛描の渦巻き文を描く珍しい碗もある。さらにこの口禿とは別に、型作りの碗の一群がある。内外面に型押しによる文様を入れる。福建省徳化《とっか》窯系の特徴を持つが、徳化一帯よりも莆田《ほでん》窯辺りの製品の可能性が高い。このような口禿の碗、皿以外では壺などもあり、福建産の白磁四耳壺は一二世紀前半からその姿を変えながらこの時期位まで見られる。さらに、鎌倉などで出土することが多い景徳鎮窯の青白磁梅瓶《めいびん》もある。

一四世紀前半代「天龍《てんりゅう》寺《じ》青磁と枢府白磁」

一四世紀になると、大きな寺社はその造営費用を捻出するために「寺社造営料唐船」を元に派遣するようになる。「天龍寺船」や「建長寺船」がよく知られている。この頃、日本にもたらされた青磁を「天龍寺青磁」と称する由縁である。韓国新安沖で発見された沈没船も、至治三（一三二三）年、慶元（寧波）を出航し博多へ向かった京都の寺社造営料唐船であった。この種の貿易船によってもたらされた品物は、当然船の主である鎌倉や京都などの権力者のもとに運ばれる。そのため、博多遺跡群で出土する陶磁器には、新安沈船搭載品のような優品は少なく量もさらに減少する。この時期出土する陶磁器の代表は、龍泉窯系青磁と「枢府《すうふ》磁《じ》」と称される景徳鎮窯の白磁である。

龍泉窯系青磁は、「砧青磁」とは全く異なり、特に濃い青緑色の釉色が特徴的である。外反口縁の碗が新たに加わり、高台内まで釉が及ばないやや質の劣るものが多い。外面の蓮弁文は簡素化された鎬のない線描となり、内面には印花文や劃花文が施される。「天龍寺青磁」の典型とも言うべき瓶や大盤などの大作はほとんどないが、貼付け文のある香炉や花生、酒会壺《しゅかいこ》なども稀に出土する。

14世紀前半，龍泉窯系青磁と景徳鎮窯白磁・青白磁。
鉄斑文のある青白磁（右下）は国内でも珍しい

「枢府白磁」は景徳鎮窯の製品で、その名は内面の型押しされた浮文の中に「枢」、「府」という元の官銘があることに由来する。中国で「卵白釉」と呼ばれるように、失透した白色の釉を特徴とする。皿と腰折れの坏があり、厚くどっしりとした底部からは想像もできないほど口縁付近は薄く作られる。また、枢府磁と共伴して、同じ景徳鎮窯の口禿青白磁が出土することが多い。極めて薄く精巧に作られた小碗や腰折れの坏の内面には、枢府磁と同じように浮文が型押しされる。

白磁・青磁以外では、「白地《しろじ》鉄絵」製品がある。白化粧した器面に、鉄絵具で龍や魚、花などをモチーフにした文様を大胆なタッチで描き、透明釉や翡翠釉を掛ける。磁州窯系の製品である。一二世紀前半の小品とは異なり大形の壺や盤などが多く、天龍寺青磁と並んで元の大作主義をよく表している。他に、吉州窯の白地鉄絵製品もある。

一一世紀後半から白磁とともにもたらされた大量の陶器があることは先に触れた。その後も引き続き入って来ているが、陶器には白磁や青磁のように目立った形態変化がなく、その時代性を追うことが難しい。長崎県鷹島海底において元寇（一二八一年）で沈んだ元軍の携行品と思われる遺物が出土した。この中で最も量の多いものが「漢瓶《はんぴん》」と呼ばれる褐釉の長胴四耳壺で、もう一種、耳のない褐釉壺がある。新安沈船出土品にも類例があり、その生産年代を知ることができる数少ない資料である。博多遺跡群でも出土例のあるこれらの壺は、江蘇省宜興窯の製品であ

13～14世紀の陶器

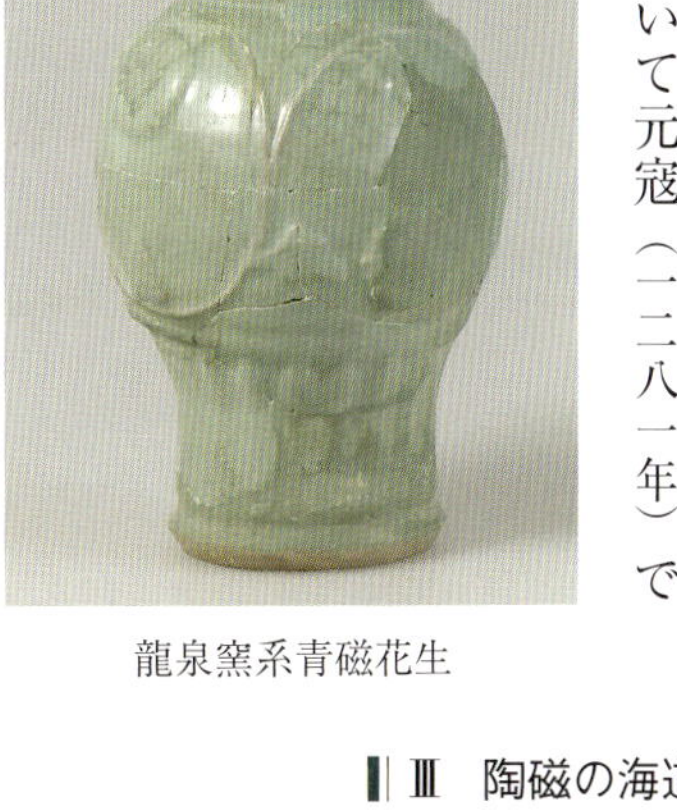

龍泉窯系青磁花生

る（森、二〇〇一）。他に、福建省磁竈窯の製品などもある。

一五世紀になって確立したとされる「茶の湯」であるが、茶道具の代表である天目碗と茶入もすでに多く出土しており、新しい喫茶の風習が盛んになった様子が窺える。新安沈船からもかなりの量に及ぶ天目碗や茶入が出土した。天目碗は器高の低い小振りのもので、高台を輪状に削り出さずやや上げ底気味の平底に作る。

白地鉄絵，磁州窯系（左７点）と吉州窯（右６点）

天目碗と茶入

元青花

福建省閩江上流の南平茶洋窯《なんぺいちゃよう》の製品（田中、二〇〇二）である。茶入は「大海《たいかい》」よりも少し大振りの褐釉の壺がやや先行し、「肩衝《かたつき》」などの小物はやや遅れて概ね一四世紀代にかけて出土する。轆轤《ろくろ》成形された製品は、とても人間業とは思えぬほど薄く作り上げられている。福建省福州郊外の洪塘窯（懐安窯の一部）の製品で、この窯は古くは鴻臚館の時代から輸入されていた越州窯系青磁や非常に粗い土で作られた捏鉢《こねばち》の生産窯でもある（田中、二〇〇二）。時代や消費者のニーズに合わせた製品作りが窺える。さら江西省贛州《かんしゅう》窯の「擂座《るいざ》」茶入の破片も出土している。

一四世紀後半代「青花磁の始まり」

中国大陸では元に代わって明朝が成立する。明は海禁政策を採り、琉球のみが朝貢形式の「進貢《しんこう》貿易」を行っていた。このため、この時期の中国陶磁器は種類・量ともにかなり落ち込む。

龍泉窯系青磁は大形の製品がなく、ほとんどが碗と皿で構成される。外面の蓮弁文はさらに単純化したものとなり、また新たに口縁下に雷文を巡らす碗が出現する。

白磁はやや軟質の陶胎に、光沢の強い不透明な釉が掛けられた小坏や皿の一群がこの頃から見られるが、大量に輸入されるようになるのは一五世紀になってからである。この種類には型作りの皿もある。これらは福建省閩江上流にある邵武《しょうぶ》窯の製品である（田中、二〇〇二）。

この時期、中国陶磁器史上大きな変化が見られる。白地にコバルトで絵付けした青花《せいか》磁（染付け）の出現である。景徳鎮窯元代末の「元青花」は全国的にも出土量は少なく貴重である。小碗、小壺、瓶といった小品以外に盤の破片も出土している。唐草文や菊花文など比較的簡素な文様が施される。さらに文様が紅色に発色する「釉裏紅《ゆうりこう》」と呼ばれる希少品もある。

日明貿易　博多から堺へ

一五世紀前半代「雷文帯青磁と福建白磁」

室町幕府は明と勘合符《かんごうふ》による統制貿易を始め、博多商人も客商として乗船し貿易に関わる。しかし、貿易船が出る回数は極めて少なく、さらに日朝貿易の開始によって朝鮮半島の陶磁器が輸入されるようになり、博多遺跡群で出土する中国陶磁器は依然として少ない。この中には密貿易、或いは琉球・南海貿易によってもたらされた商品も少なくないであろう。

龍泉窯系青磁は器壁と釉層に厚みを増す。高台内途中まで釉が掛かるものや、窯具を挟むために底裏の釉を輪状に掻き取ったものが多い。外面口縁下に雷文帯を巡らす直口碗が主流となり、無文外反口縁、内面に印花文を施す碗もある。さらに、外面に細身の粗略な蓮弁文を施す碗と腰折れの皿が出現する。

白磁は前の時期に出現した福建省邵武窯の白磁がピークを迎え、以後一五世紀全般を通じて出土する。皿や多角坏などの小品がほとんどであるが、内底面の釉を輪状に掻き取ったり、印花文を施す碗が少量ある。皿や坏は

15世紀前半，龍泉窯系青磁・福建産白磁・明青花

「灰被」天目碗

高台をアーチ状に抉《えぐ》るもの、内底面に重ね焼きのための小さな目痕が残るものも多い。この他、内底面にスタンプされた蓮華文を特徴とする白磁が少量出土する。外反口縁碗と皿がある。沖縄ではこの時期最も普遍的に出土するもので、琉球貿易によって博多にもたらされたものだろう（田中他、二〇〇四）。一一世紀後半から大量に輸入された福建白磁と同じ閩清義窯の製品で、この窯の操業期間の長さに驚かされる。

元末に出現した青花磁は、以後明朝の輸出陶磁器の主流となっていくが、明代初めの製品は、沖縄を除いて日本国内でもそれほど流通しておらず、その出土量は少ない。外反口縁の碗と内湾口縁の皿がある。外面に「雲堂手《うんどうで》」文、牡丹唐草文、内底面には捻花文、梅月文など、この時期特有の文様が描かれる。

さて、武士や商人の間に広まった点茶法は「茶の湯」として確立し、様々な場所で茶会が行われるようになる。この時期に博多遺跡群で一般的に出土する天目碗は、いわゆる「灰被《はいかつぎ》」と称される類である。一四世紀に出土する平茶碗に比べ器高は深くなるが、高台の作りは同じ上げ底気味の平底である。やはり福建省南平茶洋窯の製品である。

一五世紀後半代〜一六世紀前半代「青花磁の隆盛」

守護大名の保護により台頭してきた貿易商人は、また彼らの利権をめぐる抗争にも影響される。このような状況のもと、日明貿易の拠点は堺に移り、博多商人に代わり堺商人が遣明船貿易の主役となる。しかし、南海－琉球－朝鮮を繋ぐ貿易ルート上にあった博多には多種多様の陶磁器が招来される。

この時期の中国陶磁の主役はなんと言っても景徳鎮窯の青花磁器で、この後一六世紀にかけて輸入陶磁器の大半を占めるよ

15世紀後半〜16世紀前半，龍泉窯系青磁（左）・青花磁と赤絵（右）

うになる。碗は、内底面が丸く窪み胴部がまっすぐ外に開く「蓮子碗《れんつわん》」が一般的である。外面の芭蕉文と内底面の法螺貝や蓮華文の組み合わせ、或いは外面・内底面ともに梵字文など、その文様構成は比較的単純なものが多い。皿は口縁が外反するものと、内湾口縁で上げ底になった碁笥底《ごけそこ》皿がある。外反口縁皿は「玉取獅子《たまとりじし》」がその代表的な文様で、碁笥底皿は「蓮子碗」と同じ文様構成のものや内底に吉祥字を描いたもの、他に鉄泥で金魚文を貼り付けたものなどある。また、赤絵（五彩）も出土している。

龍泉窯系青磁も依然として一定量輸入されている。碗はさらに厚みを増し、全体に精細さがない。外面の蓮弁文はさらに細まり、頭と縦の線刻が別々に描かれ、蓮弁文として成り立たないものも現れる。この一群の碗は福建省閩江下流域や厦門《アモイ》辺り、さらに広東省恵州《けいしゅう》窯などにもその生産地を求めることができる。皿は腰折れのものが主流で、稜花口縁に沿って刻線を入れるものも多い。碗・皿ともに土も粗く、粗雑な作りである。

白磁は景徳鎮窯の腰折れの外反口縁皿が圧倒的に多い。青花の外反口縁皿と基本的に同じ形である。

日明貿易の終わり　博多豪商の出現

一六世紀後半代「景徳鎮窯青磁」

一一～一二世紀に見られた、破損した大量の陶磁器を一括廃棄

埋納された陶磁器
上＝124次（錫鍋や備前焼擂鉢が被せられていた）
下＝40次（大皿以外は備前焼大甕の中に納められていた）

した遺構とは様相の異なる遺構が、四〇次・一二四次調査などで検出された。鉢や甕などに同じ種類の陶磁器を何枚も入れて埋納したもので、どれも破損した形跡がない完存品である。戦国時代の博多は度重なる戦火に遭っている。この埋納された陶磁器はこの戦火を逃れるために貴重品を埋め、その後忘れられたものであろうか。この頃には遣明船による官営の貿易は終わり、いわゆる「後期倭寇《わこう》」と呼ばれる明の海商による民間貿易が盛んになり、博多では上屋宗湛《かみやそうたん》や島井宗室《しまいそうしつ》などの豪商も現れる。一括埋納された陶磁器にも彼らの活躍を偲ばせる上質のものが多い。

16世紀後半の青花磁と白磁菊皿

漳州窯青花磁・五彩

輸入陶磁器の主役は依然として景徳鎮窯青花磁である。碗、皿の他、小形の盃や壷もある。碗は内底面が丸く盛り上がる「饅頭《まんとう》心碗《しんわん》」が新たに出現する。皿は外反と内湾口縁のもの、さらに鍔状口縁のやや大形品がある。文様は人物風景や花鳥文が描かれることが多く、底裏に「大明年造」や「長命富貴」といった年款や吉祥句を書く。さらに一六世紀の終わり頃になると、これら景徳鎮窯製品に加え、福建省漳州《しょうしゅう》窯の青花磁も出現する。白化粧を施した粗い素地に厚い釉層、粗い砂が多量に付着した高台に特徴がある。また、重ね焼きのために内底面の釉を輪状に掻き取ったりもする。碗・皿、鉢や鍔状の口縁を持つ大形の皿がある。釉上に赤や緑色の絵の具で絵付けした五彩も出土した。漳州窯の製品は景徳鎮産に比べ質は劣るが、東南アジアからヨー

埋納されていた景徳鎮窯青磁菊皿と花生

中国主要窯址図（唐〜明代末）

ロッパへかけて広く輸出され、日本では「呉州《ごす》手《で》」と称され茶の湯で珍重・愛好されたものも多い。

白磁は景徳鎮窯青花磁と基本的に同じ形だが、内面に印花文を入れたり、底裏に染付で銘を入れるものなどがある。さらに外反口縁皿に加え菊皿が新たに出現する。また、非常に低い高台で、内底面に釉が掛からない皿の一群がある。景徳鎮産に比べると土も悪く、釉も透明感がない。福建省の製品の可能性が高い。

青磁は長期にわたって君臨した龍泉窯系に代わって景徳鎮窯の製品が主体となる。菊皿、稜花皿、輪花皿など小形の皿がほとんどで、碗はない。ま

華南彩，トラディスカント壺（右），黄釉小皿（左）は10枚が重なって出土した

た、菊皿一〇枚と一緒に出土した花入れといった珍しいものもある。

　これら磁器の他、低火度釉の製品がある。いわゆる「交趾焼《こうちやき》」と呼ばれる華南三彩《かなんさんさい》の類である。小皿、鳥形水滴、壺、盤などがある。特に小皿は何枚も重ねて埋納された例が多い。青釉、緑釉、黄釉があり、型打ち成形により花弁状に作られ、底裏には「青」、「練」、「正」、「福」などの文字が型押しによって打ち出される。また「トラディスカント壺」と呼ばれる三彩壺の希少品もある。これらの産地は未だ判然としないが、福建省漳州窯辺りと考えられている。

　戦国末、博多の町は太閤秀吉の町割りにより復興したが、やがて江戸幕府の鎖国政策によってその貿易の拠点は長崎へと移る。さらに国内でも中国に勝る磁器生産が本格化し、やがて博多に中国陶磁器がもたらされることはなくなる。

朝鮮半島陶磁器

佐藤一郎

高麗陶磁器

中世の博多では大陸との交易活動が活発に展開していた。中国宋（九六〇～一二七九）との間で行われた日宋貿易は広く知られている。特に一一世紀後半から一三世紀前半にかけての博多周辺の遺跡を発掘調査すれば、都市遺跡は言うに及ばず農村集落からも宋から輸入された陶磁器や銅銭が出土する。このように、日宋貿易の影響は至るところに見ることができる。やがて、高麗（九一八～一三九二）を含め三カ国間で貿易が展開されるようになるとされるが、日宋貿易の陰に隠れ、高麗との間で行われた日麗貿易についての実態は、考古学の見地では今一つはっきりとしない。

　日麗貿易は、大宰府官人が宋商人も交え、中央権門と密接な関係を保ちつつ展開していたものとされる。高麗からの輸入品は、宋の場合のように膨大な量が広範囲に流通したものではなく、一部の階層に限られていたようである。博多出土の輸入陶磁器の内、中国産の占める比率は九五%を超えている。そのため高麗陶磁は、量産され安価な中国陶磁には到底太刀打ちできるものではなく、交易品としての評価を得られなかったと言える。

高麗青磁

高麗青磁は青灰色の胎土に鉄分を含んだ釉《うわぐすり》を掛けて焼き締められたものである。南宋に入って大量に生産され、日本に輸出された龍泉窯青磁《りゅうせんようせいじ》などと比べると高麗青磁に掛けられている釉は薄い。中国青磁が釉を三、四度掛けて厚い釉層を形成し、青く発色するのに対し、高麗青磁は一、二度掛けで釉層は薄く、釉は透明感の強い。胎土と釉の色が重なり「翡色《ひしょく》」（ヒスイの色）に発色している。

高麗青磁（無文）

一一世紀後半から一二世紀前半にかけて、大宰府と博多においては中国北宋後半の白磁が多量に出土している。白磁の時代といわれる中で、わずかな量の高麗産の青磁と陶器が出土している。出土した青磁の大半は無文で、施文されたものを見ても、その方法は型押し、蓮弁削り出しといった中国でもよく見られるものである。他に、鉄絵を施したものがごく僅か見られる。一一世紀後半では全羅南道康津窯産の精製品が少数出土するにとどまっていたが、一二世紀前半に入ると精製品に替わって粗製品の出土が急増する。粗製の青磁は粗い白色の砂粒を含んだ胎土に、薄い釉が掛けられ、その多くは焼成不良により釉が不透明で発色は良くない。ある程度量産されるようにはなったが、品質が落ちている。

高麗陶器

一一世紀後半から一二世紀前半にかけて、高麗からは無釉の陶器も入っている。生産地である韓国では窯跡調査に基づいた研究が大きく進展している。博多遺跡群では蛇の目高台の高麗青磁碗にい、頸部に波状文がヘラ描きされた広肩壺口縁部の破片が出土している。外反する口縁部は端部が折り曲げられている。大宰府観世音寺前面でも頸部波状文ヘラ描きの広口双耳壺が出土している。口縁部の形態、頸部の波状文、肩部の叩き目などの特徴が類似する資料が韓国忠清道や全羅道の窯跡から出土している。青磁のようにそれ自体が商品というわけではなく、交易品の容器として用いられたものであろう。

大宰府ではこの時期の高麗陶磁が大宰府政庁、学校院《がくぎょういん》、観世音寺とその周辺に集中して出土している。このことから大宰府官人が日麗貿易に大きく関与していたことと見られる。ただし、広域での流通はしていないようである。一一世紀中頃に廃絶した鴻臚館跡では、高麗産の無釉の陶器が多く出土しているが、高麗青

高麗象嵌青磁

磁と見られるものは確認されていない。

象嵌青磁

高麗青磁の中で代表的なものが象嵌《ぞうがん》青磁である。もともと象嵌は金属工芸の技法であったが、それを陶磁器に応用した高麗独自のものである。象嵌は、生乾きの器面に彫刻刀で陰刻文様を彫り、そこに白い土や赤い鉄分を含んだ土などを埋め込み、釉を掛けて焼き締めたものである。透明感の強い釉越しに文様に埋め込まれた土はそれぞれ白、黒に発色し、無文、陰刻文様だけの青磁に比べると見栄えがするものである。高麗青磁といえば象嵌青磁が想起されるが、象嵌技法が本格的になるのは一二世紀後半以降である。この時期に入ると、博多では宋磁の出土量がやや沈静化し、高麗青磁の出土は急減する。逆に京都や鎌倉で高級青磁の出土が増加している。北部九州で再び増加するのは一四世紀後半に入ってからである。

高麗鉄絵青磁

高麗陶器

朝鮮王朝陶磁器

朝鮮王朝（一三九二～）時代の初めは、中国明の海禁政策により明から日本へ輸入される陶磁器は減少するが、朝鮮王朝からの陶磁器は増加していく。博多では一五～一六世紀の遺構や層からは、必ずと言ってよいほど朝鮮王朝陶磁器が出土する。

粉青沙器

粉青沙器《ふんせいさき》は、「白化粧土を掛けた灰青色を帯びた陶磁器」を意味する「粉粧灰青砂器《ふんしょうかいせいさき》」の略称であり、灰～灰黒色の胎土の表面に、白化粧土を用いて様々な装飾を施し、青磁釉から転化した青みを帯びた釉を掛けて焼かれた陶器を指す。

装飾技法は高麗以来の象嵌から、印花が現れ、刷毛目や粉引きへと展開した。初期のものは高麗時代の象嵌青磁と区分が困難である。博多では象嵌だけによるものが一五世紀中頃の遺構まで出土が見られる。

朝鮮王朝陶磁器

粉青沙器の内、印花による装飾を施す陶器は、日本では「三島(手)」とも呼ばれている。その起源は後退した高麗象嵌青磁に求められ、粉青沙器の中でも早い一五世紀に起こった技法によるものである。菊花文や縄簾文を印花でほぼ全面に施している。博多では、明代前半の青磁や白磁と共伴して、碗、皿の他、片口や徳利が出土している。

一五世紀末になると白磁が本格的に生産されるようになり、粉青沙器は印花からさらに簡略化した刷毛目の技法へ移行していく。刷毛目は、水で溶かれ泥状をなす白化粧土（白泥）を刷毛塗りする技法であり、外見上は白磁を意識している。塗られた刷毛目が装飾効果を出す。博多では主に碗、皿が出土している。粉青沙器製作末期に当たる一六世紀後半に全羅道・慶尚道を中心に生産された。

雑釉陶器

一五世紀後半に入ると、白磁の他、白化粧土掛けがなされず、文様装飾もない雑釉陶器が出土するようになる。その起源は無文の高麗粗製青磁に求められる。雑釉陶器では、碗、皿の他、薄作りの片口や徳利瓶が出土している。一六世紀後半から粉青沙器の出土が減少し、代わって雑釉陶器が増加、主流をなすようになる。

白磁

一六世紀に入ると、皿や坏を中心として硬質・軟質を問わずに出土するようになる。硬質なものは、磁器質の胎土に透明な釉が掛けられている。一六世紀末～一七世紀初頭には多数を占めるようになる。

博多出土の東南アジア陶磁器

森本朝子

▽「南海貿易」の落とし子

現在われわれが東南アジアと呼ぶ地域は、犀角《さいかく》や象牙、玳瑁《たいまい》、翡翠《ひすい》、真珠、そして様々な宝石の、また丁子《ちょうじ》や胡椒など香料の特産地として知られ、遠く紀元前から中国と交易があった。これがいわゆる「南海貿易」である。わが国へもこうした南海の珍貨が時折大陸経由でもたらされ、人々の憧れの的となった。唐代、宋代そして元代でさえも、中国からの輸入品の重要な部分は実は南海の香料などの珍貨で占められていたのである。

ところで、わが国とこの地域の直接の交易が認められるようになるのは、ようやく一四世紀も半ばに入ってのことと思われる。実はその証とも言うべきものがここで見る東南アジアの陶磁器なのである。

博多ではこれまでに一〇〇個あまりの東南アジアの陶磁器が出土している。内訳はベトナム七一個、タイ約三五個、ミャンマー一個である。タイの遺物には大壺の破片がたくさんあってもとの個体数を出すのが難しく、約三五個というわけである。年代的には一四世紀後半から始まり一八世紀頃まで、長く見て四〇〇年位の歴史がある。量的には非常に少なく、数え切れないほどの中国陶磁とは比べるべくもない。このように微量ではあるが、中国陶磁器からは得ることのできない東南アジアとの交流に関する貴重な情報を持っている。われわれはこの少ない陶磁器からわが国における「南海貿易」の様子を知ることができるのである。

▽博多出土のベトナム陶磁器

現在のベトナムの北部は、漢代から唐代まで中国の領域になっていた。ここには支配とともに中国の技術が持ち込まれ、中国以外の国では最も古くから陶磁器が生産されていた。しかしそれらが国外で出土するようになるのは一四世紀になってからのようである。つまり、博多で出土するのはベトナム陶磁器が海外に出るようになった最初の一群に

ベトナム青磁（左）と白磁（右）

ベトナム白磁鉄絵

スパンブリ陶器

スコタイ白釉鉄絵

ハンネラ土器

属する。

この時期のベトナム陶磁器はガラス化の進まない黄味を帯びた土と、底に特徴的な三角形の目跡《めあと》があることなどが目安となる。

博多では黒釉や褐釉、内が白釉で外は褐釉を掛けるものなど七個、青磁や白磁（これらは色調が様々で境目を決めがたく、きっちり分けることが難しい）二〇個、そして白磁に鉄の褐色で文様を描いた白磁鉄絵二七個、またこの白磁鉄絵と同じような文様をコバルトの青で描いた「青花《せいか》」も小片ながら三個見つかった。ほとんどが碗や皿で、一四世紀後半から一五世紀初めのものである。

その他、ずっと時代が下がって一七世紀後半から一八世紀の白釉鉄絵印判手《いんばんで》碗六個、一七世紀以降の焼締《やきしめ》陶器大壺一個がある。以上は北部ベトナムの製品だが、一六、七世紀には中部ベトナムから焼締陶器の瓶五個、土器の壺一個も運ばれてきている。当時ここには広南阮《クアンナムグエン》氏があって、北部の黎《レイ》朝と対立していた。

▽博多出土のタイの陶磁器

タイの施釉陶器は一二、一三世紀に始まったといわれるが、博多には次のようなものが来ている。白釉鉄絵八個。明るい茶褐色の土に特徴的な白い粒子が含まれる北部タイ、古都スコタイにあった窯の製品である。見込みに魚文が描かれる鉢が多く、通常一五世紀の標準的遺物とされている。

中部タイのスパンブリはスコタイから直線距離で三〇〇キロ程南に位置するが、ここで作られた灰色の土の無釉陶器大壺の破片が二個発見された。一つにはハート形、他の一つには先のとがった葉形の文様がスタンプされている。

シーサッチャナライ青磁双耳瓶

シーサッチャナライ褐釉双耳瓶

ランプーン土器瓶

この他、中部タイの古都、アユタヤ周辺で作られた土器の壺一個と蓋三個、これらは手取りの軽い土器で壺には装飾性の強いたたき目が見られる。後代ハンネラの水指《みずさし》と呼ばれて茶道で珍重されたものと同類である。

よく精製された土で薄く作られた瓶が一個ある。通例細長い頸が付くが、ここでは失われている。上部と下部は赤く塗って研磨されており、中間にある土色の胴部には花模様がびっしりとスタンプされている。ここに金雲母の粉が刷り込まれていたようで、今でもキラキラ光るものが残っている。一四～一五世紀北部タイのランプーン周辺で焼かれた。ハリプンチャイ土器と呼ぶ人もあるが、この地方にあった同名の王国は一三世紀に滅びているので、我々はランプーン土器と呼びたい。

古都スコタイから六〇キロ程北のシーサッチャナライからは一五～一六世紀の青磁の球形双耳壺《そうじこ》の一個と一六～一七世紀の褐釉の下膨れの双耳壺二個が来ている。

最後に、シンブリ窯の小型の四耳壺一個と大型四耳壺《しじこ》約二八個がある。一六～一七世紀のものである。シンブリはアユタヤから北北西七〇キロ程の所にある。

▽東南アジア陶磁器の出土地の推移

以上見てきたように、博多で出土する東南アジア陶磁器は決して多くない。そして一四世紀後半の早い時期のベトナムの碗皿が多いのが特徴である。

実は、わが国の東南アジアとの交易は時代につれ、いくつかの地域に中心を移しながら営まれたことが明らかになっている。

最初が今述べたように一四世紀後半で、博多と大宰府、対馬、壱岐などを中心とする北九州地方に中心がある。対馬では倭寇の首魁の本拠地に関わるという仮宿《かりやど》遺跡からまとまって出土したことがあるが、鹿児島から長崎、熊本、佐賀、北九州、大分、愛媛、広島、そして大阪の堺に至る沿海各地の、いずれも私貿易家もしくは海賊との関わりを強く思わせる土地で出土の報告がある。とはいえこれら各地での出土はせいぜいで、一、二片と少ない。

一四世紀末から一五世紀初めにかけて、東南アジア陶磁器出土の中心は沖縄に移る。これは、明朝が国内では私貿易を禁止しつつ、国外では琉球王国を最恵国待遇として自らの、「南海貿易」の中継地として取り立てたことによる。東南アジアの貿易船は那覇を主要な目的港とするようになった。現在のところ那覇の首里《しゅり》城址《じょうし》がこの時代の最大の遺跡である。しかし、明朝の官による海外貿易の独占は、沿海の人々の反撥によって次第に破綻した。またポルトガルの東アジアへの進出も一因となって一五六七年、中国の「南海貿易」は民間に戻され、琉球の優位は終わった。

一六世紀後半からは堺で出土が増える。応仁の乱以後、堺が遣明船の発着地となり四国を迂回するルートが確立した。「八幡船《ばはんせん》」や「朱印船」が次第に東南アジアにまで出掛けるようになり、堺は大いに栄えたのである。

そして一七世紀中頃からは、わが国の鎖国によって唯一の開港地となった長崎が主役になっていく。

このように「南海貿易」の中心の移動は、東南アジア現地やわが国国内の事情に、中国を中心として成り立っていたアジア海域の交易システムの変動が絡み合って起こっているのである（森本、二〇〇〇）。

▽博多の時代から沖縄の時代へ

それでは、次にもう一度博多が主役であった時代に焦点を当てて見てみよう。

一三六八年に建国した明朝は、私貿易を禁止して公貿易に限定することを定め、貿易を一手に収める政策を打ち出した。そしてわが国は一五世紀初頭の足利義満による勘合貿易の開始まで明朝と貿易関係を結ぶことができなかった。中国との貿易が難しくなり、西日本各地の私貿易家は多く海賊と化したことであろう。困ったのは西日本の私貿易家だけではない。アジア各地の海商も同様だったと見え、この頃東南アジアからの来航の記録が史料に散見されるようになる。

文中三（一三七四）年に来日した「天竺ヒシリ」、元中五（一三八八）年のシャム船、応永一五（一四〇八）年、同一九（一四一二）年に若狭の小浜辺りに来航した「南蛮」船、そして応永二六（一四一九）年、博多に向かう途中薩摩の泊津に入った推定ジャワ船などがある。ここに東南アジアとの直接の交渉が生まれたものと思われる。

しかし、この博多を中心とする交易はかなり急に琉球に重心を移すようになる。この経緯を出土の東南アジア陶磁器から検討してみたい。

博多の東南アジア陶磁器と沖縄のそれを比較してみると、その違いをはっきり示すのがベトナムの白磁鉄絵である。白磁鉄絵は先にも触れたが博多のこの時期のベトナム陶磁器の半数以上を占めている。一方、沖縄ではほとんど見られず、それに代わって同様の文様をコバルトの青で描いた青花に座を奪われつつある。白磁や褐釉、内白外褐釉も姿を消し、青磁は蓮弁碗だけになるなど、陶磁器の種類は大きく淘汰された。

この時すでに青花には豊富な器種とデザインがあり、沖縄との関係ができていくらも経たない頃にベトナム現地での生産そのものも新時代に入ったことが明らかである。

実は、ベトナム陶磁器はこのあと最盛期を迎え東南アジアに大量の輸出を始める。しかしその時代のものが沖縄および日本にほとんど入っていないのは、琉球が中国陶磁器の輸出国として知られていたからであろう。

中部ベトナムの土器（下）と焼締陶器（上）

タイ陶磁器について興味深い事実がある。博多に一定量あるスコタイ白釉鉄絵が沖縄では見られず、沖縄の白釉鉄絵はシーサッチャナライ窯のものに代わっていることである。実は、対馬の仮宿遺跡でもスコタイ窯ではなくシーサッチャナライ窯が出ている。東南アジアではスコタイ窯の白釉鉄絵が一五世紀後半まで出土することが確実らしいが、わが国におけるこの状況は何を示しているのであろうか。

ミャンマーの大壺

シンブリの大壺

▽主役を降りてのちの博多

このように博多は早くから中心から外れ主役を降りたが、その後も他所では見られない上等なタイのシーサッチャナライ窯の青磁双耳瓶があるし、一六世紀後半からはかなりの数のタイのシンブリの壺、中部ベトナムの焼締陶器瓶とミャンマーの黒褐釉陶器大壺、北部ベトナムの白磁鉄絵印版手碗、縄簾文《なわすだれもん》焼締陶器大壺などが出ている。これら一五世紀以降の東南アジア陶磁器が堺や長崎などの国内各地の中心を経由してきたのか、あるいはまた、その後も博多と東南アジアの直接の交易があったのかは興味ある問題である。

東南アジアの陶磁器は「安南」、「宋胡録《すんころく》」、あるいは「南蛮」、「島物」と呼ばれて茶道具との関係で語られることが多いが、博多出土の中ではシーサッチャナライの褐釉双耳瓶が「宋胡録の茶入」、中部ベトナムの焼締陶器が「切《きり》溜《だめ》」として取り立てられた可能性がある。

しかし、いずれにしても日本では東南アジア陶磁はそれ自体が本格的な貿易品というわけではなかった。ことに大形の壺甕は「南海の珍貨」の容器として入ってきたもので、副次的な輸入品と考えられる。

このように、博多出土の陶磁器は「南海貿易」が残したかすかな足跡にすぎないが、歴史的意義は小さくはない。

北部ベトナムの焼締大壺

ベトナム白磁鉄絵印版手腕

国産土器・陶器

大庭康時

博多遺跡群で最も多量に出土する遺物は，素焼きの土器である土師器《はじき》の皿・坏である。それらは，日常の供膳具として，また宴の場での使い捨ての器として大量に消費された。瓦器椀に代表される椀型の土器は，輸入陶磁器の椀に圧倒され，12世紀の一時期を除いてほとんど博多では使われなかった。

国内産の陶器類は，渥美・常滑・瀬戸・東播磨（東播）・讃岐十瓶山《とがめやま》・備前など東海地方から西日本にかけての各地のものが出土している。これらの陶器は，それぞれの窯の生産開始に近い段階から持ち込まれている。出土の初期段階では出土量も少なく，商品として流通してもたらされたというよりも，船の水瓶などとして使われていたものが，港である博多に残ったと考えるべきだろう。その後流通商品として普及した。九州全体として見て，国産陶器の博多遺跡群における出土量は群を抜いている。国内流通においても，博多が大きな比重を占めていたことを示すものと言えるだろう。

土師器皿の一括廃棄　完形品の皿・坏ばかりが大量に捨てられている。饗宴で酒器や酒肴の皿として用いられた皿が，使い捨てされたもの

ゴミ穴の一括廃棄　完形品や割れて細片化した土師器の皿にまじって，青磁や白磁の碗・皿も見られる。また，埋土には魚骨や炭も含まれており，食卓の状況を示している

各地からもたらされた土師器　14世紀前半を中心に，京都の土師器皿や岡山地方で生産された土師器椀（吉備系土師質土器）が出土する。右側４点は京都系土師器，左２点は吉備系土師質土器

土師器皿・坏　在地で作られたもの。右の大きなものが坏で，酒盃として用いられた。左は皿で，肴や菜を添えて食膳に出されたり，油を満たし灯芯を浸して灯明皿としても使われた

◆在地の土師器は，回転台を使って成形されるのに対し，京都系の土師器は手のひらの上で成形（手捏《てづく》ね成型）する。吉備系土師器椀は型作りで，小さい高台がつく。こういう成型技法の違いは，瓦器においても同様で，在地の筑前型瓦器は回転台成型，畿内の楠葉型や和泉型は手捏ね成型である。中世前半には古代の須恵器生産の伝統を受け継いだ陶器生産が各地で行われた。九州でも熊本県の樺万丈窯などで壺や甕が生産されたが，博多には持ち込まれなかった。博多遺跡群からは，兵庫県東部の神出窯・魚住窯，香川県の十瓶山麓窯の製品が出土し，瀬戸内海水運で運ばれたことを示している。

瓦器椀・皿　土師器を燻して炭素を吸着させた瓦器の椀・皿には畿内から搬入されたものが混じる。前列右は摂津の楠葉型（大阪府），左は和泉を中心とした和泉型（大阪府），後列は筑前型と呼ばれる在地産

十瓶山系須恵器（香川県）　十瓶山麓窯では，椀・皿・壺・甕・鉢などが生産されていたが，博多遺跡群では甕が若干出土するにすぎない。商品としてではなく，水甕など船の備品として持ち込まれたものだろうか

東播系須恵器（兵庫県東部）　前列右から，こね鉢・椀・甕，後列は甕。こね鉢の出土は多く，12～14世紀前半にかけて，日常生活の中に普及していたと言える。一方，椀の出土はきわめて稀で，器種による選択が行われたものと考えられる

備前陶器（岡山県）　前列と中列は鳶口小壺，後列右から壺・擂鉢。須恵器系陶器として開窯した備前焼であるが，焼き締め陶器として全国に広がった。博多遺跡群においても，15世紀以降擂鉢が普及していた。この他，甕・徳利などが出土している

瀬戸陶器（愛知県）　前列右から皿・水滴・小壺，中列は卸皿，後列右から天目茶碗・水注。瀬戸陶器は古代の灰釉陶器の流れをくむが，中国陶磁器のコピーとして展開した。全国的に流通したが，中国陶磁器が豊富な博多では，出土量は少ない

常滑陶器（愛知県）　写真はすべて甕。博多遺跡群における出土量は決して多くはないが，甕は比較的よく出土する。こね鉢の出土は少なく，限られた調査地点でのみ見られる。商品流通した感は，希薄

丹波陶器（兵庫県）　丹波焼きは，出土分布が生産地である兵庫県北部から京都付近に限られる陶器である。博多遺跡群では，甕が1点出土している。中国地方以西での出土はほとんど皆無であり，博多遺跡群での出土は特異である

◆瀬戸・常滑・信楽・伊賀・丹波・備前を合わせて，中世六古窯と総称する。博多遺跡群では，信楽・伊賀の出土例はなく，丹波もきわめて稀である。備前・常滑は，初期の出土例は甕に限られており，国内流通の船舶に水瓶などとして積載されていた甕が博多に留まったものと思われる。輸入陶磁器の欠を補う器種が，選択的に搬入されているようで，瀬戸の卸皿や備前の擂鉢は商品として持ち込まれ，普及していた。

渥美陶器（愛知県）　甕が数点出土しているのみで，博多遺跡群においては稀少な遺物である。出土状況からは，蔵骨器のような特殊な用途は認められない

瀬戸陶器

備前陶器

◆輸入陶磁器に類似の形態がなく瀬戸に独特な卸皿は，博多の都市生活に必要な器物になっていたようで，様々な焼き物でコピーされている。備前焼には卸皿という器種はなく，博多からの注文生産品であろう。土師器・瓦質土器など在地でもコピーされている。卸目の入れ方は，瀬戸を忠実に模している。瓦質土器の外面には菊花のスタンプが並んでおり，遠慮がちに自己主張している。

様々な卸皿

土師器

瓦質土器

Ⅳ 都市の暮らし

上＝土師器宝尽し絵　中央＝鬼瓦　上＝土師器僧形墨書
下＝土師器人面墨書　下＝木製人形頭部

中世博多の人々

佐伯弘次

文学作品に描かれた都市景観

生活の場としての建物や道路、衣食住に関わる様々な生活遺物。博多の地下から発掘される遺構やモノは、中世都市博多に生きた人々の暮らしぶりを雄弁に物語る。貿易都市であったため、中国などの諸外国の影響を受けた遺構・遺物もまた多い。

文学作品や紀行文などは、博多の景観を端的に記し、都市景観のイメージを与えてくれる。飯尾宗祇《いいおそうぎ》の『筑紫道記《つくしみちのき》』(一四八〇年)には、宿所・龍宮寺から見える博多の景観を、「前に入り海はるかにして、志賀の島をみわたして、沖には大船おほくかゝれり。もろこし人もや乗りけんと見ゆ。左には夫となき山どもかさなり、右は箱崎の松原遠くつらなり、仏閣僧坊数もしらず。人民の上下門をならべ軒をあらそいて、その境四方に広し」と記している。対岸には志賀島、右手には「十里松」と称された箱崎松原を望み、広い博多湾に大船が多く停泊し、寺院が多く、人家も稠密に立つ博多の景観が端的に表現されている。宗祇より六〇年前に博多を訪問した朝鮮使節宋希璟は、博多を「淼々《びょうびょう》たる石城」(石城は博多の異称)と表現している。「淼々たる」とは「水の広々とした」という意味であるから、広い博多湾をこのように表現したのである。さらに博多の周囲の自然景観を、「列岳は高く低く小野に臨み、平波は浩く渺《はる》かに孤村を抱く」(村井校注、一九八七)と記している。

貿易商人の町

古文書や古記録といった文献史料は、社会の支配者層が多くこれを作成したこともあって、中世博多住民の暮らしぶりや生き様といったことについてはほとんど物語ってくれない。博多の庶民に関する文献史料が、断片的ではあるが比較的多くなるのは、戦国時代も終わりに近い一六世紀中頃からである。職人(手工業者)についてはV章で述べるので、ここでは職人以外の都市民について、文献史料から見てみよう。博多の住人で最もよくあり方が分かるのは商人であり、特に貿易商人は内外の文献史料に多く登場する。したがって中世博多の住人の記述も商人を中心にせざるをえない。

博多の商人たちで最も早く登場するのは、日宋貿易を行うため博多に住み着いた宋商人である。彼らは「博多綱首《こうしゅ》」（博多船頭）と呼ばれた。彼らは博多に「唐房《とうぼう》」という宋人居留地を形成し、貿易に従事したが、通事を兼ねる者もあった。大宰府の大山寺など、博多周辺の有力な寺社の神人《じにん》・寄人《よりうど》となってその保護を受けたり、財力によって、博多周辺に所領を持つ者もいた。さらに喫茶や禅宗文化、宋風の瓦や桶を重ねた井戸など、故郷の生活文化を博多に直移入した。

当時の博多は中国語が日常的に飛び交い、中国をはじめとする諸国の文物があふれる異空間であった。博多遺跡群から多く出土する「墨書陶磁器」は宋代のものが圧倒的に多いが、「張」、「陳」、「丁」、「王」など、中国人の名前を記したものが多い。この墨書の意味については諸説があるが、宋商人や博多綱首たちの活動と深く関わるものであることは間違いない。

博多商人の源流の一つは、こうした唐房に住む博多綱首たちであった。唐房（大唐街）とそこに住む宋人たちがその後どのようになったのか。一般的には唐房は文永一一（一二七四）年の文永の役で博多が焼失したため、消滅し、博多綱首たちは現地の人々に同化していったとされる。

このあたりの流れを考古学的に検証する必要があるが、日元貿易の段階の遺物には、日宋貿易期に見られたような陶磁器の集中的な出土や墨書が見られない。一二八一（弘安四）年の弘安の役時に海中に沈んだ鷹島海底遺物からは「王百戸」と記した墨書陶磁器が出土しており、元代になっても露胎部に人名などを墨書することがあったが、博多遺跡群から出土する元代の陶磁器にはそうした墨書は見られないのである。これは、日宋貿易のあり方と日元貿易のあり方、ならびに両貿易と博多の関係に変化が起こったことを物語っているように思われる。

異国警固の拠点に

南宋が滅亡して元の時代になると、博多は異国警固の拠点となり、文永の役後には石築地（元寇防塁）も築造された。博多は東アジアとの交流の拠点から戦争・防御の拠点に変化することになった。文永の役の直前に始まった異国警固番役の開始によって、博多とその周辺には多くの武士たちが九州一円から来て警備をするようになった。さらに鎮西談議所や鎮西探題の博多への設置によって、訴訟のために多くの人々がやってくるようになった。

元亨四（一三二四）一〇月一五日、肥前国五島の御家人青方高継は、「関東早馬」によって博多に急遽参着し、鎮西探題北条英時から確認の花押（サイン）をもらっている（青方文書）。前月に後醍醐天皇の倒幕計画が発覚し、六波羅探題が関係者が殺したり、捕縛したりした。正中の変である。このため関東早馬が九州にも派遣され、御家人たちが「いざ、鎌倉」と博多の鎮西探題に駆けつけたのである。

その直後の一一月一八日、筑前守護武藤貞経は、青方高継に対して、「博多住人藤原氏女《うじのめ》が訴えた、所従の乙久曾・比加久曾・米房・又鶴ら四人のことに関して、訴状がこのように出されている。藤原氏女の主張が正しいならば、四人を氏女に返し、理由があるのならば鎮西探題にやって来なさい」と命じた。高継がこれに返答しなかったため、翌年正月に藤原氏女は再び訴状を書き、高継の不法行為を訴えた。この訴状によると、四人の主従は氏女が相伝したもので、高継が返さず、返すように守護武藤氏から命令書が出ても無視しているという状況が続いていた。氏女は再度、所従四人を返すように訴えたのである。これに対して、同年三月、高継は、四人の所従は高継の領内には居住していないという反論書を提出した。その後、この裁判に関しては史料がないため、どのような結末になったかは分からない。

所従とは、特定の主人に隷属して、その財産として譲与や売買の対象になった人をいう。すなわち藤原氏女は四人の女性の所従を所有しており、これを青方氏に奪われたため、訴えたのである。藤原氏女は「博多住人」とあるばかりで、どのような生業に従事していたのかは分からないが、所従を使って商業や手工業に従事する都市住民かもしれない。一四世紀前半の博多には、こうした所従を抱える都市民が存在していた。

日元貿易の時期も博多は主要貿易港であったが、博多の日元貿易商人の具体的な名前はあまり出てこない。例えば、康永元（一三四二）年に元に派遣された天龍寺船は、至本を綱司とした。至本は商売の好悪によらず、帰朝したら銭五〇〇〇貫文を寺家に進納することを契約している。この綱司至本は博多商人とする説が一般的であるが、明確に博多の商人であることを示す史料はない。もちろん当時の博多の位置からすれば、その可能性も高い。この至本を中国人商人と見る見解もある。「天龍寺造営記録」には「至本御房」とあるので、僧形の商人であったことが分かるが、あるいは禅寺で経済的な面を担当した東班衆など様々な可能性があるだろう。

大乘寺跡板碑。旧冷泉小学校跡の一角に碇石や「亀山法王勅願石」と呼ばれる板碑とともに残る。地蔵菩薩像の下に「蓮阿」，「広則」など人名が並ぶ

濡衣塚板碑。現在は石堂川のほとりに立つ。表面の中央に，康永3（1344）年の紀年銘を挟んで左右に「接待講衆　合廿七人」とあり，その両側には名前が刻まれている

町衆の結合と商人の活躍

一四世紀代になると、博多の町衆たちが結合していく様が分かる（川添、一九九〇）。すなわち、博多には一三四〇年代の町衆たちが連名で建立した板碑が二つ残っている。その一つには「接待講衆　合廿七人」の文字が見え、博多の町衆たちが僧侶などをも

鞆ケ浦鵜島厳島神社（島根県・仁摩町）。島根県の大森銀山は，博多商人の神屋寿禎が発見したと伝えられる。神屋寿禎はさらに灰吹き法という精錬技術を朝鮮から導入したという。大森銀山の積出港であった仁摩町の鞆ケ浦には，神屋寿禎が勧請したと伝えられる鵜島厳島神社がひっそりとたっている

てなす接待所を共同で運営していたことが分かる。さらに安芸・厳島神社には、正平二一（一三六六）年に博多講衆一六名が寄進した灯籠がある。この一六名は海運関係者であるとされる。こうした一四世紀代の町衆たちの結合は、後の博多の自治都市化の前提になった。

室町時代になると多くの博多貿易商人が登場する。足利義満に通信の利を説き、日明貿易を勧めた「筑紫商客」肥《こい》富《づみ》はまさに博多商人であったろう。日明貿易にはいくつかの画期があり、一時期、堺商人が独占することもあったが、博多商人も日明貿易に関わり続けた。第一二次遣明船の客商奥堂右馬大夫、奥堂五郎次郎、綱庭太郎右衛門、澳浜新左衛門、某年、入明した佐々貞順、終末期の日明勘合貿易で活躍した神屋主計ら神屋一族、同時期に活躍した河上木工左衛門、小田藤右衛門といった博多の日明貿易商人の名前が知られる（小葉田、一九六九）。この他、多くの博多の僧侶たちが遣明船に乗って入明している。

日朝貿易においても多くの博多商人が活躍している。日明貿易にも従事した宗金、琉球－博多－朝鮮という交易ルート上で活動した道安はそれらを代表する存在である。一五世紀後半になると対馬宗氏による日朝貿易の独占化が進行していくが、博多商人は次第に対馬宗氏と連携を深め、宗氏の貿易を代行するようにもなっていく（佐伯、二〇〇五）。博多に外国使節がやってくると、男女・老少・僧尼にいたるまで多くの人々が見物に行ったし、僧侶や商人たちは争って接待したり、詩文の贈答などをして交流した（「老松堂日本行録」）。

博多から朝鮮に渡ったのは商人ばかりではなかった。博多の雪明（当時一四歳）ら六人は、対馬の次郎四郎という人物から、「朝鮮に行くと、衣食を支給され、官職ももらえる」と聞かされ、文明六（一四七四）年、次郎四郎とともに朝鮮の貿易港薺浦《せいほ》に渡った。ところが次郎四郎は、六名を薺浦に住む日本人に売ってしまったのである。だまされたのである。雪明は奴隷となることを避けるために剃髪して僧となり、朝鮮の諸山を遍歴した。明応六（一四九七）年、雪明は朝鮮政府に対して博多に帰りたいと申請したが、雪明が朝鮮国内をあまねく横行し、国内の事情

『海東諸国紀』西海道九州図。朝鮮の申叔舟が記した『海東諸国紀』には西海道九州図，壱岐島図，対馬図，琉球国図などの地図が収められている。これらには白抜きで航路が記され，上松浦，大島などを基点とした里程が書き込まれている。博多商人道安が提供した地図によるとされ，博多商人の活動を物語る資料と言える

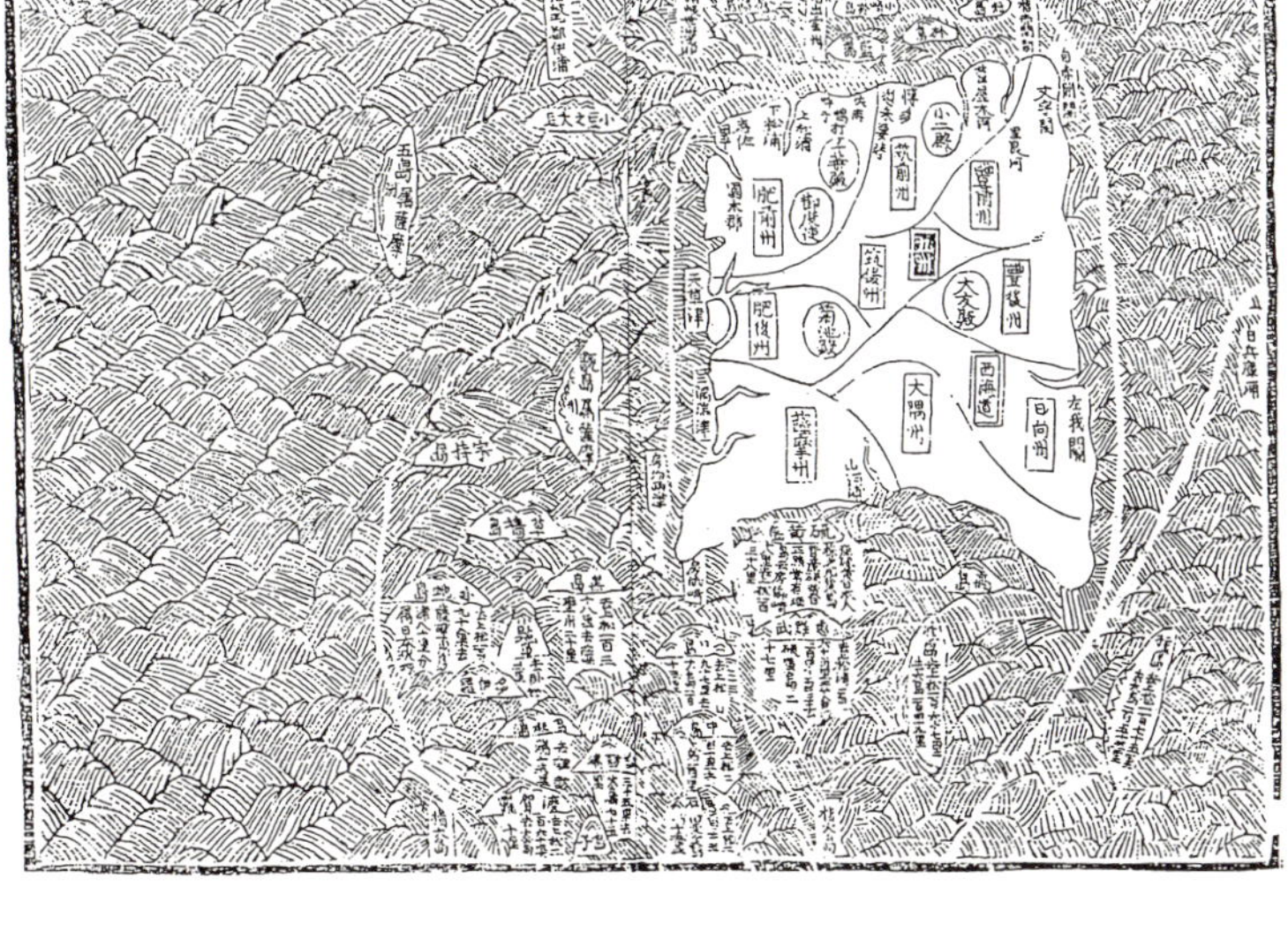

に詳しかったために帰国は許可されなかった（「燕山君日記」）。

博多商人たちは外国ばかりでなく、都があった京都とも深いつながりを持っていた。日朝貿易・日明貿易に活躍した宗金は、度々博多と京都を往復している。先の日明貿易商人佐々貞順は、京都で禅僧から「和叟」という字をもらっている（「翰林五鳳集」）。

宝徳二（一四五〇）年、「筑紫有徳人」である正棟が京都の祇園に宿願があり、独力で四条河原の橋を架けた（「康富記」）。この正棟は博多商人の可能性があるが、その富は京都の町衆たちを驚かせたのである。彼らはいずれも商売のために上京したと考えられる。こうした博多商人と京都との関係の中で、京都の様々な文物が博多にもたらされたと考えられる。博多の町衆たちの結集の場となった祇園会もこうした交流の中で博多に勧請されたものであろう。

町人たちの自治都市

一六世紀後半、博多は自治都市となり、東（博多浜）と西（息浜）に分かれて町人たちによる自治が行われていた。その代表者たちは「東西の年寄」や「地下年寄」などと呼ばれた。日明勘合貿易が終末を迎える頃、有名な中国海商の王直が来日し、博多の助左衛門ら三名を誘って、密貿易者たちの本拠地であった中国・雙嶼《そうしょ》に連れていった。博多商人たちの中には、中国の海商（後期倭寇）と手を組む者がいたのである。天文二二（一五五三）年に海賊行為で朝鮮に捕まった博多の三郎五郎は、「唐人（明人）たちが百余人で妻子を連れて博多にやって来て住み着いた」と述べている。この明人たちはまさに王直ら中国海商に連なる者たちであろう。しかし、一六世紀半ばになると、博多以外にも平戸、五島、南九州、豊後などに中国人が住み着き、唐人町を作って貿易を行うようになっていた。海外貿易における博多の地位は相対的に後退していたと考えられる。

博多の町人や僧侶・神官の中には伊勢神宮に対する信仰を持つ者がいた。地方の人々と伊勢神宮をつないだのは御師《おし》と呼ばれる人たちであった。関係史料には、櫛田神社の神主や寺院関係者の他、園田氏、白水氏、神屋氏、柴田氏、長野氏、西村氏、渡辺氏、油屋、米屋、西島氏、山田氏、千手氏、河原氏、栗田氏、金谷氏、手島氏、紺屋などの姓や屋号が登場する（佐伯、二〇〇二）。特に神屋氏一族の名前が多いが、元亀元（一五七〇）年から天正一四（一五八六）年の間に構成員に大きな変化がある。これは戦国期の戦乱が博多町人に大きな影響を与えたことを物語っている。しかしこうした時期にあっても、博多商人の中には安芸・厳島神社に廻廊を寄進している者があり、その広範な活動が知られる。

戦国時代になると博多の民衆たちの名前が史料に多く登場するようになる。天文一二（一五四三）年の「安山借屋牒」は、聖福寺寺内町の史料であり、寺内町の復元などに使われている。一軒ごとに間口、地料、夫銭を細かく書き上げているが、借家人の名前も記されている。戦国時代の博多の町を支えた人々である。中には「桶屋」、「こうや（紺屋）」、「かきや」、「にかわや」、「あめや」、「かち（鍛冶）」などの職業や屋号が記されている。

銭貨

小畑弘己

博多駅前備蓄銭の発見

博多駅前のナショナルビル前面の道路で、工事中に壺に入った六〇〇〇～七〇〇〇枚の銅銭が発見されたのは、昭和三二（一九五七）年のことであった。現在、この壺と残存している三八八三枚の銅銭は九州大学博物館に所蔵されている。この銭壺は最新銭の年号から一五世紀後半～一六世紀前半のものと評価されていた。この種の一〇〇〇枚以上の銭を壺や曲物・木箱などに収めたいわゆる「備蓄銭」（大量一括埋納銭ともいう）は、全国でおよそ一二〇カ所発見されており、その銭総数は約二〇〇万枚で、不確実な例を含めると九〇〇万枚を超えるという。備蓄銭は、その量の多さから中世の銭貨の流通を探る主な対象となってきた。

しかし、備蓄銭は、一三世紀後半から一六世紀中頃までのもので、それ以前や以後の銭貨の流通については何も発言力を持たない。さらに、年代の決め手とされる明代の銭は洪武通寳や永楽通寳を除くと、発行枚数が少ないため、全体量が少ない備蓄銭ほど入りにくく、最新銭で時期を決定するという手法では正確な時期が推定できないという不備がある。よって、本来であれば容器や共伴した遺物（年代の分かるもの）によって時期を修正する必要がある。博多駅前銭もその容器（備前壺）の時期を調べたところ、最新銭と半世紀以上の年代的な隔たりがあり、より晩い一六世紀後半のものであることが判明した。

わが国の銭使用の歴史と中国銭の特質

わが国では弥生時代後期から古墳時代の初め頃に、半両銭、五銖銭、貨泉などの中国の銭貨が出土し始める。この時期の銭は貨幣としての機能よりも、青銅鏡や青銅武器などと同じように一種の威信財的価値を持っていたものと思われる。七世紀末になって律令制が整うと、わが国も唐の制度に倣って、都城建設の資金作りや、地方へ旅をする役人の食糧や馬の調達のため、さらには税や給与・賃金の支払いの利便性を意図して銭貨を鋳造・発行し始める。最初は銀貨であったが、次第に銅銭が主流となっていった。

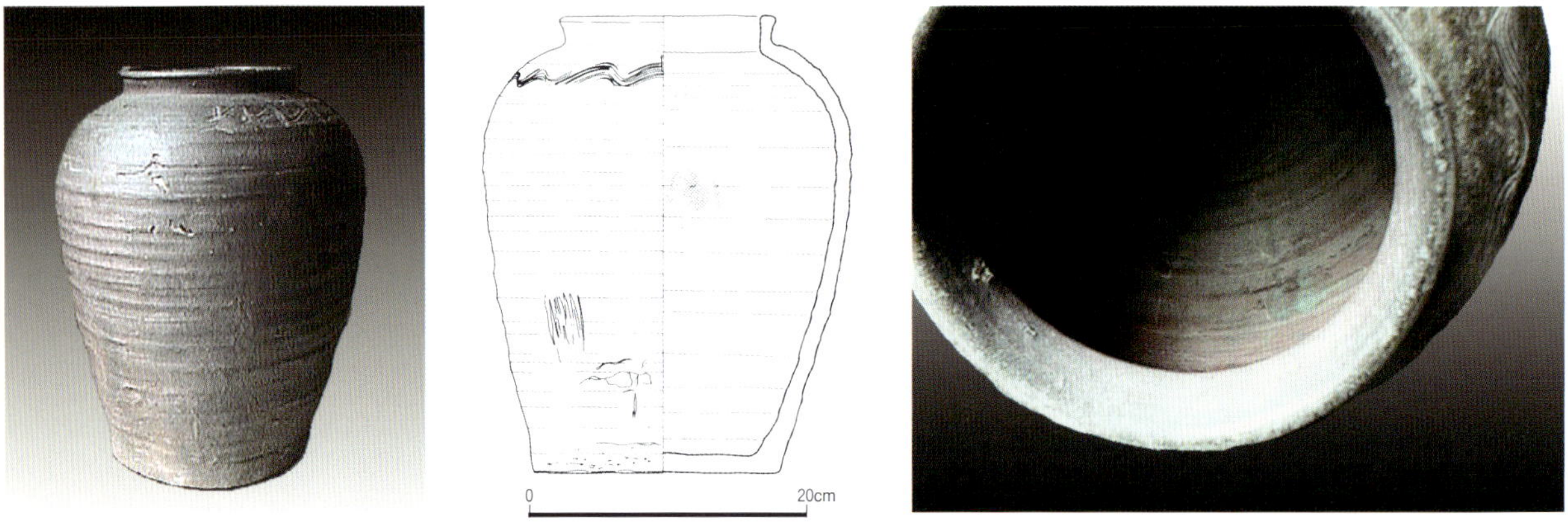

九州大学博物館に保管されている博多駅前銭の備前壺。
内面には銭が入っていたことを示す緑錆が見える

一九九八年に奈良県飛鳥池の発掘調査で発見された「富本銭」は和同開珎（七〇八年初鋳）より二〇～三〇年程古いわが国最初の鋳造銅銭である。その後和銅開珎をはじめとして一〇世紀中頃までに一二種の銅銭（皇朝十二銭）が発行されたが、一〇世紀末にはほとんど流通しなくなり、銭の代わりに米や布が価値基準として通用した。

そして、わが国における銭使用の復活は、一二世紀中頃に平清盛が大宰府（博多・神埼荘）、厳島、福原を掌握し、嘉応二（一一七〇）年に大輪田泊に宋船が入港した後の日宋貿易が盛んになってからのことと考えられてきた。この一二世紀後半から、一七世紀初めに江戸幕府によって再び貨幣が鋳造されるまでの期間のわが国の銭は、他のアジア周辺諸国と同じく、そのほとんどが中国から輸入された中国銭（銅銭）であった。

この中国歴代王朝が鋳造した銭貨のうち、最も信用が篤かったのは北宋銭であり、堺環濠都市遺跡から発見された一六世紀後半の銭の鋳型の銭種も、明代の洪武通寳や永楽通寳を除くと、北宋の皇宋通寳などが上位を占めていた。これは、中国本土においても同様で、清代に至っても北宋の年号を持つ銅銭が人気を保っていたようである。よって、単純に銭の年号によって、出土した遺構や共伴遺物の時期を決定することは危険である。

博多における銭貨の出土状況

銭貨の出土状況

博多遺跡群における銭貨の出土状況は、①容器や遺構（建物・基礎・穴）などに意図的に置かれたものであり、地鎮などの祭祀に関わるもの、②鉢や壺などの容器に多量の銭貨を入れたもので、銭貨を備蓄する目的のもの、③遺構や包含層などから単独もしくは複数枚で出土するもので、廃棄・遺棄行為によるもの、などに分類できる。①の代表例としては博多駅前築港線第三次調査地点五号遺構がある。深さ十数センチの小さな穴に一二個の墨書礫を詰め、その上に一二枚の銭貨を置いて青磁碗で蓋をしたものである。また、四二次調査地点では、方形竪穴遺構の四隅のうち三つの柱と礎石の間に銭を一枚ずつ挟む例なども発見されている。

②の大量一括埋納銭の例は、先の博多駅前銭を除くと、さほど

博多遺跡群における銭貨の出土状況。青磁壺を被せたまじないの銭

陶器鉢に入れられた緡銭

多くはない。四六次調査地点の二二号土坑の備前甕に入った二四枚の銭貨と四五次調査地点の三〇〇一号遺構の陶器鉢に入れられた「緡《さし》」状態のおよそ五〇〇枚の銭貨がある。

③の中には単独出土以外にも複数の銭貨が鋳着して二枚以上の固まりになった緡の状態の銭貨も含まれる。三九次調査地点の五四枚を最高として、七地点二六個の出土例がある。八〇次調査地点では、土坑底面に巾着のような袋に入れた状態を想像させる洪武通寳八九枚を含む一五九枚の銭貨が出土している。また、緡状態であったかは不明であるが、四次調査地点では井戸の底に廃棄されたような状態で開元通寳から宣和通寳まで七五種一七一枚の多量の銭貨が出土している。

この「廃棄・遺棄銭」は、銭種に人の意思が反映されにくく、さらに備蓄行為の流行の有無に左右されないことから、当時の流通銭の構成や地域ごとの流通量を正確に捉えやすい。これに対し、故意に埋められた①や②などの埋納銭は、現代の五〇〇円玉貯金と同じく、その銭種構成に人の意思や思想が働き、偏りが起こりやすいという欠点がある。よって、廃棄・遺棄銭は流通銭を復元する点において最も優れた分析対象と言える。

博多の希少銭

博多遺跡から出土する銭の中で一枚ないし数枚しか出土しない稀少銭がある。三五・六二次調査地点出土のパスパ文字の大元通寳（元一三一一年初鋳、当十銭）、八〇次調査地点出土の端平通寳（南宋一二三四年初鋳、当三銭）・四〇次調査地点出土の琉球銭の金圓世寳（一四七〇年初鋳）、一一三次調査地点出土の世高通寳（一四六一年初鋳）、五六次調査地点出土のベトナム銭の洪徳通寳（一四七〇年初鋳）、一〇二次調査地点出土の明銭の萬暦通寳（一五七六年初鋳）、七八・八九次調査地点出土の日本で造られた慶長通寳（一六〇六年初鋳）などがそれである。パスパ文字の大元通寳は現在まで全国で三例しか報告されておらず、博多の中世貿易港としての隆盛を証明している。端平通寳は対馬の水崎遺跡および琉球のグスクなどから

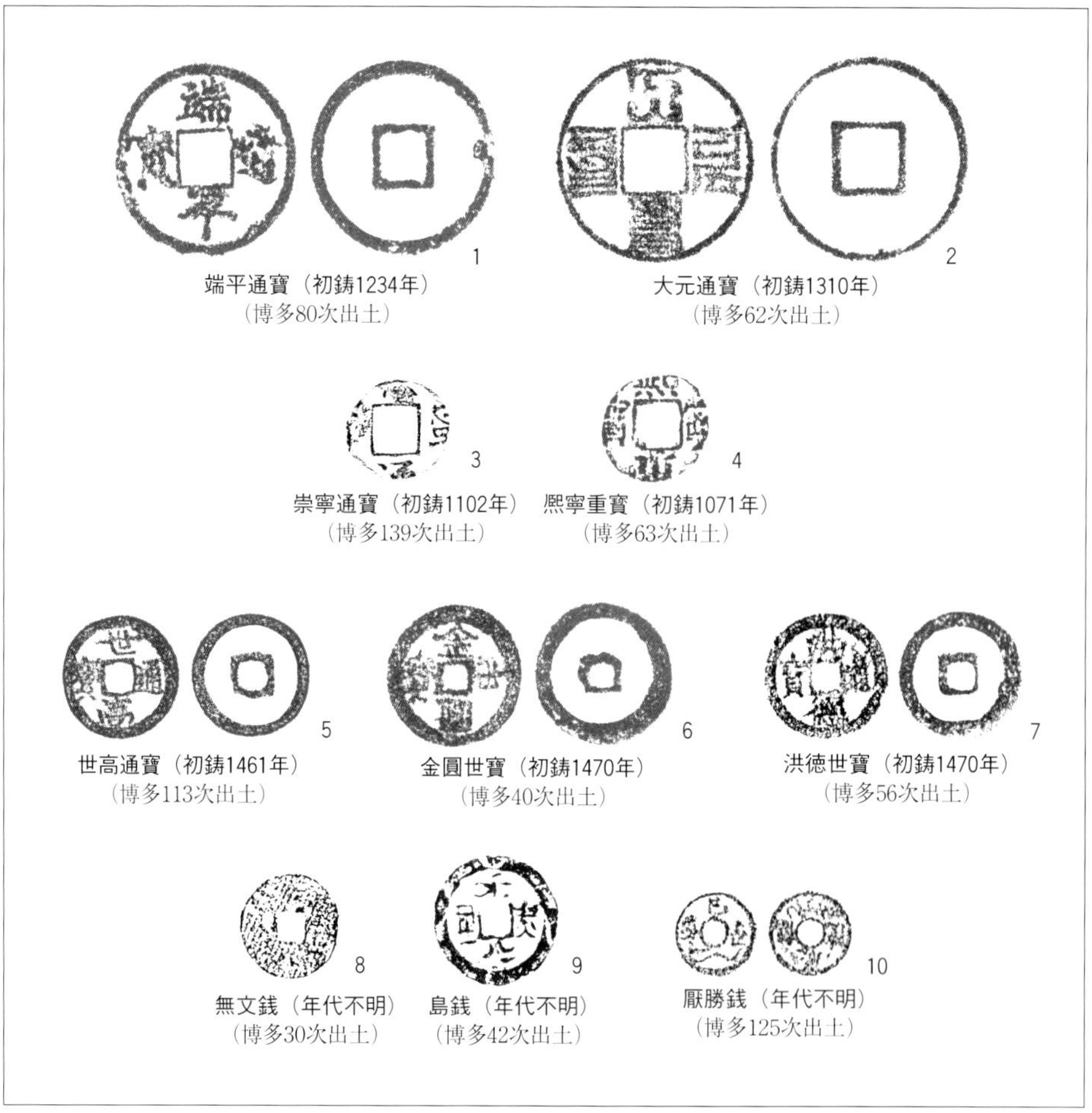

博多遺跡群出土の希少銭　1・2は大型銭で，3・4はそれらの縁を磨いた磨輪銭

出土しており、博多出土品は時期不明であるが、おおよそ中世後半期のものと思われる。また、厭勝銭（一二五次調査）はおそらく全国でも初めての出土例と思われる。片面上に「巳《へび》」と下に図形の蛇を現し、右左に「長寿」と吉祥文字を配する。逆面には上に「辰」もしくは「戌」の文字が見えるが、下の図形は「犬」に似る。また左右に「福徳」と吉祥文字を配する。残念ながら時期や鋳造地は不明である。

博多における銭貨流通量

博多出土の廃棄・遺棄銭の枚数を遺跡や遺構ごとに計数して、以下のような点が明らかになった。

①博多遺跡群出土銭貨の総枚数はおよそ一万四〇〇〇枚（二〇〇七年三月時点）で、九州・沖縄の中世出土銭貨（大量一括埋納銭は除く）の五割を占める、②銭貨の流通が他地域に比べて逸早い一一世紀末から開始されている、③これを除く中世を通じた流通銭変遷は大量一括埋納銭（備蓄銭）による復元とほぼ一致する、④大型銭が多量に出土しており、流通銭である可能性が高い、などである。

銭構成と流通量

銭種の判明した銭貨五六七九枚の鋳造王朝別の構成を見てみると、北宋銭が全体の約七七%を占めており、次に明銭の九・五%、唐銭の八・一%、南宋銭の二・四%と続く。これは備蓄銭の出土傾向と一致する。出土枚数が一番多い銭種は元豊通寶（北宋一〇七八年初鋳）で、次いで皇宋通寶（北宋一〇三八年初鋳）、開元通寶（唐六二一年初鋳）、熙寧元寶（北宋一〇六八年初鋳）、元祐通寶（北宋一〇八六年初鋳）であり、これらが全体の四三・五%を占めている。

博多遺跡群の銭貨出土量が傑出していることは、一九九五年までの集計で、中世に属する九州・沖縄の廃棄・遺棄銭約九〇〇〇枚のうちおよそ半分を博多が、一・五割を沖縄が、そして一割を大宰府が占めていたことからも窺い知ることができる。その後一〇年を経て博多の銭貨枚数はおよそ三倍に増加した。ここ一〇年来調査が進展してきた大友府内町遺跡の出土銭貨枚数と比較してみると、大友府内町遺跡では総計で一八八五枚（二〇地点の調査事例の集計結果）が出土しており、博多の同時期（一四世紀後半〜一七世紀初）の四一地点の想定出土銭貨枚数四四四四枚と比較すると、大友府内町遺跡を二倍しても博多には達しない。これは、大友府内町や堺環濠都市など博多以外の貿易や商業活動の活発な都市が発生した中世後期においても、博多に相当数の銭貨が集中していた状況を表している。また、博多が貿易都市として活況を呈していた中世前期（一一世紀末〜一四世紀前半）の出土銭貨の想定出土枚数は八九七〇枚であり、やはりこれも他都市を圧倒的に凌駕している。

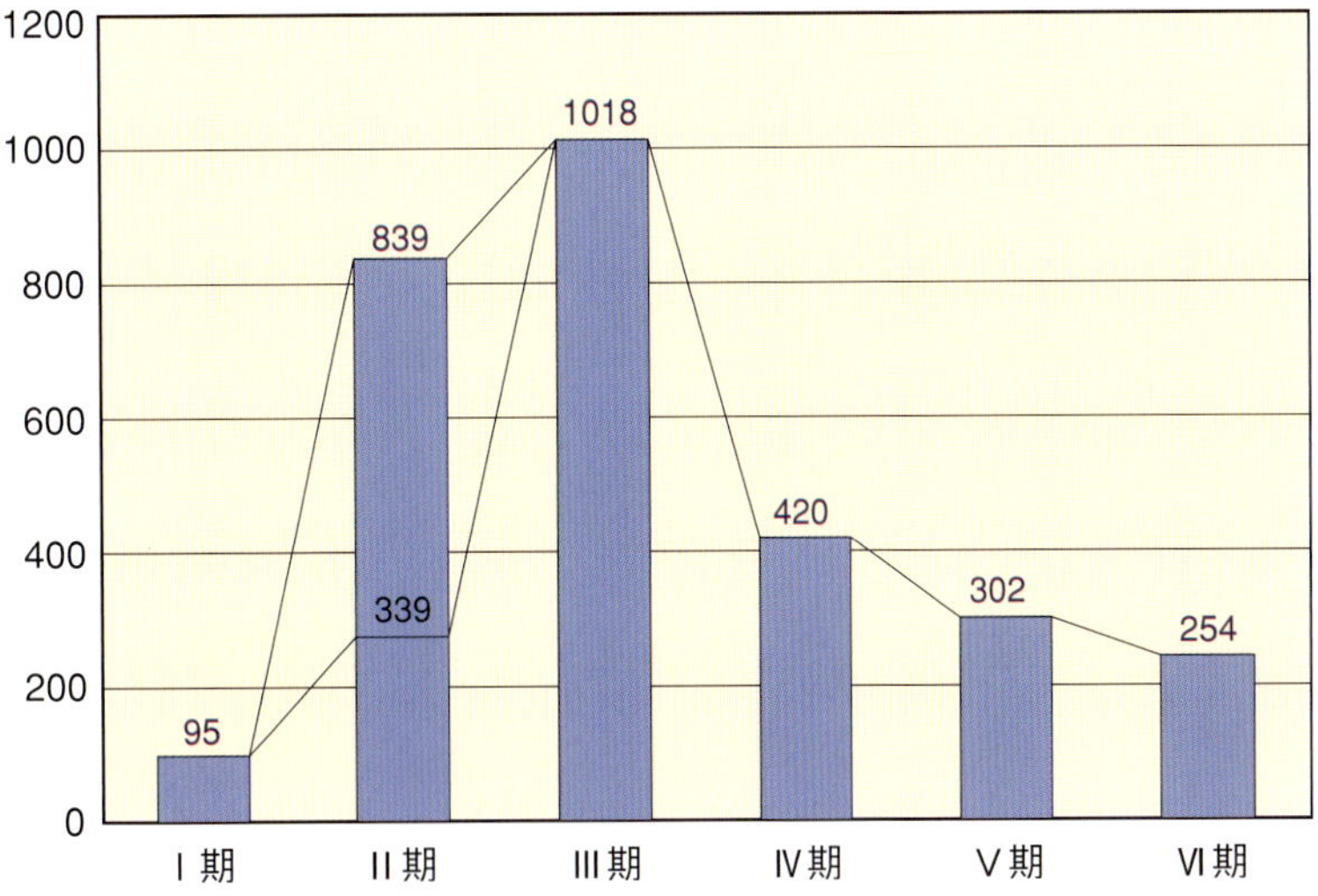

博多遺跡群における時期ごとの銭貨出土量

時期別出土枚数と種類

共伴する陶磁器の時期区分に当てはめて、時期ごとの流通量を求めた。一万三一三五枚のうち、その時期が判明したのはおよそ二・五割の三二五七枚であった。

時期ごとの枚数は、博多Ⅰ期（一一〜一二世紀前）九五枚、博多Ⅱ期（一二世紀後〜一三世紀前）八三九枚、博多Ⅲ期（一三世紀後〜一四世紀前）一〇一八枚、博多Ⅳ期（一四世紀後〜一五世紀前）四二〇枚、博多Ⅴ期（一五世紀後〜一六世紀前）三〇二枚、博多Ⅵ期（一六世紀後〜一七世紀初）二五四枚、近世三二九枚である。

時期別の銭構成は、各時期とも北宋銭主体で唐銭を一定量含む点で共通しているが、明銭は博多Ⅳ期に出現し、博多Ⅴ期に五割に増加し、博多Ⅵ期には約二割を占めている。博多Ⅴ期の明銭の

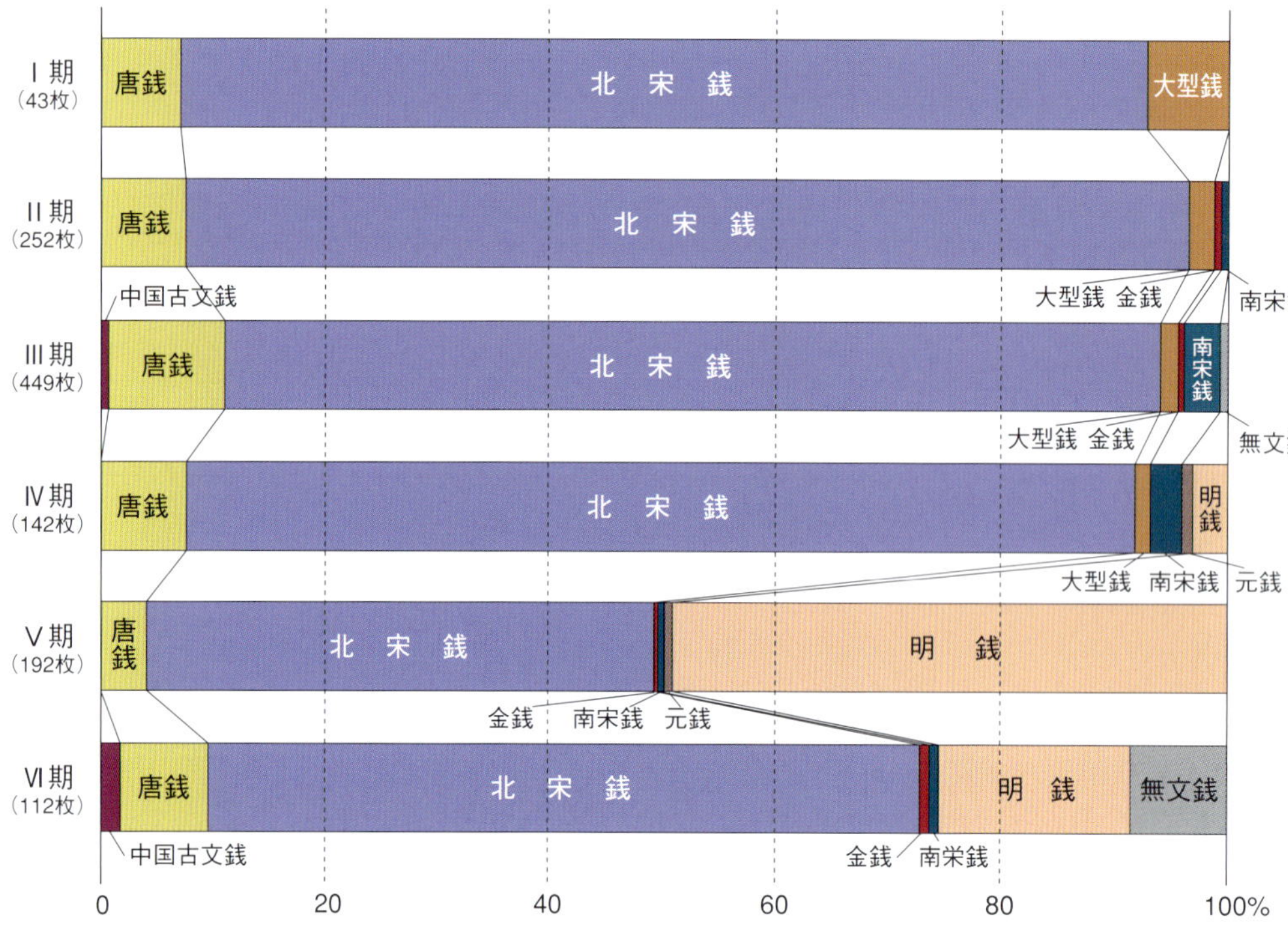

博多遺跡群における時期ごとの銭種構成　北宋銭が通時的に流通していた

枚数の多さは、八〇次調査地点において洪武通寶八九枚がまとまって出土しているためで、おそらく博多Ⅵ期のような比率が本来の比率である可能性が高い。しかし、このような明銭の高い比率は他都市では見られない現象である。堺環濠都市では、博多Ⅳ期相当期の明銭比率が二九％、博多Ⅴ期相当期で六・一％、博多Ⅵ期相当期で一一・九％である。また、大友府内町遺跡では、明銭はⅤ期相当期に一二・五％、Ⅵ期相当期に六・三％と、博多に比べて明銭の比率がわずかに低い。

特徴的な流通銭

大型銭と磨輪銭

中世博多の流通銭貨の特質は、大型銭の使用、無文銭をはじめとする粗悪銭の少なさにある。

現在、大型銭は全国で二〇三枚集成されているが、博多は当十銭に限れば、崇寧通寶・重寶（以下、崇寧銭と呼称）が六一枚、大元通寶が二枚、端平通寶一枚と、全国で最も出土量が多い。

大型銭とは、一文を示す小平銭の二倍以上の価値を付与された大型の銭であり、当十銭（本来は一〇倍の価値）、当五〇銭（五倍）、当三銭（三倍）、折二銭（二倍）などがある。これまでの銭貨研究では、備蓄銭の中からこれら大型銭の周囲を削り小平銭の大きさにした磨輪銭が発見されることから、大型銭は忌み嫌われ流通していなかったという考えが支配的であった。しかし、博多や大宰府、琉球、そしてそれらを繋ぐ沿岸集落遺跡の廃棄・遺棄銭中か

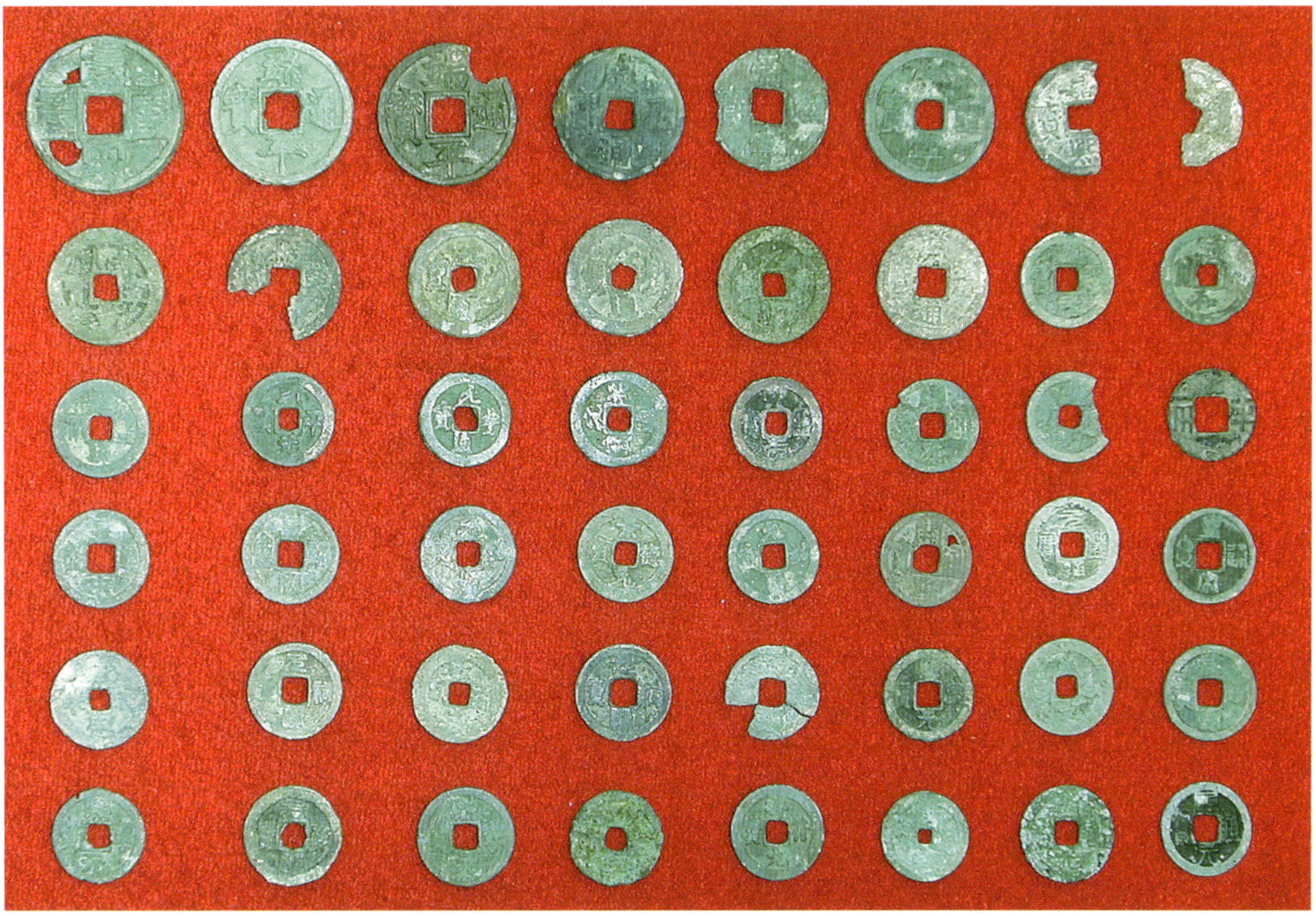

長崎県対馬市水崎遺跡出土銅銭（対馬市教育委員会蔵）。
15世紀代の流通銭であるが，大型銭も一定量含まれている

ら多量に発見されることから、湾岸関連遺跡や都市遺跡では大型銭が商取引の決済手段として機能していたと考えられるようになった。博多遺跡群での大型銭の出土状況は、博多Ⅲ期（一三世紀後半～一四世紀前半）に出土量のピークがあるが、博多Ⅰ期（一一世紀末～一二世紀前半）という早い段階から大型銭が確認でき、全国に先駆けて博多に流入していたことが分かる。

最近、長崎県対馬の水崎遺跡において、貿易圏での大型銭の使用を物語る資料が発見された。ここでは出土銭五五枚中一四枚が大型銭であり、博多に次ぐ二番目の発見例であるパスパ文字の大元通寶一枚を含んでいる。本遺跡は対馬倭寇の統率者で後に朝鮮貿易の海商として活躍した早田氏の拠点であり、東シナ海を舞台とした貿易圏では一四世紀後半～一五世紀前半という時期にもかかわらず、大型銭が貨幣として循環していたことを物語っている。琉球王朝においても全く同じ状況である。

模鋳銭と無文銭

流通銭には、「本銭」と呼ばれる中国公鋳銭・中国で造られた「私鋳銭」、中国から流入した銭貨をさらに日本で鋳写して造られた「模鋳銭」が混在している。模鋳銭の特徴としては、銭径が小さく、銭厚も薄く、重さも軽い、銭文の突起が浅く不鮮明で銭文が判読できない、裏面は外縁や内郭の段差をほとんど持たない、などの諸特徴がある。

中国銭が輸入された時点ですでに一定量の中国私鋳銭が含まれ、中国私鋳銭の実態が不明であるため、特に宋銭については本邦模

鋳銭との区別が困難である。一方、明銭については博多ではほとんどが本銭で構成されており、東北地方や九州の山間地出土の備蓄銭などのように洪武通寳や永楽通寳の模鋳銭（粗悪銭）が多い所とは様相を異にしている。

博多遺跡群では七二枚の無文銭（銭銘のない銭）が出土している。また、一一一次調査地点から出土した無文銭のみの「緡」の残欠資料は、全国的にも稀な貴重な資料である。この無文銭は、大型銭（崇寧銭）が博多Ⅰ～Ⅳ期までで、その後は消滅するのに対し、対照的に博多Ⅱ期に出現し博多Ⅵ期に最高の九枚を数え、中世後半期にピークがある。無文銭は、堺環濠都市と同様、博多でも中世末を中心に流通していたものと推定される。

全国の出土枚数中の無文銭の割合は〇・五五％で、博多の出土率は他都市に比べて低い。大内氏関連遺跡、大友府内町遺跡、堺環濠都市などと比較してみると、中世銭全枚数の場合、堺環濠都市遺跡が三・一六％、大内氏関連遺跡が〇・六九％、大友府内町遺跡〇・七五％で、博多が〇・五二％と最も低い。銭種判明銭を母数とした比較では大友府内町遺跡が一番低い数値（一・〇五％）となるが、博多もほぼ同じような比率（一・二七％）であった。

博多における銭貨流通の特質

最近博多では、発掘調査が息浜地域に及ぶにつれ、博多Ⅳ～Ⅵ期の銭貨が増加するとともに、無文銭や磨輪銭などの粗悪銭が増加しつつある。文献史の研究によると、一五世紀末からの各種撰銭令に見るように、当時、各種粗悪銭は市場に出回っており、中世後期の肥前国・豊前国においては「清銭（高品位銭）」や「並銭（低品位銭）」の価値に一定の換算値が存在していたことが明らかにされている。この無文銭や磨輪銭はこの低品位銭に属する。しかし、博多の粗悪銭はさほど「高い」使用率を持っていたのであろうか。先に見たように、無文銭に関しては、博多では他都市に比べさほど高い数値を示しているとは言えなかった。それよりも、むしろ博多では明銭（良銭）の比率の高さが目立ち、中南部九州の村落・城郭・僧坊遺跡の資料中の粗悪銭の多さとは対照的である。粗悪銭や無文銭が一定量含まれる備蓄銭としては宮崎県坂本城出土銭、同矢形の的出土銭、同上原出土銭などがあり、さらに廃棄・遺棄銭中の無文銭も中南部九州を中心とした一五世紀後半以降の一一カ所の遺跡から発見されている。この状況は、一五世紀後半～一六世紀前半の撰銭慣行の盛んな時期において北部九州、特に貿易都市およびその海上交通の要衝において精銭が、九州の中南部地域（山間部）では無文銭および粗悪銭がストックされたことを物語っている。おそらくその背景には沿岸貿易都市においては銭貨不足の状況下とはいえ、銭供給が完全に途絶しておらず、内陸地域に比べれば潤沢な旧銭（良銭。模鋳銭も含む）が流通していたという供給のアンバランスが生じており、これによって良銭の入手困難な地域へ悪銭は退避し集積されていったものと考えられるのである。

中世博多はアジアの貿易拠点であり、遺跡から出土する銭貨の質と量はその繁栄振りを如実に物語っている。

度量衡

小畑弘己

▽度量衡とは

　度量衡《どりょうこう》とは、長さ、広さ、重さの計量についての制度または慣習をいう。『漢書』では、度とは黄鐘《おうしき》という音律の笛の長さを基準として分－寸－尺－丈－引の単位を定めた。秬黍《くろきび》一粒が一分である。量は、龠《やく》－合《ごう》－升《しょう》－斗《と》－斛《こく》という単位で、基準は黄鐘管に一二〇〇粒の黍《きび》を満たし、水を入れて液面を正し、この堆積を龠とした。二龠＝一合、一〇合＝一升、一〇升＝一斗、一〇斗＝一斛である。衡（権）は、銖《しゅ》－両《りょう》－斤《きん》－鈞《ちょう》－石《こく》という単位で、基準は黄鐘管で、一龠の黍一二〇〇粒の重さを一二銖とした。二四銖＝一両、一六両＝一斤、三〇斤＝一鈞、四鈞＝一石である。この度量衡という言葉がわが国で使用されるのは江戸時代からで、古くは「度量権衡《どりょうけんこう》」、「権衡度量」の語が用いられていた（阿部猛『度量衡の辞典』二〇〇六、同成社）。このような制度は、為政者が庶民から税金を徴収する際や都城や道路などの整備にも欠かせないものであり、古代より主たる貢物《くもつ》（税）である穀物が単位の基準となっていることは興味深い。また、商人が商いをする際にも銭の交換率とともに重要な価値基準であった。

　しかし、博多遺跡群からは、これらを計る度量衡器のうち「枡《ます》」や「尺《しゃく》」などは未だ発見されたことはなく、遺構などの寸法から当時の尺が復元された例もない。また、おそらく椀などの挽《ひ》き物や曲げ物、下駄《げた》や草履《ぞうり》などの製作には一定の規格が存在したであろうが、そこに使用された長さの単位（寸法）なども未だ不明である。

　これに対して、遺物としてよく私たちの目を引くのが、天秤《てんびん》や棹秤《さおばかり》の錘《おもり》として使用された「権」や「分銅」（「衡〔重さ〕」を計る道具の一部）である。古代の秤は、大きく「棹秤」と「天秤」の二種類に分けられ、エジプトや中国で最初に発明・使用されたのは天秤であった。これは一本の棒の中央を支点とし、その両端に吊り下げられた皿の片方に計る対象物を、もう片方に一定の重量を示す分銅を載せてそのバランスで重量を計るものである。棹秤は、骨や木や角で作られた棹の一端に皿（鈨皿：まるさら）もしくは鉤をつけ、その近くに紐を付けて支え（支点）とし、棹にぶら下げた錘でバランスを取って、その支点からの距離を分銅によって付けられた目盛で表示する計器である。中国や日本でも秤の主流は棹秤で、天秤は両替商や冶金《やきん》業者などが主として使用していたという。

▽重さ（衡）の歴史

　わが国における度量衡の制度は、中国の唐にならって開始された奈良時代の大宝令《たいほうれい》で整備され、その中の衡（重さ）の単位は、斤・両・銖が使用されていた（分《ぶ》＝四両という単位も存在した）。その後、銭の流通とともに室町時代頃には、開元通寳を基準とした銭（匁《もんめ》）・分・厘《りん》が一般化し、江戸時代に入ると、緡銭《さしぜに》の呼称である貫《かん》が重量の単位として加わった。このように官制の銖・両・斤のうち銖・両は匁・貫に替わっている。この銖・両の時代、秤はまだ権力のもので、庶民には縁がなかったが、この匁・貫への変化の時期は貨幣とともに商品の流通が盛んになり始めた頃でもある。江戸時代における東西両秤座の設置によって、この匁・貫単位の棹秤は急速に普及し、それとともに庶民の間にこの単位が定着した。

秤の目盛付けに欠かせなかったのが分銅である。江戸時代を通じて棹秤の製作を司ったのは、東日本では甲府《こうふ》の守随《しゅずい》家、西日本では京都の神《じん》家《け》である。守随家は天正二（一五七四）年に武田信玄より秤製作の独占権を与えられているが、当時全国に通用していた神家の秤と目盛が異なっていたため、武田氏の滅亡後甲州を支配した徳川家康によって、天正一〇（一五八二）年にこれを改めさせられている。この基準となったのが、後藤家の製作した分銅である。後藤家は室町時代の足利義政に仕えた祐乗《ゆうじょう》を始祖とする彫金を司った家系で、足利、織田、豊臣、徳川と、常に権力と結びつきながら、金工界の中枢として以後一七代、江戸末期に及んでいる。この後藤家の四代目光乗《こうじょう》は天正九（一五八一）年に織田信長より大判分銅の役を命ぜられ、後藤家は装剣金具の製作とともに、大判金の製作（大判座、慶長以後は金座と呼ぶ）や金銀掛の分銅の鋳造および管理（分銅座）、幕府の非常時の準備金である金銀法馬（分銅）の鋳造権を世襲し、家職とするようになった。この後藤家がいつ頃から分銅の製作を始めたのかは明確ではない。しかし、これ以来後藤家は分銅の製作権を一手に握り、幕末まで製作し続けている。

▽博多遺跡群出土の権衡資料

博多遺跡群からは、これまで二一点の権衡資料が発見されている。これらは形態的特徴や使用法から、棹秤の錘に使用されたと推定される「権（金属製）」・「権状製品（石製品ほか）」と天秤用の「分銅（金属製）」の二種類に分けられ、その製作や使用時期も異なっている。

（一）権

〈古代末〜中世初期の権〉

わが国の遺跡から発見される金属権は、平城京、長岡京、大宰府などの都城や国府からの出土例が大半を占め、それ以外のものも郡衙関連遺跡からの出土品である。これは、奈良時代〜平安時代初頭の時期の権の管理者が官的な人々であったことを示している。その形態的特徴は、傘型の頭部に扁平な円筒の部分が付くもので、傘の上部には環形の鈕《ちゅう》が付く。傘の部分が小さく、肋《ろく》のないタイプも存在する。その祖形は中国に求められる。博多遺跡群からは、傘に肋のあるタイプが築港線第一次調査で発見されている。静岡県山廻《やままわり》遺跡や同坂尻《さかじり》遺跡などから同じタイプのものが発見されている。博多出土品の重量は両遺跡の中間で、七九グラムである。これを詳細に観察すると、傘の部分と円筒部分は別作りで、傘部分に鉛などを詰めて、円筒部分で蓋をしたものと思われる。最下層（Ⅳ面）の包含層から検出されている点や、他の遺跡での出土時期を考えると、本品も一〇・一一世紀代に属する可能性が高い。国衙《こくが》や郡衙《ぐんが》に配置された「様《よう》」の可能性があり、博多遺跡群における古代官衙関連遺物の一つに加えられるものである。

これら金属権を模倣したと考えられる石や瓦・土などで作られた権は「権状製品」と呼ばれ、福岡県内において六〇例程が確認され（吉村、一九九五）、うち博多遺跡群からは一〇例程が発見されている。七〜一三世紀に属するが、七・八世紀と一一世紀を中心とした時期に多く見られる。博多遺跡群で最も古いものは、一二世紀前半のものである。

〈中世末期～近世の権〉

古代末～中世初期の金属権の系譜を引くと思われる吊り下げ型の金属製の権が、博多三五次調査地点の第二面包含層から二点発見されている。これは釣鐘形をしており、肩部が張り、下側へ向けて次第にすぼまる形に特徴がある。いずれも上下段で仕切られた胴部には瓜破文様が刻まれており、微妙なプロポーションの差はあるものの共通の形態的特徴を持つ。同タイプの金属権は福井県の朝倉氏遺跡などから検出されており、一五・一六世紀代を中心とした年代観が与えられている（宮本、一九九四）。九州内では大分市の大友府内町遺跡で二点（図1－6、7）が確認されている。

（二）分銅

権が七・八世紀にわが国へ導入されて以来、形態を変えながらも使用され続けたのに対し、秤目盛付用の分銅は一六世紀代になって登場する。その形は両替屋の看板でお馴染みの繭形がほとんどであり、これは元代の銀錠（銀のインゴット）に原型が求められる。これに加え、わずかではあるが、円い太鼓形の分銅（太鼓形分銅）がある。分銅は、博多遺跡群、堺環濠都市遺跡、大阪城などで多数発見されており、最近では大友府内町遺跡からも発見が相次いでいる。これらの分銅は製作法などの特徴と出土遺構の時期から、おおよその製作・使用時期が類推可能である。

▽三つのタイプの繭形分銅

博多を含めた各地から出土した繭形分銅をよく見てみると、その作り方や銘のつけ方によって三つのタイプが存在することが分かる。

Aタイプ……栓《せん》を持ち（壱両以上）、重量表記のみで、裏面には何も刻まれていない。銘は彫刻によるもので、表面周囲に同じく彫刻による圏線《けんせん》が巡る。鋳型で製作した真鍮《しんちゅう》の外枠に鉛を入れて重さを調整して栓をするという製作法による。

Bタイプ……栓がなく（壱両以上）、裏面に「後藤＋花押《かおう》」の銘がある。栓がないため、おそらく鉛の塊を真鍮の膜で包むという製作法で造られたものと思われる。

Cタイプ……栓がなく（壱両以上）、裏面に「後藤＋花押」の銘があり、丸い刻印（改、極、桐紋《きりもん》など）がある。Bと同様の製作法が考えられる。

このうち、AタイプとBタイプが堺環濠《かんごう》都市遺跡や博多遺跡群などの遺跡から出土するもので、Cタイプは伝世品である。草間直方《くさまなおかた》の『三貨圖彙《さんかずい》』などの文献資料から見ると、慶長年間（一五九六～一六一四年）の分銅は後藤極印および鶴亀の模様がある繭形分銅であることから、Aタイプが後藤家が分銅座を命じられた天正九（一五八一）年以前のものである可能性が高く、Bタイプはそれ以降の後藤極印を持つ分銅に、Cタイプが寛文五（一六六五）年以降の後藤改めの分銅に相当すると推定される。これは遺跡における出土状況ともほぼ一致する。堺環濠都市遺跡や大阪城の出土品はほとんどが慶長一九・二〇年の焼土層もしくはそれに覆われた遺構からの出土品であり、その中には「後藤＋花押」を持つBタイプが少なからず含まれている。これに対して、堺環濠都市二三〇地点の蔵の年代はおおよそ一五七三～九六年の間と考えられており、Aタイプの古さを証明している。また、大阪城でも後藤刻印のない一匁分銅が一五八〇年を遡ることが判明している。さらに同じAタイプのみで構成される博多遺跡群出土の繭形分銅は、六〇次・八〇次・一二四次調査地点の共伴陶磁器から一六世紀代中頃の年代観が与えられている。博多六〇次調査地点出土の太鼓形分銅は側面に栓があり、繭形分銅Aタイプと製作技法が同じであることから、Aタイプと同時期に製作されたものと思われる。以上により、Aタイプは繭形分銅の中で最も古いものであることが分かる。

墓から出土した繭形分銅（『福岡市埋蔵文化財調査報告書』285集，図版8－55）

▽分銅の製作者と天秤の普及

　では、これら繭形Aタイプと太鼓形分銅は、誰がどこで製作したものなのであろうか。この繭形の形態が中国に由来することはほぼ間違いない。それは、以下の二点から証明できる。①中国における繭形分銅の例は『中国度量衡図集』に掲載されている江蘇《こうそ》省丹陽《にんよう》県万《まん》寿塔《じゅとう》出土の「肆《し》（四）両」分銅であり、Aタイプ分銅と形や圏線、銘の書体や線構成などから、栓の有無は確認できないが、全く同じものと思われる。②一六世紀後半に多く出土する中国製の青磁碗の見込みには圏線を表現した分銅が描かれている。以上から、この繭形Aタイプと太鼓形分銅は中国製品の可能性が高い。

　ただし、博多六〇次出土「肆（四）両」分銅（図1－13）はプロポーションが他のAタイプと異なる点や表面の圏線がないこと、単位名が単線で刻まれ、裏面にも同じ形態の単線で刻まれた「久二」の銘があるなど、Aタイプの中でも異質である。これは中国で作られたものではなく、わが国で中国製を模倣して製作された分銅である可能性が高い。その理由は、この「久二」銘が後藤家三代目の乗《じょう》真《しん》（吉久《よしひさ》、通称二郎という）の名を示すと考えられるからである。彼の父宗乗《そうじょう》（武光《たけみつ》）も通称二郎というため、父と区別するために「二」の前にあえて「久」がもってこられた可能性がある。この推測が正しければ、この乗真の活躍した時代は先代の死後から戦没までとして、一五三八年から一五六二年にあたり、一緒に出土した青花《せいか》皿などの中国陶磁器の年代観とほぼ一致する。これは、後の四代目光乗が天正九（一五八一）年に織田信長より分銅座を命じられ、「後藤」の銘が分銅に刻まれる以前のことであり、この二代目宗乗や三代目乗真の時代に、中国製分銅をまねてわが国でも分銅が製作され始められたものと考えられる。しかし、実際の天秤や棹秤の出土例はきわめて少なく、出土遺物で天秤と推定される資料は一五～一六世紀代の浪岡《なみおか》城から出土した木製棹と皿が最も古い。中国製の分銅や天秤の使用は今のところ一六世紀を大きく遡ることはなさそうである。

　これは、次のような事実によっても裏付けられる。ポルトガル人のルイス・フロイスは、永禄六（一五六三）年から天正一三（一五八三）年までに本国へ送った書簡の中で「われらはヨーロッパでいつも天秤を用いる。日本人は等子（棹秤）を用いる」と述べている。当時の日本では、棹秤が主流で天秤はほとんど用いられていなかった。江戸時代の記録においても天秤はごくわずかで、さほど普及していなかった。先に見たように、一六世紀代の権衡資料に権と分銅の二者があることがこ

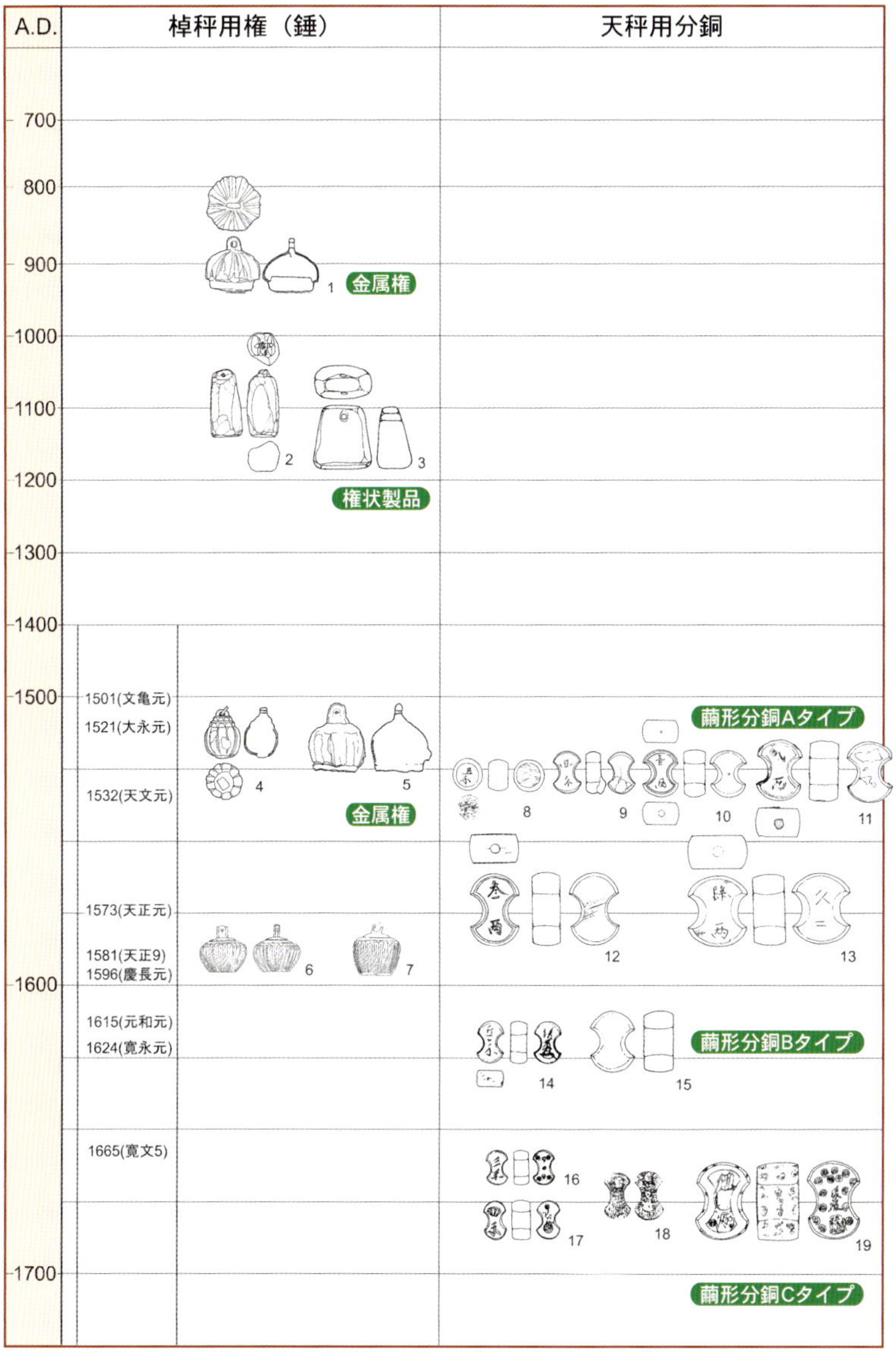

図１　博多遺跡群を中心とした権・分銅編年図

（1）博多駅前築港線1次調査，（2）博多79次調査，（3）博多133次調査，（4）・（5）博多35次調査，（6）大友府内町遺跡18次調査，（7）大友府内町遺跡9次調査，（8）・(10)・(12)・(13) 博多60次調査，（9）博多80次調査，(11) 堺47次調査，(14) 堺169次調査，(15) 堺20次調査，(16)～(19) 伝世品（福岡市計量検査所，鹿毛勲氏蔵）

れらの状況を物語っている。

しかし、問題は、フロイスより先にヨーロッパの天秤が日本へ流入している点である。日本に最初に来たポルトガル人は二年後の天文一四（一五四五）年に豊後の港まで来て、天秤と分銅を用いて、一言も言葉を交わさずに交易をしたという記録がある。この天秤と分銅がどのような形であったのかはよく分かっていない。最初に中央に針のある天秤の図が現れるのは豊臣秀頼《ひでより》跋本《ばつぽん》の「帝鑑《ていかん》図説《ずせつ》」（慶長一一〔一六〇六〕年）であり、これ以降はこの形式のみの天秤だけが登場する。ポルトガル人が中国製の繭形分銅を使用していたとは考えられず、このヨーロッパ・スタイルの分銅の形態の解明は興味ある課題である。

▽今後の問題点

以上、権衡資料の変遷を見てみると、一一～一四世紀代の資料はほぼ滑石製を主とした権状製品に限られ、金属製権が存在していないことに気づかれるであろう。

博多は一一世紀末には官制貿易を脱却し、わが国でも逸早い北宋商人たちによる貿易（住蕃貿易）が開始された土地柄である。この時期、博多においては白磁の洪水の時代といわれるほど多量の中国製陶磁器が出土しており、この状況を裏付けている。この北宋商人たちは交易に使用する計量器を持っていたはずであり、権衡具も中国製が持ち込まれたはずである。しかし、その形態がどのようなものであったのかは残念ながら不明である。

また、一四～一五世紀代の権衡具も博多では出土しておらず、よく状況が分かっていない。他遺跡や新安沈没船などからも発見されている、裾付の釣鐘タイプの金属権が存在した可能性が高いが、その発見も今後の課題である。

獣骨から見た人々の暮らし

屋山　洋

最近まで日本では、古代以来仏教の影響で動物を殺して食べることを忌避してきたと考えられてきた。それは江戸時代に生類憐れみの令として最高潮に達したが、明治になると西洋の影響を受けた牛鍋の流行とともに肉食が始まった。これは全体の流れとしては正しく、中・近世の肉食に対する嫌悪感は貴族の日記や神社の物忌令において明確に現れているし、明治以降においても屠殺や肉食を嫌悪した例は多い。

しかし、そのような時代でも肉食が行われていたことが、発掘調査で出土する動物の骨から分かってきた。博多遺跡でも多種多様な骨が出土しており、現在その分析を行っている最中である。ここでは、古代以降どのような動物を食べてきたかについて、それに骨角器についても若干述べたいと思う。

▽中世博多人が食べていた動物たち

〈魚類〉　博多の郷土料理としてはガメ煮やかしわご飯、水炊きなどニワトリを使った料理が知られるが、ニワトリが盛んに使われ始めるのは明治以降らしい。博多遺跡の発掘調査ではニワトリの骨は出土するものの、量は少ない（鳥類全体が少ないので単に骨が残りにくいだけか）。それ以前はハウオ（カジキマグロ）をガメ煮に入れたりハウオ飯（カシワと違い高級料理だった）にしていた（社団法人農山漁村文化協会、一九八七）。このカジキマグロやマグロ類など外洋性大型魚類の椎骨（背骨）は博多遺跡から多く出土する。一六五次では道路に面した一四〜一五世紀のゴミ穴からマグロ類の尾鰭が三〜四匹分出土した（写真1）。当時の海岸線から近く、当初は大型魚類の解体場か魚屋ではと考えたが、同じゴミ穴からイルカ類、そして小型魚類の他に貝類、イヌ頭骨やシカなど雑多な骨が出土しており、現在ではここで行われた宴会の食料残滓と考えている。ここでは大型魚類の頭骨も出土しており、後述するサメなどと異なり、大型魚を丸ごと持ち込んだと考えられる。

その他の大型魚類としてはブリやハタ類、サメ・エイ類も出土する。特にサメ・エイ類は古代から楚割（刺身のようなもの）や内蔵から採油するために捕獲され、骨が多く出土

写真1　マグロ類尾鰭。左上側と対になる

するが（サメ・エイ類は軟骨魚類なので椎骨と歯しか残らない）、今のところ歯の出土例が八九次や一二五次ぐらいなのに対し、椎骨はあちこちから数個まとまって出土するため、市域外で頭を落として胴部を輪切りにしていたようである。この出土状況は**写真2**の大型魚や当時魚の一種とされたイルカ類も似ており、大型魚類は胴部を輪切りにして持ち込むのが主流であった可能性がある。食べ方としては、イルカ類の椎骨が連結した状態で出土することから焦げ目がつかない程度に炙《あぶ》って食べたか、もしくは干肉にして削りながら食べることが多かったのではないだろうか。出土した骨の中には白くスカスカなものがあるため、煮込んで食べたか採油した骨もあったようだ。中型魚ではマダイやクロダイ、フグ類が多く出土する。いずれも博多湾近辺を漁場とする魚である。マダイ前頭骨は刃物により中央で切断されたものが多いため、今でいう兜煮《かぶとに》などの吸物にすることが多かったと思われる。小型魚は骨ごと食べたりするためか発掘調査ではあまり出土しない。一六五次調査ではショウサイフグを含む小型魚類の骨がまとまって出土した（**写真3**）。これは頭骨ばかりで椎骨をほとんど含まないため、解体時に切り落とした頭部である。逆に一一五次調査地点のゴミ穴〇二三九では、多くの鱗や椎骨が連結した状態の小型魚類が十数匹分出土したが頭骨は出土していない。

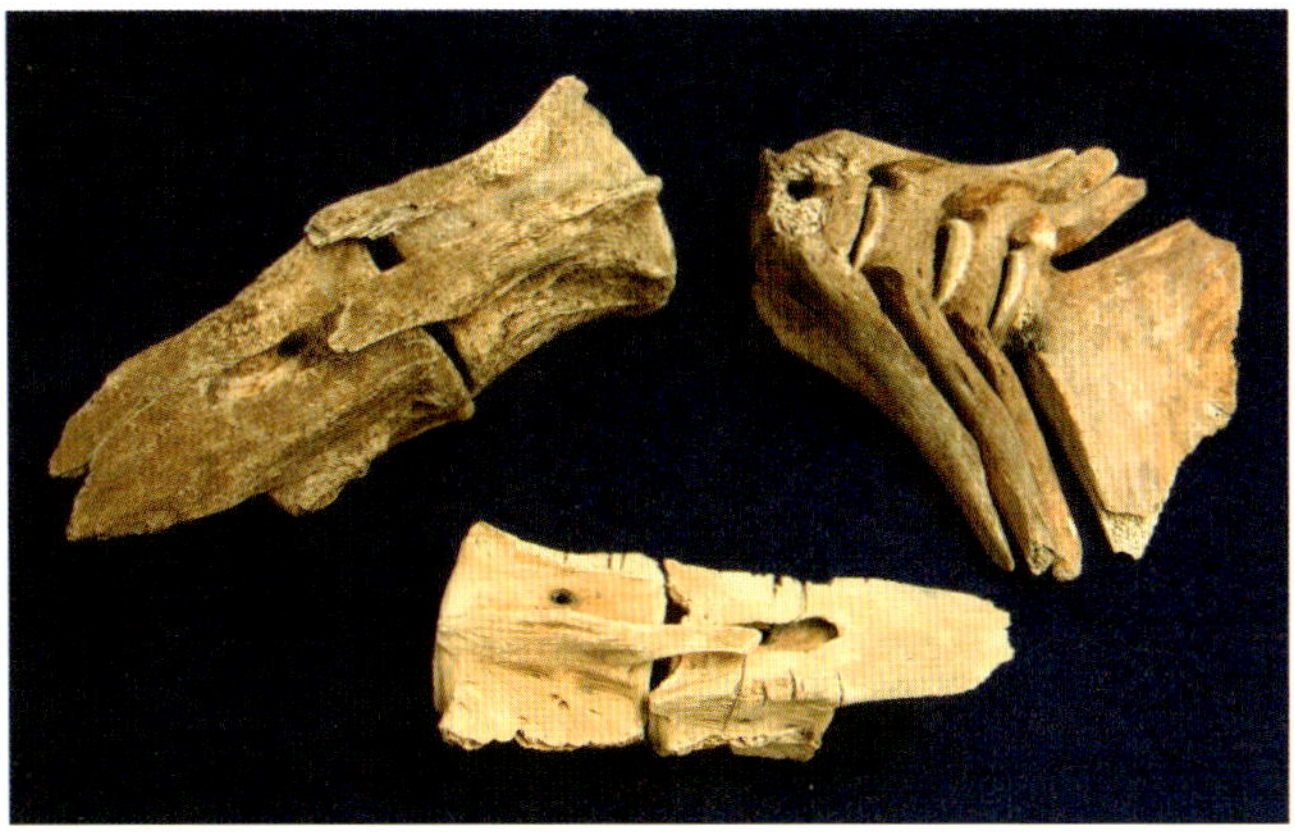

写真2　大型魚類椎骨。椎骨は数個単位で出土することが多い。中央の椎骨には解体痕が見られる

写真3　まとまって出土した小型魚類。椎骨をほとんど含まない頭部の骨である

　これらの出土状況から、魚を解体する場合にはまず頭を落としてから鱗をとって、三枚におろしたと想像されるが、頭骨と椎骨が一緒に出ないのは、頭を切り落とす場所が別であった（頭を取って売っていた？）のか、それとも頭を何かに利用したのか。淡水魚は今のところ確認されておらず、淡水魚の利用に関しては全く不明である。福岡の河川に棲む魚としてヤマメ、タカハヤ、オイカワ、アユ、ドジョウ、ナマズ、フナ、コイなどが記載されている（NPO法人環境創造舎他、二〇〇五／福岡市環境局、一九九一）。これらの魚骨は海の魚に比べると小さく見つけにくいかもしれないが、今まですべて見逃したとも考えられないので、実際に淡水魚は食用にされることが少なかったのではないだろうか。これは同じ中世都市の鎌倉でも似た状況で淡水魚はあまり出土していない（河野、一九八八）。また、魚だけではなくタニシやカワニナなど淡水産貝類も出土しないことも内水面漁業の貧弱さを示す。しかし、スッポンは二九・一三

写真4　カキ殻は塵穴からまとまって出土する。近世には箱崎から剥き身で運ばれてきていた

一次で頭骨や甲羅が出土しており、淡水産生物を全く利用しなかったわけではないので、これからもチェックしていく必要がある。

　また、ここでは博多湾沿岸で獲れる魚について述べたが、広島県福山市の草戸千軒遺跡では瀬戸内海に棲息しないとされるサケ類の椎骨が出土しており、東日本で獲れたサケが塩鮭として西日本に流通していた可能性を示す（松井、一九九四）。これは博多遺跡でも出土する可能性があり、当時の流通を示す重要な遺物となる。

〈貝類〉

　最も多いのはカキ類（写真4）であるが、一般にはアカニシ、テングニシ、アワビなどの大型巻き貝が好まれたようである。その他にイタボガキ、サザエ、ツメタガイ、ハマグリ、ハイガイ、イガイ、カガミガイなどが出土している。カキ類は稀に一〇センチ程のものが出土するがほとんどは殻長が三～四センチで、これらは今でも博多湾内外の岩場や防波堤で見ることができる。博多遺跡でゴミ穴から多量のカキ類が出土するのは、採集が身近で容易にできたためであろう。ただ小型で殻が薄いため遺存状態が悪く、焼いた痕跡は不明である。アカニシは潮間帯から二〇メートル程の深さの砂泥性海底に棲む巻貝であるが、殻長一五センチを超える大型のものが見られる。この貝は中世人に好まれたようで、中世においてはサザエよりも多く出土する。アワビは殻長二〇センチを超える大型のものも見られる。近世の江戸前田家屋敷では、上級武士の居住範囲から出土するアワビの貝殻が二〇センチ前後の大型なのに対し、下級武士の居住区からは小型の殻が出土したことから、身分によって購入できる大きさが違っていたのが分かる。博多湾ではアワビが棲息する岩場や磯が湾内に少ないため玄界島などから運ばれたものと思われる。これも殻の残りが悪く被熱の有無を確認することはできない。イガイは一六五次調査で一四～一五世紀頃のゴミ穴から出土した。カキ同様岩に付着し採集が容易なため、縄文時代以来多く食された貝である。ただ殻が脆いためか博多遺跡では今まで確認できていなかった。古代ではなれ鮨にして食されることが多かった（梶島、二〇〇二）とされるが、身に独特の臭みがあるため中世以降はあまり見られなくなる。ハマグリ、アサリは砂泥底に生息する二枚貝で、潮干狩りで簡単に採集することができる。特にアサリは戦後、カキとともに箱崎で多く採取された（福岡市漁業協同組合、一九九八）が、調査ではカキが圧倒的に多くアサリの出土が少ないのは、中世には味が好まれなかったためか。これも鎌倉と似ているらしく（河野、一九八九）、嗜好の変化が全国的に起こった可能性を示す。

〈鳥類〉

　骨が薄く残りにくいためか出土量は少ない。今まで確認されたものではハクチョウ類、サギ類、カモ類、ニワトリ・キジ類がある。ハクチョウ類は二九次で上腕骨と脛骨が出土した。脛骨は遠位側骨端が切断されており、食用としている。現在ハクチョウが福岡市域に飛来するのは稀なため、贈物としてきた（中近世に上級武士がハクチョウやツルの肉を贈物にしていた）のか、たまに飛来したのを捕獲したのであろうか。第六包含層から同時に出土したサギ類とガン・カモ類は、骨端部を切断したうえ熱を受けた痕跡が見られるため、手羽先を関節ごとに切断した後、炙って食べたことが分かる例である。

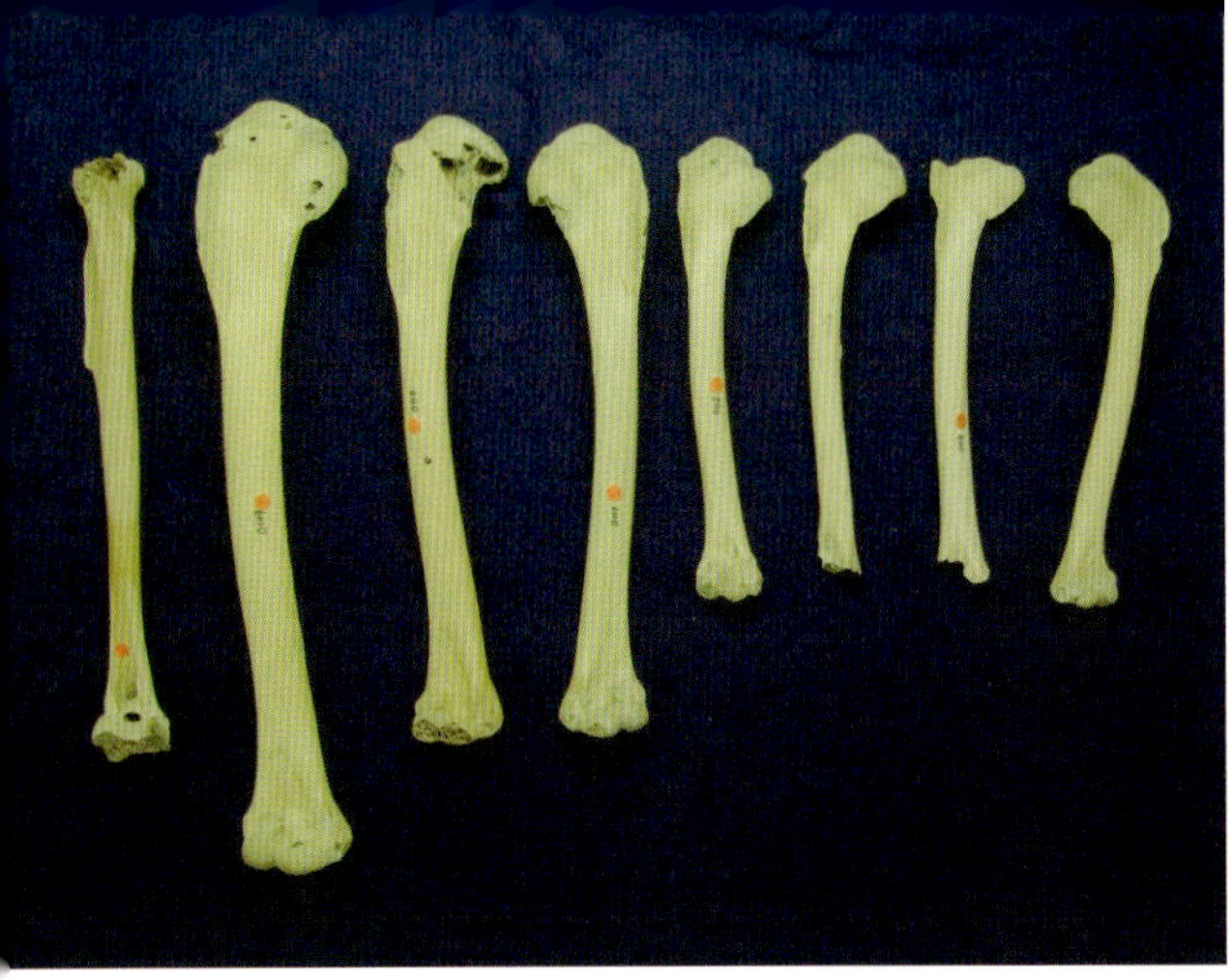

写真5　左からハクチョウ脛骨，ハクチョウ上腕骨，3・4本目はサギ類上腕骨，右側の4本はガン類かアヒルの上腕骨

同じ二九次二層出土から出土したカモ類の上腕骨にも切断痕と被熱による変色を確認した。手羽は炙って食べるのが多かったのだろう。その他の部位では炙った痕跡がある骨が少ないため、刺身や汁物にして食べたのだろうか。**写真5**の右側4本は、カモ類と比べると大型なためガン類かアヒルと思われる。アヒルは奈良時代に大陸から持ち込まれた時点では定着しなかった。しかし近世には宮崎安貞の『農業全書』で飼育が奨励されており、普及していた可能性がある。

〈哺乳類〉

　海獣類（クジラ類、イルカ類、アシカ）、ウシ、ウマ、イノシシ（ブタ）、シカ、イヌ、ネコ、サル、アナグマ、ノウサギ、ネズミ類が出土している。

海獣類　対馬海流が北上する玄界灘はクジラの通路であり、朝鮮半島や西北九州海岸部では古くからクジラ・イルカ類を利用してきたが、一七世紀中頃に突取捕鯨法が始まるまではクジラの計画的な捕獲は困難で（佐賀県立名護屋城博物館、二〇〇六）、それまでは死んで漂ったり、打ち上げられたクジラを利用したものと思われる。イルカ類は、糸島半島東側の唐泊沖に来た群れを大量捕獲した記録や、大正一三（一九二四）年に箱崎で五八頭を捕獲するなど、以前は博多湾内にも群れで入ってきていた（福岡市漁業協同組合、一九九八）。イルカ類の骨は古代から出土するが、一三世紀から出土量が増加し、一四世紀中頃には他の哺乳類を圧倒する。陸生哺乳類と違い調理場所まで自分で歩かせることができないイルカ類は、浜部で解体して肉だけを集落内に運ぶ方が合理的と思われるが、博多だけではなく鎌倉などでも骨が多く出土するため、何かに利用していたと考えられる。出土部位は椎骨が多く、一基のゴミ穴から数個出土し、連結した状態で出土した例（写真6）も多い。

　一三世紀後半頃からイルカ類の出土が増えるのには何らかの理由があるはずであるが、①肉食の忌避が進んだ結果、当時魚と考えられていたイルカを食べるようになった、②イルカ類は油が多く採取できるため、灯油や食用油として盛んに利用され始めた、③それまで贄として中央に送った制度が廃れ、地元で利用するようになった、などの意見がある。

　しかしそれだけではなく、イルカの大量捕獲には入江を塞ぐ長くて丈夫な網が必要となるため、この時期に網の材料や製造法に技術的な進歩があった可能性も考えられるのではないだろうか。頭蓋骨は土坑の底から頭蓋骨だけで出土することが多い。埋葬、祭祀、保管などの理由が考えられるが、一六五次では道路側溝を部分的に深く掘り下げてイルカの頭骨を埋めており（写真7）、祭祀と思われる。このイルカは埋める前に後頭部を割られており、脳を取り出した後、祭祀を行っている。また鎌倉ではイルカ頭蓋骨で骨角器を製造し

写真6　イルカ椎骨。5個連結した状態で出土している

写真７　頭骨の向こう側に後頭部片が見える
写真８　ウマ全身骨格出土状態

ているが、まだ博多ではイルカから骨角器を作った痕跡は見られない。ただ一五九次ではイルカの下顎を鋸で切断しているが、切断しただけで利用せずに廃棄している。今後、イルカ製の骨角器が出土する可能性は高いと考えている（その後の調査でイルカ類の頭骨を骨角器に利用した痕跡が残る骨が出土していたのが判明した）。

ウシ　各調査区で出土するが、三九次の中世井戸では三頭分の骨が出土した。埋まりかけの井戸に廃棄されており、担当者によると骨と骨の間に土がないほどびっしり詰まった状態で出土したことから、一度に廃棄されたと考えられる。三頭とも若い個体であり、骨表面の解体痕から解体して肉を取ったことが分かる。保存ができなかった当時にウシを三頭も一度に屠るのは大量の肉が必要であったためと思われるが、酒宴でも開かれたのだろうか。またそのように多量の肉を使う酒宴の主人が日本人だったのか、興味は尽きない。一一三次では左右の肩甲骨の他に上腕骨から橈骨・尺骨、手根骨が連結したまま出土した。解体直後の肉が付いた状態で埋められており、祭祀と考えられる。このように食料としてだけではなく、祭祀で神への供物として埋納されるのは『日本霊異記』に見られるような漢神祭祀を思い起こさせる。

ウマ　築港線ＥＦ区や一四七次では全身骨格が出土している。一四七次では径一メートル強の井戸から体高一二〇センチ以下の小型ウマの骨が連結した状態で出土した（写真８）。遺存状態は悪いが数点の骨で解体痕を確認したことから、皮だけ剥いで肉を取らなかったと考えられる。皮だけの利用は肉食忌避が進んでいたためと考えられるが、平安時代には馬肉は有毒と信じられており（藤原実資『小右記』）、罪人に馬肉を食べさせた例があったことも関係するかもしれない。

イノシシ（ブタ）　これらの骨は多く出土する。その一部には家畜化による骨の変形が見られ、ブタの可能性があるらしい。ブタは中国で多く食されるため、日本に来た綱首《こうしゅ》たちが大陸から持ち込んだ可能性が考えられる。それを明らかにするため、現在進められている市史編纂事業の中でＤＮＡ分析をする予定である。

イヌ・ネコ　ネコの骨の出土例は少なく、二九・九五・一一一次などで出土しているだけである。解体痕があるのは二九次出土の頭蓋骨一点のみで、他の骨にはないのでネコはあまり食べていなかったようである。イヌは博多遺跡から出土する多くの獣骨や人骨に嚙痕が見られるため多く生息していたことは分かるが、骨の出土例は多くない。しかし、二九

写真9　手前がトリ尺骨製笄，奥8本はシカかウシ骨製の笄

次では解体痕がある大腿骨や脛骨が出土し、また包含層から左側上腕骨が四本出土している。このように出土する部位に偏りがあるのは現在の肉屋と同じで、解体されて並べた中から好きな部位を購入した可能性が考えられる。その他にも解体痕がある骨は多く、食料残滓と一緒に出土することからイヌは盛んに食べられていたようである。ただ食料にされたイヌばかりではなく、一一七次調査地点の溝（の上から掘り込んだと考えられる穴）から出土した一頭分の全身骨格は、背中が強く曲がり両前足を後足の間に入れ、頭は後方を振り返るように曲げられていた。左前足は骨折した後癒合し、歯は咬耗が進み高齢である。出土した姿勢が不自然なことや、骨折しながらも治癒しその後高齢まで生存していることから、このイヌは飼犬で死後丁寧に埋葬されたことが分かる。老齢まで大切に飼われるイヌもいれば、食べられて骨を溝やゴミ穴に捨てられるイヌがいるなど、人とイヌの関係は複雑であったと言える。

　近年の発掘により鎌倉、京都、堺、草戸千軒など中世都市で動物遺存体の分析が進み、それぞれの都市の特徴が少しずつではあるが明らかになってきた（小野正敏編集代表、二〇〇一）。その中で博多遺跡は中世鎌倉と非常に似た様相を示す。遠く離れた武士の都市鎌倉と商人の街博多がよく似ているのは何故かなど、これから明らかにすべき課題は多い。

▽道具としての動物たち

　現在私たちの身の周りにはプラスチックやビニール製品が溢れているが、これらが発明されるまでは、動物の骨は堅いが弾力性にとみ、加工可能な素材として、また皮革は柔らかく、水を漏らさない万能の素材として利用されていた。今まで博多遺跡群から出土した骨角器としては簪《かんざし》、笄《こうがい》などの装飾品が最も多く、その他に弭《ゆはず》、刀柄頭、刀の鍔、返り角などの武具や編み針、擬餌針やヘラなどの生産用具、その他耳掻きやボタンなどの生活用具の他に、何に利用したのか分からないものも多数出土している。その中で**写真9**の手前は三八次出土で簪と思われる。ツルなど大型鳥類の骨製である。江戸時代中頃にツルの脛骨製の簪が流行した。高価だったため馬骨製の安い偽物が出回ったそうであるが、これは大型鳥類の尺骨製である。近世墓から出土しており、女性の副葬品か。この他、碁石などの遊具も出土しており、この章のテーマである遊具や服飾など骨角器は多くの分野に関わっている。

　骨角器は大阪や草戸千軒で製造時に出る破片が一つの土坑からまとまって出土しており、特に大阪では製造した品や製作工程も分かってきている。博多遺跡でも破片は出土しており、骨角器を作っていたことは分かってきた。材料は鹿の角や中足骨が主流であるが、ウシの角芯（一一五次）や橈骨も使用している。ただ一カ所で多量に出土することはなく、比較的多く出土した九五・一五九・一六五次でも破片は数点から十数点しか出土していない。これらの点から、中世博多には一カ所で長期に活動した工房はなかった可能性もある。どのような工房で何を製作していたのか、博多での骨角器製作については不明な点ばかりで今後の調査に期待がかかる。

種子から見た食生活

小畑弘己

▽食物としての穀物の歴史

今ではパンやパスタが人気を得て、米を食べる機会がめっきり減ってきたが、やはり「日本食」のイメージは「米」であろう。この私たち日本人が普段何気なく主食と思っている米も、歴史的に振り返れば、常に主食の地位にあったというわけではない。たしかに弥生時代や古墳時代の遺跡から出土する穀物は、一部地域を除いて、イネ（コメとは脱穀した穀物粒をさす意味であるので、ここでは米の意味で用いる）が主体である。

しかし、古代の状況は多少違っていた。「大化改新」や『万葉集』が編纂された時期は、万葉寒冷期と呼ばれる現在より平均気温が一～二度低い時期であったが、西暦七四〇年頃から大仏温暖期と呼ばれる温暖期に入り、西暦七二〇年の寒冷極期から西暦八八〇年代の温暖極期までの一六〇年間に年平均気温が五度も上昇した。これは現在の地球温暖化より過激な気温上昇率であり、この影響で風水害や旱魃が発生し、イネが被害に遭ったことから、八世紀初めから九世紀中頃にかけて、アワやオオムギ・コムギなどの雑穀を奨励する勧農の勅令が度々出された。これはアワが長期保存に耐えることやムギが冬作物で穀物の増産に寄与する点など、雑穀が救荒作物として適していたことによる。これを裏付けるように、この時期、遺跡から出土する穀物の構成がイネから雑穀へ大きく傾くことが、最近の植物考古学の研究によって判明している。また、山間地や島嶼地域では、イネが盛んに作られた弥生時代にあっても、麦類やアワを中心とした栽培を行っていた。

実は、イネを基本とする石高制をとった江戸時代においてさえ、農民たちの口に入ったのは商品にならない砕け米や裏作で作られた麦であった。ところが近代になると、林業や公共事業によって畑地の減少と商品経済が山間部までイネをもたらし、雑穀栽培は著しく減少していった。しかし、昭和の初め頃にイネが普及しても、ある地域にはオトコメシ（イネ）・オンナメシ（雑穀）という言葉があったように、依然として雑穀は男女差別のメシの象徴であり、雑穀は女性によって主に食されていた（増田、二〇〇一）。そして、昭和も三〇年代になるとイネの消費率は減少し、輸入麦に押されて現代に至るが、最近では健康志向の増加で、雑穀の持つ多様な栄養価が再評価され、雑穀食ブームが起きている。

このように主穀の盛衰は時代と地域によって大きく異なっていた。しかし、古代以来の雑穀主体の穀物構成が、中世にどのように変化したのかはまだよく分かっていない。中世の植物性食物を土中に探る作業はまだ始まったばかりである。

▽土を洗う（古民族植物学的手法）

博多遺跡群においても、これまでおよそ一七〇次にわたる発掘調査によって、数地点からモモやウメの核などが発見されてきた（表1上段）。しかし、一ミリ前後の微細なアワやヒエなどの穎果《えいか》は肉眼では見つけにくいため実際存在していなかったとは言えず、発掘途上で偶然に発見された種子だけで当時の食物の種類を語ることは危険である。

よって、その構成比を正確に知るためには科学的手法を通じた定量化された資料を用いる必要がある。ケシ粒からクリの実まで、様々な大きさの種子を均質かつ有効に回収するためには、土を洗って篩《ふるい》にかける必要がある。特に、乾燥させた土壌を水に入れ、オーバーフローした軽い炭化種子を回収する方法（フローテーション法）は、一九六〇年代より西アジアの農耕集落の発掘調査に導入された手法であり、古民族植物学（遺跡から出土する植物遺存体の分析を通じて植物と人間との係わりの歴史を研究する学問）的研究の最も得意とする方法の一つである。わが国においては、一九八〇年代初めから、東北地方や北海道の縄文時代の食用植物の検出に用いられ、現在ではあらゆる地域や時代の発掘調査に適用され、大きな成果を挙げている。

フローテーション法による種子検出作業風景

▽博多遺跡群出土の植物資料

このような手法を用いて博多遺跡群や鴻臚館の土を洗浄してみたところ、表下段に示した種子類を回収することができた。これをみると、それまで偶然に発見されてきた種子（表1上段）よりも種類が多く、より微細ものが多いという点に気づかれるであろう。これまで発見されたものを含めると、博多遺跡群からは一七種の植物種子が発見されたことになる。

穀物には、イネ、オオムギ、コムギ、アワ、ヒエ、ソバ、ダイズ、アズキなどがある。これらはヒエやソバを除くと、縄文時代末から弥生時代初めにわが国へ渡来し栽培されたものである。量的な検討は充分ではないが、イネとオオムギが優位を占めている。ソバは花粉の存在により縄文時代に栽培化が想定されている穀物であるが、実際の出土品は周辺諸国も含めて七世紀以降の古代以降のものばかりである。博多での検出例は一例（一六世紀）と、きわめて少ない。ヒエはアズキとともにわが国で栽培化が開始された可能性のある穀物である。鴻臚館を含め数地点で発見されていることは、これら雑穀が古代以来、イネとともに一定量食されていた可能性を示している。

マメ類ではササゲ属のアズキと思われる試料が数地点で確認されている。ダイズは博多一四七次調査地点で一定量まとまって出土した例があるのみである。

蔬菜類としてはウリ類が検出されている。キュウリやトウガンは古代末から近世にかけてわが国に渡来したもので、キュウリの栽培は一七世紀以降盛んになるという。博多遺跡群で確認したものは一六世紀後半に属する。その他、栽培果実類として、モモ、スモモ、ウメ、カキ、クリ、オニグルミなどがある。

▽出土種子からの食復元の限界性

土を洗浄して土壌中から可能な限り植物遺

表1　博多遺跡群および鴻臚館から発見された種子リスト

遺跡・調査地点名	出土遺構	時期	イネ	オオムギ	コムギ	アワ	ヒエ	ソバ	アズキ	ダイズ	マメ類	トウガン	キュウリ	ウリ類	ゴボウ	シソ・エゴマ	ゴマ	サンショウ	ナス	クリ	オニグルミ	ドングリ	チョウセンゴヨウ	ノブドウ	セリ	イチゴ類	カキ	モモ	スモモ	ウメ	クワ	ナツメ	サルナシ	ガマズミ
〈肉眼による偶然の発見〉																																		
博多1次(7810)	包含層											○		○						○		○						○	○	○				
博多16次(8131)	包含層																											○						
博多呉服町出入口(8150)	包含層その他																											○						
博多29次(8509)	包含層・土坑他		○																		○							○						
博多33次(8633)	井戸	13世紀後半～14世紀前半	○																															
博多37次(8740)	不明		○																									○						
博多38次(8805)																												○						
築港線第2次(8331)	E区C9～10													○																				
博多40次(8833)																												○						
博多42次(8843)	Ⅱ面0432																													○				
博多56次(8943)	A1　0001																											○						
博多58次(8949)	黒色泥炭層																											○						
博多62次(8963)	包含層他		塊																									○						
博多85次(9433)	EV2004		○	○																														
博多89次(9505)	包含層その他																					○												
博多96次(9559)	包含層													○																				
博多102次(9752)	Ⅰ面　76																											○						
博多103次(9754)	溝他																											○						
博多105次(9767)	不明													○																				
博多107次(9788)	包含層他		塊																															
博多115次(9913)	土坑・井戸他		塊																															
博多120次(9952)	A8Ⅳ0374		塊																															
博多124次(2006)	包含層・井戸他	16世紀後半	塊					○						○														○						
博多125次(2023)	Ⅱ区S－27		○																															
〈フローテーション法〉																																		
博多60次(8959)	土坑	16世紀後半～末	塊	○	○	○			○		○	○	○																					
博多147次(0426)	土坑	11世紀末～12世紀前半	○	○	○	○	○		○	○																	?							
博多151次(0482)	502号井戸枠内	11世紀末～12世紀前半	○	○	○																													
博多165次(0642)	土坑・道路・包含層	13世紀前～16世紀	○	○	○	○			○	?																	?							
〈参考資料〉																																		
鴻臚館6次(9005)	トイレ遺構	8世紀前半												○	○	○	○	○	○				○		○	○	○	○			○	○	○	○
鴻臚館17次(9910)	溝・土坑	11世紀中頃	○			○	○																	○										
鴻臚館21次(0309)	土坑・トイレ遺構他	古代	○	○	○	○				○														○				○						

存体の回収に努めても、このようにわずか二〇種程の植物を同定できたに過ぎない。これが当時の全食物を示すものでないことは、当時の絵画資料や文献、文学作品などに現れる食品や有用植物のリストと比較するまでもなく、容易に想像できるであろう。それは、遺跡の土壌中から発見されるものは、植物の各部位の中でも、硬い実の核や種子に限られ、葉、茎、根などを食用としたものはそのまま焼けるなどのよほどの好条件がない限り遺跡から回収されることがないためである。また、植物性食物の動物性食物との決定的な違いは、動物骨や貝殻などの残滓は有用部分が食された後必ず廃棄され、遺跡に残る機会が多いのに対し、植物性植物の場合、果実などのように核が残る場合もあるが、穀物などのようにほぼ全体が食されるものの場合、その痕跡は残らない。よって、これらを量的に比較して食物構成を推定する際には、動物骨と同じ条件で比較する

博多遺跡群から検出された各種種子

ことはできない。

また、コムギを麺にしたり、ダイズを豆腐に加工する時は臼で挽いて粉や碾割《ひきわり》にする。この場合、他の穀物より、粒のまま残る確率は少ない。ただし、当時のソバは今のような麺の形で食されたのではなく、そのまま蒸したり、炊いたりして粒食される他、粉にしてそばがきとして食された。また、鎌倉時代に禅宗が伝来し、寺院を中心として精進《しょうじん》料理が発達するにつれ、ダイズ、胡麻《ごま》、榧《かや》などの油で揚げ物をするようになるが、このような食材も貯蔵庫や加工工房などを発掘で掘り当てない限り、その痕跡が見出される可能性は低い。さらに、ユズ、山椒《さんしょう》、タデ、胡椒《こしょう》などの香辛料も潰して食されるため、同様に種子のまま残りにくいという欠点がある。

このように、私たちが目にする種子は、当時の食品の一部を示すにすぎないということに留意すべきである。

▽出土状況から見た調理法

炭化穀物の場合、その出土状況は、籾《もみ》付き状態と籾（穎《えい》）のない状態のものがあり、イネやヒエなどに籾付き状態で出土するものが多い。これらは脱穀した後、籾付きのまま蔵などに保管されていたものが焼け残った可能性が高い。オオムギも並性《なみせい》の皮麦であり、穎が付着してもよさそうであるが、穎は剝がれ落ちているものが多く、焼けた際に落ちたのであろう。では、籾（穎）のとれたものが即調理されたものであるかというとそうではない。熱による変形が著しいものや調理具の底に付着して出土するなどの好条件がない限り、それを証明するのはきわめて難しい。

穀物がどのように調理されたのかは、間接的ながら、当時の調理道具構成から推定できる。古墳時代や古代の土器のセットには甕と甑《こしき》があるが、その量的比から通常は炊く米（姫飯《ひめいい》）が主流で、蒸《む》し米（強飯《こわいい》）の頻度は低かったという。おそらく中世においても、石・土・鉄製の鍋の存在から、炊飯を主流としていた可能性が高い。博多遺跡群では、拳大ほどで、一見「握り飯」を思わせるイネが塊状になって炭化したものが六カ所の地点から多量に確認されており、調理法の一端を示す可能性があると考えたが、精査した結果、籾付のもので、茎なども混じることから、貯蔵されているものが火災に遭い焼けたようである。

▽輸入された外来食用植物
（発見が期待される植物）

土中に種子を探すことは、確かに限られた条件下ではあるものの、先の食物としての植物遺存体の性格を充分考慮すれば、調査法としては依然有望な方法と言える。さらに、この方法を徹底していけば、将来、未発見の海外との交易や人の移動を示す外来植物（食品・薬材）の発見も期待できる。

実際、鴻臚館ではトイレ遺構の土壌を洗浄して、興味深い成果が得られている。トイレの土からは、当時の日本人は食していなかった豚に寄生する有鉤条虫《ゆうこうじょうちゅう》が発見されているし、チョウセンゴヨウ（マツ）やナツメの殻や核など、大陸起源の外来食物の種子が発見されている。鴻臚館は古代の迎賓館の一つであり、そこに訪れた外国人たちは当時の日本人とは異なる食生活をしており、その食材も異なっていた。これをトイレの土が証明したのである。

同様な状況は、早くから宋人が居留し貿易を開始した博多の場合も想定が可能である（山内、二〇〇二）。その手がかりの一つが「大唐米《だいとうまい》」である。大唐米とは、ベトナム南部の占城（チャンパ）を原産とし、一一世紀初頭に中国に導入され、その後日本へもたらされたイネの一種であり、現在のところ延慶元（一三〇八）年にその文献上の初見がある

表2　新安沈船から発見された輸入植物（種子）リスト

用途	和　名	中国名	学　名	科・属	出土状況	原産地
香辛料	コショウ	胡椒	*Piper nigrum*	コショウ科コショウ属	実	インド
香辛料	ビンロウジュ	檳榔	*Areca catechu*	ヤシ科アレカ属	種子	インド・マレーシア
香辛料	ソウカ	草果	*Amomum tsao-ko*	ショウガ科アモムム属	種子	インド南部
漢方薬	イチョウ	銀杏	*Ginkgo biloba*	イチョウ科	種子	中国
漢方薬	マンシュウグルミ	胡桃楸	*Juglans manchurica*	クルミ科クルミ属	種子	中国東北地方
漢方薬	ハシバミ	榛	*Corylus heterophylla*	カバノキ科ハシバミ属	種子	中国東北地方
漢方薬	イタグリ	板栗	*Castanea mollissima*	ブナ科クリ属	種子	中国
漢方薬	ウメ	梅	*Prunus mume*	バラ科サクラ属	種子	中国
漢方薬	モモ	桃	*Prunus persica*	バラ科サクラ属	種子	中国
漢方薬	ハズ	巴豆	*Croton tiglium*	トウダイグサ科	種子	東南アジア
漢方薬	レイシ	茘枝	*Litchi chinensis*	ムクロジ科	種子	中国・ベトナム・ビルマ
漢方薬	シクンシ・カラクチナシ	使君子	*Quisqualis indica*	シクンシ科	種子核	インド南部
漢方薬	サンシュユ	山茱萸	*Cornus officinalis*	ミズキ科ミズキ属	種子核	朝鮮半島

が、日本への伝来時期は一二世紀後半あるいはさらに古い一一世紀後半まで遡るのではないかと推測されている。このイネは早稲《わせ》で赤《あか》米《まい》であるが、もしこれがインディカ種（長粒）であれば、日本在来米とは区別が可能である。

また、元亨三（一三二三）年に慶元《けいげん》（寧波《ニンポー》）を出港し博多に向かう途中で沈没した新安《しんあん》沈船からは、各種の植物性の品が発見されているが、その中には「種子」として残る可能性のある香辛料や漢方薬として使用された植物が一三種類ほど存在する（関、二〇〇六）。うち、博多遺跡群からはまだウメ・モモの種子しか発見されていないが、将来的にはこれらが発掘によって発見される可能性がある。とくに茘枝《れいし》はその筆頭である。

茘枝は中国南部を原産地とする果物で、食用あるいは薬用として珍重されてきた。宋代においても主産地である福建省をはじめとして、四川、広南、湖南などの地域で栽培されたもので、一〇五九年に北宋の官僚であった蔡襄《さいじょう》の手による『茘枝譜《れいしふ》』に日本への茘枝の輸出が記録されており、さらに、室町期の記録には茶うけ菓子の一つとして茘枝が登場している。しかし、実際茘枝が平安期から日本に入ってきていたとしても、茘枝は庶民の味ではなく、ごく限られた人々の口にしか入らなかったようである（山内、二〇〇二）。もし、博多で茘枝が発見されたならば、そこに居住した貴族・僧侶・北宋商人の姿をとらえることができるかもしれない。

これまで捨てられてきた博多遺跡群の土の中には、博多の庶民の暮らしぶりと国際性を雄弁に物語る「タネ」が潜んでいるのである。

茘枝（*Litchi chinensis*）の木と種子

蔵・便所

田上勇一郎

国際貿易都市である博多には多くの商品が集積された。商人たちはそれらを蔵に一時保管していたであろう。蔵の基礎と考えられている遺構は，博多浜北部に14世紀に現れ，15・16世紀には息浜に進出し数も多くなる。大きな蔵とは別に礫を使用した地下蔵もある。方形や長方形の掘り込みの壁面に礫を積み上げるもので，16世紀以降近世にかけて数多く見られる。息浜に圧倒的に多い。何を収納したのか不明であるが，規模が小さいことから，商品の収納場所ではないようである。元寇防塁と見られる石塁が発見された周辺には，礫を多用したこれらの遺構が多数あり，外敵来襲の記憶が薄れた16世紀以降石塁の石を使用して構築したのであろう。それ以前の地下蔵と思われる遺構に方形竪穴遺構がある。一辺約２ｍ四方の方形プランの掘り込みで，四隅に杭の痕跡や柱穴，礎石などが見られる。壁に木質の痕跡があるものがあり，板壁であったことが分かる。

石積土坑や木組の土坑の中には便所と考えられるものもある。石組みの中に消臭や消毒のために藁灰や木炭を入れたものや，木組土坑の中の土に蛆の遺体が多数みられたものが見つかっている。

石基礎　礫を充填した溝が方形にめぐる。蔵の基礎と考えられている

石基礎の断面　溝に礫が充填されている

元寇防塁と思われる石塁遺構が近くにある調査地点　博多遺跡群は砂丘上に立地しているので石材は少ない。元寇防塁の石を利用したのであろう

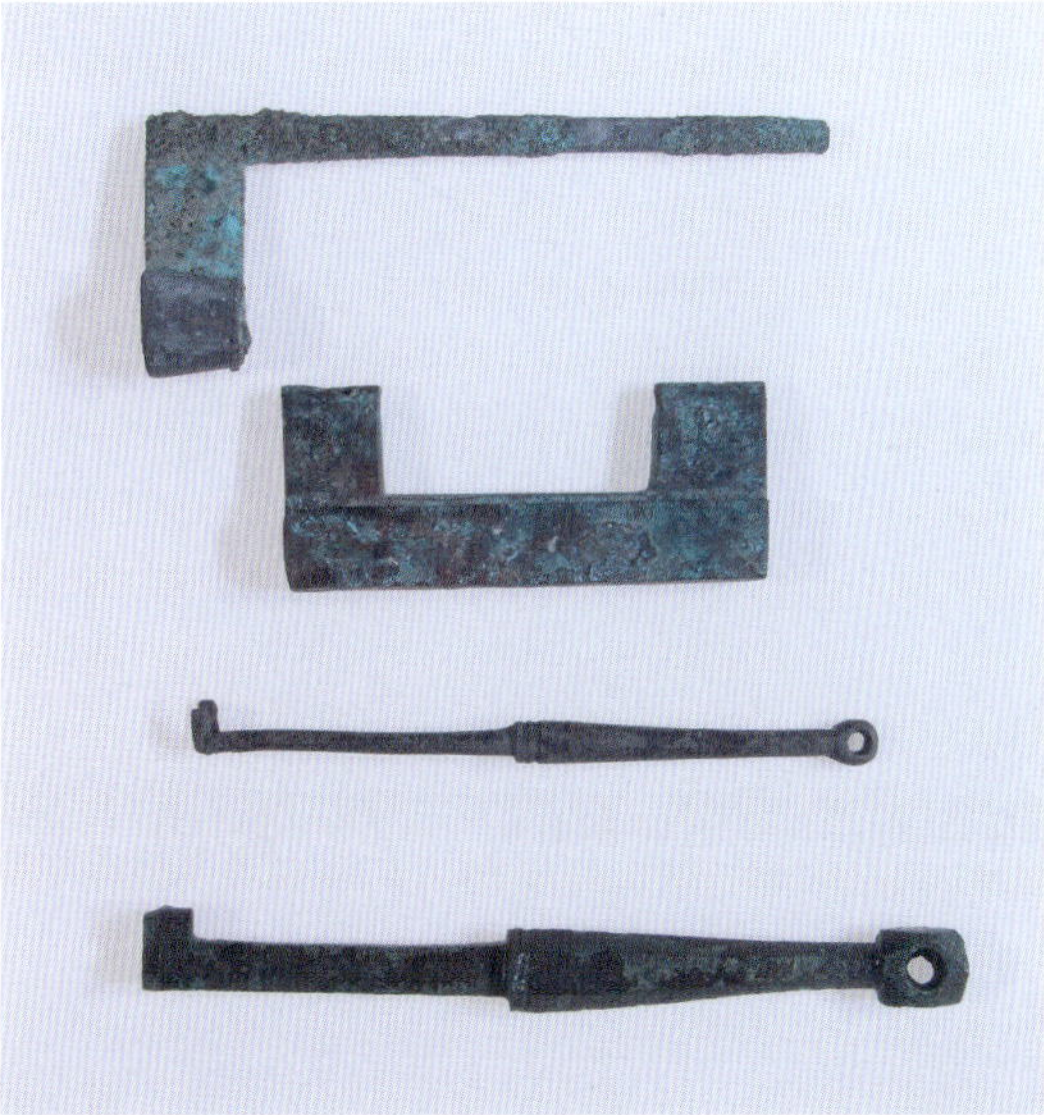

青銅製の錠前と鍵　貴重な商品を納めた蔵に掛けられていたのだろう

土壁　内部には壁に芯材としていた木や竹の痕跡が残る

長方形プランの石積土坑　床面に礫を敷くものがごくわずかにあるが，ほとんどのものは床に何も施設を持たない

正方形プランの石積土坑　70cm～1.7m 四方のものがあるが，1m弱のものがほとんどで，長方形プランのものより概して小型である

2室に分かれた石積土坑

積石の中入っている石塔　他に石臼が入っていることもある

石積土坑の集中　実測図作成に手間がかかる。調査の進行が心配になる

四隅に柱穴がある方形竪穴遺構　中世には博多全域で見られる

長方形の竪穴遺構　16世紀以降には多い。湿地では壁の木材が残っている

木枠が残っていた竪穴遺構　下駄や曲物，漆器など有機質の遺物が多数残っていた

左の竪穴の有機質遺物の出土状況　蛆と見られる遺存体が多数検出された。汚水枡，もしくは便所か

高下駄　右側の下駄に比べて歯が高い。絵巻物には道ばたで高下駄を履いて排便する風景が描かれているが，博多ではどうだったのであろうか

便所の金隠し　福井県の一乗谷では石組土坑から発見され，便所の決め手とされたが，中世博多では見つかっていない。これは近世の土坑から発見されたもの

中国瓦

常松幹雄

中世の博多，そこにはどのような建物が軒を連ねていたのだろう。博多から筥崎宮周辺では12・13世紀の遺構からまとまった量の瓦が出土する。中でも波状《はじょう》押圧文《おうあつもん》のある軒平瓦と草花文を配する軒丸瓦は，これまで知られる中世瓦と著しく様子が異なっている。

国内に禅宗を伝えた明庵栄西は，仁安３（1168）年４月，寧波に着岸した。建久２（1191）年，２度目の入宋より帰朝した栄西は，建久５（1194）年，博多に聖《しょう》福寺《ふくじ》を建立するまでの間，香椎宮《かしいぐう》の傍に建久報恩寺を建立した。その記述を裏付けるように，香椎宮周辺でも博多と同じ特徴を持つ瓦が出土する。これら一連の瓦が宋人の居留域と禅宗寺院で使用されたと考えると，博多禅の背景に「綱主《こうしゅ》」と呼ばれる有力華僑層が積極的に介在したことが窺える。また，その時期は，宋人商客の往来が盛んになり，禅宗の導入期とも重なる12世紀代後半が有力であろう。

近年，寧波で，博多出土瓦と類似する文様の軒丸瓦の出土が確認されている。このため博多出土瓦は，寧波に供給ルートが開かれた地域で焼かれたと推定される。近い将来，寧波と博多の出土資料の中に，同一の型を用いた同笵《どうはん》瓦の存在を明らかにしたいものだ。

軒丸瓦・博多130次（762集）　やや上方の水平な線を境に花蕊(かずい)と枝葉とに分かれる。花蕊は上方に伸びる14の条線で表されており，先端は丸みを帯びている。径13.5cm。大博通りの拡幅に伴う調査（183集）でも同笵瓦が確認された

＊調査次数のあとの（　）で「○○集」とあるものは福岡市埋蔵文化財調査報告集の番号。４桁の数字だけのものは調査番号を示す

軒丸瓦・博多62次（397集）　中央の宝珠を囲むように花弁や枝葉を躍動的に描いている。こうしたモチーフは，寧波市にある「日本国太宰府博多津居住……」で始まる宋人刻石の蓮華文にも通じる表現である。径15.2cm とやや大ぶり

軒丸瓦・博多62次（397集）　シンメトリックに配された花弁が瓦当文様の大半を占める構図である。丸みのある花弁に対し，葉部は尖鋭に描き分けられている。明瞭な圏線がめぐる。径14.2cm

軒丸瓦・博多65次（329集）　調査区は博多部中央の高まりに位置する。ここでは軒丸，軒平ともにまとまって出土し，多様なセット関係を窺い知ることができる。径13.5cm。住吉神社遺跡１次（884集）でも同笵瓦が出土した

軒丸瓦・香椎Ｂ遺跡１次（621集）　扇形に開く６条の線からなる花蕊は，中央の４条は各二つの条線から派生したものである。先端部は珠状を呈している。その周囲を取り巻く枝葉の図柄は，他の瓦当に比べて様式化されていない。圏線をめぐらす。径14.2cm

軒丸瓦・博多65次（329集）　花蕊は，扇形に開く７条の筋によって表現され，その先端部は珠状に表されている。その周りを細長い葉状の図柄が放射状に取り巻いている。圏線をめぐらす。径14.7cm。博多90次調査でも同笵の瓦当が出土している

軒丸瓦・博多90次（557集） 花蕊は，扇形に開く９条の筋によって表現され，その先端部は珠状を呈している。中心から４枚の葉状の図柄が派生している。明瞭な圏線をめぐらす。径14.3cm。箱崎１次（福岡県教委報告79集），９次調査でも同笵の瓦当が出土している

軒丸瓦・箱崎９次（550集） 花蕊と重なる２条の筋は，笵型のひびによるものである。この２条の筋は，博多90次調査の瓦当にも見られる。これによって博多と箱崎，直線距離にして２．５km を隔てた遺跡間での同じ笵を用いた瓦当の存在が確認された。径約14cm

軒丸瓦・地下鉄祇園町工区（193集） 博多遺跡群の軒丸瓦の中で，祇園駅を中心に最も多くの地点で出土例が確認されている。内径11.5cm

軒丸瓦・博多117次（667集） 花蕊は，5条の筋によって表現され，その先端部は珠状である。枝葉と花部は明瞭に描き分けられておらず，様式化された印象を受ける。径14.2cm

軒丸瓦・博多22次（8327） 博多遺跡群の軒丸瓦の中で最も多くの地点で出土例が確認されているが，瓦当面の文様が全形をとどめているのは本例のみである。径約14cm

軒平瓦・博多65次（329集）　桶巻作りと呼ばれる技法で作られた平瓦に瓦当部を貼りつけて回転させて重弧文を作り出す。そして波状に押圧を加えた後，４分割して完成させる。版木を用いた技法と異なり，同笵の瓦は存在しない。瓦当部の幅約24.5cm

軒平瓦・博多125次（759集）　分割前の平瓦に瓦当部を貼りつけて３条の重弧文を作り出している。ヘラ状の工具によって中央を波状の文様帯にする約束は，同類の軒平瓦すべてで守られている。瓦当部の幅約24cm

軒平瓦・博多125次（759集）　平瓦と瓦当の接合部にヘラによる切り込みがある。これは瓦当部の接合を強めるための手法である。瓦当部の幅約22cm

平瓦・博多62次（397集）　12世紀後半の井戸跡から多量の平瓦が出土した。模骨（もこつ）と呼ばれる桶に布を巻き，粘土を叩き延ばして作った筒状の土管を４分割したもの。須恵質で，精良な粘土を用いている。内面には布の圧痕が鮮明に残っている

平瓦外面　縄目叩きの後，工具によって縦横にナデを加えている。作風は押圧文のある重弧文瓦と共通している。全長27.3cm，最大幅は23cm，狭いほうが19.8cm を計る

服飾・化粧道具

星野恵美

服飾・化粧は，美しく身を飾るものであり，同時に当時の人々の階級を表すものでもあった。衣服などの服飾は材質上，当時のままの状態で残ることは稀であり，発掘調査では明らかにしにくい生活様式の一部であるが，当時の絵巻が豪華な衣服をまとい，白粉《おしろい》・紅《べに》・お歯黒《はぐろ》で化粧を施した女性や帽子を常時被った男性など当時の習俗や美意識を物語ってくれる。博多からは化粧道具や烏帽子《えぼし》など重要な遺物が少数であるが出土する。

化粧道具は中世都市としての博多が成立する平安時代の終わり頃から多く見られるもので，都市化と時期をほぼ同じくしてその習俗がまちの人々に定着したことを示している。また，化粧道具がお墓に副葬《ふくそう》されることから，被葬者にとって生前の貴重で身近な生活用具であったことも窺える。これらの多彩な出土品は対外貿易で得たものも多く，博多のまちの特質を示すと同時に当時の華やかな人々の装いを髣髴《ほうふつ》とさせる。

紅とお歯黒は中世の女性にとって大切な化粧であった。紅は紅花から作られ，女性の唇や頬を鮮やかに彩った。また，左の合子(ごうす)や全面に金が施された銅製の容器（中央）に入れて使われた。右はお歯黒壺である

◀様々な文様や形が見られ，比較的出土量が多い化粧道具の合子である。お洒落な女性が博多にはたくさんいたのだろう。また，お墓に一緒に葬られることもあり，女性にとっては身近な貴重品であった

化粧箱は12世紀から貴族の間で使われ始めた。この化粧箱（福岡市博物館所蔵複製品）も12世紀後半の木棺墓に副葬されていた。土圧で若干変形していたものの，大きさは長辺約23.5cm，短辺約16.5cm，高さ約6.0cmの長方形であった。化粧箱は木地(きじ)に黒漆を塗り，蓋と四周に金で葉を，銀で花を描いた桜花文が施された。内部は懸子(かけご)で二段に仕切られており，上段の懸子には銅鏡，鉄鋏(てつはさみ)，鉄毛抜(てつけぬき)，他に解き櫛(ときぐし)１枚，梳き櫛(すきぐし)２枚，櫛払(くしはら)い，筆，刷毛(はけ)，下段には褐釉小壺(かつゆうこつぼ。お歯黒壺)，水引(みずびき)が納められていた。お歯黒壺の底には黒色顔料が溜まっており，小壺の口の部分には紅が付着していた（180ページ写真）。装飾が残る化粧箱，また納められた化粧道具そのものを後世に伝える，大変珍しく貴重なものである

湖州八稜鏡(こしゅうはちりょうきょう)　周辺が花弁状をなし，花弁の先が尖る。文様はないが，鏡面には化粧箱の桜花文が付着しており，当時の華麗な蒔絵(まきえ)の装飾を今に伝えている。径は17.2cm

櫛　中世の女性たちは髪を長く垂らし，元結(もとゆい)した。その長く美しい髪を解かすには２種類の解き櫛と梳き櫛を用いた。まず歯が粗い解き櫛で髪を解き，次に歯が細かい梳き櫛で汚れを落とし，整えた

銅製の笄(こうがい)　当初，刀剣の付属品であったが，頭をかき，髪を解き，ほつれを直すのに用いた。女性の髪は長く垂らし，室町時代になると結髪(けっぱつ)するようになるが，髪飾りはまだ櫛だけであった

骨角(こつかく)**製の笄**　使用方法は左の銅製のものと同じであり，博多からは多く出土している。偏平で幅が広く，浅く溝状に彫られたものと細線を刻んだものがあり，先は細くなっている

毛抜　鉄で作られており，形態はほとんど現在と変わらない。中世では眉も髪も毛抜で抜くことが多かったようである。当時の絵巻には，毛抜で毛髪の手入れをする男が描かれている

耳掻(みみかき)　先端部は薄く，匙(さじ)状となっており，使いやすいよう折り曲げられる。耳に優しい軟らかい銅で作られた。握部は偏平なものや丸いものがあり，数は少ないが装飾を持つものも見られた

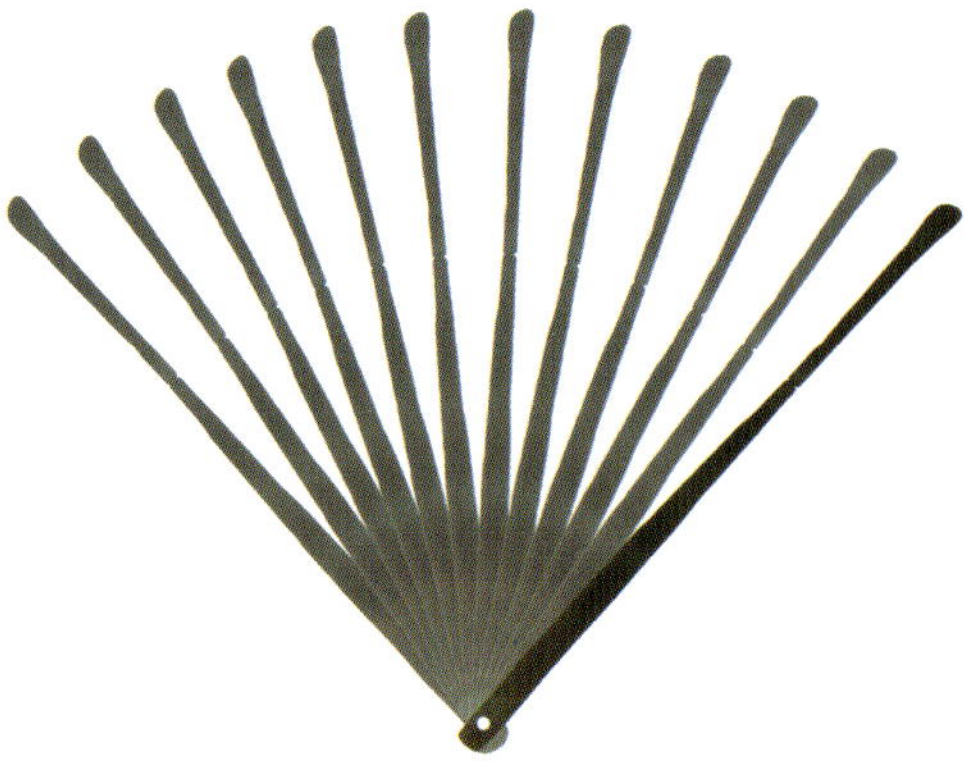

扇子(せんす)　薄く細長い板を骨として幾重にも重ね，それに地紙を貼っている。博多での出土量は少なく，骨だけが出土している。扇子はアクセサリーとして身を装ったり，また送風用具としても使われた(右端のみ出土遺物)

烏帽子　中世の男性は自分の頭頂部があらわになることを嫌い，身分によって，布製の冠，立烏帽子(たちえぼし)，折(おり)烏帽子を被っていた。博多からは折烏帽子が２点出土している

ガラス製品　博多からは様々な形態と色調のガラス製品が多く出土している。同時にガラス玉の鋳型や坩堝(るつぼ)も出土しており，博多で製作されていたことも分かっている。ガラス小玉は数珠にも使用されていた

銅製の指輪　少数出土している。現在のようにアクセサリーとして使用されたかどうかは不明である。14世紀前半のもので，中央にパスパ文字の印面を持つものと紐状の銅を一巻き半したものがある

萩双雀鏡　全面に萩の花が描かれ，その中に２羽の雀が舞う。鈕(ちゅう)は菊の文様をかたどっており，縁は直角に高く折れている。梳き櫛と密着した状況で鎌倉時代の井戸から出土した。径11.4cm

桔梗双雀鏡　中央には菊花菱(きくはなびし)を表す亀形の鈕が配され，その上を二羽の雀が向かい合い，亀と雀の口が接している小形の和鏡である。また，下半には桔梗(ききょう)と思われる５弁の花が５個配される。径5.2cm

薄双鳥鏡　小さな鈕の周辺には，秋の七草の一つである薄(すすき)と２羽の鳥が描かれている。秋の七草は萩・薄・葛・撫子・女郎花・藤袴・桔梗であり，この時代に好んで使われた文様であった。縁は小さな三角形状の断面をなす。径8.65cm

湖州六花鏡(こしゅうろっかきょう)　鏡の周辺は花弁状をなし，中央部に小さな鈕が付く。「湖州石家照子」の銘が見られる。一般に宋鏡は，薄手でシンプルな造りのものが多い。最大径は12.8cm

履物

片多雅樹

中世の博多ではどのような履物《はきもの》が履かれていたのか。室町時代の絵巻物には，下駄を作る職人や草鞋《わらじ》を売る商人が描かれている。博多遺跡から出土する履物の主流は下駄であり，現代においては日常的に下駄を履く習慣は衰退してしまっているが，同じ形を探すのが困難なほど多種多様な多くの下駄が出土する。草履《ぞうり》や草鞋については，藁《わら》などの植物繊維は埋土中の劣化が早いため原形をとどめて出土することは稀だが，草履の芯材となる板草履の出土がその存在を示している。

日本での下駄の出現は４～５世紀とされているが，中世以降に下駄や板草履の出土数が飛躍的に増える。また，近世になると下駄状の台座に草履や草鞋を取り付けた草履下駄も出現し，履物のバリエーションが増える。土間の出現もあり，この頃から履物を脱いで家に上がる習慣が根付いたと考えられる。ここでは博多から出土した履物を通して，当時の人々の生活を足元から見ていきたい。

下駄は構造上，台座と歯を一木から造る「連歯下駄(れんしげた)」と，台座と歯を別材で造り嵌め込む「差歯下駄」に大別され，さらに差歯下駄は臍(ほぞ)が台座まで貫通する「露卯(ろぼう)下駄」と貫通しない「陰卯(いんぼう)下駄」とに区別される。大・中・小，方形・楕円形，高下駄と多種多様な下駄が出土する

木目が美しい板目材を用いた子供用の下駄。台頭部には指圧による窪みが生々しく残る

蟹股？ 内股？ 極端に片減りしている下駄の歯。絵画資料に見られるような，排便時に使用したものだとすると，しゃがみやすく配慮された加工かもしれない

『七十一番職人歌合』（石山洋他，1977）に見られる下駄職人。出土する下駄の壺孔にも焼き鏝による炭化が見られ，下駄職人の息吹が感じられる

連歯下駄に釘で修理を施した痕跡が残る（中央の下駄，前歯部）。壊れても履き捨てるのではなく，長く大事に使われたのであろう

板草履　草履の芯材で，この板を藁やイグサなどで編み込み造られた履物。前方に前緒を結ぶ孔と，中央に後緒を咬ませる凹みがある

草履下駄　縁部には規則的に配された木釘が残る。鼻緒を通す壺孔はなく，台頭に草履の鼻緒を収める窪みがある。表面には草履を取り付けた藁の痕跡も残る

文具

上角智希

発掘調査で出土した考古資料から，文具について集めてみた。有機物である紙や筆は土中で腐りやすいので，出土文具は必然的に硯，水滴，文鎮などに限られる。博多遺跡群出土の文具の大多数を占める硯は，現在までに約150点が報告されており，そのうち中世のものと判断されるのは50点程度である。

まず目につくのが鑑賞的価値もある個性的な硯。聖福寺周辺から出土することから，書や水墨画を嗜む文化人としての僧侶の一面が垣間見える。また，中世から近世への変化も興味深い。中世段階には，四葉硯，風字硯，台形硯など多様な硯が見られる。近世になると，大量生産体制，流通圏の拡大，寺子屋による識字率の急激な上昇に合わせて，数が増えるとともに，長方形に画一化される。博多では山口県の赤間石が中世以来ずっと主流を占めるが，滋賀県の高島石が近世に大量に流入するようになる。また，滑石や陶器，木製の珍しい硯も出土している。

1　切り出した石の形をそのまま活かして作った一品物の硯（1～4）。単なる実用の道具としてだけではなく，鑑賞物としても大事にされたものであろう。聖福寺境内跡地から出土した。赤間石

2　同じく聖福寺境内跡地から出土。鑑賞硯は4点出土。うち3点は，現在の御供所町，中世段階には聖福寺の境内であった場所から出土している。聖福寺は水墨画で有名な仙厓和尚が住職を務めた寺でもある

3　木の葉を模した硯

4　三角形の硯。現在の東長寺の裏手，旧聖福寺境内跡地から出土

5　墨を摺る海部の縁に，波模様を刻んで装飾している。海部の形も趣向を凝らしている。これも１，２と同じく聖福寺境内跡地から出土

6　中世段階の硯には多様な形態が見られる（６～８）。これは楕円形の四隅に切り込みを入れた「四葉硯」と呼ばれるもの。石材は赤間石。博多遺跡群からは３点出土している

7　四隅を丸く仕上げた「楕円形硯」である。楕円形硯も長方形より古い時期に流行するようで，これは14世紀前半の遺構から出土した。赤間石。博多遺跡群では４点出土している

8　硯頭よりも硯尻の幅がやや広い「台形硯」。これも中世に位置づけられる。博多遺跡群では６点が出土。四角形で硯尻の縁が無いものは，縁の形が漢字の「風」のかまえに似ることから，「風字硯」と呼ばれる（14参照）

9　今度は硯の石材に注目してみよう。赤っぽい石，緑色の石など，数種類の石材に分類できる（9～12)。中には「○○石」と硯に線刻されたものもあり，どこで作られた硯なのか推測する手がかりを与えてくれる

10　赤っぽい硯は山口県下関市付近の「赤間石」である。硯の産地として有名で，中世段階から博多へも多くの硯が持ち込まれている。博多遺跡群で出土する硯で最も多い石材が，やはりこの赤間石である

11　緑色の硯は，滋賀県高島郡の「高島硯」である。裏面に「本高嶋青石」と線刻されている。高島では日用，寺子屋での習字用に長方形の硯を大量生産した。博多では江戸時代にかなりの量が入ってきている

12　青黒色に白線が入る硯は岡山県真庭郡の「高田石」である。硯の裏面に釘で引っかいたような線刻で「高田石」と書かれている。博多遺跡群ではあまり見られない石材である

13　細長い長方形の硯は江戸時代のもの。幅，長さに一定の規格性が認められる。写真の硯はいずれも幅5.3cm程度。大量に生産し，全国に流通させる商業化の波が硯業界へも押し寄せた

14　**滑石製硯**　滑石は柔らかい石で加工しやすい。割れてしまった石鍋の破片を再加工して作ったもの。いずれも10cm以下の小型品で，実際にこれで墨を摺るのは無理であろう。右下の形態が「風字硯」

15　**石製以外の硯**（15～17）　須恵器という焼き物で「陶硯」と呼ばれる。古代までは陶硯が主流であった。文字を書ける者が少なかったので，役所や寺院などの特殊な遺跡で出土する。博多での出土はそれほど多くない

16　**土製硯**　長さ4.8cm の小型品。側面と裏面に「すずりい志　元治元（1864）年　瓦町陶屋山崎馬吉」と刻銘がある。博多の瓦町（現祇園町周辺）の陶器職人が作ったもの。土製硯は非常にめずらしい

17　**木製硯**　長さ13.9cm，幅7.2cm。墨を摺る部分（陸部）が磨滅しているので，実際によく使い込まれたことが分かる。木製の硯もめずらしく，博多遺跡群では1点のみ出土している

18　**水滴**　博多遺跡群では十数点が報告されている。人物や鳥を模したもの，瓶形のものなど，様々な意匠がある。江戸時代のものが多いようである

19　**白磁の水滴**　人物を模したもの

20　**文鎮あるいは筆架**　青白磁で花を並べたデザインと美しい釉薬の発色が目をひく優品である。博多遺跡群から出土している文鎮はこの1点のみである

遊　具

田上勇一郎

国宝『鳥獣人物戯画』には様々な遊びが描かれている。有名な甲巻には盤雙六《ばんすごろく》の道具を運ぶ猿や相撲を取る蛙と兎が描かれ，丙巻には囲碁，将棋，雙六といった盤上遊技や耳引き，首引き，腰引きといった力比べをする人々が描かれている。丁巻には長い柄のついた槌で毬を打つホッケーに似た毬杖《ぎっちょう》や印地打ち（石合戦）の様子が見られる。

中世の博多ではどのような遊びが行われていたのであろうか。出土品から中世の遊びを探ってみよう。

碁石　碁石は多数出土している。黒石は石製で，白石は石製の他，ガラス製がある。黒石の出土例が多いのは，白石に骨や貝といった有機質のものを利用していたからだろう

将棋の駒　左は王将，右は不明。13世紀。博多遺跡群では同一地点から２点出土しているのみである。福井県一乗谷朝倉氏遺跡からは170点を超える出土例があり，鎌倉でも多数出土している。将棋は武士が好んだのか，商人の町博多では出土例が少ない

おはじき　ガラス製

独楽　水晶製の独楽。木製の独楽は博多では見つかっていない

さいころ　一辺約1.2cmの石製さいころ。目の配置は反対面の数の和が7になる現在のものと同じである。12世紀後半の廃棄土坑から出土した。雙六や賽賭博に利用されたのであろう

土製円盤　径4cm程の円盤状の土製品。紙双六（絵双六）の駒であろうか。右下のものには両面に線刻がある

トンボ　竹トンボではなく木を削って作ったトンボである

木球　木の小口面を丸く加工したもの。毬杖の玉であろう

石球　きれいに球形に成形された玉。これも毬杖の玉であろうか。それとも現在のビー玉遊びのようなものか。35次調査では219点出土し，そのうち8割近くが道路から出土している

瓦玉　瓦や陶器を円形に打ち欠いたり，磁器の高台部分をきれいに打ち欠いて成形した円盤。35次調査では533点出土し，そのうち2/3が道路から出土している。石蹴りの石として利用されたのだろうか

食の道具

田上勇一郎

遺跡から出土する考古遺物の9割は食に関するものであり，食器，調理具，煮炊具，貯蔵具などがある。輸入陶磁器の量が非常に多いのが国際貿易都市・博多の特徴である。また，国産陶器も各地からもたらされている。焼き物の他に木製，石製，金属製のものがあるが，木製，金属製のものは腐食しやすく出土は限られる。

調理場の痕跡はまだ見つかっていない。つくりつけのかまどなどがあったのであろう。ここでは中世博多の食に関する考古遺物を集めてみた。人々はどのような道具を用いて調理し，どのような器で食事をしたのであろうか。

食膳具の復元。16世紀頃の食器を用いた。どのような料理が盛られたのであろうか

〈擂る〉**擂鉢とすりこ木**　擂鉢は備前焼が多数もたらされた。左は14世紀，中央奥は16世紀。他に瓦質のがある

〈切る〉**包丁・まな板・菜箸**　まな板は折敷や曲物の底板を利用している。絵巻物には菜箸で魚を押さえて包丁でさばく様子が描かれている

〈煮る〉**土鍋**　煮沸具の中で一番ポピュラーなのは土鍋である。外面には煤が付着している

〈煮る〉**石鍋**　石鍋は長崎県西彼杵半島で生産され日本各地に運ばれた

〈煮る〉**鉄鍋**　金属製品の鍋もある。写真は鉄製

〈こねる〉**捏鉢**　承天寺境内にはうどんとそばの起源の石碑がある。まんじゅう発祥の碑も計画されている

〈そそぐ〉ひさげ　鉄製と銅製のものが発見された

〈よそう〉曲物と杓文字　曲物には大小様々な大きさのものがある

漆器　赤と黒のコントラストが美しい。漆器は低湿地しか遺存せず，出土が限られるが，多数使用されていたものと思われる

土師器の坏と小皿　左から11世紀後半，12世紀前半，12世紀後半，14世紀，16世紀のもの。時代により口径や底部の作りに変化がある

輸入磁器の椀と皿　時代が下るにつれて白磁に青磁，青花が加わっていく

井　戸

菅波正人

砂丘に築かれた博多では水の確保のために，湧水《ゆうすい》レベルまで掘り下げた井戸が多数造られた。これまで30年間の調査で，およそ900基の古代～中世の井戸が確認されている。掘り込まれた地盤が弱い砂であるため，その掘り方は直径３mに及ぶものもある。また，土砂の崩落を防ぐため，井戸側が設置される。しかし，それでも壊れてしまうのか，同一の場所に何度も掘り直される例も多く見られる。井戸の形態は，散見されるようになる８～９世紀では，板材を方形に積み上げ，その内側に集水のために曲物を据える例が一般的である。曲物以外には丸太を刳《く》りぬいたもの，陶器の甕を打ち欠いたものも見られる。11世紀後半以降，博多に中国商人が住み，都市化するのと呼応するかのように，井戸の数も急増する。さらに，12世紀になると，それまでの方形枠と曲物という構造から，結桶《ゆいおけ》を積み上げたものが一般的となる。結桶の使用は他地域と比べると２～３世紀程早く，その背景としては博多に住んだ中国商人との関わりも指摘されている。

御供所町（ごくしょまち）出土。13世紀代の井戸。木桶を伏せて井戸側とする。砂丘で湧水する場所に繰り返し，井戸が掘られる

冷泉町（れいせんまち）出土。中央の17世紀の石組井戸の周囲に，瓦組，木桶など様々な形態の井戸側が見られる

冷泉町出土。方形の板組の井戸側で，四隅を杭で留める。中央に曲物による水溜が設置される。８世紀後半

御供所町出土。方形に板を組んで井戸側とし，中央に曲物を据えて水溜とする。井戸側と水溜の間に頸部(けいぶ)を欠いた須恵器壺が置かれる。８世紀末頃

上呉服町(かみごふくまち)出土。須恵質の甕の底を打ち欠いて倒置したもので，このような例は曲物や刳りもの，木桶を使用することが多い博多遺跡ではめずらしい。10～11世紀頃

上呉服町出土。方形の板組の井戸側の中央に，木桶を設置する。方形の井戸側は８世紀以降，11世紀代まで見られる形態である。12世紀以降は方形の井戸側に替わり，直径70～80cm の木桶を積み重ねた井戸側が一般的になる。11世紀代

上呉服町出土。結桶を倒置して重ね，井戸側にしたもので，外面にタガが明瞭に残る。博多遺跡では12世紀以降，このタイプの井戸側が一般的となる。12世紀前半

店屋町出土。板を方形に積み上げて井戸側とする。板の組み上げ方がよく分かる例。16世紀代

店屋町(てんやまち)出土。直径55cm の木桶を井戸側に使用する。上方の木桶は抜かれ，多量の礫が投げ込まれる。最下層の木桶の遺存状態は良く，外側に３段のタガが巻かれる。16世紀代

店屋町出土。直径90cm 程の石組の井戸側。大きめの石を使用して，内側は面を持つ。井戸は廃絶後，砂で埋め戻されている。16世紀後半頃

綱場町(つなばまち)出土。石組の井戸側で，直径１ｍ程。比較的大きめの石で内側に面をなす。17世紀代

V 物をつくる

上＝ガラス塊，ガラスルツボとガラス製品
下＝獣骨から笄をつくる加工過程

上＝漆ヘラと漆器
中＝ふいごの羽口と包丁，短刀
下＝ルツボ，鋳型と銅ひさげ

中世博多の職人

佐伯弘次

中世に遡る博多の産業

博多遺跡群からは鉄製品、銅製品、ガラス製品、鹿骨製品などの工房跡や関係遺物が出土しており、様々な職人が住み、製品生産に従事していたことが明らかになっている（川添編、一九八八年）。ここでは、中世の文献史料から中世博多の職人（手工業者）について述べたい。

近世地誌『石城志』（一七六五年）は、博多の土産として、器用類、衣服類、金石類、造醸類、薬品類、草木類の六ジャンルに分けて多くの物品を紹介している。器用類では、刀、錐、鋤鍬、剃刀、鋳物、瓦、瓷器《しき》、櫛、髢《たぼ》揚、木偶《でく》、綿打弓、秤、銅篩《ふるい》斗、鞦《しりがい》、筆、空鐘、団扇、斗合樽《とごうだる》をあげている。衣服類では、唐織などの絹織物を中心とした五種をあげている。金石類では、博多銀、金銀箔、朱、蛤粉《ごふん》の四種をあげる。造醸類では、練酒など一五種、薬品類では透頂香など六種、草木類では茶など九種をあげている。こうした近世博多の特産品の中には、練酒のように中世に遡るものも多いと考えられる。

中世博多の住民については、貿易商人を除くとあまり史料が残っていないが、職人については断片的ながら比較的史料が残っている。中世後期の博多には、織物業、醸造業、海運業などの産業が発達していたことがすでに明らかにされている（豊田編、一九六五）。一四世紀初頭、鎌倉極楽寺の円琳房《えんりんぼう》は渡唐のため上洛したが、まず船を造るため筑州に下向した。日元貿易船が博多周辺で造られたことを物語っている（森、一九七五）。

博多の練酒は著名な特産品であった。練酒は色が練絹《ねりぎぬ》のように白く光沢がある酒である。酒を絞って漉して造った。『石城志』によると、古《いにしえ》は小田氏だけがこれを醸造していた。近世中期の段階では多くの家が造っていたが、篠崎氏が製する練酒が上品であったという。連歌師牡丹花肖柏《ぼたんかしょうはく》（一四四三〜一五二七）の「三愛集」には、加賀の菊酒・河内の天野酒とともに九州の「練緯《ねりぬき》」（練酒のこと）をあげている。文正元（一四六六）年正月、将軍足利義政から赦され、周防大内氏のもとから帰京した守護大名斯波義敏は、相国寺蔭凉軒《いんりょうけん》を訪問した時、珍しい酒を持参した。これは筑前国博多の名酒で、「練緯」という酒であった。蔭凉軒主は古くからその名を聞いていたが、この時初めて飲んだようで、「大変おいしい」と日記に記している。このように博多練酒は贈答に多く用いられた。応永二七（一四二〇）年に博多を訪れた朝鮮使節宋希璟が、九州探題や博多商人たちから振舞われた酒もおそらくこの練酒だったろう。

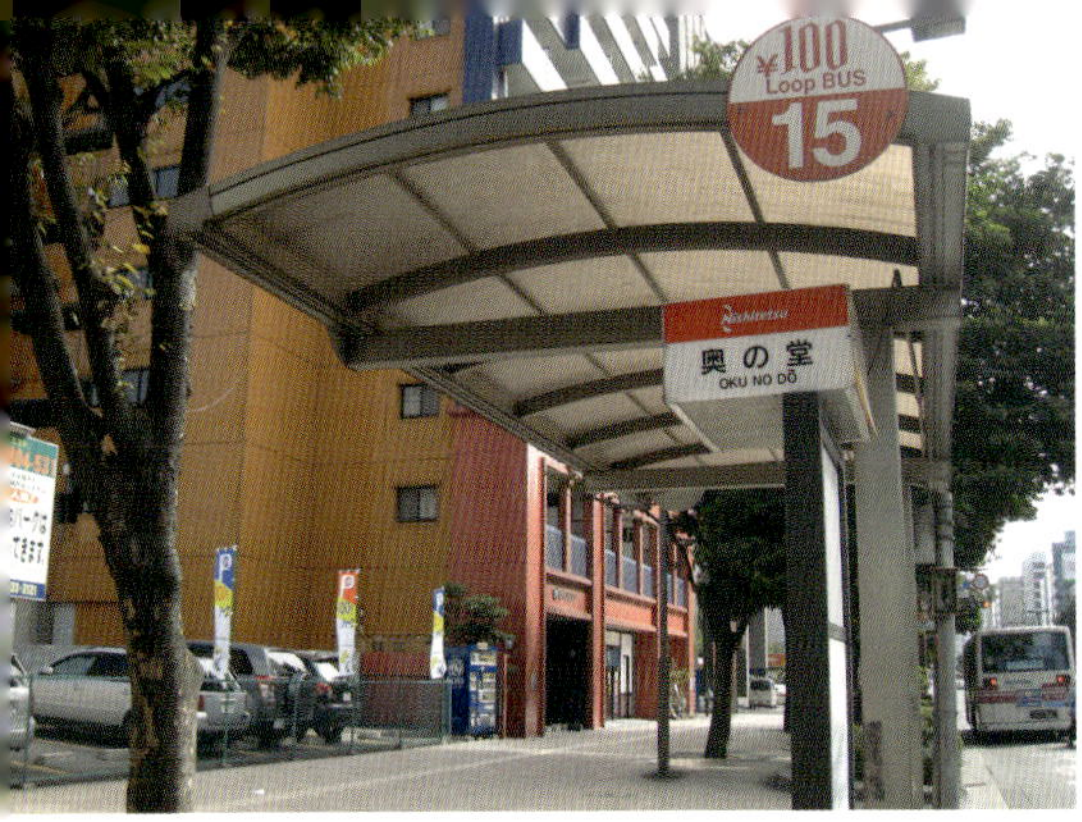

「奥の堂」氏屋敷跡。筥崎宮の油座神人であった奥堂氏の屋敷跡は，近世には奥堂という地名として残った。現在はその地名も失われ，わずかにバス停の名前として残っている

寺院の支配下にあった職人たち

博多の称名寺官内の東西両門前の在家には、諸職人と牛馬が住んでおり、聖福寺の知行の中には、行堂力者や大工・鍛冶・諸役者の居屋敷があり、「聖福寺古図」には、海岸で鋸・斧・手斧を使って作業する大工らしき姿が描かれている（佐伯、一九八四）。これらは、博多の各所に住む職人たちが諸寺院の支配化にあったことを物語っている。

文明一〇（一四七八）一〇月、少弐氏から筑前国を奪還するため、博多に滞在していた大内政弘に対して、博多の鍛冶辰房が鐙・馬爪打刀・髪挟を進上し、博多の筆結が筆を進上している（「正任記」）。『石城志』には鍛冶や筆結の生産品が書かれており、中世からつながるものであったことが推定される。

博多の奥堂氏は、第一二次遣明船に客商として参加した日明貿易商人として知られるが、博多では筥崎宮の油座神人《あぶらざじにん》として油の生産と流通に従事していた（油座文書写）。奥堂氏は一五世紀中頃、博多に方一町の屋敷と一町半の畠を所有していた。屋敷は「博多奥堂屋敷」と表現されていることから、奥堂にあった。一町半の畠では油の原料の生産が行われ、方一町の屋敷内では油の生産と販売が行われていたと考えられる。日明貿易の主要な輸出品の一つが日本刀であった。博多には「左文《さも》字《じ》」という一派の刀工がいたことが知られている。

「安山借屋牒」には、一六世紀半ばの聖福寺寺内町の住人が書き上げられているが、その中には、桶大工、桶屋、鍛冶大工、木別大工、織屋などが見えている。

鋳物師の存在も明らかになっている。天文一八（一五四九）年に九州に下向した京都鋳物師の真継久直は、大内領国内の鋳物師の支配に力を注いだ（名古屋大学文学部国史研究室編、一九八二）。その関係史料から、博多津内鋳物師や鉄政所座の存在が知られる。大内氏家臣讃内氏がそれらを管轄し、古鉄公事銭などの徴収を行っていた。

美術史の世界で注目されているのは、地方仏師としての博多仏師である（八尋、一九七

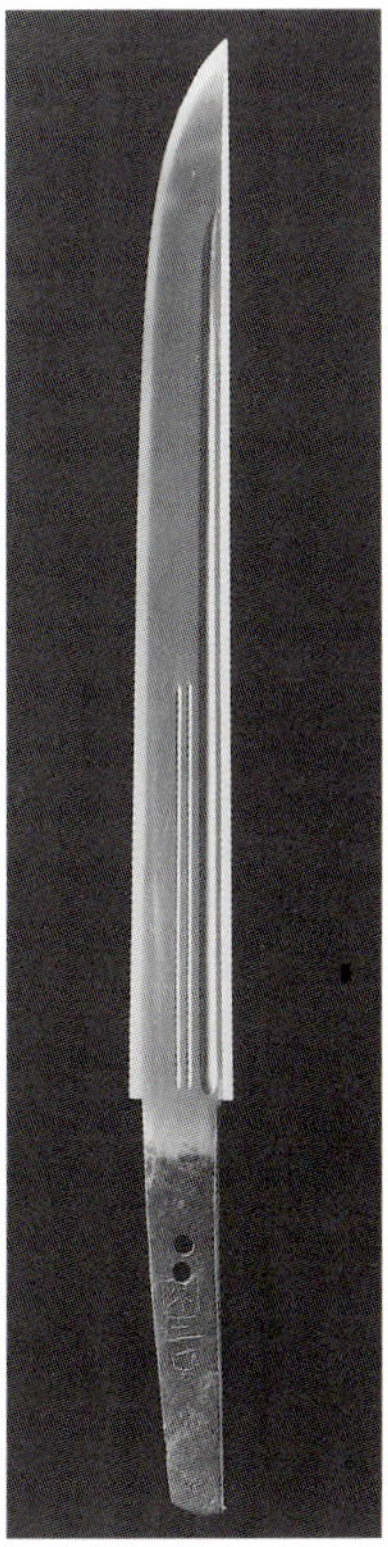
「国吉」短刀（重要文化財，鎌倉時代後期，福岡市博物館蔵）。筑前刀工の流れは，良西－国吉（西蓮）－実阿－左（さ）と続く。国吉には「談議所」という銘を冠する作例がある。左は，息浜の住人で著名な刀工正宗に師事し，相州伝の作刀を行った。左の作風は弟子たちに伝えられ，南北朝期に筑前刀は隆盛を迎えた

六）。一六世紀代に活躍した博多仏師は、「猪熊」を姓とし、「重」の字を名前に用いた。戦国時代末には博多の「浜小路」に居住していた。その作品は、筑前を中心に、筑後、豊後、壱岐にも残っている。

大寺社造営と職人

天正六（一五七八）の宗像神社（辺津宮）の再興後、再興の次第を記した四枚の「置札」が作成された。この再興は一大事業であり、多額の費用と労力がかかっている。この造営について記した「置札」には、宗像社周辺の手工業者の他、博多の職人が多く登場する。大寺社造営における都市の役割がよく分かる。この史料から、博多関係の職人を抽出してみよう。

この造営のための材木は、筑前国三笠郡・早良郡・那珂郡、肥前国松浦で調達され、板は石見国益田で調達された。造営の中心となった番匠の「大工」には、鬮《くじ》で博多津の日高定吉が選ばれた。日高定吉は、小工二十人・鍛冶・木導・杣取・瓦師を集め、造営を主導した。天文期にも「博多津番匠」の存在が知られる（佐伯、一九八四）。

造営の棟瓦師は、博多津中道場の僧金師と小工二人が務めた。博多の瓦師は有名で、文明一一（一四七九）年には博多の瓦士四郎五郎・次郎四郎の両名が山口の興隆寺造営に従事している。近世の博多には「瓦町」があり、瓦匠が居住したので町名となったという（『筑前国続風土記』巻一）。あるいは中世にまで遡るのかもしれない。肥前名護屋城の造営にも博多の瓦師が動員されたことは、同城から出土した「はかた」の文字が入った鬼瓦の存在から分かっている。

肥前名護屋城出土鷹羽文飾鬼瓦（佐賀県立名護屋城博物館蔵）。「はかた」のかな書き銘を持つ鬼瓦。博多の瓦工の手によるものであろう

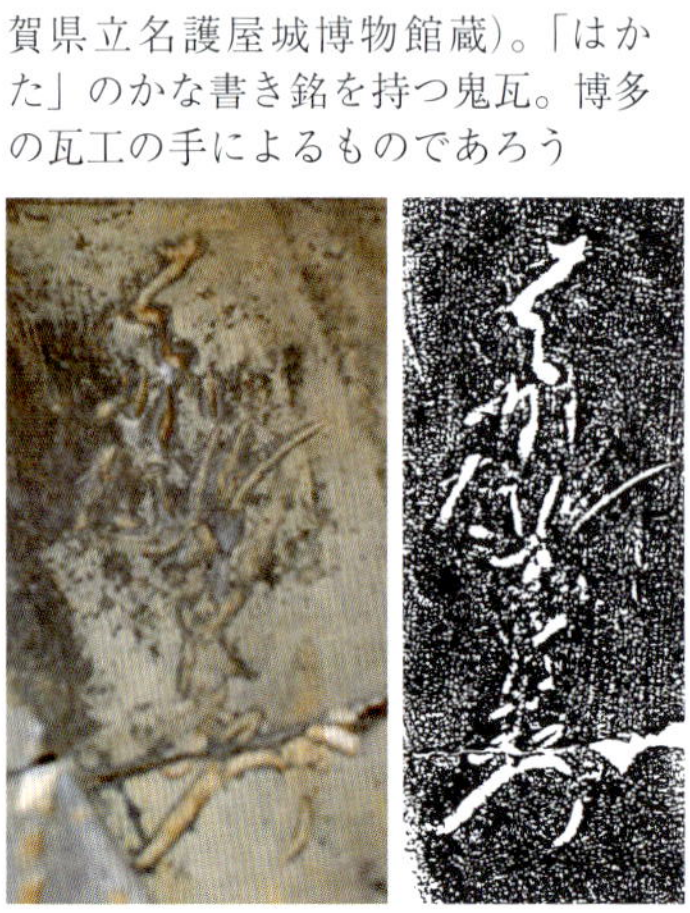

造営の絵師には博多津の感定入道と小工五人が採用された。塗師として京都の関新左衛門尉と小工二人が採用された。関新左衛門尉は、「万細工」とされ、今、博多に居住しているとされている。京下りの絵師が博多に存在していた。永禄七（一五六四）年には、博多の塗師太郎左衛門の存在が知られる（普門院本尊厨子銘文）。

鍛冶は大工・小工二人が採用されている。おそらく地元の鍛冶であると思われるが、大小の釘の一部は博多で買得された。朱六貫目が造営に使用されたが、これは博多津の徳永又右衛門が調達した。

もとより文献史料は全てが残存しているわけではないので、中世の博多にはこれ以外の職人も多く存在したと考えられる。以上のような文献史料から判明する職人のあり方と、発掘によって知られる職人のあり方の比較対照が課題として残されている。

織物

片多雅樹

▽はじめに

人間が生活をしていく上で重要な三要素である衣・食・住。その衣（着物）をまとうのに不可欠なのが織物である。博多、織物と来れば、「博多織」である。博多織の歴史は今から約七六〇年前（鎌倉時代）、博多商人満田弥三右衛門が承天寺の開山聖一国師とともに当時の中国、宋へと旅立ち六年間の修行の末、織物の技法を習得、帰国して代々受け継がれたのが始まりとされている。つまり中世博多の織物事情は博多織のルーツとも言える。

中世の博多ではどのような着物をまとい、どのような織物が存在したのか、ここでは出土遺物からのアプローチを試みる。しかし、織物のような有機質は埋土中に著しく腐食し、原形をとどめて出土することは稀である。そのような中、織物の存在を示す資料を抽出し、中世の織物事情を紹介していこうと思う。

▽紡織具

日常生活に欠かせない衣類（布）ができるまでには、まず材料（麻になる植物靭皮繊維や絹になる繭）を採取し、得られた繊維から糸を紡ぎ、そして布を織るという工程を踏む。その他染色や刺繍、柄のデザインなどの行程があるが、それぞれ分業化され専門の職人たちが存在したと思われる。

東区にある香椎B遺跡では一二世紀から一六世紀に栄えた屋敷群が検出され、宋の商人もしくは博多貿易商人の住まいであったとされている。その一二世紀前半台の遺構からは①糸を紡ぐ、②糸を巻く・保持する、③布を織るという三つの工程で必要な道具（紡織具）が出土し、中世の織物工房があったことを窺わせる（瀧本、二〇〇〇）。

博多遺跡群からは鉄製の紡錘が出土している（写真1）。紡錘は回転運動によって素材の繊維に撚《よ》りをかけて、丈夫な糸を作る道具で、円盤状の紡輪（紡錘車）と、その中心を貫通する紡茎からなる。『和国百女《わこくひゃくじょ》』には糸玉の糸を口で湿らせながら、紡錘で撚《よ》りをかける女性が描かれている（写真1）。

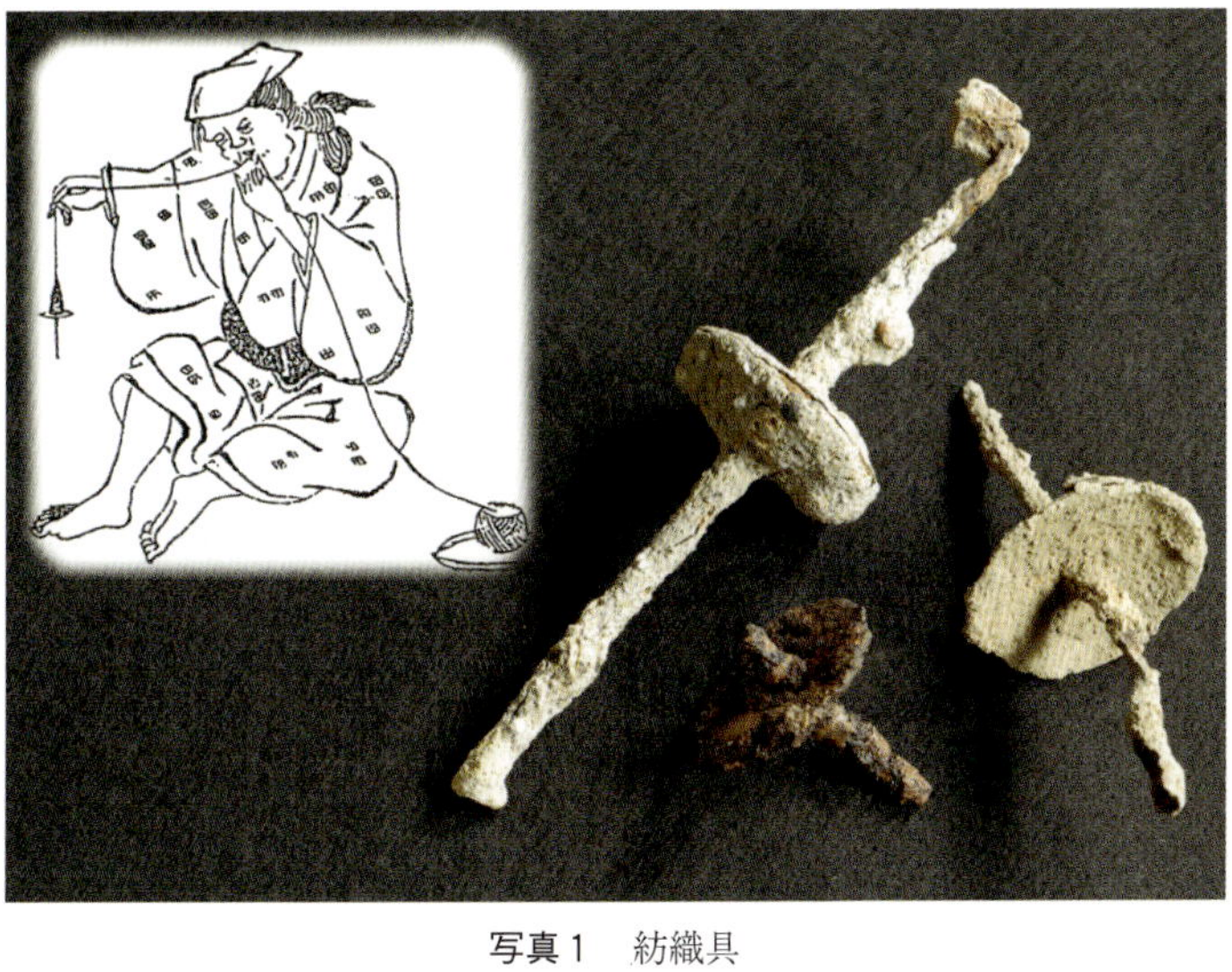

写真1　紡織具

▽絵画資料に見る職人

明応九（一五〇〇）年に描かれたとされている『七十一番職人歌合《しちじゅういちばんしょくにんうたあわせ》』には、職人同士が職種にちなんだ歌を詠み競う姿が七一場面描かれており、計一四二種もの職人たちが登場する。機織りをする女性や後述する烏帽子職人の姿も見られる（図1）。冠師は布もしくは紙で作った帽子に漆を塗る姿が、折師は漆で固めた布もしくは紙を火鉢にある炭で温めながら烏帽子の形に折上げている姿が描かれている（石山他、一九七七）。

▽烏帽子

烏帽子《えぼし》とは、布や紙を漆で固めたものを袋状に折り上げた帽子で、中世を通しては基本的に、公家は「立烏帽子」、武家は「侍烏帽子（折烏帽子）」、庶民は「萎烏帽子（柔らかな烏帽子）」を着用していたようである。

博多遺跡群からは二点が出土しており、一点は漆塗膜のみ検出され、母体が紙なのか織物なのかも不明であるが、もう一点（写真2－①）は残りもよく、薄い織物を漆で固めた後、折られて作られた侍烏帽子である。

先述のように織物は原形をとどめて出土することは稀であるが、この烏帽子は漆で塗り固められていたため、織り組織まで良好に残存していた。そこでこの烏帽子に使われた織物に関して、顕微鏡を用いた調査を試みた。

写真2－③は漆を盛り上げて表面に施された

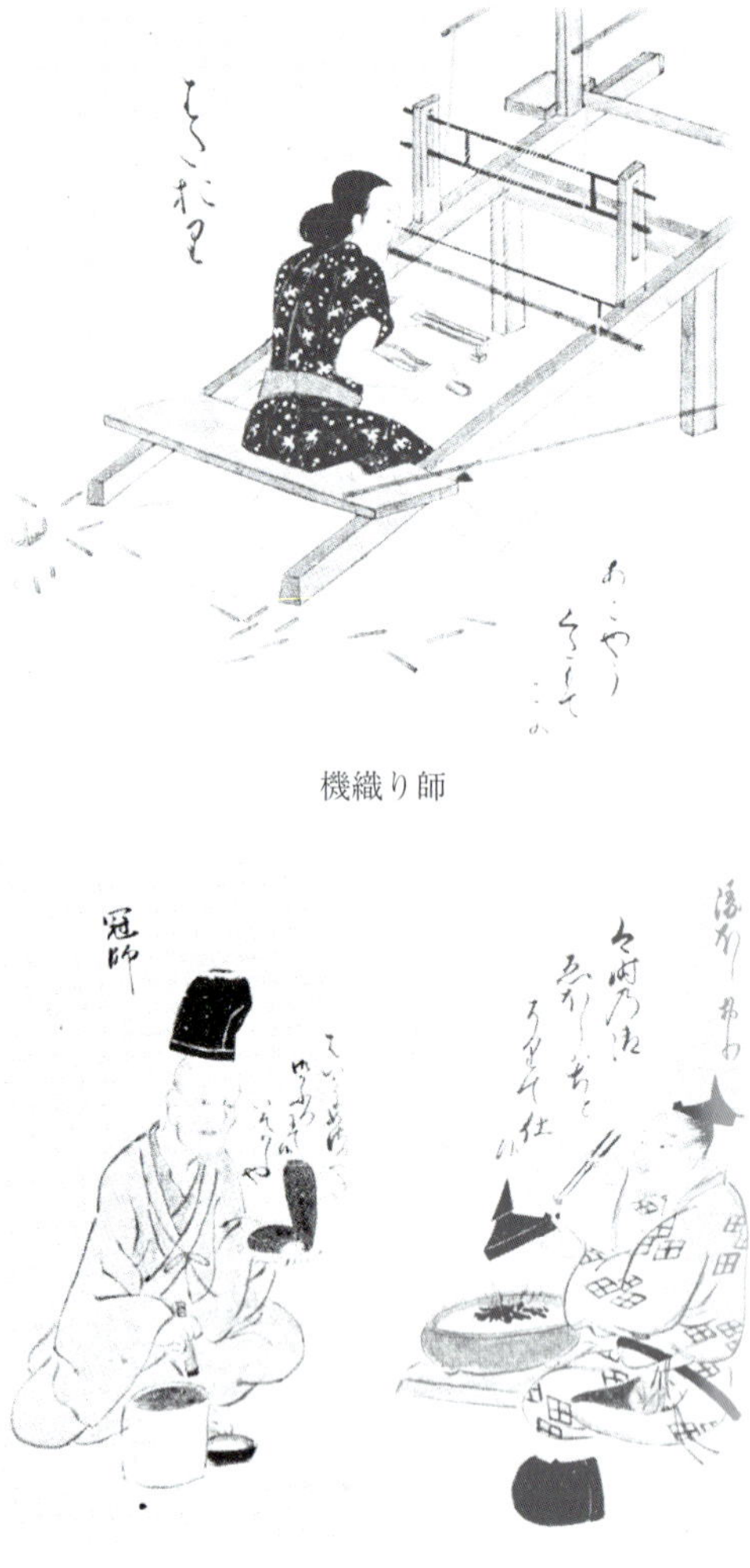

図1　絵画資料に見る職人
（『七十一番職人歌合』より）

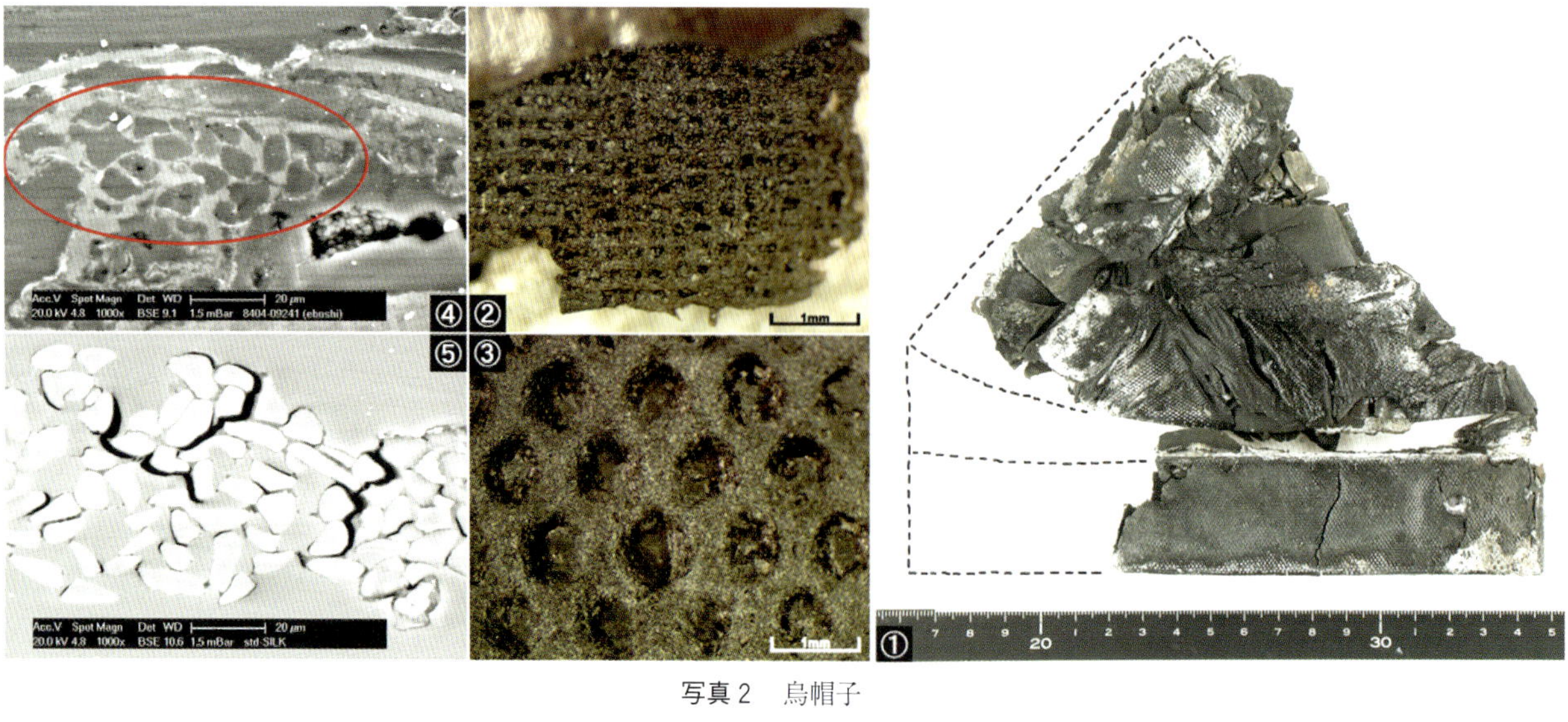

写真2　烏帽子

紋様である。当初、この列点紋が織り組織を反映しているものと思われ、目の粗い麻布を用いた烏帽子であるとされていたが、実際は写真2－②のように、織り密度の高い（約四〇本×三六本／一平方センチメートル）平織物が使用されている。平織物とは経糸と緯糸が一本ずつ交差し織物を形成する、最も単純な織り組織である。

写真2－④は、剝落した織物片を特殊な樹脂に埋め込み固めた後、繊維断面が出るよう切断、表面を鏡面研磨したものを電子顕微鏡で撮影したものである。赤丸で囲んだ箇所が糸一本の断面で、二十数本分の繊維断面が観察される。その中に丸みを帯びた不等辺三角形を呈する繊維断面が観察される。写真2－⑤は、現代の絹糸を同条件で撮影したものである。同じく不等辺三角形を呈する繊維断面が観察されるが、これは絹特有の繊維断面形状であり、蚕の口の形状に由来する。

このことから、この烏帽子は絹を用いた緻密な平織物を漆で塗り固め、表面に列点紋を施した母体を折り上げて作られたことが分かった。

▽布目瓦

瓦は同じ形のものを大量生産する必要があり、模骨と呼ばれる木枠に粘土板を巻き付け、羽子板状の板などで叩き締めて成形される。その際、模骨と粘土との間に離型を目的に布が挟まれる。成形後、布目をナデ消しているものもあるが、そのまま焼成されたものには布目痕が残る（潮見、一九八八）。写真3－①の手前三点は平瓦、奥の三点は丸瓦で、いずれも凹面には布目の痕跡が鮮明に残っている。

写真3－②から④は布目痕の顕微鏡写真である。いずれも織り密度は粗く、一センチメートルあたり八から一〇本の平織物を使用したようであるが、細かい糸の撚りまで転写され残っている。また写真3－①左前の平瓦には製作時についた瓦職人の親指と思われる指紋が生々しく転写され残っている（写真3－⑤）。

▽特殊な織物

博多湾東岸に形成された南北に長い砂丘上に立地する箱崎遺跡群第二二次調査では、六基の中世墓が検出され、うち一二世紀後半から一三世紀前半の木棺墓からは湖州鏡《こしゅうきょう》と呼

写真3　布目瓦

ばれる青銅製の鏡が一枚出土した（写真４−①）。この鏡は鏡面を上にした状態で出土し、表面には鏡から析出した錆が染み込んだ状態で辛うじて痕跡を形成している織物の付着が見られた（写真４−②）。この織物は織り密度、約経六〇×緯五〇（本／センチメートル）で、ほとんど撚りのない糸で織られている。

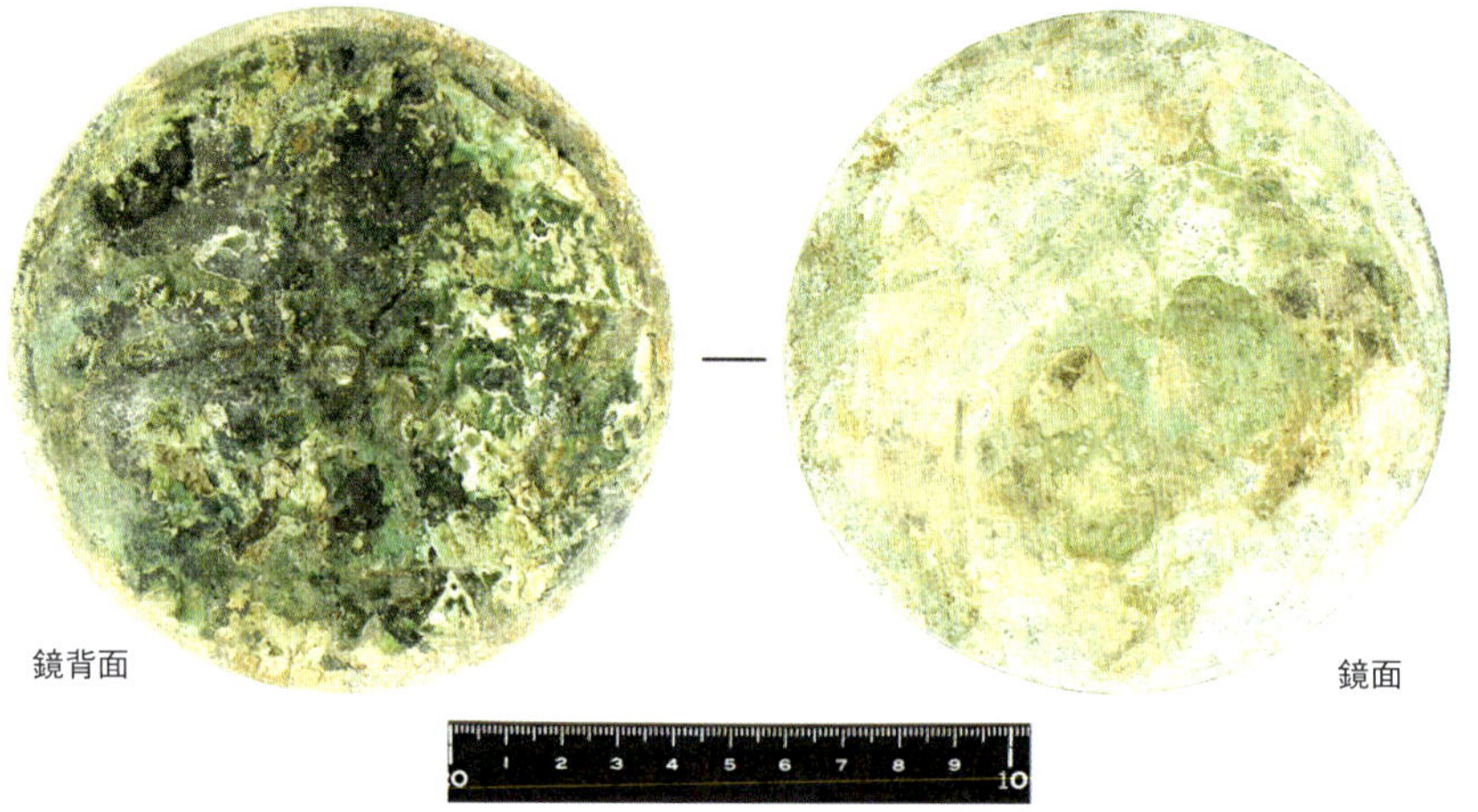

①箱崎遺跡中世墓出土湖州鏡

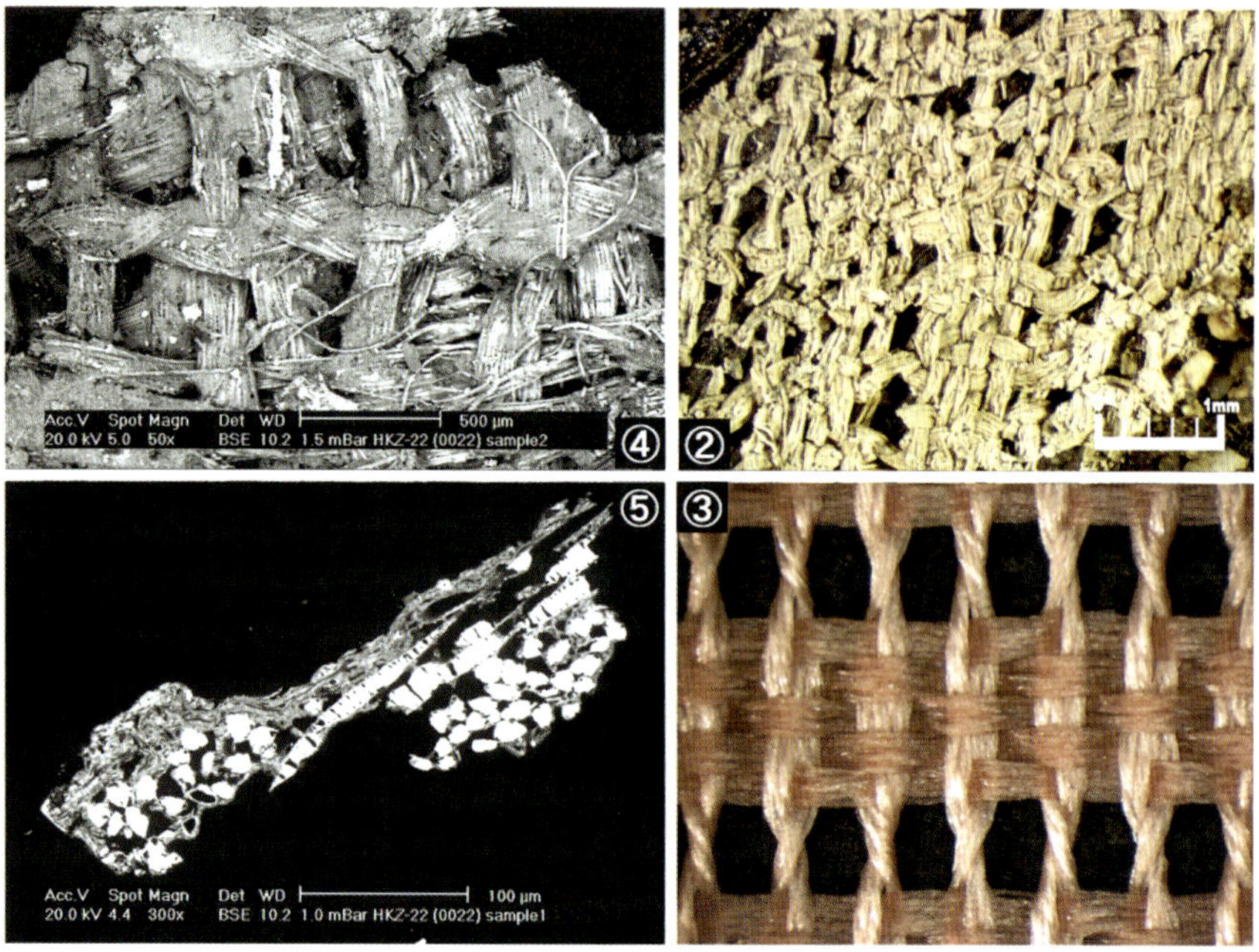

写真４　特殊な織物

繊維断面形状観察では丸みを帯びた三角形が見られ、絹織物であることが分かる（写真４−⑤）。一見平織りのように見えるが、経糸の一部が三つ編み状になっており、しかも、単に経糸として織られているのではなく、緯糸が三つ編みの中に組み込まれる形で織物を形成している（写真４−④）。

これは、隣り合う経糸を絡ませながら織る捩《もじ》り織《お》り組織という織物であり、その中でも三本の経糸を絡ませて織る「顕文紗《けんもんしゃ》」という、平安〜鎌倉時代にかけて夏の公家装束などに用いられていた織物であることが分かった（遠藤、一九八〇）。

写真４−③は現代の機械織りで織られた捩り織り組織の顕微鏡写真である。隣り合う二本の経糸が捻れ、その箇所に亀甲紋のような隙間が形成されている。この捩り織り組織は羅・紗・絽などとも呼ばれ、経糸を操る特殊な綜絖《そうこう》が必要となる。このような複雑な織り組織を有する特殊な織物に包まれた鏡が副葬されていたこともあり、被葬者の身分や当時の染織技術を知る上でも、貴重な資料と言える（片多他、二〇〇四）。

▽おわりに

冒頭でも書いたが、衣類などの織物製品が、完全な形で遺跡から出土することは皆無に近い。そのような中、数少ない織物に関する出土資料からも、中世の博多に高い技術を要する織物が存在したことが分かった。今後は、絵画資料、民俗資料、そして新しい発掘成果も踏まえて、職人の存在を含めた織物事情が明らかになることを願う。

ガラス

比佐陽一郎

▽遺跡出土のガラスとは

ガラスは陶器の釉薬《ゆうやく》から発展し、やがて単独で装飾品などとして用いられるようになったが、その起源は約六〇〇〇前の古代メソポタミアに遡るとされる。そこから各地に広がり、中国などを経由して弥生時代の日本にもたらされた。その主成分は珪素《けいそ》で、川砂などに含まれる石英粒が素材となる。しかし石英単独では無色透明で、溶解には一五〇〇℃を超える高温が必要となる。そのため製造にあたっては、溶解温度を下げる融剤《ゆうざい》（flux）や着色のための成分が添加される。

出土ガラスは近年、科学的な分析調査が進み、成分の違いから幾つかのグループに分類されることが明らかになっている。中でも肥《こえ》塚《づか》隆保《たかやす》氏は精力的に多くの資料を分析し、各グループの流通や変遷を明らかにしている（肥塚、二〇〇〇）。それによれば、大まかには、弥生時代にはカリガラスや鉛バリウムガラスと呼ばれる種類が盛行した後、弥生後期頃からソーダ石灰ガラスが多くなり、色調の種類を増やしながら古墳時代を彩り、その終わり頃からは鉛ガラスが広がるとされている。そして古代末、新たな種類が加わる。カリウム鉛ガラスと呼ばれる種類のもので、中国宋代を起源とするクリスタルガラスの一種である。日本では平安時代の終わり頃から確認され、鎌倉、室町といった中世に広がりを見せる。

▽博多出土のガラス製品

博多遺跡群でも、これまで多くのガラス製品が出土しているが、その数は、概ね九〇〇点程度に上り、市内で出土するガラス製品の約一割に当たる。しかし、この中には明らかに古墳時代に遡るものや、近代以降の資料も多く含まれており、純粋に中世期の資料は限られる。ところが、ガラスの場合、特に数ミリ大の小さな玉などは、ちょっとした地面の割れ目などから転げ落ちて、本来の地層とは異なる部分から出土する可能性も少なくない。また玉類などは時間の流れに伴う形態変化にも乏しく、型式学的な変遷も追いにくい。明確に遺構に伴う資料を除いては、時期の特定が難しい資料なのである。この点からも、分析による材質の特定は、高い精度を求めない限り時期推定の有効な手段となり得るが、博多のガラスを対象とした調査は緒に着いたばかりであり、現状では十分な論議が尽くせない状況である。そのような中ではあるが、若干、製品を概観してみたい。

装飾品としては、やはりビーズの類が多い。径が一～二ミリの極小サイズから、一センチを超える大玉まで各種あり、ほとんどが巻き付けによって製作されているようで、古墳時代に多数を占める管切りとは製作技法が異なっている。色調は圧倒的に青色系が多いが、一口に青といってもそのバリエーションは豊富で、緑に近いもの、色が深いもの、淡いも

様々なガラス製品（左＝35・31・71次，右＝上から6次・築港線5・65・95・117・115・80次）

の、さらに透明感も高低様々である。他、二センチ程の大きさで板を環状にした、ミニチュアの「璧《へき》」とも言えるような製品も複数の調査区で出土しているが、これらは青や乳白色である。また用途は不明であるが、孔のない製品も多く、ビー玉状の球体やおはじきのような円盤状、棒状など様々な形状がある。色は青、緑、黄、乳白などがある。

他には容器の種類も豊富である。ガラスは割れやすく形状の復元できるものは非常に限られるが、その中で七九次調査出土の球形で蓋の付いたものは、博多の中でも逸品と言える。色調は風化によって若干くすんでいるが、緑～黄緑色で淡い透明感を有している。本体は一ミリに満たない薄さで、高い技術で作られた製品と言える。カリウム鉛ガラス製である。他にこのような容器の蓋だけが八五次や一一八次調査で出土しているが、いずれも深い青色である。容器でいえば、これらと逆に三～四ミリの厚さで非常に重厚感のある、やや緑がかった乳白色の破片が、七一次調査で複数発見されている。復元すると径十数センチ程のサラダボールのような形状になると思われる。玉《ぎょく》を意識したと見られる色調であるが、これも分析の結果、カリウム鉛ガラスであった。

▽博多遺跡群におけるガラス製品の製作

では、これらのガラス製品は、どこからもたらされたのであろうか。それを知る一つの手段として、鉛同《なまりどう》位体《いたい》比《ひ》分析という理化学的な手法がある。詳しい説明は省くが、資料に含まれる鉛の産地を推定する方法で、これまでも青銅器において多くの成果を上げている。ガラスでも鉛を含む種類のものでは、この方法を用いて産地推定が行われていて、先程取り上げた七九次調査出土の容器も、中国産の鉛が用いられたという結果が得られている（山崎他、一九九六a）。しかし一方で、同じカリウム鉛ガラスで一二～一三世紀とされる資料の分析でも、日本の対州《たいしゅう》鉱山（長崎県対馬市）と同じ同位体比を示す資料も存在しており（山崎他、一九九六b）、早い段階から国産化が進んでいた可能性も示されている。

ガラスの容器（中央＝79次，上左＝85次，上右＝118次，下＝71次）

　このような、理化学分析とは異なる観点で、博多におけるガラス器の製作を知る手掛かりもある。それは、ガラスの溶解に用いたと見

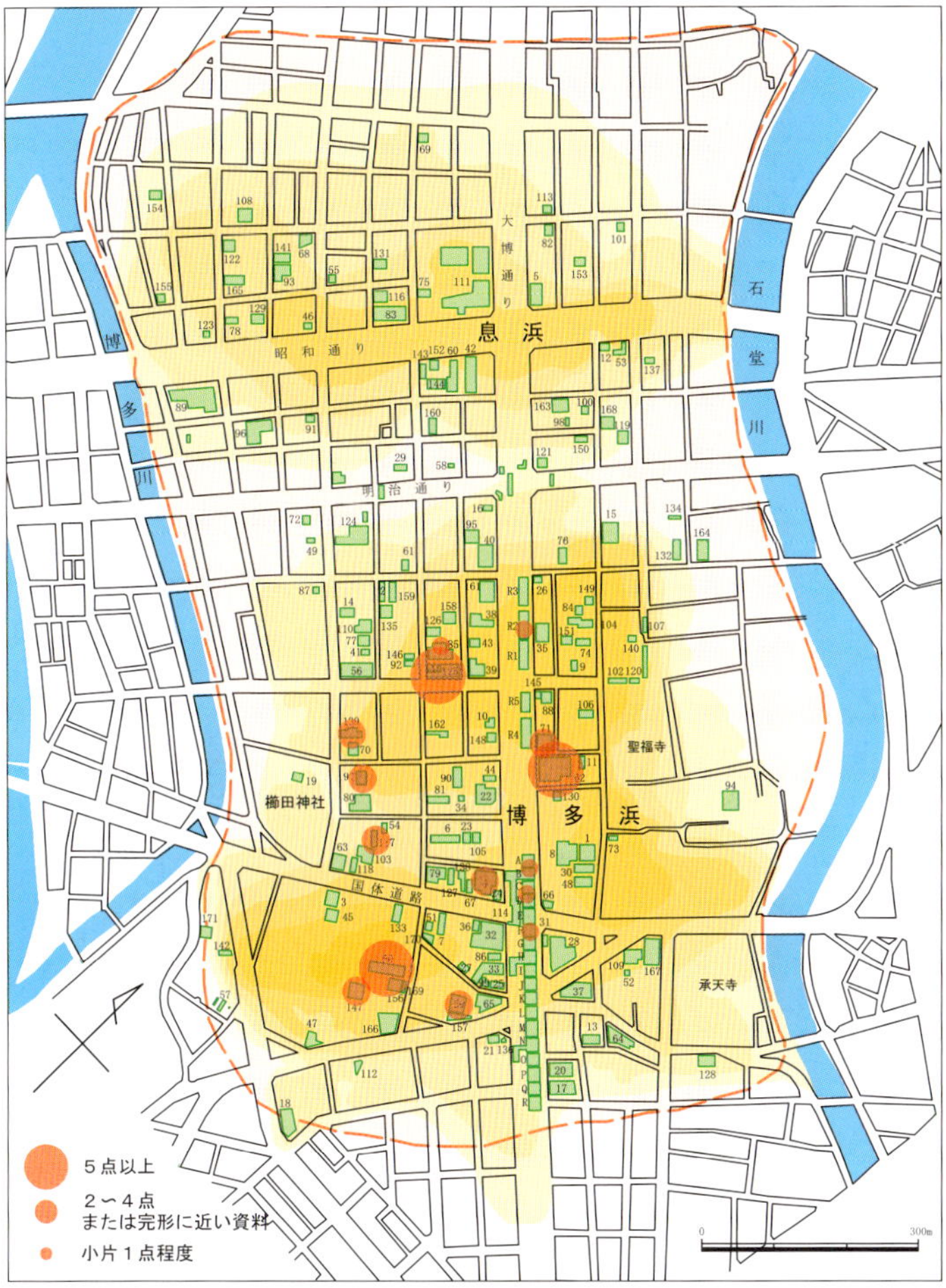

ガラス坩堝の分布図

られる坩堝《るつぼ》の存在である。博多遺跡群の調査でも早い段階から認識されてきた資料であるが、近年、その類例は増加の一途をたどっていて、一四の調査区でこの種の資料が発見されている。その分布を見ると、博多浜に散在しながらも、御供所《ごくしょ》町の六二次調査周辺、店《てん》屋《や》町の一一五次調査周辺、祇園町の五〇次調査周辺で多くの個体が出土しており、複数の製作拠点があったものと考えられる。特に前の二カ所は青銅と見られる金属器製作の痕跡も発見される場所で、「高温・高火力を用いるものづくり」という技術的側面や、装飾品の製作において金属とガラスを組み合わせるといった部分で両者が関連していた可能性も示唆される。

全体像が分かる資料で見る限り、いずれも高さ二〇センチ程度、胴部径十数センチで、丸い胴体に、やや口のすぼまった頸部が取り付く壺形容器という、形態上の高い共通点が挙げられる。ただ、これらを細かく見ると、大きく二種類に分類される。前者は中国製陶器の水注を転用したもので、器壁が薄く丁寧な作りで、把《とっ》手《て》や注口が付けられているのに対して、後者は通有の容器に類する形態のものは見当たらず、分厚く粗い胎土で、把手や注口など、水注としての機能を担う部位は見られない。仮に前者をⅠ類、後者をⅡ類としておこう。Ⅰ類の多くは、博多の陶磁器分類での陶器C群とされるもので、無釉盤口水注《むゆうばんこうすいちゅう》と呼ばれる器種である（Ⅰ－ａ類）。一部には同じくC群の褐釉水注《かつゆうすいちゅう》を転用したもの（Ⅰ－ｂ類）も含まれるようであるが、明確なものは一一五次調査出土の一例のみである。

次に、その使用時期であるが、Ⅰ－ａ類は大宰府で、やはりガラス坩堝に使われたものがあり、一二世紀前半に位置づけられている（宮崎、二〇〇〇）。博多では、出土遺構の

ガラス坩堝　Ⅰ－ａ類と，その元になった水注（左＝35次出土無釉盤口水注，高さ17cm，右＝147次出土ガラス坩堝）

ガラス坩堝他（右からⅠ－b類内面：115次〔現存高20cm〕，同外面，元になった褐釉水注：100次，坩堝Ⅱ類：4次〔高さ23cm〕）

共伴遺物で見ると、一部一四世紀代まで下るものがあるものの、多くの資料が一二世紀代に収まり、ピークは一二世紀後半頃と見られる。またⅠ類、Ⅱ類に前後関係はなく、同時期に混在しているようである。つまり、比較的限られた時間の中で、複数の地点で壺を使ったガラス加工が行われていたということになろうか。ではなぜ、同じような形の壺が坩堝として用いられのか、その必然性を考えるために使用状況を推測してみたい。

内部や破断面には青や緑、その中間的な色などのガラスが溶けた状態で付着している。黄色や乳白色のものもあるが、これらは風化によって本来の色調を失ったものと見られ、寒色系のガラスが圧倒的に多いと言える。付着ガラスには幾つかの分析事例があるが、例外なくカリウム鉛ガラスという結果が得られており、青色系の発色には銅が関与している点も共通している。山崎一雄氏らの研究では、残されたガラスの融点や、壺の胎土の分析から、原料を混合して素材を得るものではなく、得られた素材を溶解して製品に加工する、あるいは製品を再溶解、再加工するためのものであると推察されている（山崎他、一九九六b）。残念ながら、これまで、この資料が加工に関わる遺構に伴って出土した事例が無いため、実際の使用状況は不明であるが、外面を詳細に観察すると、頸部《けいぶ》の途中から下の範囲が熱を受けて変色しているものが多く見られ、例えば容器の大半を加熱した炭の中に埋めたり、頸《くび》だけを出した炉の中で加熱するなどの使用法が考えられる。数ある陶磁器の中から陶器の壺が転用された理由としては、まず形状的に、口が狭く中が広いことから、溶けたガラスが空気に触れにくく冷めにくい構造である点や、材質的には素焼きに近いことから熱による体積変化に耐えやすいといった点が挙げられよう。ただし、幾つかの資料では破断面に溶解したガラスが回り込んで付着しているものがあり、作業中にしばしば容器が割れていたことが分かる。そして、通有の容器に例のないⅡ類は、Ⅰ類（特にa類）の形状と材質を踏まえて、ガラス坩堝専用に作られたものではないかとの仮説を提示しておきたい。

これら坩堝に残るガラスと、出土する製品は、材質や色調に高い共通性があり、寒色系のガラスの多くは、遺跡群内の各所で加工されたことを示すものと考えられる。そして、この種の坩堝は、吉塚《よしづか》祝町《いわいまち》遺跡、箱崎遺跡など、博多周辺の遺跡からも発見されていて、博多湾岸に共通する技術であったことが窺えると同時に、大宰府でも同様の資料が見られることから、技術の系譜を考える上で興味深い。しかし、明確なガラス坩堝と認定し得る資料は、その後の時代には見つかっておらず、まさに中世に限定されたとも言える技術が、どのような背景で成立し消え去ったのかは未だ謎のままであり、今後の研究を待たなければならない。

銭貨鋳造

櫻木晋一

▽日本で銭貨鋳造

中世の日本では、商取引において中国銭が専ら使用されていたものと認識されている。しかしながら中世も後半になると、撰銭令などの文献史料に見られるような質的に悪い銭貨の存在や、発掘調査によって無文銭や模鋳銭が出土する事実から、日本でも銭貨の鋳造が一部で行われていたことは明らかである。どのような組織・方法で銭貨生産が行われていたのか、文献史料が存在しないため、銭貨の鋳型や未製品・枝銭《えだせん》など鋳造関連遺物を手掛かりに、考古学からのアプローチが近年なされているものの、出土資料が未だ少なく不明な点も多いのが現状である。

円形方孔のいわゆる銭貨は西洋式の鍛造貨幣と異なり、鋳造という技術によって造られていたことは周知の通りある。中国からの影響のもと、わが国では古代の富本銭以来、この鋳造技術を使用して銭貨生産が行われており、中世の博多でも銭貨鋳造が行われていたことは、第八五次調査で二点の銭貨鋳型が出土したことから明らかとなった。この博多出土の銭貨鋳型の紹介を中心に、近年各地で出土している資料を加えて、中世の銭貨鋳造について考えてみる。

▽二つの鋳造技術

銭貨生産は、同一形状で均質のものを大量に鋳造するため、一枚の鋳型から複数の銭貨が生産できるように考えられている。近世の寛永通寳生産のように鋳物砂を用いる製作方式が最も進化した方法だが、粘土板に鋳型を刻んだ土笵が容易に造れる範型であり、律令政府が鋳造した富本銭や和同開珎などは、この土笵を使用している。

この銭笵《せんぱん》を使用する鋳造方法も大きく二つの方法に大別できる。一つは、中国漢代の五《ご》銖《しゅ》や貨泉《かせん》などを鋳造する際に使われたことが分かっているスタック・モールド方式である。これは一個の鋳型に数個の銭貨雌型を中央の穴（湯道）から放射状に配置し、同形の鋳型を数枚から十数枚積み重ね穴が貫通した状態にして、上部の湯口から溶けた金属が流れ込むようにした方法である。もう一つの方法は、鋳型の中央に湯道を設け、その左右に銭貨の雌型を一・二列配置して堰《せき》で繋ぎ、「金の成る木」と俗に呼ばれている「枝銭」ができあがる方式である。

二つの方法は、湯の流れる湯道の方向に対して、銭面が直角であるか平行であるかの違いが生じる。中世における摸鋳銭の生産は、今日までの出土例を見る限り、この枝銭方式の土笵で行われていたことが分かっている。

▽博多遺跡群の出土銭笵

博多遺跡群第八五次調査において、銭貨の鋳型が二片検出された。この調査では取瓶《とりべ》、フイゴの羽口《はぐち》、鉄滓《てっさい》、鍋の鋳型などが出土しており、鋳造関連遺跡であることは間違いない。出土した銭笵の一片は石製鋳型、もう一片は土製鋳型である。

　現在までのところ知られている中世の土製銭笵の出土例は、博多以外では京都市平安京左京八条三坊（一三世紀後半）、鎌倉市今小路西遺跡（一五世紀初頭）、堺市環濠都市遺跡（一六世紀中頃〜後半）の三都市と、浦添市当山《とうやま》東原《あがりばる》遺跡で洪武通寳の粘土鋳型らしきものが一点存在する。

　石製銭笵は、わが国では唯一の出土品である。ただし、この石製鋳型は被熱した形跡がないことから、使用されていない可能性も高く、これが国内の銭貨生産に結びつくかどうかは不明である。この石製鋳型（写真左）の色調は暗灰色である。材質はシルト岩質で、きめが細かく緻密である。表裏・側面には無数の細かい擦痕があり、湯道の中にも縦方向に擦痕が認められる。表面観察では、火熱を受けた形跡は認められない。片面のみに幅五ミリ、深さ一・五ミリの湯道と、一部ずつではあるが二枚分の銭面、およびそれらを結ぶ幅六ミリの堰が刻み込まれている。堰と湯道は直交している。側面方向から観察すると、厚みが若干変化しており、湯を流し込む上部の方が厚くなっていると考えられる。また、通常の鋳型は湯道の両側に銭面が存在するのだが、この鋳型の外縁部分は原型のまま残存していることから、湯道の片側だけにしか銭面が存在しないことは明らかで、特異な例であると考えられる。U字型の湯道の内側に銭貨を配置したとも考えられる。残存部分から銭貨の外径を復元すると二・四センチで、これは通常の一文銭の標準サイズである。幅二・九ミリの輪（銭貨の外側の段）の部分を確認できることから、文字そのものの確認はできないが、何らかの文字が刻んであった銭貨の鋳型であると考えられる。A区四面の魚骨などを伴うゴミ穴と考えられる一一六三号遺構から出土しており、時期は層位から一五世紀後半と考えられる。

　土製鋳型（写真右）の色調は、粗土の部分が茶色〜暗茶色で、真土《まね》部分は暗灰色である。粗土には砂粒が混じっており、裏面にはスサが混入していることを確認できる。焼成は土師質で軟質である。表面は前面荒れ気味で、銭銘の確認はできない。銭面も緩やかな凹凸を持ち、平坦ではない。洗浄作業時に、軟質のため真土の一部が剥離してしまったためであると思われる。湯道・堰・銭面は被熱していることを確認でき、この鋳型は実際に使用されたと考えられる。幅七ミリ、深さ一ミリの堰が湯道に対して斜め方向に切ってあり、鋳型の上下を確認できる。上部の方が湯道の幅も一センチ程あり広くなっている。片面のみに不完全ながら二枚分の銭面を確認でき、その残存部分で銭貨の外径を復元すると、約二・四センチとなる。銭銘は確認できないが、輪はわずかに認められ、郭《かく》（方孔周りの盛り上がり）は認められない。標準的な

博多遺跡群出土銭貨鋳型

大きさであることと輪を有することから、無文銭ではないと推定できる。流通銭を母銭として踏み返したことによって、輪や郭がはっきりしなくなった可能性が考えられる。この鋳型はD・F区の四面で検出されており、時期は出土層位から一五～一六世紀初頭と考えられる。

この他、湯まわりが悪く、バリも残った一五・一六世紀の無文銭が出土している。

無文銭（上左は湯まわりが悪い。上中はバリが残る）

博多遺跡群内の他の調査でも、第八五次調査区と近接している櫛田神社東側の第九七次調査で、一三世紀の銅器工房群が発掘され、一五基の銅器の鋳造工房が確認されている。鋳型、取瓶、坩堝、銅滓などが出土していることから、ここは職人集団の居住区であると考えられている。また、第六一・六三・七二・八〇次調査などでも、鋳型、坩堝、フイゴなどの鋳造関連遺物が出土しており、このことから町中で広汎に鋳物生産が行われていたことは明らかである。

中世の博多遺跡群内には工人たちが居住しており、他の鋳物と同時に銭貨を摸鋳していた可能性が高い。この点では、鏡や仏具の生産者たちが何らかの特別な契機に銭貨を鋳造したものと考えられている京都や鎌倉と同様であったと思われる。時期的に最も新しい堺の場合、無文銭の銭笵が全体の八五・四％出土しており、銭銘を有するものは北宋銭を中心に当時流通していた銭貨を模していたことが確認されている。また、商人居住区から鋳型が出土していることから、職人の出張生産、つまり出吹《でぶき》が想定されている。銭貨の生産形態も時代とともに専業化に向かっていった可能性が考えられる。

▽その他の銭貨鋳造関連遺跡

前述の中世都市遺跡以外からも、近年、銭貨鋳造に関連する遺物が出土しているので紹介する。

まず、浦添市当山東原遺跡では、洪武通寶の土型が一点出土している。出土層位は一四～一五世紀の遺物と一八世紀以降の遺物を含んでおり、時期は残念ながら確定できない。近隣の「浦添ようどれ」からは、一三世紀後半～一五世紀前半の鍛冶炉遺構とともに坩堝、フイゴの羽口、金属滓といった鍛冶関連遺物が大量に出土しており、この一帯は鋳造関連地であった可能性が高い。この土型はきめ細かい土なので真土部分であると考えられ、文字は洪のすべてと武・通の一部が確認できる。土型に付着している物質を蛍光X線で分析した結果、銅と鉛を主成分としており、錫はほとんど含まれていないことが判明した。

次に、茨城県村松白根遺跡で永楽通寳の枝銭が一点出土している。表土除去の際に出土しており、時期は遺跡の年代観から中世後半ということしか分からない。枝銭の現存長は六・四センチで、永楽通寳の銭部一枚が台形状の堰を介して、湯道に直角に付いた状態で出土している。一六世紀後半に向かって模鋳

中国渡来銭と国内模鋳銭（左＝渡来銭，右＝模鋳銭）

銭の量が増加するという事実から、この枝銭は一六世紀の遺物であると考えるのが妥当であろう。

　佐倉市本佐倉城跡Ⅵ郭の調査で、坩堝などの鋳造関連遺物とともに、長さ五・四センチ、湯道の幅が〇・六センチの鋳棹《いざお》が一本出土している。棹の両側に三個ずつ斜め方向に付いた堰が残っており、これは形状からして銭貨の鋳棹と考えてもおかしくない。ただし、堰の間隔から銭径を復元すると、最大でも一・九センチしかなく、銭銘を有する模鋳銭だとすればかなり小型である。無文銭の可能性が考えられるが、関東では無文銭はほとんど出土しないという事実を考え合わせると、銭貨の鋳棹でない可能性も残る。

　壱岐市覩城《とじょう》跡からは、大型銭（当十）の未製品が一点出土しており、正確な年代は特定できないものの、遺跡全体の年代観から一四～一五世紀と考えられている。これは、堰の部分が崇と寳の間に残存していることや、文字の鋳上がりの甘さなどから、崇寧重寳の模鋳銭であることは間違いない。完全に残っている文字部分は崇と寳、下部の寧のウ冠の左方一部である。残存部分から外径を復元すると、三・二センチとなる。本来の崇寧重寳の外径は三・四～三・五センチを測るので、やや小型となっている。ここにも鋳縮みを起こしている模鋳銭の特徴を見てとれる。また、表面が白色を呈しており、金属組成の点で鉛分が多いことを窺わせる。

　一七世紀初頭に位置づけられる北九州市黒崎城下町の調査で、鋳造関連遺物と施設が出土していることを、最後に紹介する。ここでは、三分の二程を欠くものの、底部に銭貨が押印された坩堝が出土している。この押印は直径二〇・一ミリ、孔幅六ミリを測り、輪の外周とわずかながらの内側の弧も確認でき、郭も確認できることから、小型だが無文銭ではないと推測できる。寛永通寳の鋳造が行われていた岡山市二日市遺跡でも、寛永通寳を押印した同様の坩堝が出土している。これは鋳造する製品を識別するために押されたものではないかと考えられる。三本出土している鋳棹は断面三角形を呈し、二日市遺跡でも同様の形状の鋳棹が出土していることと、その幅から小型の製品に関わるものと推測でき、これを銭貨の鋳棹だと考えて矛盾はない。また、炉壁を含み大量に出土している鋳造関連遺物や、約三間（六メートル）方形の区画が連続して検出されていることは、長門の寛永通寳「銭屋《ぜにや》」と建物の規格が類似している。これらは工房跡であると考えられ、ここで銭貨鋳造が行われていた可能性が高い。

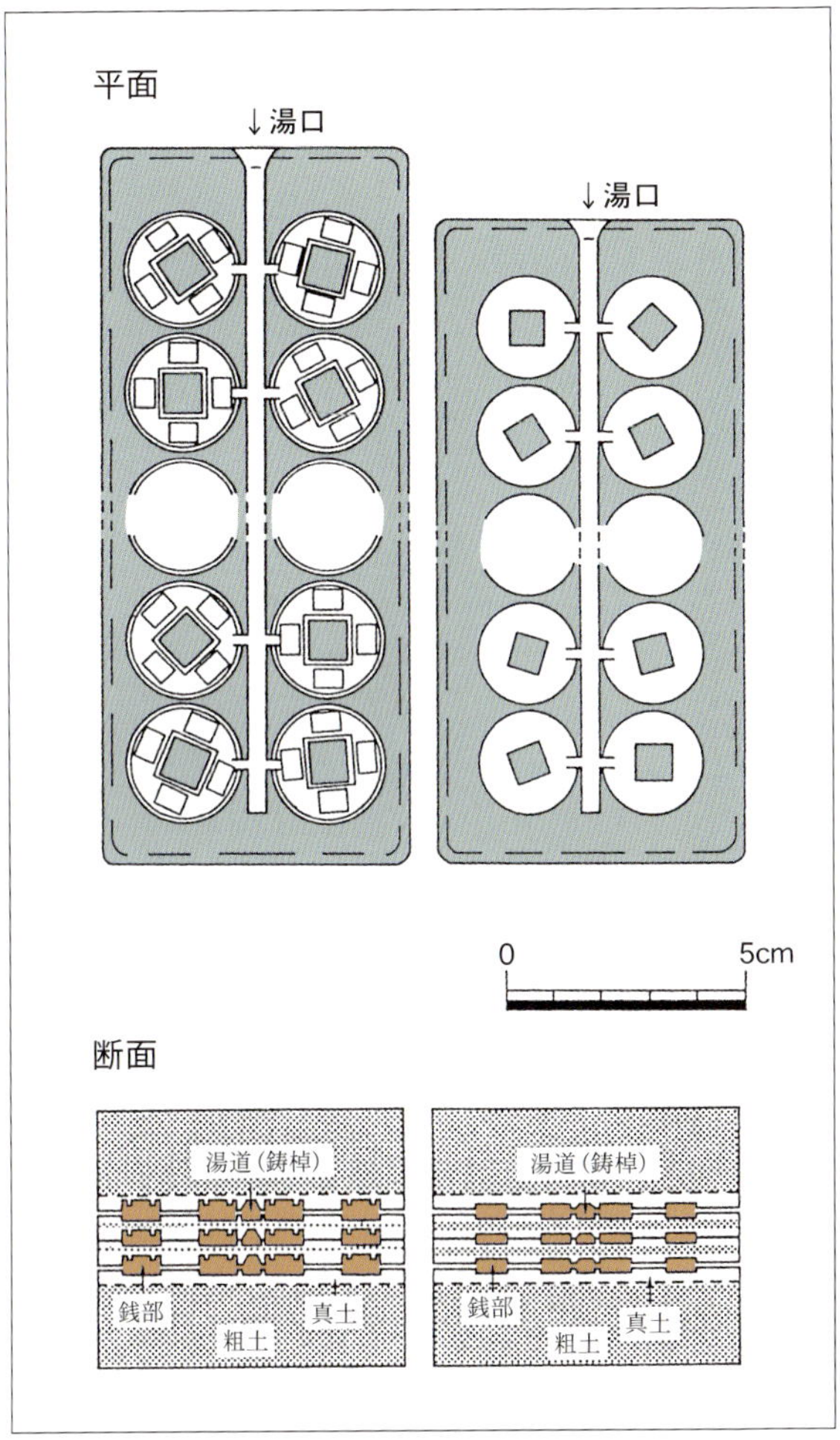

模鋳銭鋳型・鋳造法の復元模式図（嶋谷，1994より）

▽中世模鋳銭の金属組成

中世のわが国で鋳造された銭貨は、金属組成の点で特徴を有している。富本銭や古いタイプの和同開珎にアンチモンが多く含まれていることや、古代後期の銭貨に鉛分が多くなっていることはよく知られている。これに対し、中世末にわが国で鋳造された銭貨は、純銅銭と呼べるほど銅の純度が高くなっていることが、堺や博多など各地から出土した無文銭の金属組成分析によって明らかになってきた。銅分が多い模鋳銭だと赤色を呈することから、撰銭を行う際に、選別の判断基準の一つになりやすいと考えられる。また、純銅であれば鉛や錫を加えた合金に比べ流動性（湯流れ）が低く、文字が浮かび出にくくなり、技術的な観点から無文銭にならざるを得ないとの指摘や、輪銭と呼ばれている無文銭の一種は、銅の薄板を鏨《たがね》で打ち抜いたものであるとの指摘は注目に値する。このことは、人文科学だけでは解けない謎を、自然科学系の研究者との学際研究によって明らかにできた好例であろう。銭貨をモノとしてみた場合、このような材質の分析も重要となる。

以上述べてきたように、考古資料を使用した銭貨生産に関わる研究は、技術的な解明を中心に近年かなり進展してきた。大量に出土する銭貨のデータベース化を進めていくことによって、新資料や見落としていた部分の発見につながる可能性があり、今後はデータベース化が重要課題となる。また、銭貨の職人組織など社会構造に踏み込んだ研究は、考古資料からのアプローチでは限界があり、文献史学の分野における研究の深化が望まれる。

金属製品

比佐陽一郎

▽金属に関する基礎知識

金属は現代社会において不可欠な素材の一つであり、生活のあらゆる場面で、多種多様な金属製品が用いられている。人類の歴史の中で、その起源は今から八〇〇〇年前とも一万年前ともいわれているが、いずれにしても古代オリエントがその故地であることは間違いないようである。最初に銅、あるいは金、やがて鉄を手に入れた人類は、それらを単体だけでなく複合させたり、さらには合金として用いるなど工夫を重ね、その種類や量を次々に増やしてきた。なぜこれほどまでに金属が人間社会に広まったかと言えば、多くの金属に共通する幾つかの利点が挙げられよう。

まず大きくは、加工に際しての利点であり、村上隆《りゅう》氏は次の三点を特に重要な特徴としている。①熱を加えれば溶け、冷えれば固まる。②叩くと延びて広がり、粘りがある。③加工や熱処理で硬くも軟らかくもできる（村上、二〇〇三）。この他、合金によって色や融点を変えることができるという点も加えることができよう。次に、使用に際しての利点としては、磨くと光る、硬くて強靭である反面、バネ性も併せ持つ、耐久性がある、熱や振動、電気をよく伝える、などがある。これらは、それぞれの用途に応じて特性が発揮される。

金属を道具として用いる場合、幾つかの段階を踏む必要がある。特に石器のように原材料を入手してからすぐに、物理的な加工のみによって使用できるものとは異なり、原料鉱石は幾つかの特異な状況（自然銅、隕鉄《いんてつ》など）を除けば、ほとんどが酸化物や硫化物、他の鉱物との化合物として存在していることから、これを化学反応によって還元したり、必要な金属のみを分離・抽出する作業を要するのである。この作業は製錬（smelting）と呼ばれる。さらに、製錬で得られた金属から不純物を取り除き精製する作業として精錬《せいれん》（refining）が行われる。ここから、ようやく形を作る成形の段階に至る。主に用いられるのが、金属を溶解して鋳型《いがた》などに流し込む鋳造と、金属を叩いて形を整える鍛造《たんぞう》（鍛錬鍛冶《たんれんかじ》）である。そこに鏨《たがね》で模様や立体を彫る彫金《ちょうきん》や、異なる種類の金属を埋め込む象嵌《ぞうがん》といった物理的な加飾や、メッキ、煮色《にいろ》など化学変化を利用した加飾が行われたり、同種、異種の金属との接合、さらには金属以外の素材との組み合わせなどが行われ、様々な製品が生み出される。

日本における金属の歴史は、弥生時代に幕を開け、世界史的な流れとは異なり銅・青銅と鉄がほぼ同時期に登場する。両者とも、当初はすでに道具として加工された製品が持ち込まれたものと考えられるが、青銅については弥生時代前期から鋳型が出現しており、比較的早い段階から成形段階に至っていたようである。一方の鉄は、弥生中期後半頃まで、製品を使用する以外は、破損した鉄器片を研ぐことで利器として再利用するといった、磨

古墳時代の鍛冶関連遺物（上段＝65次調査出土羽口と椀形滓，下段＝147次調査出土の鉄片や未製品，製品）

製石器と同様の技術に頼っていたが、後期に入って、熱を利用して形を整える成形法の内、鍛冶の技術が始まる。その後、精錬そして製錬と段階を追って、その技術を獲得していったのである。

▽博多遺跡群における金属器製作（中世以前）

これら金属に関する基本的な特質を踏まえた上で、博多遺跡群における金属器製作の様相を概観しておきたい。

その萌芽《ほうが》は古墳時代前期に遡る。祇園町周辺では、これまでに幾つかの調査次数で、多くの資料が発見されている。何よりも著名なのが、六五次調査で発見された鞴《ふいご》の羽口《はぐち》や、溶け出した不純物などが炉の底でお椀の形に固まった椀形滓《わんがたさい》で、他にも鍛造の過程で表面から薄く剝がれ落ちた酸化鉄被膜の小片や、いわゆる湯玉である粒状滓《りゅうじょうさい》と呼ばれる一～数ミリ大の球形をした鉄滓《てっさい》、あるいは切断された不定形をした鉄片などが、ゴミ捨て場と見られる穴からまとまって発見されている。

これらの資料は、それまでにないほどの高温状態での作業を想定させるものもあり、単なる鍛錬鍛冶のみではなく、その前段階である精錬鍛冶まで行われていたことを示すものとして注目される。周辺では、隣接する五九次調査でも同様の資料がある他、五〇次調査でも熱を受けた痕跡のある住居址や、全体に鉄《てつ》錆《さび》が染み込んだ、一抱えもあるような巨大な砥石が見つかっている。

さらに、最近行われた一四七次調査では、六〇〇平方メートル程度の調査区から、包含層を中心に、様々な形に切断された鉄片が千点を超える数、出土している。これらの調査区は半径一〇〇メートル程の範囲に集まっており、四世紀代における一大鉄器製作拠点がこの地に存在していたことを示すものである。この時期は大和朝廷による全国統一が進む段階で、果たして博多の鉄器がどのような勢力によって管理されていたのか、その評価は歴史的に重要な意義を持つ。しかし、それに反して鉄片を中心とする多量の遺物は、十分な整理や保存処理（錆取り）が行われていない状況であり、技術系譜や製作の体制、作られた製品そのものなど、解明すべき多くの課題が残されている。

また四三次調査では、九～一〇世紀頃のものと見られる製鉄の痕跡も検出されている。当時、糸島や大宰府では、国直轄の大規模な製鉄炉群が操業しており、単発の発見ではあるが、当遺構も、その流れを汲むものなのかもしれない。

▽中世以後の様相

中世に入ると、金属製品は、どの調査でも普遍的に出土する。特に鉄釘や銅銭などは数が多く、それ以外でも刀や鏃、鎧《よろい》などの武器・武具の類、包丁や刀子、鍋など生活に関わる道具、仏具や仏像といった信仰・宗教に関連する道具、墓地の副葬品として発見されることの多い鏡や毛抜き、鋏《はさみ》などの化粧や裁縫道具等々、都市の生活文化を反映する多彩な

青銅の溶解炉（62次調査2203号遺構）

製品が発見される。これらは交易によって外部から持ち込まれる場合はもちろんであるが、自給されるものも少なくなかったであろうことは、その製作に関わる遺構や遺物の検出によって知ることができる。

まず中世前半で一二世紀まで遡る遺構が、御供所《ごくしょ》町の六二次調査で見つかっている。一二世紀後半～一三世紀初頭と考えられる二二〇三号遺構では、青銅が付着した円筒形の炉《ろ》壁《へき》が折り重なるような状態で検出されており、構造などから青銅の溶解炉《ようかいろ》と考えられている。ほぼ同時期の四六五三号土壙《どこう》も、円筒形の土製品が出土し、高熱を受けた痕跡が見られるが、金属器製作に関わることを積極的に示す痕跡は無い。冷泉《れいせん》町の一三九次調査では、作業遺構は発見されていないものの、銅の鋳造に関わると見られる遺物が複数の土壙より発見されているが、その中の銅滓《どうさい》や鋳型状土製品などは、一二世紀代に遡るものも含まれているようである。

続く一三世紀後半から一四世紀前半になると、金属器製作に関わる痕跡事例は急増し、場所も博多浜だけではなく息浜《おきのはま》にも広がるなど、一つの大きな画期を見出すことができる。

店屋町の六一次調査では、四×五メートル程の範囲内に、粘土で貼り床をした鋳造の作業場と見られる遺構（ＳＸ－135）がある。炉など具体的な作業を知るものは見つかっていないが、周辺から鋳型、坩堝、取瓶《とりべ》、鞴《ふいご》の羽口などが出土しており、近接した場所に溶解炉などの存在を窺わせる。これに付随するように、土壙の四方を板で囲った枡《ます》状の遺構（ＳＸ－142）も見つかっており、ここでも坩堝、羽口、銅滓などが出土。調査報告書では、鋳造作業に必要な水を溜める施設との見解が示されている。鋳型は、鍋と見られるものの他は用途不明であり、どのようなものが鋳込まれていたかは分からない。

冷泉町の一四八次でも、明確な状況は不明なものの、鋳造に関わると見られる被熱痕跡のある土壙と、鍋やその把手の鋳型などが検出されている。同じ冷泉町では、九七次調査でも鋳型や坩堝、取瓶、羽口、銅滓がまとまって出土する土壙群がある。これらは、平面

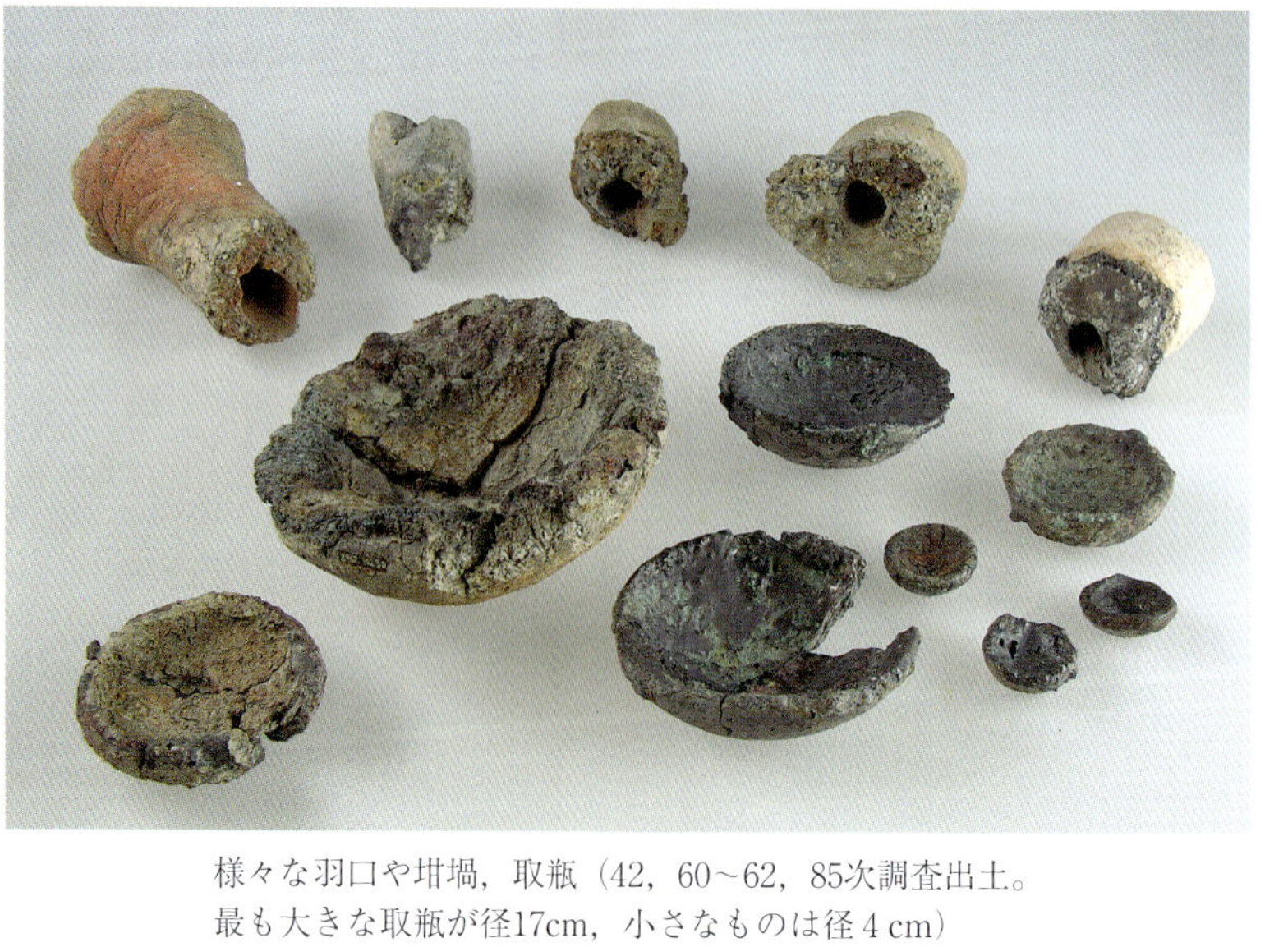

様々な羽口や坩堝，取瓶（42，60～62，85次調査出土。
最も大きな取瓶が径17cm，小さなものは径４cm）

歓喜天像の鋳型とその復元品
（80次調査出土。鋳型は複製品，長さ10.5cm。福岡市博物館蔵）

形が隅丸長方形ないし小判形で、底面が皿状をなす浅い土壙で、床面から壁面に灰褐色～黄灰色の粘質シルトや粘土を数センチの厚さで貼った構造から、作業場として想定されているが、その規模は東側と西側のグループで異なっており、大きな一群は鋳込み作業などに用いられたと想定されている。鋳型の多くは小片となっているが、鍋や釜などの容器に復元されるようである。中に一点、周囲に蓮花座《れんげざ》を配し、径六センチ程の円形に復元される平たい鋳型片が含まれており、梵鐘《ぼんしょう》の撞座《つきざ》のようにも見えるが、それにしては小振りすぎるであろうか。これらは一四世紀前半から中頃のものとされる。近接する調査区である八〇次調査でも、複数の土壙から鋳型などが多数出土しており、時期も同じ頃のようである。鋳型の中には、ほぼ全体が復元される鍋の他、歓喜天《かんぎてん》像もあり、宗教的色彩が強く表れていると言える。

　この頃に生活の場になったとされる息浜では、遺構は無いものの、古門戸《こもんど》町の一二九次調査で一三世紀後半～一五世紀初頭にかけての羽口や取瓶、銅滓といった鋳造関連遺物が出土している他、六〇次調査でも多量の鉄滓や羽口が出土し、その帰属時期のピークが一三世紀後半とされていて、人の居住と大きく時期を違わずに、金属器の製作が始まっていたことが分かる。

　中世後期の一五～一六世紀で見ると、博多浜の中央北側周辺で、作業に関わる遺構が発見されている。店屋《てんや》町の八五次調査、七二六号土壙は、一・九×一・四メートルの長方形で深さ一・一メートルの中に、鋳型用と見られるきめの細かい土が詰まっており、中から鍋の鋳型や羽口、取瓶などが出土している。熱は受けていないものの何らかの作業に関わる遺構であろう。

　築港線《ちっこうせん》一次調査（上呉服《かみごふく》町）では、小規模な掘立柱の上屋を持ち、中から銅滓や坩堝、未製品が出土する工房と見られる遺構（一〇九号遺構）も見つかっている。また築港線三次調査（上呉服町）の七九〇号土壙も、熱を受けた痕跡と多量の鉄滓が出土しており、鉄滓の科学分析から鉄の鋳造を行った遺構と推定されている。しかし、大澤正己氏による鉄

鍋の鋳型（左上＝85次〔22cm〕，右上＝80次，下＝148次）

小規模な小屋がけの工房（築港線1次調査109号遺構）

滓調査の報文では、鉄滓の一つは緑青を吹いていて、銅分が比較的多く含まれていることが指摘され、鉄滓の組織が製錬滓とも鍛冶滓とも異なる、従来検出されていない特異な滓であり、鉄鋳造時の残渣滓《ざんささい》と考えられるとして、鋳造精錬溶解滓との仮称が付与されていた（大澤、一九八九）。

しかし近年、大澤氏が幾つかの銅鋳造関連資料を調査する中で、銅に関する作業が想定されながら鉄滓が存在する事例に気付き、それまでは鋳銅と鋳鉄が並行して行われたという解釈がされていたこのような事例に対して、新たに、これらの滓が銅の精錬滓である可能性を呈示している（大道他、二〇〇五／大澤、二〇〇六）。確かに博多では、同じような形状の銅鍋と鉄鍋がセットで出土するような例もあり（八五次調査、一九四ページ参照）、両方の作業が併存していた可能性も捨てきれないものの、鉄滓、即、鉄の鋳造という安易な判断も躊躇《ちゅうちょ》せざるを得ない。

また、博多で用いられた中世の銅素材については、科学分析によって興味深い結果も出ている。内田俊秀氏らによる研究によれば、六〇次および六二次調査で出土した銅塊や銅滓を分析した結果、青銅などの合金以外では、銅純度が極めて高いものであった（内田他、二〇〇五）。国産銅の一大供給地で博多にも近い、山口県長登《ながのぼり》の銅はヒ素銅であることから、それ以外の原料供給源や高純度の素材を得る精錬方法の存在を考える必要がある。

その後、江戸時代の博多は「博多鋳物師《いもじ》」の時代となる。天正年間（一五七三〜九二）、芦屋で鋳物を製作していた太田氏が博多に移り住んだのをはじめとして、山鹿、磯野、柴籐、深見といった名字の人々が活躍。福岡藩の御用を務めた他、幕府献上の品を作っていたことが知られている（杉山、一九九九）。この内、磯野、深見家に関わると見られる作業場や遺物が、店屋町の五六・七七次調査で見つかっていて、特に五六次調査では金属溶解用の炉の痕跡や各種の鋳型、鉄滓などが数多く出土している。一八〜一九世紀前半のものと考えられる。市指定文化財となった入定寺の弘法大師像には「文政八（一八二五）年・深見甚平」の銘があり、まさにこの当時の作である。他にも博多鋳物師に関しては、伝世の半鐘《はんしょう》といった作品や、文献などもあるが、埋蔵文化財はこれらを補完する資料として注目される。

入定寺の弘法大師像（上呉服町，高さ93.5cm）

▽まとめ

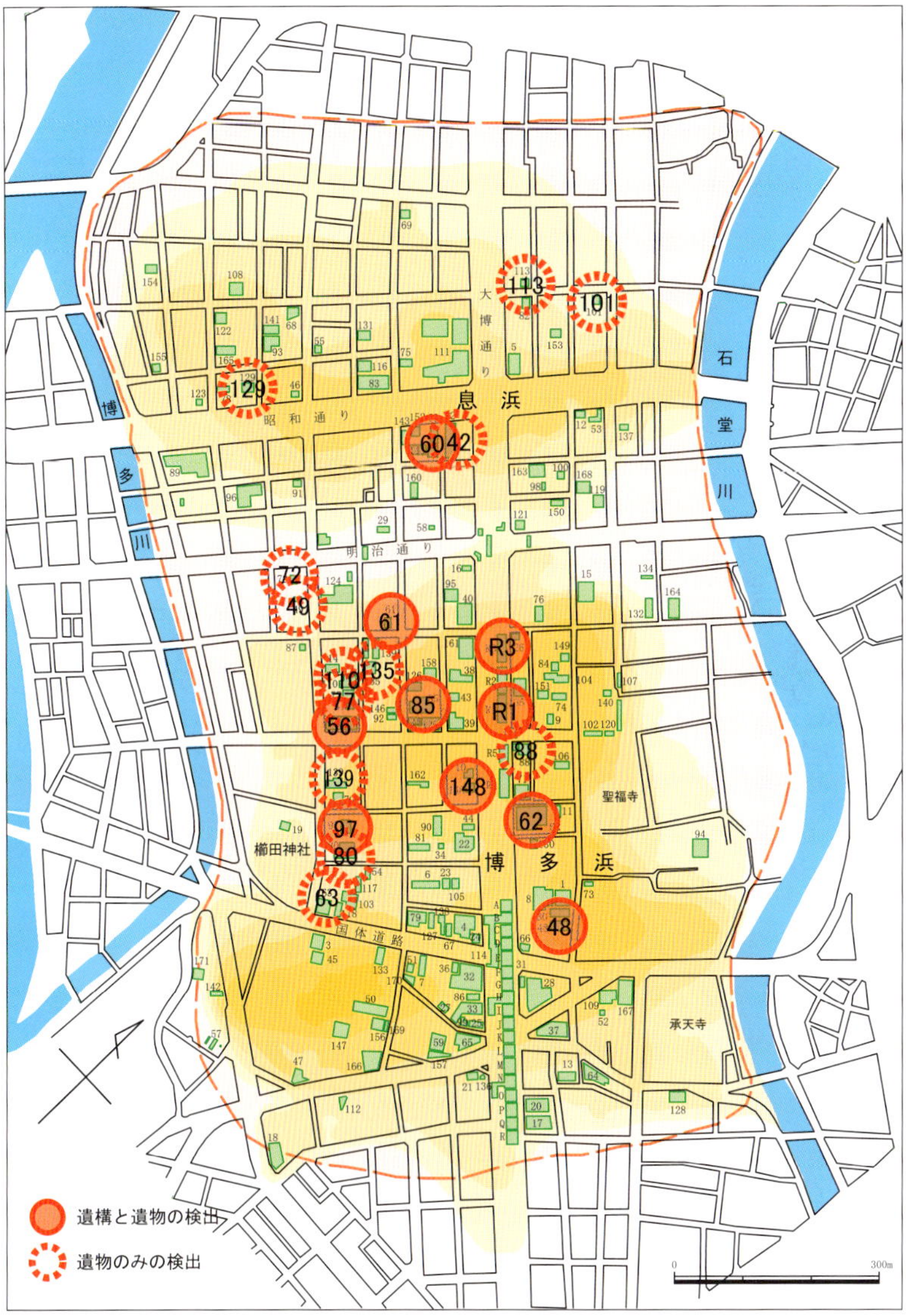

金属器製作関連遺構・遺物の分布

以上、これまでに見てきた遺構や遺物では、銅合金の鋳造に関するものが中心であった。鉄の鋳造作業も当然行われていたであろうが、その認定が難しいのはすでに触れたとおりである。また鍛冶の痕跡がそれほど多くないが、鉄の利器は生活必需品であり、一四世紀半ばの息浜に展開したとされる「左文字」銘の刀《とう》匠《しょう》から、生活用具を製作する無名の鍛冶屋まで、幅広い作業が行われていたことが想定されよう。さらに、貴金属である金や銀の加工についても、これまでのところその痕跡は見出されていない。仏具や刀装具に金銀の加飾は欠かせない要素であり、今後、何らかの形で発見されることを期待したい。

金属が貴重品として、利器だけでなく権威の象徴でもあった時代には、その生産や製作は、有力者、さらには国によって掌握されており、古代においては飛鳥池《あすかいけ》遺跡（奈良県明日香村）や都城である平城京の調査によって、その姿を垣間見ることができる。しかし、律令体制の破綻《はたん》とともに、金属器製作の場は次第に民衆の中にも広がっていったようで、九州の政治の中心であった大宰府でも、古代には政庁前面の官衙《かんが》的性格を帯びた地域や、観世音寺の境内に存在していた金属器工房は、一三世紀後半〜一四世紀前半の鉾《ほこ》ノ浦《うら》遺跡の段階になると、立地や製作されたものの内容などから、技術者の自立が見られるとされる（狭川、一九九四）。博多湾岸でも、古代の梵《ぼん》鐘《しょう》鋳造遺構は鴻臚館で発見されており、やはり役所に関わる領域で行われていたことが分かる。

しかし、鴻臚館が廃《すた》れ、貿易の拠点が博多に移り都市として発展するにつれ、金属器製作の場もこの地に移動。一三世紀後半を一つの画期として、「自立した技術者」が、都市生活の場に浸透していった様子が看取できる。その一方で、作られた器物から見ると、その中では、やはり神社仏閣との関わりが根強かったことも窺える。そして、今のところ直接の繋がりは見えないものの、これらの技術が、その後の博多鋳物師の活躍に少なからぬ影響を与え、下地になったであろうことは想像に難くない。

表　博多遺跡群における金属生産関連遺構

■■■…遺物のみの出土　━━━…遺構と遺物の出土

	12 c		13 c		14 c		15 c		16 c		17 c		18 c		19 c	
	前半	後半	前半	後半	前半	後半	前半	後半	前半	後半	前半	後半	前半	後半	前半	後半
第129次／市報761集 古門戸町39・40				- - - 羽口・取瓶・鋳型・銅滓（溝など各遺構・包含層）	- - -	- - -	- - -									
第101次／市報560集 下呉服町484									- - - 各工程の鍛冶滓（各種遺構出土）	- - -	- - -					
第113次／市報631集 下呉服町2－29															- - - 砲弾型坩堝（瓦溜め出土）	- - -
第42次／市報245集 綱場町8－25									- - - 取瓶（土壙SK245等出土）	- - -	━━━					
第60次／市報285集 綱場町115ほか				- - - 鉄滓廃棄土壙 羽口出土のピーク						━━━ 84号土壙 - - - 坩堝・銅滓の出土	- - -					
第49次／未報告 上川端町272・273					- - - 鋳造関連遺物（詳細不明）											
第72次／市報371 上川端町264－2								- - - 鉄滓・鋳型類（鍋や飾金具）の出土（溝やピットの出土）	- - -							
第56次／市報326集 店屋町4－1他													━━━ 鋳造（磯野家・深見家）関連	━━━	━━━	
第61次／市報252集 店屋町182－1～5				━━━ 鋳造関連作業場（SX－135・140・142等）												
第77次／市報394集 店屋町4－10													- - - 鋳造（磯野家・深見家）関連	- - -	- - -	
第85次／市報522集 店屋町37							━━━ 726号鋳造関連土壙	━━━			━━━ 192号鍛冶炉状遺構					
第115次／市報708集 店屋町33他							- - - 各種遺構より鋳型片や鋳造に関連すると見られる鉄滓が出土	- - -	- - -	- - -	- - -	- - -				
第110次／市報630集 店屋町152他							- - - 鉄滓・羽口（土壙）	- - -								
第135次／未報告 店屋町95－2							- - - 鋳造関連資料が出土（詳細不明）	- - -	- - -	- - -						
築港線1次／市報183集 上呉服町							━━━ 109号鋳造関連土壙	━━━								
築港線3次／市報204集 上呉服町									━━━ 790号鋳造関連遺構							
第63次／市報286集 冷泉町9				- - - 鋳造関連資料（土壙SK－0045出土）	- - -											
第80次／市報448集 冷泉町304－1					- - - 鋳型など鋳造関連資料（複数の土地） 鍋、歓喜天像など											
第97次／市報558集 冷泉町300－1・2					━━━ 鋳造関連遺構群											
第139次／市報807集 冷泉町527－1		- - - 土壙などより鋳型、銅滓等鋳造関連資料が出土	- - -	- - -	- - -						- - - 井戸などから鋳造関連資料（鋳型・炉壁など）が出土	- - -	- - -	- - -	- - -	
第148次／市報893集 冷泉町482－2				━━━ SK－061鋳造関連？遺構	━━━											
第48次／市報282集 御供所町40他				━━━ 26号排滓土壙												
第62次／市報397集 御供所町195他		━━━ 4653号土壙 ━━━ 2203号遺構（銅溶解炉）			━━━ 4139号竈状遺構	━━━				━━━ 3955号箱形土壙						
第88次／未報告 御供所町311・313						- - - 鋳造関連遺物	- - -									

Ⅵ

博多の祈り

上＝「道神」墨書，下＝懸仏

上＝銅製十一面観音立像，下＝「道祖神」墨書

上＝礫石経，下＝懸仏頭部

博多の寺社

伊藤幸司

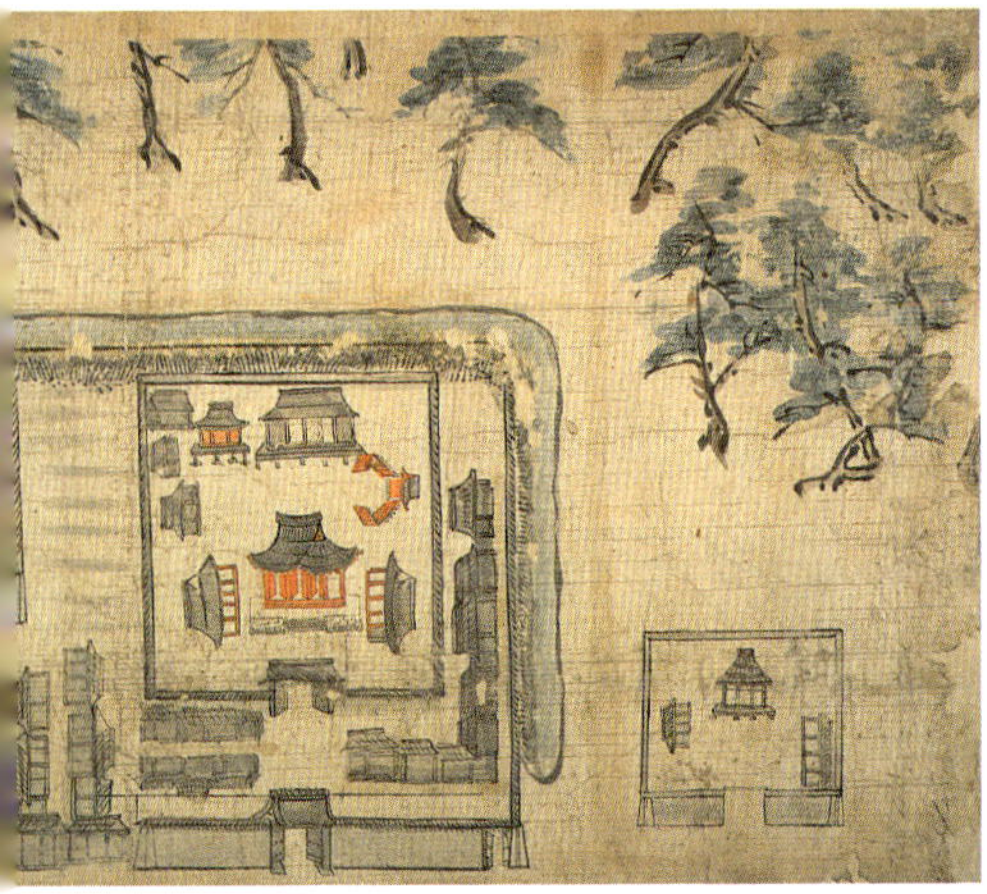

聖福寺古図（聖福寺蔵）

中国的世界の誕生　博多浜の禅寺

　JR博多駅から博多湾へ延びる大博通りから一筋東に入ると、南北に大小様々な寺院が甍《いらか》を連ねる寺町界隈がある。その中に、現在でも広い境内を保って佇んでいる安国山聖福寺《しょうふくじ》と万松山承天寺《じょうてんじ》がある。両寺は、鎌倉期の博多浜に誕生した禅寺として、その後の都市博多の発展の礎となり、大陸貿易の拠点として繁栄を極めた。

　聖福寺は、鎌倉初期に二度の入宋から帰国した明庵栄西《みんなんようさい》《みょうあんえいさい》が開山《かいさん》となって創建された国内初の本格的な禅寺である。栄西は、日本臨済宗の祖として京都に建仁寺、鎌倉に寿福寺を開創しているが、聖福寺の創建はそれに遡る。それを誇示するかのように、山門には後鳥羽天皇から得たという「扶桑最初禅窟《ふそうさいしょのぜんくつ》」の勅額が掲げられている（現在の扁額は後世の複製品）。ただし、創建年は建久六（一一九五）年説（『元亨釈書《げんこうしゃくしょ》』）と、元久元（一二〇四）年説（『聖福寺仏殿記』）があり判然としない（川添、一九八八）。

　聖福寺には、建久六年六月一〇日付の「栄西申状《もうしじょう》」という古文書が伝来している。申状には、「博多百堂の地は、かつて宋人が堂舎を建立した旧跡で、現在は空地となっているが仏地であるため人が居住していない。そこで、栄西が寺を建立して本尊を安置し鎮護国家を祈ることを願い出た結果、源頼朝から許可された」ことが記されている。現在、聖福寺では創建時の開基檀越《かいきだんおつ》を源頼朝としており、仏殿に頼朝の位牌を安置して毎年年忌の諷経《ふぎん》をしている。しかし、この文書は形式的に疑問点が多く、後世に作られた偽文書《ぎもんじょ》である可能性が指摘されている。ただし、そこに記された所伝自体は平安末期の博多の実情に合致し、近年の発掘成果とも矛盾していない。おそらく、「博多百堂」の地とは博多津唐房《とうぼう》（宋人集住地）に属する仏地であったと考えられる（川添、一九八八）。栄西は、後に京都に建仁寺を創建する際にも、鳥辺《とりべ》

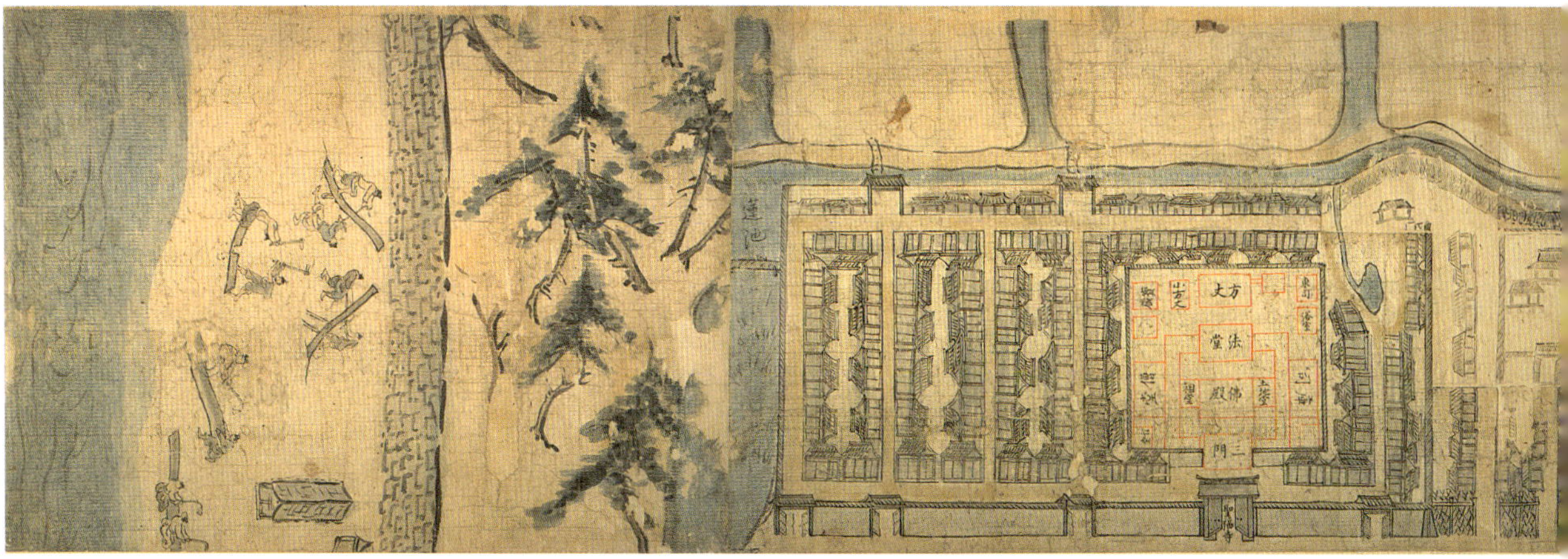

野《の》という都市葬送地に隣接する場所を選んでおり、禅寺と葬送の密接な関係を窺わせている（この点は、京都大徳寺が紫野に創建されていることからも推測できる）。そして、聖福寺の創建を実質的に援助したのは、栄西の記した『興禅護国論』末尾の「未来記」に見える張国安らに代表される博多津在住の宋商人＝博多綱首《こうしゅ》であった。彼らは、博多―南宋間の貿易活動に従事するのと同時に、故国南宋で繁栄していた禅宗を交易の保証に求め、檀越として禅寺を建立することで、その信仰生活を博多に移入し中国的世界を創出した。入宋前に、博多近隣に長く滞在した栄西は、彼ら博多綱首と密接な関係を形成し、それを媒介として渡海を実現させ、多くの大陸文物を将来したのである。

聖福寺に遅れること約半世紀、同寺に隣接して創建されたのが承天寺である。承天寺は、南宋五山第一位に位置する万寿寺（通称径山《きんざん》）の無準師範《ぶしゅんしばん》の下で修行した円爾《えんに》を開山とする。円爾は、これ以前に同じ無準の会下《えか》にあった随乗房湛慧《ずいじょうぼうたんね》の求めに応じて大宰府横岳《よこだけ》の地に崇福寺《そうふくじ》も開堂していた（江戸初期、黒田長政によって博多区千代へ移設）。これらの禅寺は、径山の無準から寺名および諸堂の額や諸牌などの大字が贈られるなど、宋風で密教性の強い兼修禅《けんしゅうぜん》を受用する禅院として誕生した。南宋禅宗界の高僧無準から印可を受けた円爾は、博多綱首たちの崇敬の対象となったことは間違いない（川添、一九八七）。後に円爾は、九条道家の外護《げご》を得て京都に東福寺を開き、日本禅林有数の勢力を誇る聖一派《しょういちは》の祖となる。

承天寺の寺地は大宰少弐武藤資頼の施入と伝えられており、当寺の檀越の一人には鎌倉幕府の有力御家人、守護として大宰府を掌握した武藤少弐氏がいた可能性が高い。しかし、承天寺の開基檀越として最も著名なのは謝国《しゃこく》明《めい》と言える。彼は最晩期の有力博多綱首で、南宋の都臨安府の出身

承天寺伽藍

筥崎宮

と伝えられ、日本人の女性と結婚し櫛田神社の側に居宅を持っていた。多くの博多綱首がそうであったように、彼も日宋貿易を有利に展開するため、宗像社《むなかたしゃ》や筥崎宮《はこざきぐう》などに帰属することで諸権益の保護を獲得していた。玄界灘に浮かぶ宗像社領筑前国小呂島《おろのしま》を領有し、地頭と号して社役を務めなかったことなどはその一端と言える。承天寺建立に際して、彼は筥崎宮の社領であった筑前国那珂郡野間・高宮・原村（平原《ひらばる》の誤り）の地を購入し、承天寺領として寄進した。現在、毎年一月一一日に、承天寺住職が塔頭《たっちゅう》・末寺の住職を随えて筥崎宮に参拝する「筥崎諷経」（聖一国師報賽式）という慣習がある。言い伝えに拠れば、円爾が宋から帰国途中海難に遭い筥崎宮の加護で救済されたお礼参りだという。入宋《にっそう》僧円爾らしい逸話であるが、歴史的事実を考慮すれば、その起源は承天寺草創期に謝国明が筥崎宮領を承天寺に寄進したことと関係している可能性が高い。承天寺と筥崎宮が、謝国明を介して密接な関係を有していたことが窺われる（川添、一九八七）。

謝国明の貿易活動を端的に示すものに「板渡しの墨蹟」（国宝）をはじめとする一連の墨蹟史料がある。一二四二（宋・淳祐二）年、無準師範のいる径山が全山焼失した際、承天寺の円爾は謝国明に命じて材木一〇〇〇本を宋に送り万寿寺再建を助けた。謝国明の貿易船は、径山側が驚くほどの巨船であったという。「板渡しの墨蹟」は、この円爾の行為に対する無準師範の感謝状であるが、径山側からは同時にさらなる勧進要請も行われた（西尾、二〇〇一）。径山復興において円爾や謝国明のいる日本が、重要な市場として認識されていたことが分かる。円爾の勢力は、大宰府の崇福寺や博多の承天寺を中心に博多湾沿岸へも伸張していた。例えば、水深が浅い博多湾にあって外洋船の繋留地となっていた志賀島は、博多への海路の表玄関とも言えるが、ここに吉祥寺という承天寺系の禅寺があった。吉祥寺には、航海神としての文殊を祀る文殊堂や旅人を接待する旦過《たんが》寺、湊を示すランドマークとしての塔や井戸など、港湾機能を支える重要施設があった。このような承天寺の末寺は、承天寺を拠点とする博多綱首の貿易活動を支えるものとして存在していたのである（伊藤、二〇〇二d）。

このように博多の聖福寺・承天寺は、大宰府の崇福寺とともに「博多禅」の中心地として君臨していた。両寺は、大陸貿易に関わった博多綱首を檀越とする「綱首の寺」であった。当該期において禅宗の移入は宋・元文化の移入にほぼ等値するものであったが、禅宗初伝の地である博多の禅寺は博多綱首の活動と一体化し、大陸文化の移入にも深く関わったのである。宋風の伽藍が建ち並び、多くの渡海僧を受容した両寺は、まさに博多浜に創り出された中国世界であり、博多綱首の貿易活動によって南宋文化圏の中に位置していたと言える。

　しかし、このような大陸臭の強い新興の宗教勢力がすんなりと博多周辺で受け入れられたわけではない。もちろん、栄西や円爾が宣揚したのは純粋な禅というよりは、真言・天台・禅の三宗を併置する密教色の強い兼修禅であった。その理由は、栄西や円爾がもともと天台系の僧侶として出発したことにも由来するが、それ以上に禅のみを強調しないことで旧勢力との対立を避けようとしたからである。しかし、栄西はその活動を妬む筥崎の良弁《りょうべん》によって比叡山に通報され、叡山の伝統的権威から弾圧された。さらに、謝国明ら有力博多綱首の貿易活動と一体化した円爾の承天寺の存在は、既存の寺社勢力にとって特に脅威と映った。寛元元（一二四三）年、大宰府の有智山寺《うちやまでら》が円爾の禅化を憎み、朝廷に訴えて承天寺を破壊しようとしたが、結局、朝廷は有智山寺の行動を許さず、反対に承天寺と崇福寺を官寺とした。表面的には、延暦寺末の有智山寺という既存勢力が円爾勢力の急速な広がりを見て、教外別伝《きょうげべつでん》の禅宗を邪とする立場からその排除を試みたということだが、その真意は謝国明と組む円爾勢力を博多の貿易活動から除こうとすることにあったのであろう（川添、一九八七）。

蒙古襲来と博多の寺社

一三世紀の蒙古襲来は、博多の宗教空間にも大きな影響を及ぼした。聖福寺や承天寺で展開される兼修禅に続き、博多へは渡来僧蘭渓道隆《らんけいどうりゅう》によって宋風の純粋禅が持ち込まれた。御供所町《ごくしょまち》にある瑞松山円覚寺は、蘭渓を初めて受け入れた寺として知られている（川添、二〇〇五）。その後、蘭渓は北条時頼の外護を得て鎌倉に建長寺を開くが、同寺には鎌倉幕府の大陸情報センターとしての意味合いもあった。モンゴルの脅威の高まりとともに、鎌倉幕府は最新の大陸情報を携えて帰国した入宋僧南浦紹明《なんぽじょうみん》を、大宰府守護所の武藤少弐氏や北条一門として鎮西の最前線で活動する北条時定の外交顧問として姪浜《めいのはま》（早良区）の興徳寺（開基檀越は北条時定）へ下向させた。彼は、興徳寺で蒙古国信使趙良弼《ちょうりょうひつ》と詩文の交歓をし、後に大宰府崇福寺で長く滞在するのは、鎌倉幕府の対モンゴル対策の一環であったと言える。当該期以降、聖福寺や承天寺にも北条得宗《とくそう》家と関係の深い禅僧が入寺しており、博多の禅寺は鎌倉と直結する出先機関となっていた。鎌倉幕府（北条得宗家）にとって、博多など交通の要衝に位置する港町の禅寺を確保することは、人・モノ・情報の掌握という点で蒙古襲来への対応策となったからである（川添、一九九九／伊藤、二〇〇二c・二〇〇六）。

　蒙古襲来を契機として、博多には奈良西大寺末の大乗寺も創建された。当該期、北条一門による交通拠点掌握の進展が、叡尊《えいそん》や忍性《にんしょう》に代表される西大寺系律僧の展開と複合して行われていた。博多大乗寺は、鎌倉極楽寺と東西呼応して大陸文物の受容に関わる他、亀山上皇の勅願寺として異国降伏祈禱も担ったのである（川添、一九八一／松尾、二〇〇六）。

異国降伏祈禱に関しては、弘安の役に際し亀山上皇が国家安泰を祈念して紺紙に金泥で「敵国降伏」と記した宸翰《しんかん》を筥崎宮に奉納している。現在でも筥崎宮の楼門には、その宸翰に基づいて作成された「敵国降伏」の扁額が掲げられている。

二度の蒙古襲来後も、日元関係は元の第三次日本遠征があり得るという緊張関係にあった。一方、日本からは寺社造営料唐船と呼ばれる貿易船が頻繁に渡海し、多くの僧侶の往来が行われていた。その象徴が、一九七六年に韓国で発見された新安沈没船である。大量の陶磁器類、銅銭、香木などを満載したジャンク船は、元応元（一三一九）年に炎上した京都東福寺の再建資金を調達するために企画され、博多の承天寺釣寂庵《ちょうじゃくあん》や筥崎宮なども貿易に参加した東福寺等造営料唐船であった。東福寺再興に際しては、北条得宗家の帰依が厚く大陸事情に詳しい南山士雲《なんざんしうん》が承天寺に下向して指揮を執った。当該期、南山のような承天寺住持は、鎮西探題の対外交渉上の頭脳としても位置していたと考えられている（川添、一九九三）。

息浜の開発と寺院の建立

蒙古襲来対策として築かれた石築地《いしついじ》（元寇防塁）は、博多浜の海側に誕生した新興地息浜《おきのはま》を波などによる浸食から守る防波堤の役割も果たした結果、一三世紀後半以降息浜の都市化が進んだ（佐伯、二〇〇一）。

この息浜に創建されたのが石城山妙楽寺である。現在、妙楽寺は博多浜の御供所町にあるが、山号から分かるように当初は息浜の石築地の側に位置した（旧妙楽寺町付近）。同寺は、鎌倉末期の正和五（一三一六）年、博多の居民（博多商人？）が息浜に一宇を構えたことに始まる。南北朝初期の貞和二・正平元（一三四六）年には、諸檀越が協力して仏殿を造営し、南浦紹明の弟子月堂宗規《げつどうそうき》を開山として禅寺が成立したという。ただし、元徳元（一三二九）年の年記を有する「大応国師像賛」に「妙楽方丈規長老請賛」と記されることから（『石城遺宝拾遺』中）、鎌倉末期には禅寺が成立していたらしい（川添、一九九〇）。

妙楽寺

妙楽寺の創建は、博多浜の聖福寺や承天寺がそうであったように、息浜にも対外交流の拠点としての禅寺が成立したことを意味する。後発の息浜には新興の博多商人が多く定住したため、南北朝期以降、博多における対外貿易の中心地となっていった。おそらく、妙楽寺はそのような貿易商人の支持を得たであろうことは想像に難くない。

妙楽寺を語る上で欠かせないのが無我省吾《むがしょうご》によって創建された呑碧楼《どんぺきろう》の存在であろう。呑碧楼は、博多湾に臨む風雅な趣に富んだ楼閣である。入元した無我が、元末明初の高僧見心来復《けんしんらいふく》に楼閣の禅的、仏教的な意味を記した「石城山呑碧楼記」を起草してもらったこともあり、日本僧はもとより多くの来日僧が呑碧楼を中国に喧伝し詩文とした。高層の呑碧楼は、博多湾に出入りする船舶の灯台のような役割も果たしたと思われ、室町期には「寺は遣唐使の駅」（『黙雲集』）と称された妙楽寺の役割を象徴するものであった（川添、一九九〇）。

このような性格を有する妙楽寺には、境界を越えて活動する人々が多く集った。その一人に陳延祐がいる。彼は、中国台州出身で元の順宗に礼部員外郎《れいぶいんがいろう》として仕えたが、元の滅亡に伴い博多に来日したという。博多では崇福寺の無方宗応《むほうそうおう》に師事して台山宗敬と称し、妙楽寺に師の塔頭明照庵を創建した。陳延祐は妙楽寺の檀那《だんな》の一人だったと言える（上田、二〇〇〇）。彼は医術の心得もあったようで、漢方薬の一種透頂香《とうちんこう》をもたらしたことでも著名である。彼の子孫は、延祐が元朝で仕えていた役職員外郎にちなんで代々陳外郎《ちんういろう》と名乗ったことから、延祐の子孫に製法が伝えられた透頂香も外郎と称された。

現在、外郎といえば一般的に和菓子を思い浮かべるが、本来の外郎は漢方薬であった。菓子としての外郎の起源は定かでないが、少なくとも江戸初期にはあったようである。なお、御供所町の妙楽寺境内には「ういろう伝来之地」という石碑が建てられているが、これは漢方薬透頂香が本邦に初伝したことを記念している。

その後、陳延祐一族からは平方《ひらかた》氏に改姓し博多妙楽寺周辺で活動する者の他、上洛し足利義満の寵愛を受けて室町幕府の外交ブレーンとして活躍する陳外郎が輩出された。さらに京都の陳外郎家からは、戦国期以降、宇野氏に改姓して後北条氏の支配する小田原に下向する一族がおり、この小田原在住の陳外郎の末裔のみが、今日、唯一透頂香としての外郎と和菓子の外郎を製造販売している。

発展目覚ましい息浜には、妙楽寺の他にも浄瑠璃山明光寺という禅寺もあった。現在は博多区吉塚に移転している明光寺は、寺伝によれば永徳年中に無雑融純《むざつゆうじゅん》を開山として成立した曹洞宗寺院である。開基檀越は不明だが、後に大友氏の家臣として博多息浜代官となる田原氏との密接な関係を窺うことができる。かつて寺内には、応永二一（一四一四）年、明光寺住持正巽《しょうそん》らによって追銘された小型の高麗鐘があったという。あるいは、明光寺の対外交流を窺う文物とも推測できる（上田、二〇〇〇）。

現在、東区馬出《まいだし》にある金波山称名寺も、かつては息浜の片土居

妙楽寺の「ういろう伝来之地」碑

称名寺

町にあった寺である。元応二（一三二〇）年、博多の称阿・名阿父子が寺を建立し、一運和尚といわれた乗阿を開山として成立した。寺の所在地名から土居道場とも呼ばれた。当寺は、筑前芦屋の金台寺《こんたいじ》とともに九州における時宗寺院の拠点であった。博多浜の大乗寺跡に所在する康永四（一三四五）年六月二四日付の地蔵菩薩像板碑の銘文には、阿弥号を称する者が多数名前を連ねているが、おそらく称名寺ゆかりの博多時衆と考えられる（川添、一九九〇）。永享元（一四二九）年、豊後の大友持直が息浜の領有を回復すると、朝鮮に渡航する大友持直名義の使者に「宗阿弥陀仏」、「所阿弥」などの阿弥号を有する時衆が起用されるようになるが、彼らはおそらく当寺の関係者と思われる。

大内氏の進出と博多の寺々

鎌倉幕府滅亡後、博多の支配者は目まぐるしく変遷する。その中にあって、南北朝期、九州探題一色範氏が聖福寺直指庵《じきしあん》に宿所を構え、征西将軍懐良親王が承天寺鈎舜庵（釣寂庵？）に在陣し、今川了俊が明使の抑留と応接を通じて聖福寺に関与しているのは、博多の禅寺が政治的にも重要な位置を占めていたことを物語っている。応永七（一四〇〇）年、承天寺住持誾公《ぎんこう》が朝鮮国に礼物を献じて大蔵経を求め、一四〇〇年前後には博多慈雲寺（曹洞宗）住持天真融適《てんしんゆうてき》が倭寇による被虜人《ひりょにん》を送還し大蔵経を求請しているように、当該期に至っても大陸貿易を担う博多の禅寺の姿に変わりはなかった。また、応永の外寇直後、朝鮮国へ派遣された日本国王使が妙楽寺関係者によって編成されたことや、足利義教によって日明貿易が再開された際、聖福寺の龍室道淵《りゅうしつどうえん》が抜擢された事実は、対外的ノウハウに精通する博多の禅寺・禅僧の存在が政治外交的に注目された結果だと言える。

これら博多の禅寺に、今川了俊の失脚以降、積極的に進出するのが山口に本拠を置く大内氏である。大内氏は、大内義弘以来、朝鮮通交をはじめとする積極的な貿易活動を拡大するべく、博多への進出とその支配を常に目論んでいた。大内氏のねらいは、伝統的な対外的機能（ノウハウやネットワーク、人的資源）を蓄積した博多の禅寺を掌握し、自らの対外活動に活用することにあった。

大内氏は、博多浜の聖福寺と承天寺を「御料所両寺《ごりょうしょりょうじ》」と称してとりわけ重要視し、両寺に対して諸勢在津時の寄宿を求め、博多に要脚を賦課した際は課役免除の特権を認めた。大内氏は、自らが推薦する禅僧を聖福寺や承天寺の住持に出世させる手法などで接近を試みている。聖福寺や承天寺は室町幕府の官寺であったため、住持任命権は京都相国寺《しょうこくじ》の鹿苑僧録《ろくおんそうろく》にあり、将軍の発給する公帖《こうじょう》によって最終決定されていた。大内氏は、両寺へ出世する住持に対して吹嘘状《すいきよじょう》という推薦状を鹿苑僧録へ出している。吹嘘状を出すことは、大内氏がその住持の個人的檀那として、住持を通じて両寺に介入できる可能性を示している。応永一四（一四一四）年、大内氏の使節が朝鮮国へ渡海し氏寺《うじでら》興隆寺のために大蔵経を求請しているが、その使者には承天寺の関係者が起用されていた。また、足利義満以降、日本国王名義の遣明船が派遣されるようになると、博多商人や博多の禅僧はその運営を実質的に支えた。大内氏が正式な遣明船派遣を独占した天文年間（一五三二～五五）、聖福寺僧は大内氏の遣明船の主要な人的基盤となっていたのである（伊藤、二〇〇二a）。さらに、大内氏の聖福寺掌握を示すものに「安山借家牒《あんざんしゃくやちょう》」もある。これは、聖福寺寺内町に賦課する税を個別に書き上げた天文一二（一五四三）年の年記を有する税金台帳であるが、この中には「山口夫《やまぐちふ》」と呼ばれる大内氏への夫役《ふやく》の代銭納もあった（佐伯、一九八四）。

一六世紀、博多の禅宗界は幻住派《げんじゅうは》という禅宗勢力によって席巻された。幻住派は、鎌倉末期に入元し、杭州天目山幻住庵の中《ちゅう》峰明本《ほうみんぽん》の法を嗣いで帰国した禅僧たちの総称である。当初は、聖福寺などにその一部が受容されるに過ぎなかったが、一六世紀初頭に大内義興と彼の下に身を寄せる流れ公方足利義材《よしき》のバックアップを受けて一華碩由《いっかせきゆ》が聖福寺へ出世してからは、幻住派の勢力が飛躍的に伸張した。従来、師弟関係を重視する禅宗にあって、法の継承は一人の師に限定されるのが常であったが、一華の幻住派は曹洞・中峰・大燈各派の密参《みっさん》を体系化し確立したことで、法の多重相承（多重僧籍）を認めたため、禅林内で多くの禅僧に受容された。また、一華の弟子湖心碩鼎《こしんせきてい》は、一華の密参禅とともに、南北朝期以来対外交流に関わってきた無隠元晦《むいんげんかい》系の幻住派も継承する人物であったため、以後、湖心に連なる禅僧が聖福寺を掌握し、東アジアの海域交流を担っていくこととなった。同時に彼ら幻住派僧は、戦国期の博多支配をめぐる戦乱で何度も罹災した聖福寺も復興した。その中でも、特に功績のあった耳峰玄熊《にほうげんゆう》は「両回中興の祖」と称されている（伊藤、二〇〇二a）。

一五世紀末の明応の政変で足利将軍権力が分裂し、将軍の保有する外交権が大内氏、大友氏、宗氏などの地域権力に分散した一六世紀は、九州地域が名実ともに外交活動の主要舞台となった。そして、その外交活動を主体的に担ったのが博多聖福寺を中心とする幻住派僧であった。特に、天文年間の第一八次遣明船には正使として任命された聖福寺新篁院《しんこういん》の湖心碩鼎とともに、多くの聖福寺僧も入明したことが「頤賢録《いけんろく》」（湖心の語録）から窺うことができる。また、この時の一号船惣船頭は神屋運安が担当していたが、神屋氏は石見銀山開発も行う有力博多商人で、一族からは聖福寺僧も輩出していた。聖福寺の幻住派僧の活躍は、朝鮮通交の場でも見られた。当該期の朝鮮通交は、対馬宗氏に独占されていたのみならず、宗氏によって創出された多様な架空名義の偽使《ぎし》が横行する場でもあった。このような偽使通交を遂行するためには、外交ノウハウに精通した禅僧の確保が不可欠であったが、宗氏はその人的資源を博多聖福寺の幻住派僧に求めた。その代表が、宗《そう》義智《よしとし》に請われて対馬に渡り以酊庵《いていあん》開祖となった景轍玄蘇《けいてつげんそ》である。

彼らは、対馬宗氏のもとで外交文書を起草したり、実際に使節として朝鮮へ渡海し外交折衝に携わった（伊藤、二〇〇二ａｂ）。

　大内氏が保護した博多の寺には光明山善導寺という浄土宗寺院もある。文明一一（一四七九）年、善導寺は後土御門《ごつちみかど》天皇の勅願寺となったことで、大内氏は諸人止宿停止の禁制を出した。聖福寺、承天寺や東長寺でさえ諸勢在津時の寄宿が許可されていたのに対し、善導寺では軍勢在津時の寄宿も停止されたことは、大内氏が如何に当寺を厚遇していたのかが窺われる。天文七（一五三八）年には、住持太誉の申請によって大内義隆が当寺を祈願所とし、要脚免除、祠堂物利倍の際の徳政禁止という特権を与えている（佐伯、一九八四）。

博多都市民の神々

博多の住吉神社は、全国住吉社の始原と考えられている。古代以来、住吉神社の筒男《つつお》三神は志賀海神社の綿津見《わたつみ》三神とともに海上航行の保全を祈られてきた。

　博多には、総鎮守として人々の崇敬を受けている櫛田宮（櫛田神社）がある。櫛田宮の創建に関しては、平忠盛が対外貿易の拠点としていた肥前神埼庄《かんざきのしょう》の櫛田神社を、同庄の倉敷地である博多に勧請《かんじょう》したという説がある。祭神は、第一に櫛田社、第二に天照大神、第三に祇園社となっていることから、本来は農耕神が主であったのが、祇園社の勧請以降、こちらの方が博多の都市民の信仰を惹き付けたようである。康正二（一四五六）年、博多の町衆が祇園会の時の作物のために近隣の箱崎松原の松を伐採することを禁じた命令が出ていることから、櫛田宮への祇園社勧請は南北朝期から室町期に行われたと言える。祇園会とは、本来、御霊《ごりよう》信仰に基づく都市的な祭礼であり、博多では祇園山《やま》笠《かさ》がそれに相当する。つまり、櫛田宮は祇園社の勧請によって博多都市民の信仰を集めた結果、戦国期の自治都市の形成とともに総鎮守化したと考えられる（佐伯、一九九七ｂ）。

櫛田神社

　櫛田宮とともに博多と関わりの深いのが、博多の隣地箱崎に鎮座する筥崎宮である。現在でも、祇園山笠で使用する清めの砂を採るお汐井取《しおいと》りが筥崎宮の前浜で行われていることからも、両者の関係が窺われる。仁平元（一一五一）年、大宰府目代宗頼の命によって筥崎・博多で行われた大追捕《ついぶ》では、宋人王昇後家をはじめ一六〇〇家の資財・雑物を運び取り、筥崎宮に乱入し神宝物を押し取る乱暴が行われた。文治元（一一八五）年、石清水八幡宮の別宮となった筥崎宮は、平安末期以降、日宋貿易に携わる宋商人と密接な関係を有していた。正応二（一二八九）年の「筥崎宮造営材木目録」によれば、筥崎宮大神殿の四面玉垣は堅粕西崎の所役となっていたが、それらは領主の博多綱首張興と張英が負担していた。張英は鳥飼《とりかい》二郎船頭という日本名も持っており、宋人の筥崎宮に対する帰属関係を示している。建保六（一二一八）年、石清水八幡宮領筥崎宮留守行遍父子が、大宰府大山寺《だいせん》（延暦寺末寺）寄人《よりうど》で神人《じにん》通事船頭の張光安を殺害した。同年、通事船頭綱首秀安と肥前国神埼庄庄官らが大宰府使及び筥崎宮雑掌《ざつしょう》を凌礫する事件も起きている。これらは、博多における対外貿易の利害をめぐる争いが、各宋商人の帰属する寺社やその本寺の間での争論にまで発展していたことを示している（川添、一九八一／佐伯、一九八八／大庭、一九九四）。

　中世の筥崎宮は、狭義の博多の東辺の一部をかすめる形で社領那珂西郷《なかさいごう》を有していた。これらの社領は、博多の東南の出入り口である辻堂と、博多の東側の出入り口である石堂（ここを東に直進すると筥崎宮がある）に相当しており、筥崎宮は博多東部の交通の要衝を押さえていた（佐伯、一九九六／佐伯、一九九七ａ）。この縁から、博多の中でも辻堂《つじのどう》町や石堂町は筥崎宮の信仰エリアとなっており、これらの町では近世期以降も筥崎八幡宮を町の産神《うぶすながみ》としていた（佐伯、一九九七ｂ）。南北朝期以降、筥崎宮油座の神人であった博多商人奥堂《おくのどう》氏は、博多の奥堂の方一町の屋敷に居住し、畠一町五段半を所有していたという（佐伯、一九九八）。

　天正一六（一五八八）年、京都大徳寺の古渓宗陳《こけいそうちん》という高僧が関白秀吉の勘気に触れて博多に流された。以前から彼に帰依していた島井宗室と神屋宗湛らがこれをいたわり、息浜に大同庵という庵室を設けて接待した。古渓帰洛後、大同庵は廃庵となるが（大同庵の扁額は現存）、その跡地周辺は古渓町（博多区奈良屋町）と呼ばれた。古渓が滞在中に点茶用として掘った井戸水は古渓水と称され、火除けに霊験あらたかとして珍重され、戦前には大同庵から火除けの符と火除けの古渓像の木版画が博多の市中に配布された（現在でも毎年五月一七日に「除火難」の護符が配られている）。彼が、如何に博多の地で茶湯と親しんでいたのかが偲ばれる（伊藤、一九九八）。ここに登場する島井宗室と神谷宗湛は、いずれも博多の豪商として茶道とともに大徳寺の禅に帰依していたが、彼らの墓は大徳寺と同じ大応《だいおう》派に属する崇福寺（島井宗室墓所）と妙楽寺（神谷宗湛墓所）にある。

大同庵跡と古渓水。右は古渓水火難除け護符

経塚・地鎮

木下博文

▽経塚の「常識」

経塚とは、平安時代後期～末期（一一～一二世紀）に仏教経典を地下に埋めて造られた遺跡である。

仏教の開祖・釈迦が亡くなり二〇〇〇年が経つと、仏教が正しく行われなくなり、世の中が大いに乱れるという危機意識、末法思想が広まった。人々は経典を地下に埋め、釈迦の死から五六億七〇〇〇万年後に弥勒如来がこの世に現れ救うというその日まで、仏の教えを守り伝えようとした。

弥勒如来が現れるのは、見晴らしの良い山の上と考えられ、周囲よりも高い場所を選んで経塚を造っており、例えば古墳の上などもある（福岡市内では、西区飯盛山・愛宕山、早良区西油山、城南区田島・京ノ隈、西区飯氏・兜塚古墳など）。

これが経塚研究における「常識」であった。

▽「常識」を覆す発見

博多は海寄りの息浜《おきのはま》、内陸の博多浜という二つの砂丘上に造られた町である。常識に照らせば経塚の存在は考えにくい場所のはずであった。しかし考古学の世界では、時として常識を覆し、驚くばかりか、困惑さえ覚える状況にめぐり合うこともある。

上呉服町・聖福寺の北西に隣接する道路建設予定地内の調査で経塚一基が発見された（一〇七次調査）。地面に穴を掘り、一本の陶製経筒のみを納めた極めて簡素な造りである。

用いられている経筒は、小田富士雄・杉山洋の諸氏の研究により、北部九州特有のもので、中国南部の窯で特注生産されたものとの評価が与えられている。細長い巻物の経典を納めるためだけに作られた専用品であり、一二世紀前半における北部九州の経塚に類例が集中することから、その遺構が経塚であることは間違いない。経筒が中国産と見られていることも、国際貿易の町として栄え、大量の中国産陶磁器が出土する博多にはふさわしい。

祇園町でも長胴の壺を穴の中に逆さに倒置した遺構が発見されている（五〇次調査）。この遺構については地鎮という見方もあるが、長胴の壺は経筒に転用される例が見られ、中国産と考えられており、経塚の可能性もある。

陶製経筒の埋納状況

逆さに置かれた長胴壺

経典の軸として用いられていたのか、中には木の棒が残っていたという。

以上は経筒は陶製であったが、銅製であったと見られる例が、店屋《てんや》町で地下鉄空港線敷設に伴う調査により発見されている。残りは決して良くないが、扁平な大石を敷き、周りを囲む石が残っている。それを中心に鉄製小刀、方形青銅鏡、宝珠形の青銅製品、扇形に広がった板状の木質、銅銭が出土している。これらは小石室を設け、中に銅製経筒を納め、周囲に邪を避ける意味で刃物を配置し、造営関係者の身の回り品や儀式の際に使用された品々を一緒に埋めるという経塚の最も一般的な構造と一致する。こうした副納品がある例は九州ではあまり多くない。また埋納方法も先の陶製経筒のように単なる穴だけの例と違い、石室を造り、より丁寧である。宝珠形の青銅製品も銅製経筒の蓋のつまみによく見られる。

『筑紫史談』第五七集に橋詰武生氏による興味深い報告が寄せられている。それによると、比恵川（御笠川）に近い博多辻堂《つじのどう》口、承天寺に隣接する若八幡宮付近で、銅製経筒が小仏像を伴って出土している。図・写真もなく、現物も所在不明なのが残念だが、博多には中国製陶器の他に一般的な銅製経筒を用いる経塚も造られていたことになる。

以上は経筒に紙の経典を納めた経塚の例であるが、粘土板に経典の文字を刻み付け、焼き締めた瓦経《がきょう》も出土している。地中にあっても腐らないことから、経典を長く保存するという目的に最もかなったものとして見られている。福岡市は西区飯盛山・愛宕山に見られるように、代表的な瓦経の出土地である。綱場町・店屋町で、近世の井戸から瓦経の破片が出土している（四二次、九五次調査）。経典は経塚の埋納経典として最も主体をなす法華経である。出土地の近辺もしくは離れた地で近世に攪乱を受け、ばらばらになった瓦経が井戸に混入したものと見られる。博多の町中に瓦経経塚があったとすれば一大事であるが、参考例として箱崎があげられる。

箱崎も博多と同様、海岸の砂丘上に展開する中世の町の遺跡であり、筥崎宮はその中核となる神社である。その境内で一九八九年、瓦経が出土した（箱崎遺跡四次調査）。経典は法華経ではなく、仁王経・般若心経であった。

二〇〇一年、箱崎で瓦経の破片が出土した（箱崎遺跡二七次調査）。それは筥崎宮出土瓦経には含まれていない阿弥陀経であった。博多の例も含めて、出土瓦経片がこれまでに発見された瓦経と同一のものか、全く別の新例かを決定するには、用いられた粘土、焼き具合、文字の筆跡・配分方法を細かく観察・対照しなければならないが、そうした研究はまだ発表されておらず、今後の課題である。

▽経塚造営の背景

では、一体なぜ、町の真ん中に経塚が造られたのであろうか。大博通りを中心に①東側

綱場町出土の瓦経

の聖福寺から承天寺までの地域、②息浜と博多浜の結節点とされる呉服町交差点付近に分布している。

①の地域は百堂といわれ、聖福寺の創建に当たり栄西が記した言上状には「寺の敷地はもともと宋人が寺を建てていた場所で、長らく人が住んでいなかった」との内容が記されている。付近一帯は中国人たちの信仰の場、墓地になっていたことが推定されている。近年経塚と墓地の分布・構造・遺物面での関わりが指摘されている。

平安時代末期の博多には、「綱首《こうしゅ》」と呼ばれる船頭など国際貿易を担う中国商人たちが多く集まり住むようになっていた。そうした事情を反映してか、経塚遺物にも中国人と見られる名が確認できる。

福岡市西区今宿出土とされる保延二（一一三六）年銘四段積上式経筒には、「李太子」が尼妙経の供養のため造営したと記されている。李太子は中国商人と日本人女性との間に生まれた混血児との見方もある。福岡県糟屋郡須恵町・佐谷観音谷経塚の天治二（一一二五）年銘二段積上式経筒には、「宋人馮榮《ひょうえい》」、陶製・銅製経筒の底部・蓋に「荘綱」・「李」・「王七房」と墨書される例もある。「荘綱」は綱首の荘某、「王七房」は王氏第七婦人の意味とされている。

中国産陶製経筒を使用しているから造営者が中国人とは必ずしも限らないが、博多の場合は町の特性、造営地付近が中国人に縁の深い土地であることから見て、その可能性は高いであろう。

総合すると、中国人が日本の信仰を受け入れ、墓地に死者の供養を目的として経塚を造営したという見方ができる。

関連する常識を覆した例を紹介したい。二〇〇二年、京都市内の東部、吉田兼好で著名な吉田山の麓にある京都大学構内の調査で積上式経筒が石室を伴って発見された。積上式経筒とは青銅の輪を二〜四個積み上げ、蓋の形・つまみも含めて塔を模した経筒で、先の陶製経筒、滑石製経筒と並び九州特有とされるものである。

近畿は九州と並ぶ経塚造営の一大中心地で、強い独自色がある。近畿では到底出土しないと見ていた積上式経筒が、近畿の真ん中である京都の、それも町中で遺構を伴い発見されたのである。度肝を抜かれるとはこのことであった。

京都大学構内では、祇園町・冷泉町出土品とよく似た黄釉鉄絵盤が出土しており、博多とのつながりが窺える地である。積上式経筒の流入も博多経由かもしれない。

いずれ、博多の町中で積上式経筒を伴う経塚が発見されるかもしれない。ぜひ見てみたいものである。

▽現代にも息づく大地への祈り・地鎮

経塚は途方もない未来を見据えているが、地鎮は現代にも息づいている。建設工事をする前、その安全を願って供え物をし、祈りを捧げる。他に建物を廃棄した後、一定の区画を示す印など大地に対する感謝や畏敬の思いを表したと思われる遺構が、降矢哲男氏の集成によると、博多では五〇基以上確認されている。

セットで埋納されていた須恵器の坏蓋（上）と土師器の甕

建物関連では、長方形の穴の隅に置かれた礎石の上に銅銭を一枚ずつ置いた例（六二次調査）、建物の柱穴の中に多量の素焼きの皿と銅銭を意図的に納めている例（六一次調査など）、建物東側中央に設けられた石組みを伴う方形の穴の中央に素焼きの皿二枚を合わせ口にして置いた例（七七次調査）が確認されている。

地鎮では素焼きの皿・銅銭が用いられる例が多いが、博多ならではの例として中国産陶磁器を用いる例が確認されている。墨書のある石一二個、銅銭一二枚の上に青磁椀をかぶせた例（築港線三次調査）、九字・年号を墨書したものなど青磁椀を三個重ねていた例（六二次調査）がある。

以上は一三〜一六世紀の例で博多が町として大きく発展する時期に当たっている。しかしそのはるか以前、鴻臚館がまだ機能していた八世紀後半に当たる注目すべき遺構が上呉服町で発見されている。

土師器の甕《かめ》に須恵器の杯蓋を載せている（築港線三次、三五次調査）。両者は直線で六〇メートル離れており、中間で「長官」墨書銘を持つ遺物が出土した井戸や、官人のベルトの石製装飾が発見されている（築港線二次調査）ことから、役所もしくは官人の居宅の四隅を結界する遺構と見られている。

その後、全く同じ例が三五次調査地から東へ一五〇メートル離れた位置で発見された（一〇七次調査）。赤子の胎盤を納め、子の成長を願う胞衣壺《えなつぼ》と報告されているが、先の二例と関連する可能性が高い。仮に四隅を画するなら、北方の未調査地で同じ例が発見されるだろう。役所の想定される位置とは反対方向になるが、八世紀後半にこの地区に同じ遺構が三例集中して分布し、役所関連の重要な施設があったと想定されるのは興味深い。

▽古代・中世人の「心」に迫る試み

考古学は、物とそれに伴う人の動きを解明することに対して非常な強みを見せるが、人々の心情・思想を解明することは実は最も苦手とするところである。わずかに残された遺構から、古代・中世人のものの考え方を汲み取るのは困難を伴うが、なかなか答えを得られない奥深さが研究者の心を捉え、考古学の一分野として長く研究され続けてきた。一般にはなじみが薄く、理解しにくい部分があろうが、今後この分野に対する関心が高まることを期待したい。

博多の弔い

佐伯弘次

中世の博多に関する文献史料は、地元の博多には多くは残っていないが、日本各地や海外の史料も含めるとかなり多いと言える。しかし、人々の生活のあり方に関する文献史料は残念なことにほとんど残っていない。中世の博多には一万軒の家があったというから、多くの人が住み、生と死が日常的に繰り返されていた。

元弘三（一三三三）年五月、鎌倉幕府の出先機関であった鎮西探題が滅亡した。その直前の同年三月、肥後の御家人菊池武時が博多で挙兵し、一族与党とともに討たれるという事件が起こった。その様子を記した「博多日記」に次のようなエピソードが記されている。

ある人の従女が、博多に懸けられていた菊池方の頸を見に行ったところ、急に病気になってしまった。僧二名が従女に対面したところ、従女が起き上がり、男の風情をして挨拶した。僧が問うと、「自分は菊池入道の甥の左衛門太郎という者です」と述べ、「菊池で別れた新妻が忘れられない」、「敵を討たずに戦死したのが口惜しい」、「挙兵の前日に夜更けまで酒を飲み、水を飲まずに出陣し戦死したので、水が欲しい」、「上戸なので酒が飲みたい」、「水を飲まずに死んだので、常に水をまつって欲しい」などと言った。僧は水と酒を飲ませた。その後、僧は卒塔婆を作り、松原に立てて、左衛門太郎を弔った。

この僧が卒塔婆を立てた松原とは、博多の東側に広がっていた箱崎松原であると考えられる。箱崎松原の一角である九州大学箱崎理系キャンパスは、かつて「地蔵松原」と呼ばれており、石塔などが現在でも残っている。『福岡市の板碑』（福岡市教育委員会、一九九二）によると、多くの板碑が、箱崎松原近隣の箱崎から馬出《まいだし》にかけて残存している。これは決して偶然ではなく、都市博多にとっての弔いの場の一つが箱崎松原であったことを示している。

戦国時代も末期の天正五（一五七七）年、博多にいたあるキリスト教の司祭が博多で起こった出来事について報告している（松田毅一監訳、一九九二）。母を殺した罪を悔悛したある日本人が諸国を廻国した後、博多にやってきた。彼は博多で徹夜・断食・祈禱を行った後、市《まち》から遠く離れた寺院の海岸から船に乗り、海に身を投じて絶命した。見物者二人もこれを追った。同伴者たちは、悔悛して海に身を投じた男の遺骸を引き揚げ、博多の市の主要な門の一つの路傍に埋葬した。

この事例では、博多の出入り口である門の側に葬られている。どの門かは分からないが、都市と周辺の境界に葬ったのであり、境界が弔いの場であったことを物語っている。

博多遺跡群の埋葬遺構は一三世紀前半を境として域内から見られなくなるという（大庭、一九九二）。いずれの事例もこれ以降のことであり、博多にとっての弔いの場が都市域から都市外や境界地域へ移ったことを意味している（大庭、一九九六年）。

都市のはずれに作られた墓，伝謝国明墓（大楠様） 承天寺の南側にある。墓は楠の幹に呑み込まれているという。現在地は，中世の博多においては町外れの境界に当たる。謝国明は，宋から帰国した円爾のパトロンとして承天寺の創建に関わった博多綱首である。13世紀中頃に没している

礫石経 経塚（234ページ参照）に託された浄土への想いは，やがてより簡便な形となって民衆の間に広がった。小石一つに経文の１文字を書き石塚を作る一字一石経や，扁平な石に経文の一節を書き綴る礫石経は，先祖を供養し後生を弔う博多の町衆の祈りを映している

◀**卒塔婆** 木板を削って形を整えたいわゆる板塔婆の例。一端が尖っているものは，地面に刺したもの，両端を削って宝珠を象っているものは，抜き板などに釘留めしたものであろう。井相田Ｃ遺跡第２次調査で出土。長禄３（1459）年，寛正５（1464）年の年紀が墨書されている。左から２番目の板塔婆は長さ74.5cm

松原に残る板碑群①：勝軍地蔵堂板碑群 大小48基の板碑と宝篋印塔・五輪塔の残闕（ざんけつ）が集められている。紀年銘で最も遡るものは貞和２（1346）年

松原に残る板碑群②：米一丸地蔵堂板碑 大小19基の板碑と宝篋印塔・五輪塔残闕，層塔が残る。層塔は花崗岩製の九重塔で，鎌倉時代末期の作とされている。板碑の最も古いものは嘉暦元（1326）年である

墓

菅波正人

博多の埋葬遺構は各所で発見されているが，古代のものは少なく，検出例が増加するのは12世紀代である。その形態は木棺墓《もつかんぼ》，土壙墓《どこうぼ》で，中国産輸入陶磁器類が副葬されるものが一般的である。しかし，その分布を見ると，一定の墓域を形成するような集団墓は見られず，屋敷墓《やしきぼ》と捉えられるものが大半で，13世紀頃まではそのような状況で墓地は営まれている。一方，14世紀以降の埋葬遺構はあまり見られなくなり，墓は都市の外側に造られるようになったと考えられる。14世紀前半頃，博多浜の中央部で，堂舎を伴う石塔群が発見されている。また，同時期の火葬墓《かそうぼ》に，頸《くび》から上の骨を多量に火葬したものがあり，鎮西探題《ちんぜいたんだい》の襲撃に失敗した菊池一族に関わるものとされる。

上呉服町（かみごふくまち）出土。体を横に向け，足を折り曲げた状態で副葬される。副葬品はないが，8～9世紀頃と考えられる

御供所町出土。長さ170cm，幅26cmの狭長な木棺墓。遺体の足元付近に青磁の水注（すいちゅう）が副葬される。頭の付近には棺の上に置かれて中に落ち込んだ，内黒土器碗，土師器坏が見られる。9世紀末頃

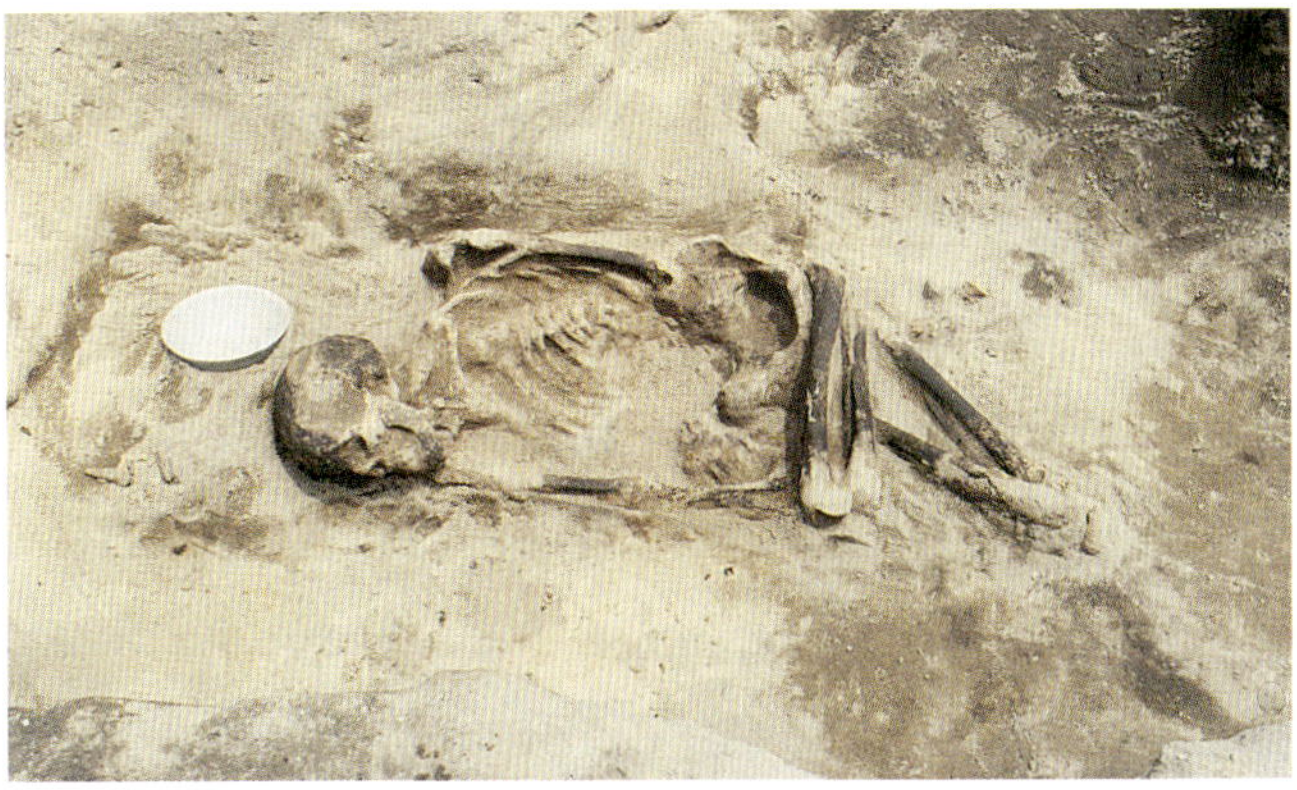

綱場町(つなばまち)出土。長さ126cm，幅52cmの木棺に体を横にして，足を折り曲げて葬られた熟年男性。推定身長157cm程。頭の位置に龍泉窯系(りゅうせんようけい)青磁碗が供えられる。12世紀後半頃

御供所町出土。長さ186cm，幅57cmの木棺に顔は西に向け，体を伸ばした状態で埋葬される。頭の位置に白磁碗，皿，土師器皿が副葬される。12世紀前半頃

綱場町出土。長さ145cm，幅45cmの木棺に仰向けに足を少し曲げて葬られた熟年男性。推定身長約159cm。左腕の上に鉄製短刀，棺外の頭付近に龍泉窯系青磁碗，土師器器皿が供えられる。12世紀後半頃

上呉服町出土。木棺は使用せず，体を横に向け，足を折り曲げて，土壙に直接埋葬される。腹部の位置に白磁碗が副葬される。12世紀前半頃

古門戸町(こもんどまち)出土。足をあぐらをかくように折り曲げて埋葬される。頭の位置に和泉型瓦器碗(いずみがたがきわん)，皿が副葬される(写真左側)。近接して5基の墓が発見されたが，他にも1基，和泉型瓦器が副葬されたものがあり，陶磁器の副葬が一般的な博多にあって，被葬者の出自を含めて注目される。13世紀前半頃

上呉服町出土。木棺の傍らの２本の角棒と竹棹は棺の運搬で使用されたものと考えられる。棺の外側に龍泉窯系青磁碗などを納めた曲物が副葬される。棺内には熟年女性が埋葬され，頭の位置には鏡，櫛などが供えられる。埋葬行為，副葬品の状況がよく分かる貴重な例。12世紀後半

祇園町出土。首から上の骨を主体に火葬された人骨。その首級の数およそ110体。ほとんどが成人の男性と考えられ，中には刀傷を持つものもあった。これらは14世紀前半代に位置づけられ，元弘３（1333）年鎮西探題を襲撃し，討ち死にした菊池一族に関わるものではないかと考えられている

上呉服町出土。方形の土壙を取り囲むように作られた石組遺構。石組の中には五輪塔(ごりんとう)が含まれる。16世紀後半代。この周辺には14世紀前半頃，五輪塔を据えた長方形の石組が集中しており，博多浜の中央に供養施設が点々と営まれていたことが推測されている

◀冷泉町出土。長さ188cm，幅42cmの木棺に体を伸ばした状態で埋葬される。棺内に鋏，棺外に龍泉窯系青磁碗，土師器皿が副葬される。墓壙床面の壁際に柱穴があり，上屋があった可能性が想定されている。また，墓壙上面に石塔があり，墓標であったと考えられる。13世紀前半頃

▲中呉服町出土。50×38cm，厚さ15cmの自然礫を用いた板碑(いたび)。種子に「キリーク」(阿弥陀如来)が，左下に「如□□□□」が刻まれる。13世紀代に位置づけられる。市域の板碑は関東型の板碑と異なり，自然石を用いたものや小型のものなど多様である

駅前1丁目出土。16世紀代の井戸の石組に転用された石塔である。出土した場所は，1241年創建の禅宗寺院である承天寺の南側にあたる。石塔には文保2（1318）年，永享年（1429～40）の紀年銘や「座元」,「書記」といった禅宗関連の職名を記したものが見られる（中央の五輪塔の空風輪は他地点出土）

博多発掘三〇年

池崎譲二

一九七七年、地下鉄建設に先行して実施した発掘調査が、博多の発掘調査の契機となったのだが、それから三〇年を経て、本書のような博多遺跡群の研究成果の蓄積を見るにつけ、最初の調査に携わった一人として感慨深いものがある。

調査に至るまでにはいくつもの紆余曲折があった。当時、福岡市政最重点事業である地下鉄建設工事との調整は難航し、博多の歴史的重要性は比較的認識されていたものの、埋蔵文化財調査に対する認知度は低く、文化財は地下鉄工事遅延の元凶扱いされていた。今は大半の方が故人となられたが、当時の調査指導委員会の先生方の適切な指導や、すでに退職された先輩職員の頑張りの延長に、博多調査の現在があるといっても過言ではない。

当初、遺跡範囲も明確でなく、調査対象になると想定される博多の一町名を冠し、「祇園町遺跡」と呼称していたが、一九八〇年福岡市域内の詳細文化財分布地図作製に際し、中世都市遺跡博多の範囲を想定し、全域を「博多遺跡群」として遺跡名にした。

地下鉄調査では、古代末から中世にかけての対外交易を示す膨大な量の貿易陶磁、街割りを示す溝、弥生時代甕棺墓、古墳時代住居跡などが出土し、予想以上に残り具合のいい複合遺跡であることが分かり注目された。その後、大博通り拡幅に伴う発掘調査で、旧博多部の縦軸に巨大なトレンチを入れることになり、遺跡内容の骨格が把握された。その重要性も認識されるようになり、周辺開発に伴う調査も、二〇〇七年夏現在すでに一七五次を超え、遺跡内容の肉付け作業も進んできた。

その時々に、一九八四年には「中世の博多」(『古代の博多』所収、中山平次郎、九州大学出版会)、一九八八年には『東アジアの国際都市博多』(「よみがえる中世1」平凡社)が刊行され、当時の最新情報を示してきた。二〇〇六年には市史編纂事業の一環として、博多遺跡群を概括した「発掘調査からみた中世都市博多」田上勇一郎(『市史研究ふくおか　創刊号』所収、福岡市博物館市史編さん室)、二〇〇七年には『福岡――アジアに開かれた交易のまちガイド』(岩波ジュニア新書)が刊行され、博多遺跡群の概要が中学生向けに分かりやすく紹介されている。

もちろん最新の情報は本書にまとめられているとおりである。

この間、博多遺跡群の発掘調査については様々な形で研究が進められ、成果が公開

1977年，博多での初めての発掘調査（地下鉄関係調査。祇園駅付近，突き当たりは博多駅）

1982年，博多に巨大なトレンチを入れる（大博通り拡幅関係調査。呉服町交差点から博多駅を望む）

されている。文献史学、考古学、地理学、地質学など博多をめぐる学際的な研究を、「遺跡立地研究会」が継続的に行い、その研究成果は一九九八年に『福岡平野の古環境と遺跡立地』（九州大学出版会）にまとめられた。博多に興味を持つ様々な人々が参加する「博多研究会」では、発表会を継続的に行い、博多に関わる様々な論文を掲載した研究誌を一一号にわたり刊行している。

福岡市博物館、埋蔵文化財センターでは博多出土遺物を常設展示しており、博物館では博多関連特別展として、一九九三年、「堺と博多」展（堺市博物館では「博多と堺」展を同年開催）、二〇〇三年、「チャイナタウン展」などを開催し、部門別展示室では随時、個別テーマに沿った展示を行っている。

一九七五年、韓国木浦新安沖で見つかった新安沈没船は、積荷木簡から目的地が博多であったことが分かり、博多出土遺物との関連が注目された。二〇〇六年、韓国木浦の国立海洋遺物展示館で発掘三〇周年記念特別展として開催された「新安船と東南アジア陶瓷交易」では、多数の博多出土陶磁器が関連資料として展示された。この他、各地の展示会に博多出土遺物は貸し出され、中世博多の隆盛を伝える代弁者として大いに活用されているところである。

また、発掘調査の成果は、大博通りに設置された「歴史のプロムナード」のモニュメントや博多小学校の「石塁展示館」、埋蔵文化財センターによる博多駅地下街壁面ケースなどでも展示・公開されている。

また、福岡市域内においてもこの三〇年の間に、大宰府の前身である那津官家《なのつのみやけ》や、博多遺跡群勃興以前の交易拠点である鴻臚館跡が発見され、いずれも国史跡の指定を受けた。さらに博多同様の交易拠点である箱崎遺跡の調査も始まり、対外交流都市博多とそれに関わる遺跡は、国内外の遺跡をも併せ、時間的にも空間的にも大きな広がりを見せている。今、博多研究の新たな段階を迎えていると言えよう。

今回このような形で博多の調査成果がまとめられることは、調査担当者とともに発掘作業に参加された作業員さん、整理作業に携わった方々の地道な作業の積み重ねであり、国内外の多くの研究者の有益な指導助言、開発側の文化財保護に対する協力、さらに市民の方々の理解の上に成り立っていることは言うまでもない。今後とも、さらなる成果が得られ、広く公開されることを期待したい。

参考文献

■■■ I 中世都市・博多 ■■■

網野善彦・石井 進 編、一九九五『中世の風景を読む7 東アジアを囲む中世世界』新人物往来社
新井孝重、二〇〇七『戦争の日本史7 蒙古襲来』吉川弘文館
池崎譲二、一九八八「町割の変遷」（川添昭二編、一九八八）
磯 望・下山正一・大庭康時・池崎譲二・小林 茂・佐伯弘次、一九九一「博多遺跡群周辺における遺跡形成環境の変遷」（『日本における初期弥生文化の成立』）
磯・下山・大庭・池崎・小林・佐伯、一九九八「博多遺跡群をめぐる環境変化――弥生時代から近代まで、博多はどう変わったか」（小林・磯・佐伯・高倉編、一九九八）
瓜生秀文、二〇〇三『高祖城』前原市教育委員会
王 勇、一九九〇「寧波に現存せる博多在住宋人の石碑――その発見・転蔵・解読をめぐって」（『アジア遊学』3、勉誠出版）
大分市、一九八八『大分市史』（中巻附図）
大分市教育委員会、二〇〇〇～二〇〇六『大友館跡』発掘調査概報I～VI
大分市教育委員会、二〇〇六『よみがえる大友館と南蛮都市』
大分県教育庁埋蔵文化財センター、二〇〇二『発掘された宗麟の城下町』
大分県教育庁埋蔵文化財センター、二〇〇四～二〇〇六『豊後府内』一～四
大分市教育委員会、二〇〇六『府内のまち 宗麟の栄華』中世大友再発見フォーラムII
大内公民館、一九五八『大内村誌』
大庭康時、一九九六a「中世都市『博多』の縁辺」（『博多研究会誌』4）
大庭、一九九六b「博多遺跡群における中世考古資料の分布論的検討メモ――将来の〈場〉の研究に向けて」（『博多研究会誌』5）
大庭、一九九六c「博多かわらけ考1 土師器皿一括廃棄遺構を中心に」（『博多研究会誌』7）
大庭、一九九八「中世都市博多の成立――博多遺跡群の発掘調査から」（小林・磯・佐伯・高倉編、一九九八）
大庭、二〇〇一「博多綱首の時代」（『歴史学研究』756）
大庭、二〇〇二「博多」（『いくつもの日本II あらたな歴史』岩波書店）
大庭、二〇〇三a「戦国時代の博多」（小野正敏・萩原三雄編『戦国時代の考古学』高志書院）
大庭、二〇〇三b「博多遺跡群出土墨書資料集成2」（『博多研究会誌』11）
大庭、二〇〇五「鴻臚館」（『列島の古代史4 人と物の移動』岩波書店）
海津一朗、一九九八『蒙古襲来――対外戦争の社会史』歴史文化ライブラリー32、吉川弘文館
亀井明徳、一九八六『日本貿易陶磁史の研究』同朋舎
川添昭二、一九六八「五、文献からみた元寇防塁」（『福岡市生の松原元寇防塁発掘調査概報――鎌倉時代（一三世紀）における蒙古襲来に対する石築地の考古学的調査』福岡市教育委員会）
川添、一九八一『中世九州の政治と文化』文献出版
川添、一九八七「鎌倉中期の対外関係と博多――承天寺の開創と博多綱首謝国明」（『九州史学』87・88・89合併号）
川添編、一九八八『よみがえる中世1 東アジアの国際都市博多』平凡社
川添、一九九三「鎌倉末期の対外関係と博多――新安沈没船木簡・東福寺・承天寺」（大隅和雄編『鎌倉時代文化伝播の研究』吉川弘文館）
川添、二〇〇三『中世九州の政治・文化史』海鳥社
河野忠臣、二〇〇二「博多小学校敷地内発見の石塁構を構成する石質調査報告」（福岡市教育委員会『博多85』福岡市埋蔵文化財調査報告書711）
吉良国光、一九九〇「蒙古襲来と博多」（朝日新聞福岡総局編『はかた学4 甦る中世の博多』葦書房）
黒田俊雄、一九七四『日本の歴史8 蒙古襲来』中央公論社
小林 茂・磯 望・佐伯弘次・高倉洋彰編、一九九八『福岡平野の古環境と遺跡立地――環境としての遺跡との共存のために』九州大学出版会
佐伯弘次、一九八四「中世後期の博多と大内氏」（『史淵』121）
佐伯、一九九二「鎮西探題の位置と構造」（『博多研究会誌』1）
佐伯、一九九三「中世の博多袖浜をめぐって」（『博多研究会誌』2）
佐伯、一九九五「中世博多の火災と焼土層」（『博多研究会誌』3）
佐伯、一九九六「中世都市博多と『石城管事』宗金」（『史淵』133）
佐伯、二〇〇一「軍事拠点としての中世箱崎津」（『博

多研究会誌』9)
佐伯・小林 茂、一九九八「文献および絵図・地図からみた房州堀」(小林・磯・佐伯・高倉編、一九九八)
佐藤 力、二〇〇三『乗福寺跡Ⅱ』山口市教育委員会
斯波義信、二〇〇六「綱首・綱司・公司――ジャンク商船の経営をめぐって」(森川哲雄・佐伯弘次編『内陸圏・海域圏交流ネットワークとイスラム』九州大学21世紀COEプログラム(人文科学)東アジアと日本：交流と変容)
商都博多の歴史・文化を掘り起こす市民の会/福岡市、二〇〇〇『中世はかた絵模様――アジアの商都博多のにぎわい』
池崎譲二・森本朝子、一九八三「福岡市立歴史資料館所蔵の高野コレクション」(『高速鉄道関係埋蔵文化財調査報告Ⅲ』福岡市教育委員会)
太宰府市、二〇〇五『太宰府市史 通史編Ⅰ』
常松幹雄、一九九八「博多遺跡群にみる埋立について」(小林・磯・佐伯・高倉編、一九九八)
中村博司、一九九六「家紋瓦研究の可能性」(『郵政考古紀要』31)
中山平次郎、一九八四「続 古代の博多」(中山平次郎『古代乃博多』岡崎敬校訂、九州大学出版会)
仁木 宏、二〇〇四「室町・戦国時代の社会構造と守護所・城下町」(『第一二回東海考古学フォーラム岐阜大会 守護所・戦国期城下町を考える』資料集)
西園禮三・柳田純孝、二〇〇一『元寇と博多――写真で読む蒙古襲来』西日本新聞社
博多研究会編、一九九六『博多遺跡群出土墨書資料集成』
服部英雄、二〇〇五「福岡市――博多湾と唐房・唐人町」(『海路』2、石風社)
福岡市教育委員会、一九六九『福岡市今津元寇防塁発掘調査概報――鎌倉時代(一三世紀)における蒙古襲来に対する石築地の第二次(昭和四三年度)調査』
福岡市教育委員会、一九七〇『福岡市西新元寇防塁発掘調査概報――鎌倉時代(一三世紀)における蒙古襲来に対する石築地の第三次(昭和四四年度)調査』
福岡市博物館、二〇〇一『蒙古襲来と博多』福岡市博物館特別企画展「北条時宗とその時代展」別冊図録
堀本一繁、一九九七a「戦国期博多の防御施設について――『房州堀』考」(『福岡市博物館研究紀要』7)
堀本、一九九七b「肥前勝尾城主筑紫氏に関する基礎的考察」(『戦国の城と城下町――鳥栖のまちづくりと歴史・文化講座』鳥栖市教育委員会)
本田浩二郎、二〇〇六「鎌倉時代の博多」(小野正敏・萩原三雄編『鎌倉時代の考古学』高志書院)
松岡睦彦、一九八一『大内氏館跡Ⅰ』山口市教育委員会
三木隆行、一九九六「福岡城物語」(朝日新聞福岡総局編『はかた学7 福岡城物語』葦書房)
宮本雅明、一九八九「空間志向の都市史」(『日本都市史入門Ⅰ 空間』東京大学出版会)
村井章介、一九九七『海からみた戦国日本』筑摩書房
山村信榮、二〇〇五「大宰府の中世寺院と都市」(吉井敏幸・百瀬正恒編『中世の都市と寺院』高志書院)
柳田純孝、一九八八a「中世の博多を掘る」(朝日新聞福岡総局編『はかた学1 鴻臚館の時代』葦書房)
柳田、一九八八b「元寇防塁と中世の海岸線」(川添昭二編、一九八八)
柳田、一九九〇「元寇防塁」(朝日新聞福岡総局編『はかた学4 甦る中世の博多』葦書房)

Ⅱ 世界の中の博多

青山公亮、一九五五『日麗交渉史の研究』明治大学
芥川龍男編、一九八六『大友宗麟のすべて』新人物往来社
姉崎正治、一九三〇『切支丹伝道の興廃』同文館
荒木和憲、二〇〇三「対馬島主宗貞盛の政治的動向と朝鮮通交」(『朝鮮学報』189)
荒木、二〇〇五「一五世紀対馬宗氏の権力形成と朝鮮通交権」(『年報中世史研究』30)
有光保茂、一九三七「博多商人宗金とその家系」(『史淵』16)
有光友学、一九七〇「中世後期における貿易商人の動向」(『人文論集』静岡大学人文学部人文学科研究報告21)
池内 宏、一九三一『元寇の新研究』東洋文庫
池内、一九七九『満鮮史研究』中世第一冊、吉川弘文館(復刻版)
石井正敏、一九八八「九世紀の日本・唐・新羅三国間貿易について」(『歴史と地理』394)
石井、一九九八「肥前国神崎荘と日宋貿易――『長秋記』長承二年八月十三日条をめぐって」(『古代中世史料学研究』下、吉川弘文館)
石井、二〇〇〇「日本・高麗関係に関する一考察――長徳三年(九九七)の高麗来襲説をめぐって」(中央大学人文科学研究所編『アジア史における法と国家』中央大学出版部)
石井、二〇〇一「寛平六年の遣唐使計画と新羅の海賊」(『アジア遊学』26)
石井、二〇〇三『東アジア世界と古代の日本』山川出版社

石上英一、一九八二「日本古代一〇世紀の外交」（『東アジア世界における日本古代史講座』7、学生社）
伊藤幸司、二〇〇二a『中世日本の外交と禅宗』吉川弘文館
伊藤、二〇〇二b「中世後期における対馬宗氏の外交僧」（『年報朝鮮学』8）
伊藤、二〇〇二c「中世後期外交使節の旅と寺」（中尾堯編『中世の寺院体制と社会』吉川弘文館）
伊藤、二〇〇五「日朝関係における偽使の時代」（『日韓歴史共同研究報告書　第二分科篇』日韓歴史共同研究委員会）
ヴァリニャーノ・アレシャンドゥロ、一九七八『日本巡察記』松田毅一・佐久間正・近松洋男訳、東洋文庫229、平凡社
上里隆史・深瀬公一郎・渡辺美季、二〇〇五「沖縄県立博物館所蔵『琉球国図』」（『古文書研究』60）
上田純一、二〇〇〇『九州中世禅宗史の研究』文献出版
榎本　渉、二〇〇五「『栄西入唐縁起』から見た博多」（『中世都市研究』11）
榎本、二〇〇六「初期日元貿易と人的交流」（『宋代の長江流域——社会経済史の視点から』汲古書院）
榎本、二〇〇七『東アジア海域と日中交流——九〜一四世紀』吉川弘文館
海老沢有道、一九六六『日本キリシタン史』塙書房
太田淑子編、二〇〇四『日本、キリスト教徒の邂逅——二つの時代に見る受容と葛藤』オリエンス宗教研究所
大田由紀夫、一九九五「一二—一五世紀初頭東アジアにおける銅銭の流布」（『社会経済史学』61—2）
大庭康時、一九九四「博多綱首殺人事件——中世前期博多をめぐる雑感」（『博多研究会誌』3）
大庭、一九九九「集散地遺跡としての博多」（『日本史研究』448）
大庭、二〇〇一「博多綱首の時代」（『歴史学研究』756）
大庭、二〇〇六「博多の都市空間と中国人居住区」（『港町の世界史』2、青木書店）
岡　元司、一九九八「南宋期浙東海港都市の停滞と森林環境」（『史学研究』220）
奥村周司、一九七九「高麗における八関会的秩序と国際環境」（『朝鮮史研究会論文集』16）
奥村、一九八五「医師要請事件に見る高麗文宗朝の対日姿勢」（『朝鮮学報』117）
長　節子、二〇〇二a『中世 国境海域の倭と朝鮮』吉川弘文館
長、二〇〇二b「朝鮮前期朝日関係の虚像と実像——世祖王代瑞祥祝賀使を中心として」（『年報朝鮮学』8）
片岡弥吉、一九七九『日本キリシタン殉教史』時事通信社
加藤知弘、一九九六『バテレンと宗麟の時代』石風社
門田見啓子、一九八五「大宰府の府老について（上）——在庁官人制における」（『九州史学』84）
亀井明徳、一九八六『日本貿易陶磁史の研究』同朋舎
亀井、一九九五「日宋貿易関係の展開」（『岩波講座日本通史　第6巻（古代5）』岩波書店）
栢原昌三、一九一四・一九一五「日明勘合貿易に於ける細川大内二氏の抗争」（『史学雑誌』25—9・10、26—2・3）
川添昭二、一九七五「鎌倉時代の対外関係と文物の移入」（『岩波講座日本歴史6　中世2』岩波書店）
川添、一九八七「鎌倉中期の対外関係と博多」（『九州史学』88・89・90）
川添、一九八八「鎌倉初期の対外交流と博多」（箭内健次編『鎖国日本と国際交流』吉川弘文館）
川添、一九九〇a「南北朝期博多文化の展開と対外関係」（『地域における国際化の歴史的展開に関する総合研究——九州地域における』平成元年度科学研究費補助金研究果報告書）
川添、一九九〇b「宗像氏の対外貿易と志賀島の海人」（『海と列島文化3　玄界灘の島々』小学館）
川添、一九九三「鎌倉末期の対外関係と博多」（『鎌倉時代文化伝播の研究』吉川弘文館）
川添、一九九六『対外関係の史的展開』文献出版
河野純徳、一九八八『聖フランシスコ・ザビエル全生涯』平凡社
韓国文化公報部・文化財管理局編、一九八八『新安海底遺物総合篇』
岸野　久・村井早苗編、一九九六『キリシタン史の新発見』雄山閣
岸野、一九九八『ザビエルと日本——キリシタン開教期の研究』吉川弘文館
小葉田淳、一九四一『中世日支通交貿易史の研究』刀江書院
小葉田、一九七六『金銀貿易史の研究』法政大学出版局
小葉田、一九九三『増補 中世南島通交貿易史の研究』臨川書店
五味文彦、一九九八「日宋貿易の社会構造」（今井林太郎先生喜寿記念『国史学論集』今井林太郎先生喜寿記念論文集刊行会）
佐伯弘次、一九七八「大内氏の筑前国支配——義弘期から政弘期まで」（川添昭二編『九州中世史研究』1、文献出版）
佐伯、一九九二「海賊論」（荒野泰典・石井正敏・村井章介編『アジアのなかの日本史Ⅲ　海上の道』

東京大学出版会)
佐伯、一九九四「博多」(『岩波講座日本通史　第10巻（中世4）』岩波書店)
佐伯、一九九六a「中世都市博多と『石城管事』宗金」(『史淵』133)
佐伯、一九九六b「博多出土墨書陶磁器をめぐる諸問題」(博多研究会編、一九九六)
佐伯、一九九七「外国人が見た中世の博多」(村井章介他編『境界の日本史』山川出版社)
佐伯、一九九九「室町期の博多商人宗金と東アジア」(『史淵』136)
佐伯、二〇〇三a『日本の中世9　モンゴル襲来の衝撃』中央公論新社
佐伯、二〇〇三b「室町後期の博多商人道安と東アジア」(『史淵』140)
佐伯、二〇〇五「一五世紀後半以降の博多貿易商人の動向」(『東アジアと日本：交流と変容』2)
佐伯、二〇〇六a「『海東諸国紀』の日本・琉球図と『琉球国図』」(『九州史学』144)
佐伯編、二〇〇六b『街道の日本史49　壱岐・対馬と松浦半島』吉川弘文館
ザビエル・フランシスコ、一九九九『聖フランシスコ・ザビエル全書簡』河野純徳訳、平凡社
斯波義信、一九六八『宋代商業史研究』風間書房
斯波、二〇〇六「綱首・綱司・公司――ジャンク商船の経営をめぐって」(森川哲雄・佐伯弘次編『内陸圏・海域圏交流ネットワークとイスラム』九州大学21世紀COEプログラム(人文科学)東アジアと日本：交流と変容)
清水紘一、一九八一『キリシタン禁制史』歴史新書109、教育社
鈴木康之、二〇〇七「滑石製石鍋のたどった道」(『東アジアの古代文化』130)
関　周一、二〇〇二『中世日朝海域史の研究』吉川弘文館
高瀬弘一郎、一九九四『キリシタン時代対外関係の研究』吉川弘文館
竹内理三・川添昭二編、一九九七『大宰府・太宰府天満宮資料　巻十五』太宰府天満宮
田島　公、一九九五「大宰府鴻臚館の終焉――八世紀～十一世紀の対外交易システムの解明」(『日本史研究』389)
田代和生・米谷　均、一九九五「宗家旧蔵『図書』と木印」(『朝鮮学報』156)
田中健夫、一九五九『中世海外交渉史の研究』東京大学出版会
田中、一九七五『中世対外関係史』東京大学出版会
田中、一九八二『対外関係と文化交流』思文閣出版
田中、一九八七「倭寇と東アジア通交圏」(朝尾直弘・網野善彦・山口啓二・吉田孝編『日本の社会史　第一巻　列島内外の交通と国家』岩波書店)
田村洋幸、一九六八『中世日朝貿易の研究』三和書房
檀上　寛、一九九七「明初の海禁と朝貢――明朝専制支配の理解に寄せて」(『明清時代史の基本問題』汲古書院)
H・チースリク、二〇〇〇『秋月のキリシタン』高祖敏明監修、キリシタン研究37、教文館
H・チースリク、二〇〇四『キリシタン時代の日本人司祭』高祖敏明監修、キリシタン研究41、教文館
陳高華・呉　泰、一九八一『宋元時期的海外貿易』天津人民出版社
中村栄孝、一九六五・一九六九『日鮮関係史の研究』上・下巻、吉川弘文館
博多研究会編、一九九六『博多遺跡群出土墨書資料集成』
博多研究会編、二〇〇三『博多研究会誌』11、博多遺跡群出土墨書資料集成2
パジェス・レオン、一九八三『日本切支丹宗門史』(上・中・下)クルセル神父校閲、吉田小五郎訳、岩波文庫
橋本　雄、一九九八a「遣明船と遣朝鮮船の経営構造」(『遥かなる中世』17)
橋本、一九九八b「室町幕府外交の成立と中世王権」(『歴史評論』583)
橋本、二〇〇二「遣明船の派遣契機」(『日本史研究』536)
橋本、二〇〇五『中世日本の国際関係――東アジア通交圏と偽使問題』吉川弘文館
服部英雄、二〇〇三『歴史を読み解く――さまざまな史料と視角』青史出版
服部、二〇〇四「旦過と唐房」(『中世都市研究』10)
服部、二〇〇五「日宋貿易の実態」(『東アジアと日本：交流と変容』2)
濱中　昇、一九九六「高麗末期倭寇集団の民族構成」(『歴史学研究』685)
林　文理、一九九八「博多綱首の歴史的位置――博多における権門貿易」(『古代中世の社会と国家』清文堂)
原美和子、一九九九「宋代東アジアにおける海商の仲間関係と情報網」(『歴史評論』592)
原、二〇〇六「宋代海商の活動に関する一試論――日本・高麗および日本・遼(契丹)通交をめぐって」(小野正敏・五味文彦・萩原三雄編『中世の対外交流――場・ひと・技術』高志書院)
ヒロン・アビラ、一九七三『日本王国記』佐久間正他訳、大航海時代叢書XI、岩波書店

藤田明良、一九九七「蘭秀山の乱と東アジアの海域世界」（『歴史学研究』698）
福建省泉州海外交通史博物館編、一九八七『泉州湾宋代海船発掘与研究』海洋出版社
フロイス・ルイス、一九六三『日本史1　キリシタン伝来のころ』柳谷武夫訳、東洋文庫4、平凡社
フロイス・ルイス、一九七三『日欧文化比較』佐久間正他訳、大航海時代叢書XI、岩波書店
フロイス・ルイス、一九九四・一九九五『日本二十六聖人殉教記』、『聖ペトロ・バプチスタの書簡』結城了悟訳・解説、純心女子短期大学・長崎地方文化史研究所第10輯
本多美穂、一九八八「室町時代における少弐氏の動向――貞頼・満貞期」（『九州史学』91）
松田毅一、一九六六『太閤と外交――秀吉晩年の風貌』桃源社
松田、一九六七『近世初期日本関係　南蛮史料の研究』風間書房
松田監訳、一九八七『十六・七世紀イエズス会日本報告集』1－12、同朋舎
村井章介、一九八八『アジアのなかの中世日本』校倉書房
村井、二〇〇〇『老松堂日本行録――朝鮮使節の見た中世日本』（校注）岩波書店
村井、二〇〇三「日元交通と禅律文化」（『日本の時代史10　南北朝の動乱』吉川弘文館）
村上史郎、一九九八「九世紀における日本律令国家の対外交通の諸相――大唐通事・漂流民送還・「入唐交易使」をめぐって」（『千葉史学』33）
森　克己、一九七五a『新訂　日宋貿易の研究』国書刊行会
森、一九七五b『続　日宋貿易の研究』国書刊行会
森、一九七五c『続々　日宋貿易の研究』国書刊行会
森、一九七五d『増補　日宋文化交流の諸問題』国書刊行会
森川哲雄・佐伯弘次編、二〇〇六『内陸圏・海域圏交流ネットワークとイスラム』九州大学21世紀COEプログラム（人文科学）東アジアと日本：交流と変容
柳原敏昭、一九九九a「中世前期・南薩摩の湊川・道」（藤原良章・村井章介編『中世のみちと物流』山川出版社）
柳原、一九九九b「中世前期南九州の港と宋人居留地に関する一試論」（『日本史研究』448）
柳原、二〇〇二「唐坊についての補説」（『旧記雑録』月報23）
山内晋次、二〇〇二「日宋貿易の展開」（加藤友康編『日本の時代史6　摂関政治と王朝文化』吉川弘文館）
山内、二〇〇三『奈良平安期の日本とアジア』吉川弘文館
山崎覚士、二〇〇二「未完の海上帝国――呉越国の試み」（『古代文化』54－2）
山崎雅稔、二〇〇一「九世紀日本の対外交易」（『アジア遊学』26）
結城了悟、一九九九『キリシタンになった大名』聖母の騎士社
横内裕人、二〇〇二「高麗続蔵経と中世日本――院政期の東アジア世界観」（『仏教史学研究』45－1）
米谷　均、一九九七「一六世紀日朝関係における偽使派遣の構造と実態」（『歴史学研究』697）
ロドリーゲス・ジョアン、一九六七『日本教会史』上、伊東俊太郎・伊東隆夫他編集、大航海時代叢書IX、岩波書店
渡邊　誠、二〇〇二「平安中期、公貿易下の取引形態と唐物使」（『史学研究』237）
渡邊、二〇〇三a「平安中期貿易管理の基本構造」（『日本史研究』489）
渡邊、二〇〇三b「承和・貞観期の貿易政策と大宰府」（『ヒストリア』184）
渡邊、二〇〇五a「文屋宮田麻呂の『謀反』」（『日本歴史』687）
渡邊、二〇〇五b「平安期の貿易決済をめぐる陸奥と大宰府」（『九州史学』140）
渡邊、二〇〇六「大宰府の『唐坊』と地名の「トウボウ」」（『史学研究』251）

＊　＊

金　庠基、一九七四『東方史論叢』ソウル大学校出版部（韓国語）
全　基雄、一九九七「羅末麗初の対日関係史研究」（『韓国民族文化』9（韓国語））
朴　漢卨、一九八九「羅末麗初の西海岸交渉史研究」（『国史館論叢』7（韓国語））
羅　鍾宇、一九九六『韓国中世対日交渉史研究』圓光大学校出版局（韓国語）
李　鉉淙、一九七七「高麗と日本の関係」（『東洋学』7（韓国語））
李　領、一九九九『倭寇と日麗関係史』東京大学出版会
Ruiz de Medina, Juan,sj, *DOCUMENTOS DEL JAPON 1547-1557* Editados y anotados por Juan Ruizde Medina S.J., Monumenta Historica Societatis Iesu, vol.137, Roma 1990
Schütte, Joseph Franz, S.J. *INTRUDUCTIO AD HISTORIAM SOCIETATIS JESU IN JAPONIA* 1549-1650 (Ac Proemium ad catalogos japoniae

edendos ad edenda societatis Jesu Monumenta Historica Japoniae Propylaeum), Romae, apud Institutum Historicum Soc.Jesu, 1968
Schurhammer, S. J., *FRANCIS XAVIER, HIS LIFE, HIS TIMES*, vol. IV: Japan and China 1549-1552, [tr. J. Costelloe, SJ] The Jesuit Historical Institute.Rome 1982
Tolosana, Carmelo Lisón, *LA FASCINACIÓN DE LA DIFERENCIA* La adaptación de los Jesuitas al Japón de los Samurá is. 1549-1592, Ediciones Akal, Madrid, 2005

Ⅲ 陶磁の海道

今井 敦、一九九三「海を渡った高麗青磁」（『MUSEUM』503）
亀井明徳、二〇〇二「北宋早期景徳鎮窯白瓷器の研究」（『博多研究会誌』10）
佐藤一郎、一九九二「律令期の博多遺跡群」（『博多研究会誌』1）
茶道資料館、一九九〇『遺跡出土の朝鮮王朝陶磁』
田中克子・栗建安他、一九九九「福州懐安窯貿易陶磁研究」（『博多研究会誌』7）
田中、二〇〇一「博多遺跡群出土陶磁に見る福建古陶磁（その一）博多出土の薄胎施釉陶器（茶入）」（『博多研究会誌』9）
田中、二〇〇二「博多遺跡群出土陶磁に見る福建古陶磁（その二）福建省閩江流域、及び以北における窯跡出土陶磁」（『博多研究会誌』10）
田中、二〇〇三「博多遺跡群出土陶磁に見る福建古陶磁（その三）宋・元代白磁をめぐる問題」（『博多研究会誌』11）
田中他、二〇〇四「沖縄出土の貿易陶磁の問題点――中国粗製白磁とベトナム初期貿易陶磁」（今帰仁村教育委員会編『グスク文化を考える』新人物往来社）
日本貿易陶磁研究会、一九八五『貿易陶磁研究』5
日本貿易陶磁研究会、二〇〇五『貿易陶磁研究』25
堀内明博、一九九三「日本出土の朝鮮王朝陶磁」（『MUSEUM』503）
森 達也、二〇〇一「褐釉長胴四耳壺の生産地と年代について」（『鷹島海底遺跡Ⅴ』鷹島町文化財調査報告書第4集）
森本朝子、一九九四「博多遺跡群出土の天目」（『唐物天目』茶道資料館）
森本、二〇〇〇「日本出土の東南アジア産陶磁器の様相」（『貿易陶磁研究』20）
森本、二〇〇三「博多遺跡群出土の合子について」（『博多研究会誌』11）

Ⅳ 都市の暮らし

石山 洋 他、一九七七『江戸科学古典叢書6 七十一番職人歌合／職人尽絵／彩画職人部類』恒和出版
岩田重雄、二〇〇三「はかりの歴史」（『設計工学』日本設計工学会）
上原真人、一九九七『歴史発掘⑪ 瓦を読む』講談社
NPO法人環境創造舎他、二〇〇五『水辺で生きる ふくおかの生きものガイドブック』
大脇 潔、二〇〇五「老北京胡同甍紀行」（『古代摂河泉寺院論攷集』2、摂河泉古代寺院研究会、摂河泉文庫）
小野正敏編集代表、二〇〇一『図解・日本の中世遺跡』東京大学出版会
小畑弘己、一九九二「繭形分銅覚書」（『博多研究会誌』1）
小畑・西山絵里子、二〇〇六「中世博多における出土銭貨と流通」（『市史研究ふくおか』2、福岡市博物館市史編さん室）
梶島孝雄、二〇〇二『日本動物史』新装版、八坂書房
川添昭二、一九九〇「南北朝期博多文化の展開と対外関係」（『地域における国際化の歴史的展開に関する総合研究――九州地域における』科学研究費補助金研究成果報告書）
河野真知郎、一九八八「中世鎌倉動物誌」（『歴史と民俗』3、平凡社）
河野、一九八九「食料としての鳥獣魚貝」（石井進・大三輪龍彦編『よみがえる中世3 武士の都鎌倉』平凡社）
栗原和彦、一九八九「福岡平野における中世瓦磚の需要について」（『生産と流通の考古学』横山浩一先生退官記念事業会）
小葉田淳、一九六九『中世日支通交貿易史の研究』刀江書院
佐伯弘次、二〇〇二「戦国時代の博多町人」（『博多研究会誌』10）
佐伯、二〇〇五「十五世紀後半以降の博多貿易商人の動向」（『東アジアと日本：交流と変容』2）
佐賀県立名護屋城博物館、二〇〇六『クジラといきる――西海捕鯨の歴史と文化』
櫻木晋一「出土銭貨からみた九州・沖縄の銭貨流通」（『九州・沖縄における中世貨幣の生産と流通』一九九九～二〇〇一年度科学研究費補助金基盤研究（C）研究成果報告書（課題番号：一一六三〇〇八三）、下関市立大学）
佐藤一郎、一九九三「宋代の陶磁と瓦の文様――博多出土の軒丸瓦と黄釉鉄絵盤の花卉文をめぐって」（『博多研究会誌』2）

佐藤、一九九四a「博多出土の瓦製鴟吻について」（『博多研究会誌』4）
佐藤、一九九四b「博多出土の桶巻作りの平瓦について」（『博多研究会誌』3）
嶋谷和彦、二〇〇六「中世日本における大銭の出土状況」（『前近代の東アジア海域における唐物と南蛮物の交易とその意義』文部科学省科学研究費補助金基盤研究（A）（二）研究成果報告書、国立歴史民俗博物館）
社団法人農山漁村文化協会、一九八七『日本の食生活全集40　聞き書福岡の食事』
周　慶南、一九九七「浙江寧波唐国寧寺東塔遺址発掘報告」（『考古学報』1期、中国社会科学院考古研究所）
鈴木公雄、一九九二「出土備蓄銭と中世後期の銭貨流通」（『史学』61－3・4、慶応大学三田史学会）
関　周一、二〇〇六「香料の道　再考」（小野正敏編『前近代の東アジア海域における唐物の交易とその意義』国立歴史民俗博物館研究部）
高倉洋彰、一九九八「寧波市現存の太宰府博多津宋人刻石について」（小林茂・磯　望・佐伯弘次・高倉編『福岡平野の古環境と遺跡立地』九州大学出版会）
張　家泰・呂　品、一九六五「在嵩岳寺旧址発現的瓦件」（『文物』7期、文物出版社）
常松幹雄、一九八七「造瓦技法に関する一研究――平瓦、軒平瓦における押圧技法の分布と展開」（『東アジアの考古と歴史』上、同朋舎）
常松、一九九三「博多出土古瓦に関する一考察」（『博多研究会誌』1）
常松、二〇〇五「博多出土中世瓦の産地について（予察）」（『福岡市埋蔵文化財センター年報』24、福岡市教育委員会）
名倉鳳山、一九八六『日本の硯』日貿出版社
寧波市文物考古研究所、二〇〇二「浙江省寧波市唐宋子城遺址」（『考古』3期、科学出版社）
広島県立歴史博物館、一九九三『遊・戯・宴――中世生活文化のひとこま』
福岡市環境局、一九九一『自然環境シリーズ4　ふくおかの川のいきもの』
福岡市漁業協同組合、一九九八『福岡市漁村史』
増田昭子、二〇〇一『雑穀の社会史』吉川弘文館
松井　章、一九九四「盛んだった肉食」（松下正司編『よみがえる中世8　埋もれた港町　草戸千軒・鞆・尾道』平凡社）
水野和雄、一九八五「日本石硯考」（『考古学雑誌』70－4）
宮本佐和子、一九九四「国内出土の権衡資料」（『大阪市文化財論集』財団法人大阪市文化財協会）
村井章介校注、一九八七『老松堂日本行録』岩波書店
山内晋次、二〇〇二「日宋貿易の展開」（『日本の時代史6　摂関政治と王朝文化』吉川弘文館
山崎信二、二〇〇〇「中世瓦の研究」（『奈良国立文化財研究所学報』59、奈良国立文化財研究所）
吉村靖徳、一九九五「権衡に関する一考察――福岡県内出土権状製品の検討と課題」（『九州歴史資料館研究論集』20）

Ⅴ　物をつくる

石山洋他、一九七七『江戸科学古典叢書6　七十一番職人歌合／職人尽絵／彩画職人部類』恒和出版
内田俊秀・江南和幸・河野益近・比佐陽一郎、二〇〇五「日本の中世における銅製品の化学組成の特徴」（『日本文化財科学会第22回大会研究発表要旨集』日本文化財科学会）
遠藤靖夫他、一九八〇『日本の染織7　絽と紗――涼しさ誘う薄織物』泰流社
大澤正己、一九八九「博多遺跡群築港線関係第3次調査出土の鋳造鉄精錬滓の金属学調査」（『博多　都市計画道路博多駅築港線関係埋蔵文化財調査報告（Ⅲ）』福岡市埋蔵文化財調査報告書第204集、福岡市教育委員会）
大澤、二〇〇六「吉塚祝町遺跡出土銅鋳造・鍛冶関連遺物の金属学的調査」（『吉塚祝町二――吉塚祝町遺跡第二次調査報告』福岡市埋蔵文化財調査報告書第912集、福岡市教育委員会）
大道和人・大澤正己、二〇〇五「滋賀県甲賀市鍛冶屋敷遺跡の調査――「鉄」をめぐる解釈について」（『鋳造遺跡研究資料　二〇〇五』日本古代の鋳物生産、鋳造遺跡研究会）
片多雅樹・比佐陽一郎、二〇〇四「箱崎遺跡第22次調査出土青銅鏡付着繊維の調査について」（『箱崎　17――箱崎遺跡第二二次調査報告（一）』福岡市埋蔵文化財調査報告書第811集、福岡市教育委員会）
川添昭二編、一九八八『よみがえる中世1　東アジアの国際都市博多』平凡社
肥塚隆保、二〇〇三「日本出土ガラスの考古科学研究――古代ガラスの材質とその歴史的変遷」（『考古科学の総合的研究研究成果報告書』独立行政法人文化財研究所奈良文化財研究所）
狭川真一、一九九四「大宰府の鋳造品遺構」（『月刊考古学ジャーナル』372、ニュー・サイエンス社）
佐伯弘次、一九八四「中世後期の博多と大内氏」（『史淵』121）
櫻木晋一、一九九七「中世の銭貨鋳型についての一考

察」（『古代』103、早稲田大学考古学会）
潮見　浩、一九八八『図解技術の考古学』有斐閣
嶋谷和彦、一九九四「堺出土の銭鋳型と中世後期の模鋳銭生産」（『中世の出土銭』兵庫県埋蔵銭調査会）
杉山未菜子、一九九九「博多鋳物師」（『福岡市博物館常設展示（部門別）解説リーフレット』156）
瀧本正志編、二〇〇〇『香椎B遺跡――香椎住宅地造成工事に伴う埋蔵文化財発掘調査報告』福岡市埋蔵文化財調査報告書第621集、福岡市教育委員会
豊田　武　編、一九六五『体系日本史叢書10　産業史』山川出版社
名古屋大学文学部国史研究室編、一九八二『中世鋳物師史料』法政大学出版局
宮崎亮一編、二〇〇〇『大宰府条坊XV――陶磁器分類編』太宰府市の文化財第49集、太宰府市教育委員会
村上　隆、二〇〇三『日本の美術4（金工技術）』443、至文堂
森　克己、一九七五『続々日宋貿易の研究』国書刊行会
八尋和泉、一九七六「中世博多仏師の存在とその作品」（『九州歴史資料館研究論集』2）
山崎一雄・肥塚隆保・白幡浩志、一九九六a「博多遺跡群第七九次調査で出土した緑色ガラス容器の化学分析と鉛同位体比測定」（『博多　50――博多遺跡群第七九次調査の概要』福岡市埋蔵文化財調査報告書第447集、福岡市教育委員会）
山崎・肥塚・白幡、一九九六b「博多遺跡群第71次調査で出土した白磁片とそれに付着した緑色ガラスなどの化学分析および鉛同位体比測定」（『博多　53――博多遺跡群第七一次調査の報告』福岡市埋蔵文化財調査報告書第450集、福岡市教育委員会）

VI　博多の祈り

伊藤幸司、一九九八「天正期の博多と古渓宗陳」（『博多研究会誌』6）
伊藤、二〇〇二a『中世日本の外交と禅宗』吉川弘文館
伊藤、二〇〇二b「中世後期における対馬宗氏の外交僧」（『年報朝鮮学』8）
伊藤、二〇〇二c「蒙古襲来をめぐる円爾と南浦紹明」（『都府楼』33）
伊藤、二〇〇二d「中世後期外交使節の旅と寺」（中尾堯編『中世の寺院体制と社会』吉川弘文館）
伊藤、二〇〇六「中世日本の港町と禅宗の展開」（歴史学研究会編『港町に生きる』青木書店）
上田純一、二〇〇〇『九州中世禅宗史の研究』文献出版
大庭康時、一九九四「博多綱首殺人事件――中世前期博多をめぐる雑感」（『博多研究会誌』3）
川添昭二、一九八一『中世九州の政治と文化』文献出版
川添、一九八七「鎌倉中期の対外関係と博多――承天寺の開創と博多綱首謝国明」（『九州史学』88・89・90）
川添、一九八八「鎌倉初期の対外関係と博多」（箭内健次編『鎖国日本と国際交流』上巻、吉川弘文館）
川添、一九九〇「南北朝期博多文化の展開と対外関係」（同編『平成元年度科学研究費補助金研究成果報告書（総合研究（A））　地域における国際化の歴史的展開に関する総合研究――九州地域における』九州大学文学部）
川添、一九九三「鎌倉末期の対外関係と博多――新安沈没船木簡・東福寺・承天寺」（大隅和雄編『鎌倉時代文化伝播の研究』吉川弘文館）
川添、一九九九『日蓮とその時代』山喜房仏書林
川添、二〇〇五「対外関係と地域文化の形成――博多を例として」（『日本歴史学協会年報』20）
佐伯弘次、一九八四「中世後期の博多と大内氏」（『史淵』121）
佐伯、一九八八「大陸貿易と外国人の居留」（川添昭二編『よみがえる中世1　東アジアの国際都市博多』平凡社）
佐伯、一九九六「中世博多辻堂考」（『博多研究会誌』4）
佐伯、一九九七a「中世博多石堂考」（『博多研究会誌』5）
佐伯、一九九七b「中世都市博多の総鎮守と筥崎宮」（『中世都市研究4　都市と宗教』新人物往来社）
佐伯、一九九八「中世の奥堂と綱場」（『博多研究会誌』6）
佐伯、二〇〇一「蒙古襲来と中世都市博多」（『歴史評論』619）
西尾賢隆、二〇〇一「五島美術館蔵『山門疏』考」（『日本歴史』638）
松尾剛次、二〇〇六「博多大乗寺と中世都市博多」（『鎌倉遺文研究』17）
松田毅一監訳、一九九二『16・17世紀イエズス会日本報告集』3－5、同朋社

執筆者紹介

＊氏名（読み）／生年・生地／最終学歴／現職／在住地／主な著書・論文
＊50音順

池崎譲二（いけざき・じょうじ）一九五一年、鹿児島県生まれ／明治大学文学部史学地理学科考古学専攻／福岡市教育委員会文化財部埋蔵文化財第一課／福岡市在住／「博多出土陶磁器の組成について」（『貿易陶磁研究』4、日本貿易陶磁研究会、一九八四）、「町割の変遷」・「海を越えてきた陶磁器」（『よみがえる中世1　東アジアの国際都市博多』平凡社、一九八八）

伊藤幸司（いとう・こうじ）一九七〇年、岐阜県生まれ／九州大学大学院文学研究科博士後期課程修了／山口県立大学国際文化学部文化創造学科准教授／福岡市在住／『中世日本の外交と禅宗』（吉川弘文館、二〇〇二）、『日韓歴史共同研究報告書　第二分科篇』（共著、日韓歴史共同研究委員会、二〇〇五）

井上繭子（いのうえ・まゆこ）一九六九年、福岡県生まれ／九州大学大学院文学研究科史学専攻（考古学）博士課程中退／福岡市教育委員会文化財部文化財管理課／福岡市在住

榎本　渉（えのもと・わたる）一九七四年、青森県生まれ／東京大学大学院人文社会系研究科博士（文学）／中央大学・立教大学兼任講師／横浜市在住／「中国史料に見える中世日本の度牒」（『禅学研究』82、二〇〇四）、「初期日元貿易と人的交流」（『宋代の長江流域――社会経済史の視点から』汲古書院、二〇〇六）、『東アジア海域と日中交流――九～一四世紀』（吉川弘文館、二〇〇七）

榎本義嗣（えのもと・よしつぐ）一九六七年、北九州市生まれ／山口大学人文学部／福岡市教育委員会文化財部埋蔵文化財第一課／福岡市在住／「甕棺の出現」（『考古学ジャーナル』451、ニュー・サイエンス社、一九九九）、「弥生時代前期末から中期初頭における土器編年の検討――福岡市域を中心として」（『市史研究ふくおか』2、福岡市博物館市史編さん室、二〇〇七）

大庭康時（おおば・こうじ）一九五八年、静岡県浜松市生まれ／静岡大学人文学部人文学科（考古学専攻）／福岡市教育委員会文化財部文化財整備課／大野城市在住／「博多」（『いくつもの日本2　新たな歴史へ』岩波書店、二〇〇二）、「博多の都市空間と中国人居住区」（『港町の世界史3　港町のトポグラフィ』青木書店、二〇〇六）、「集散地遺跡としての博多」（『日本史研究』448、一九九九）、「博多綱首の時代」（『歴史学研究』756、二〇〇一）

小畑弘己（おばた・ひろき）一九五九年、長崎県生まれ／熊本大学史学科／熊本大学文学部准教授。文学博士／熊本市在住／『シベリア先史考古学』（中国書店、二〇〇一）、『考古学の基礎知識』（共著、角川書店、二〇〇六）、『熊本歴史叢書1　遺跡からのメッセージ』（共著、熊本日日新聞社、二〇〇三）

片多雅樹（かたた・まさき）一九七五年、福岡市生まれ／東北芸術工科大学大学院芸術文化専攻（保存科学）修士課程修了／福岡市埋蔵文化財センター保存処理指導員／太宰府市在住／「月岡古墳出土資料に付着した繊維について」（『若宮古墳群Ⅲ―月岡古墳』吉井町文化財調査報告書第19集、二〇〇五）、「城の本古墳出土織物片の材質調査」（『城の本2号墳』益城町文化財調査報告書第20集、二〇〇六）

上角智希（かみかど・ともき）一九七二年、佐賀県生まれ／九州大学大学院比較社会文化研究科修士課程修了／福岡市教育委員会文化財部埋蔵文化財第一課／福岡市在住

木下博文（きのした・ひろふみ）一九七四年、京都市生まれ／京都府立大学大学院文学研究科史学専攻修士課程修了／福岡市教育委員会文化財部埋蔵文化財第二課／福岡市在住／「京都府八幡市橋本・某家旧蔵柄鏡群について」（『洛北史学』6、二〇〇四）

古賀信幸（こが・のぶゆき）一九六二年、北九州市生まれ／山口大学大学院人文科学研究科修士課程修了／山口市史編さん室長／山口市在住／「周防国・山口の戦国期守護所」（『守護所と戦国城下町』高志書院、二〇〇六）、「中国地方の京都系土師器皿」（『中近世土器の基礎研究』日本中世土器研究会、二〇〇〇）

佐伯弘次（さえき・こうじ）一九五五年、長崎県生まれ／九州大学大学院文学研究科博士後期課程中途退学／九州大学大学院人文科学研究院教授／福岡市在住／『福岡平野の古環境と遺跡立地』（共編著、九州大学出版会、一九九八）、『日本の中世9　モンゴル襲来の衝撃』（中央公論新社、二〇〇三）、『街道の日本史49　壱岐・対馬と松浦半島』（編著、吉川弘文館、二〇〇六）

櫻木晋一（さくらき・しんいち）一九五三年、福岡県生まれ／慶応義塾大学大学院商学研究科博士課程／下関市立大学経済学部教授／糟屋郡志免町在住／「出土銭貨研究の方法と成果」（『近世・近現代考古学入門』慶應義塾大学出版会、二〇〇七）、「出土銭貨による中世貨幣流通の検討」（『貨幣の地域史』岩波書店、二〇〇七）

佐藤一郎（さとう・いちろう）一九六〇年、福岡市生まれ／同志社大学文学部／福岡市博物館主任文化財主事／太宰府市在住／「中世前期の博多出土貿易陶磁の年代について」（『貿易陶磁研究』20、二〇〇〇）、「高麗と博多――平安後期の出土資料から」（『福岡市

博物館研究紀要』16、二〇〇六）

菅波正人（すがなみ・まさと） 一九六五年、山口県生まれ／山口大学人文学部人文学科／福岡市教育委員会埋蔵文化財第二課／福岡市在住／「那津の口の大型建物群について」（『博多研究会誌』4、一九九六）、「博多遺跡出土の京都系土師器皿について」（『博多研究会会誌』6、一九九八）

田上勇一郎（たがみ・ゆういちろう） 一九六九年、千葉県生まれ／東京学芸大学大学院（文化財科学）修士課程修了／福岡市埋蔵文化財センター文化財主事／福岡市在住／「黒曜石の利用と流通――縄文時代中期の関東・中部地域について」（『アーキオ・クレイオ』1、東京学芸大学考古学研究室、二〇〇〇）、「発掘調査からみた中世都市博多」（『市史研究ふくおか』創刊号、福岡市博物館市史編さん室、二〇〇六）

田中克子（たなか・かつこ） 一九五四年、大分県生まれ／熊本大学大学院文学研究科史学専攻／福岡市教育委員会埋蔵文化財課技能員／福岡市在住／「博多遺跡群出土陶磁に見る福建古陶磁（その三）――宋・元代白磁をめぐる問題」（『博多研究会誌』11、二〇〇三）、「沖縄出土の貿易陶磁の問題点――中国粗製白磁とベトナム初期貿易陶磁」（『グスク文化を考える』新人物往来社、二〇〇四）、「博多出土の唐物茶入」（『野村美術館研究紀要』13、二〇〇四）

玉永光洋（たまなが・みつひろ） 一九五二年、大分県豊後大野市生まれ／東洋大学文学部史学科／大分市教育委員会教育総務部文化財課長／大分市在住／「豊後府内の形成と寺院」（『中世都市研究』4、新人物往来社、一九九七）、「大友府内町」（『戦国時代の府内町』高志書院、二〇〇三）

常松幹雄（つねまつ・みきお） 一九五七年、福岡市生まれ／早稲田大学教育学部／福岡市教育委員会埋蔵文化財第二課／福岡市在住／『最古の王墓――吉武高木遺跡』（新泉社、二〇〇六）、「鐸形土製品に描かれた絵画と記号」（『日本考古学』17、二〇〇四）

デ・ルカ・レンゾ（De Luca, Renzo,sj） アルゼンチン国出身、一九六三年生まれ／九州大学大学院国史学科研究科修了／日本二十六聖人記念館館長／長崎市在住／「文化の対話としての宣教――キリシタン時代の宣教観」（佐久間勤編『福音宣教の過去と未来』サンパウロ出版、二〇〇一）、「九州大名の宣教師受け入れと南蛮船」（『長崎談叢』91、二〇〇二）、「『大道寺裁許状』とイエズス会史料の比較研究」（『九州史学』135、二〇〇三）、「殉教者が残したメッセージ」（『スペインと日本人』丸善ブックス107、二〇〇六）

比佐陽一郎（ひさ・よういちろう） 一九六八年、千葉県生まれ／同志社大学文学部文化学科／福岡市埋蔵文化財センター文化財主事／福岡市在住／「大宰府史跡187次調査及び鴻臚館跡から出土したガラス製品の材質調査について」（『大宰府史跡発掘調査報告書Ⅱ 平成13・14年度』九州歴史資料館、二〇〇三）、「金属製遺物の保存処理に見る考古学と自然科学の接点」（『七隈史学』7、七隈史学会、二〇〇六）、「『奴国』域（福岡平野）で出土した青銅器製作関連資料について」（『九州考古学』80、九州考古学会、二〇〇五）

星野恵美（ほしの・めぐみ） 一九七二年、北九州市生まれ／鹿児島大学法文学部人文学科／福岡市教育委員会文化財部埋蔵文化財第一課／福岡市在住

堀本一繁（ほりもと・かずしげ） 一九六七年、福岡県大川市生まれ／九州大学大学院文学研究科博士後期課程／福岡市博物館学芸員／福岡県前原市在住／「龍造寺氏の二頭政治と代替り」（『九州史学』109、一九九四）、「龍造寺氏の戦国大名化と大友氏肥前支配の消長」（『日本歴史』598、一九九八）、「茶の湯からみた博多」（千宗室監修・谷端昭夫編集『茶道学大系 第二巻 茶道の歴史』淡交社、一九九九）、『黒田家文書』第一巻（福岡市博物館、一九九九）

本田浩二郎（ほんだ・こうじろう） 一九七二年、福岡県生まれ／熊本大学文学部史学科／福岡市教育委員会文化財部埋蔵文化財第一課／福岡市在住／「鎌倉時代の博多」（『鎌倉時代の考古学』高志書院、二〇〇六）

森平雅彦（もりひら・まさひこ） 一九七二年、神奈川県生まれ／東京大学大学院人文社会系研究科博士課程単位取得退学／九州大学大学院人文科学研究院准教授／福岡市在住／「牒と咨のあいだ――高麗王と元中書省の往復文書」（『史淵』144、二〇〇七）、「『晦軒実記』刊行始末初探」（『年報朝鮮學』9、二〇〇六）、『賓王録』にみる至元十年の遣元高麗使」（『東洋史研究』63―2、二〇〇四）

森本朝子（もりもと・あさこ） 一九三四年、新潟県生まれ／東京女子大学文学部社会科学科／福津市在住／「日本出土のベトナム陶磁とその産地」（『東洋陶磁』VOL23・24、一九九五）、「ベトナム陶磁研究の現状――近年の古窯址発掘の成果を中心に」（『わび茶が伝えた名器 東南アジアの茶道具』、茶道資料館、二〇〇四）

屋山 洋（ややま・ひろし） 一九六七年、福岡市生まれ／日本大学文理学部／福岡市教育委員会文化財部埋蔵文化財第一課／福岡市在住

山村信榮（やまむら・のぶひで） 一九六三年、福岡市生まれ／太宰府市教育委員会／春日市在住／「守護武藤少弐氏と都市大宰府」（『中世都市研究』10、新人物往来社、二〇〇四）、「大宰府における八、九世紀の変容」（『国立歴史民俗博物館研究報告』134、二〇〇七）

編集後記

博多研究会という集まりがある。博多遺跡群の発掘調査に従事する福岡市教育委員会の文化財専門職の面々や大学の中世史研究者を中心に、月一回程度のペースで開かれてきた勉強会で、特に決まった会員はいない。二〇〇六年三月の研究会であったと記憶するが、会後の懇親会で九州大学の佐伯弘次氏から、一つの提案が出された。博多遺跡群発掘三〇周年を期して、最新の調査成果を盛り込んだ概説本を刊行しようというものである。その場で、福岡市教育委員会文化財部の大庭康時・菅波正人・田上勇一郎を加えた四人による編集委員会が発足し、大庭を事務局とした。

この四人の編集委員会に熊本大学の小畑弘己氏、福岡大学の桃崎祐輔氏ら数名を加えて第一回の編集会議が持たれた。この席で、取り上げるテーマの大枠と構成が決まった。その後は主として編集委員会で会議を重ね、執筆人の人選と細かいテーマ割りが決まっていったのである。

博多研究会は、これまで一一冊の研究会誌と一冊の特別編を刊行してきた。これらはすべて独力で刊行したもので、頒布も研究会員による直接販売と、福岡市博物館ミュージアムショップでの委託販売に限られていた。しかし、今回の企画の性格上、全国の書店で購入できることが望ましかった。そこで、博多研究会としては初めての試みであったが、出版社に頼んで全国的に流通させてもらうことにしたのである。

こうして、編集委員会が発足してからほぼ一年後の二〇〇七年二月、地元福岡の出版社である海鳥社に相談した。海鳥社には、特に何のツテもなかったのは言うまでもない。

すなわち今回の出版は、博多研究会から海鳥社への持ち込み企画であり、海のものとも山のものともつかない出版企画に、ほとんど即決で乗ってくれたことに対して、まず謝意を述べなくてはならないだろう。

博多遺跡群の発掘調査は一九七七年一二月に着手された。したがって、当初の計画では、二〇〇七年一〇月刊行を目標としていた。しかし、結局のところ刊行は二〇〇八年三月にずれ込んでしまった。編集担当の怠慢もあろうが、総勢二八名にも及ぶ執筆陣はなかなか足並みがそろわず、当初の原稿締め切り時点ですでに予定を大きく割り込むといった状態であった。それが、若干の遅れを出したとは言え、なんとか刊行にこぎつけられた裏には、海鳥社編集部のがんばりが大きい。別府大悟氏・宇野道子氏には、感謝の念を述べたい。

＊

博多遺跡群の発掘調査は、今日も続いている。成果は日々あがっている。本書の内容がいつまで最新成果を標榜できるのかは明らかではない。しかし、博多遺跡群発掘調査三〇周年のマイルストーンとして、また今後の調査・研究の基盤となる新しいスタンダードとして、中世博多に興味を抱くすべての読者への入門書として、本書が広く受け入れられ、その役割を果たすことを期してやまない。

（事務局・大庭）

中世都市《ちゅうせいとし》・博多《はかた》を掘《ほ》る

■

2008年３月７日　第１刷発行

■

編者　大庭康時・佐伯弘次・菅波正人・田上勇一郎

発行者　西　俊明

発行所　有限会社海鳥社

〒810-0074 福岡市中央区大手門３丁目６番13号

電話 092(771)0132　FAX 092(771)2546

http://www.kaichosha-f.co.jp

印刷　大村印刷株式会社

製本　日宝綜合製本株式会社

ISBN978-4-87415-664-3

[定価は表紙カバーに表示]